Craftsman Electronic CAD

전자캐드기능사
【필기】

홍승희 저

도서
출판 **책과 상상**
www.SangSangbooks.co.kr

전자 · 컴퓨터 기술의 급속한 발전에 따라 컴퓨터에 의한 설계 및 생산시스템(CAD/CAM)이 광범위하게 이용되고 있습니다. 그러나 이러한 시스템을 효율적으로 적용하고 응용할 수 있는 인력은 부족한 실정입니다. 특히, 전자캐드기능사는 급변하는 기술변화로 인해 계속적인 직무분석을 통해 출제 기준 및 실기 작업방법 등을 그 때마다 보완하여 산업현장과 밀접하게 연계되어야 하는 전문적인 자격제도입니다.

전자캐드기능사는 전자, 통신 및 컴퓨터 등의 응용기기 및 제품의 설계 및 제작을 위하여 전자회로를 설계하고, 전자회로도의 표현, 부품도 작성, 인쇄회로기관의 설계도면 작성, 회로의 제작 및 시험 등을 컴퓨터 설계 프로그램을 활용해서 처리하는 능력을 평가합니다.

이 책은 교단가 현장에서이 경험을 토대로 전자캐드기능사 자격을 취득하고자 하는 독자들을 위하여 다음과 같은 내용으로 책을 집필하였습니다.

첫머리에

1. 한국산업인력공단의 최근 개정된 출제기준과 기출문제 유형 분석을 통하여 핵심적인 이론 내용을 정리하고 이에 따른 출제예상 문제를 엄선하여 수록하였습니다.
2. 풍부한 삽화 및 일러스트를 본문에 삽입하여 이론 내용을 좀 더 효과적으로 습득할 수 있도록 하였습니다.
3. 한국산업인력공단이 주관하여 시행한 최근 기출문제 및 CBT 시험 출제문제를 반영한 5회분의 적중모의고사를 상세한 해설과 함께 수록하였습니다.

내용의 오류가 없도록 세심히 정성을 다했지만 혹 미비한 부분이 있어 불편함이 있다면 독자 여러분들의 조언과 충고를 통해 차후 보다 나은 내용으로 수험생 여러분들에게 찾아뵐 것을 약속드리며 여러분들에게 합격의 영광이 있기를 진심으로 기원합니다.

저자 드림

자격시험안내 및 출제기준

■ 개요

전자, 통신 및 컴퓨터 등의 응용기기 및 제품의 설계 및 제작을 위하여 전자회로를 설계하고, 전자회로도의 표현, 부품도 작성, 인쇄회로기관의 설계도면 작성, 회로의 제작 및 시험 등을 컴퓨터 설계 프로그램을 활용해서 처리하는 능력 평가

■ 수행직무

전자회로의 설계 · 제작을 컴퓨터디자인(CAD)프로그램을 활용해서 처리하는 직무수행를 수행한다.

필기과목	주요항목	미세항목
1. 전기전자공학	1. 직 · 교류회로	1. 직류회로 : 직 · 병렬회로, 회로망 해석의 정리, 응용 2. 교류회로 : 교류회로해석 및 표시법, 계산의 기초
	2. 전원회로의 기본	1. 정류회로 2. 평활회로 3. 정전압 전원회로
	3. 각종 증폭회로	1. 각종 증폭회로 2. 연산증폭회로
	4. 발진 및 펄스회로	1. 발진회로 및 변 · 복조회로 2. 펄스회로 : 펄스발생의 기본, 펄스응용회로의 기본, 멀티바이브레이터 회로
	5. 논리회로	1. 조합논리회로 : 수의 진법 및 코드화, 기본 조합논리회로 2. 순서논리회로 : 기본 플립플롭 동작
	6. 반도체	1. 반도체의 개요 : 반도체의 종류 · 성질 · 재료, 전자의 개념 2. 반도체 소자 : 다이오드, BJT, FET, 특수반도체소자(광전소자, 사이리스터 등) 3. 집적회로 : 집적회로의 개념 및 종류
2. 전자계산기 일반	1. 컴퓨터의 구조 일반	1. 중앙처리장치(CPU)의 구성 2. 기억장치 3. 입 · 출력장치
	2. 자료의 표현과 연산	1. 자료의 표현 : 자료의 구조, 자료의 표현방식 2. 연산 : 산술연산, 논리연산
	3. 소프트웨어 일반	1. 프로그래밍 개념 및 순서도 작성
	4. 마이크로프로세서	1. 마이크로프로세서의 구조와 특징 2. 명령어(Instruction)형식 및 데이터 형식 3. 주소지정방식 4. 서브루틴과 스택

▨ 취득방법
1. 시 행 처 : 한국산업인력공단
2. 관련학과 : 실업계 고등학교의 기계, 전기, 전자, 금속, 재료, 화공 관련학과
3. 시험과목
- 필기 : 1. 전기전자공학 2. 전자계산기일반 3. 전자제도(CAD) 이론
- 실기 : 전자제도 작업 (전자 CAD 도면의 제작, 배치, 패턴설계 및 관련장비의 운용 등에 관한 작업)
4. 검정방법 및 합격기준
- 필기 : 객관식 4지택일형(60문항) – 100점을 만점으로 하여 60점 이상
- 실기 : 작업형(30분~1시간) – 100점을 만점으로 하여 60점 이상

▨ 진로 및 전망
제도사(캐드원)

필기과목	주요항목	미세항목
3. 전자제도(CAD) 이론	1. 제도규약	1. 전자제도 통칙 : 한국산업규격(KS)과 표준화, 한국산업규격(KS)의 부분별 분류, 전자제도의 개요 2. 도면의 표시방법 : 도면의 개요 및 구비조건, 도면의 크기와 양식 및 척도
	2. 전자부품	1. 전자부품의 기호 및 표시법 : 전자부품의 기호, 논리소자의 기호 2. 전자부품의 식별 방법 : 전자부품의 식별, 반도체 집적회로(IC) 능의 패키지 형태 및 특징 3. 전자부품의 판독법 : 전자 · 통신용 부품의 정격과 공칭 및 특성의 표시, 색과 문자에 의한 정격 및 허용 오차의 표시법
	3. 회로도면의 설계	1. 설계용도에 따른 도면의 분류 : 회도도면 및 각종 도면의 작성 방법, 회로도면 및 각종 도면의 작성 시 고려사항 2. 회로도면의 설계방법 : 설계방법의 분류기준, 단일도면과 평면구조도면, 단순 및 복합계층 구조도면
	4. 인쇄회로기판 제작공정	1. 인쇄회로기판의 종류 및 특성 : 인쇄회로기판의 장 · 단점, 인쇄회로기판의 구성 및 패턴의 전기적 특성, 인쇄회로기판의 재질 및 적층 형태에 따른 분류 및 특징 2. PCB 설계기준 및 제작공정 : 전자 CAD의 종류 및 장v단점, 회로설계 및 PCB 설계 순서, 인쇄회로기판(PCB)의 제작과정 3. PCB 설계 시 고려사항 : 부품의 실장과 배치, 노이즈 등에 대한 대책 4. PCB 발주 시 고려사항 : PCB 특성에 따른 발주 시 고려사항 5. 데이터파일의 종류와 취급 : 회로도면 설계시의 데이터 파, PCB 설계 시의 데이터 파일 6. PCB 특성 및 시험방법 : PCB의 전기적 특성과 특성시험의 종류와 방법
	5. CAD 일반	1. CAD시스템 : 기능에 따른 CAD 프로그램, 데이터 저장장치의 종류와 특징, 입 · 출력 인터페이스 파일의 종류와 특징 2. CAD시스템의 입 · 출력장치 : CAD시스템 입 · 출력 장치의 종류와 특징 3. CAD시스템에 의한 도형처리 : CAD 시스템 좌표계의 종류와 특징 및 도형의 작성과 편집, 형상 모델링의 종류와 특징

NCS(국가직무능력표준) 안내

NCS(국가직무능력표준)와 NCS 학습모듈

- 국가직무능력표준(NCS, National Competency Standards)이란 산업현장에서 직무를 수행하기 위해 요구되는 지식·기술·소양 등의 내용을 국가가 산업부문별·수준별로 체계화한 것으로 국가적 차원에서 표준화한 것을 의미합니다.
- NCS 학습모듈은 NCS 능력단위를 교육 및 직업훈련 시 활용할 수 있도록 구성한 교수·학습자료입니다. 즉, NCS 학습모듈은 학습자의 직무능력 제고를 위해 요구되는 학습 요소(학습 내용)를 NCS에서 규정한 업무 프로세스나 세부 지식, 기술을 토대로 재구성한 것입니다.

NCS 개념도

NCS의 활용영역

구분		활용 콘텐츠
산업현장	근로자	평생경력개발경로, 자가진단도구
	기업	현장수요 기반의 인력채용 및 인사관리기준, 직무기술서
교육훈련기관		직업교육 훈련과정 개발, 교수계획 및 매체·교재개발, 훈련기준 개발
자격시험기관		자격종목설계, 출제기준, 시험문항, 시험방법

NCS 학습모듈의 특징

• NCS 학습모듈은 산업계에서 요구하는 직무능력을 교육훈련 현장에 활용할 수 있도록 성취목표와 학습의 방향을 명확히 제시하는 가이드라인의 역할을 합니다.
• NCS 학습모듈은 특성화고, 마이스터고, 전문대학, 4년제 대학교의 교육기관 및 훈련기관, 직장교육기관 등에서 표준교재로 활용할 수 있으며 교육과정 개편 시에도 유용하게 참고할 수 있습니다.

NCS와 NCS 학습모듈의 연결 체제

과정평가형 자격취득 안내

과정평가형 자격

과정평가형 자격은 국가기술자격법에 근거하여 국가직무능력표준(NCS)에 따라 설계된 교육·훈련과정을 체계적으로 이수한 교육·훈련생에게 내·외부 평가를 통해 국가기술자격증을 부여하는 새로운 개념의 국가기술자격 취득 제도로서 2015년부터 시행되고 있다.

과정평가형 자격 운영 절차

시행 대상

국가기술자격법의 과정평가형 자격 신청자격에 충족한 기관 중 공모를 통하여 지정된 교육 · 훈련기관의 단위과정별 교육 · 훈련을 이수하고 내부평가에 합격한 자

교육 · 훈련생 평가

① 내부평가(지정 교육 · 훈련기관)
    ㉮ 평가대상 : 능력단위별 교육 · 훈련과정의 75% 이상 출석한 교육 · 훈련생
    ㉯ 평가방법
        ㉠ 지정받은 교육 · 훈련과정의 능력단위별로 평가
        ㉡ 능력단위별 내부평가 계획에 따라 자체 시설 · 장비를 활용하여 실시
    ㉰ 평가시기
        ㉠ 해당 능력단위에 대한 교육 · 훈련이 종료된 시점에서 실시하고 공정성과 투명성이 확보되어야 함
        ㉡ 내부평가 결과 평가점수가 일정수준(40%) 미만인 경우에는 교육 · 훈련기관 자체적으로 재교육 후 능력단위별 1회에 한해 재평가 실시
② 외부평가(한국산업인력공단)
    ㉮ 평가대상 : 단위과정별 모든 능력단위의 내부평가 합격자
    ㉯ 평가방법 : 1차 · 2차 시험으로 구분 실시
        ㉠ 1차 시험 : 지필평가(주관식 및 객관식 시험)
        ㉡ 2차 시험 : 실무평가(작업형 및 면접 등)

합격자 결정 및 자격증 교부

① 합격자 결정 기준
    내부평가 및 외부평가 결과를 각각 100점을 만점으로 하여 평균 80점 이상 득점한 자
② 자격증 교부
    기업 등 산업현장에서 필요로 하는 능력보유 여부를 판단할 수 있도록 교육 · 훈련 기관명 · 기간 · 시간 및 NCS 능력단위 등을 기재하여 발급

    NCS 및 과정평가형 자격에 대한 내용은 NCS국가직무능력표준 홈페이지(www.ncs.go.kr)에서 보다 자세하게 살펴볼 수 있습니다.

〔 CBT 필기시험 제도 안내 〕

■ 변경된 제도 개요

기능사 CBT(컴퓨터 기반 시험) 필기시험제도는 한국산업인력공단 상설시험장과 외부기관의 시설 및 장비를 임차하여 시행하기 때문에 시험장 사정에 따라 시험일자가 달라질 수 있으며, 수험생들이 선호하는 시험장은 조기 마감될 수 있으므로 주의하여야 합니다.

■ 원서접수 기간 및 접수처

- 한국산업인력공단이 주관 및 시행하는 기능사 정기 CBT 필기시험 및 상시 CBT 필기시험과 관련한 정보는 큐넷 홈페이지(http://www.q-net.or.kr)를 방문하여 확인합니다.
- 기능사 필기시험의 원서접수는 인터넷으로만 가능하며 정기 및 상시시험 모두 큐넷 홈페이지 (http://www.q-net.or.kr)에서 접수할 수 있습니다.
- 기능사 상시시험 종목 : 한식조리기능사, 양식조리기능사, 일식조리기능사, 중식조리기능사, 제과기능사, 제빵기능사, 미용사(일반), 미용사(피부), 미용사(네일), 미용사(메이크업), 굴착기운전기능사, 지게차운전기능사, 건축도장기능사, 방수기능사 [14종목]
  ※건축도장기능사, 방수기능사 2종목은 정기검정과 병행 시행

■ CBT 부별 시험시간 안내

구분	입실시간	시험시간	비고
1부	09:30	09:50~10:50	
2부	10:00	10:20~11:20	
3부	11:00	11:20~12:20	
4부	11:30	11:50~12:50	
5부	13:00	13:20~14:20	시험실 입실 시간은
6부	13:30	13:50~14:50	시험 시작 20분 전
7부	14:30	14:50~15:50	
8부	15:00	15:20~16:20	
9부	16:00	16:20~17:20	
10부	16:30	16:50~17:50	

※지역별 접수인원에 따라 일일 시행횟수는 변동될 수 있으며, 원거리 시험장으로 이동할 수 있습니다.

■ 합격자 발표

종이 시험과 달리 CBT 필기시험은 시험이 종료된 후 시험점수와 함께 합격 여부를 확인할 수 있으며, 이 결과는 시험일정 상의 합격자 발표일에 최종 확인할 수 있습니다.

01 CBT 필기시험 응시를 위해 지정된 좌석에 앉으면 해당 컴퓨터 단말기가 시험감독관 서버에 연결되었음을 알리는 연결 성공 메시지가 나타납니다.

02 수험자 접속 대기 화면에서 좌석번호를 확인합니다. 좌석번호 확인이 끝나면 시험감독관의 지시에 따라 시험 안내 화면으로 자동으로 이동합니다.

03 수험자 정보를 확인합니다. 감독관의 신분 확인 절차가 진행됩니다. 신분 확인이 모두 끝나면 시험을 시작할 수 있습니다.

04 CBT 필기시험에 대한 안내사항이 나타납니다. 화면은 예제이며, 실제 기능사 필기시험은 총 60문제로 구성되며, 60분간 진행됩니다.

05 다음 항목에서 시험과 관련된 유의사항을 확인합니다. 특히, 시험과 관련한 부정행위 적발 시 퇴실과 함께 해당 시험은 무효처리되어 불합격 될 뿐만 아니라, 이후 3년간 국가기술자격검정에 응시할 수 있는 자격이 정지되므로 부정행위로 인정되는 내용을 꼼꼼히 확인하도록 합니다.

06 메뉴설명 항목에서는 문제풀이와 관련된 메뉴에 대한 설명을 확인할 수 있습니다. CBT 화면에서는 글자 크기를 크게 하거나 작게 할 수 있을 뿐 아니라, 화면 배치를 1단 또는 2단 화면 보기 혹은 한 문제씩 보기로 선택할 수 있습니다.

07 문제풀이 연습 항목에서는 실제 문제를 풀어보는 과정을 연습할 수 있습니다. 실제 시험에서 실수하지 않도록 하기 위해 [자격검정 CBT 문제풀이 연습] 버튼을 클릭합니다.

08 보기의 연습 문제는 국가기술자격시험의 정부 위탁기관인 한국산업인력공단의 본부 청사 소재지를 묻는 것입니다. 현재 한국산업인력공단 본부는 울산광역시에 소재하고 있습니다. 문제 아래의 보기에서 번호 항목을 클릭하거나 답안 표기란의 번호 항목에서 해당 답안을 클릭하여 답안을 체크합니다.

09 문제 아래의 보기를 클릭하거나 오른쪽 답안 표기란의 답안 항목을 클릭하면 화면과 같이 선택한 답안이 OMR 카드에 색칠한 것과 같이 색이 채워집니다.

답안을 수정할 때는 마찬가지 방법으로 수정하고자 하는 문제의 보기 항목이나 답안 표기란의 보기 항목에서 수정하고자 하는 답안을 클릭합니다.

10 문제를 풀고 나면 다음 문제를 풀기 위해 화면 하단의 [다음] 버튼을 클릭하여 문제를 계속 풀어나가면 됩니다. 참고로 하단 버튼 중 [계산기]를 클릭하면 간단한 공학용 계산기를 사용하여 계산 문제를 푸는 데 도움을 받을 수 있습니다.

> 계산이 끝나고 계산기를 화면에서 사라지게 하려면 계산기 창의 오른쪽 상단에 있는 닫기 ☒ 버튼을 클릭합니다.

11 문제 풀이 연습이 끝나면 하단의 [답안 제출] 버튼을 클릭하여 답안을 제출합니다.

> 어려운 문제의 경우 하단의 [다음] 버튼을 클릭하여 다음 문제를 풀 수도 있습니다. 단, 이러한 경우 답안을 제출하기 전에 하단의 [안 푼 문제] 버튼을 클릭하여 혹시 풀지 않은 문제가 있는 지 최종적으로 확인하도록 합니다.

12 답안 제출을 클릭하면 나타나는 화면입니다. 수험생들이 실수로 답안을 모두 체크하지 않고 제출할 수 있는 실수를 방지하기 위해 2회에 걸쳐 주의 화면이 나타납니다. 답안을 제출하려면 [예] 버튼을 누릅니다.

전자개도기능사 필기

13 문제풀이 연습을 모두 마치면 나타나는 화면에서 [시험 준비 완료] 버튼을 클릭합니다. 이후 시험 시간이 되면 시험 감독관의 지시에 따라 시험이 자동으로 시작됩니다.

14 본 시험이 시작되면 첫 번째 문제가 화면에 나타납니다. 앞서 문제풀이 연습 때와 마찬가지 방법으로 문제의 보기에서 정답을 클릭하거나 답안 표기란에 해당 문제의 정답 항목을 클릭하여 답을 선택합니다.

15 화면 하단의 [다음] 버튼을 클릭하면 다음 문제를 풀 수 있습니다. 앞서와 마찬가지 방법으로 답안에 체크하고 모든 문제를 풀었다면 [답안 제출] 버튼을 클릭합니다.

화면의 상단 오른쪽에 제한 시간과 남은 시간이 표시됩니다. 본 예제는 체험을 위한 것으로 실제 시험시간은 60분이며, 이에 따라 남은 시간도 표시됩니다.

16 수험생의 실수를 방지하기 위해 2회에 걸쳐 주의 문구가 출력됩니다. 모든 문제를 이상없이 풀고 답안에 체크했다면 [예] 버튼을 클릭하여 답안을 제출하고 시험을 마무리합니다.

문제 화면으로 다시 돌아가고자 한다면 [아니오] 버튼을 클릭하여 이미 푼 문제들을 다시 확인하고 필요한 경우 답안을 수정할 수 있습니다.

17 답안 제출 화면이 나타납니다. 잠시 기다립니다.

18 CBT 필기시험을 모두 끝내고 답안을 제출하면 곧바로 합격, 불합격 여부를 화면과 같이 확인할 수 있습니다. 독자분들은 꼭 화면과 같은 합격 축하 문구를 볼 수 있기를 기원합니다.

19 앞서의 합격 여부 화면에서 [확인 완료] 버튼을 클릭하면 CBT 필기시험이 종료됩니다. 고생하셨습니다.

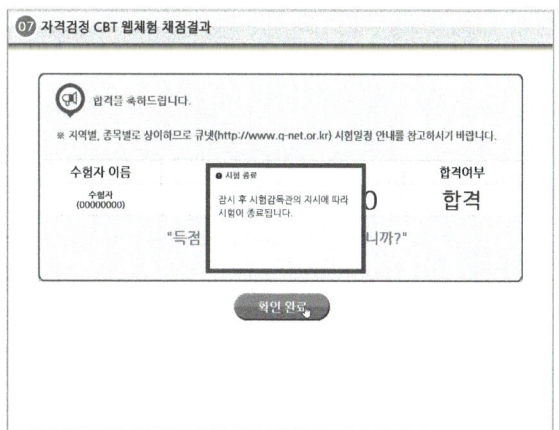

본 도서에 수록된 CBT 필기시험 체험하기 내용은 한국산업인력공단의 CBT 체험하기 과정을 인용하여 구성 및 정리한 것입니다. 직접 한국산업인력공단에서 제공하는 CBT 필기시험을 체험하고자 하는 독자께서는 한국산업인력공단이 운영하는 큐넷 홈페이지(www.q-net.or.kr)를 방문하시기 바랍니다.

이 책의
차례
CONTENTS

CHAPTER

01

Craftsman Electronic CAD

전기전자
공학

Craftsman Electronic CAD

직 · 교류회로

1. 직 · 병렬회로

(1) 전류 : 회로의 어느 단면을 단위 시간에 통과하는 전하의 양을 나타내며 t초 동안 Q의 전하가 이동하였을 때의 전류의 세기는 다음과 같다. (Q : 전하량)

$$I = \frac{Q}{t} \, [A]$$

참고 1[A] : 1초 동안 도선의 단면을 1쿨롱의 전하량이 흐를 때의 전류의 세기

(2) 전압, 전위차 : 단위 전하당 한 일 (W : 전하 이동에 의한 일의 양)

$$V = \frac{W}{Q} \, [V]$$

(3) 저항(Resistance) : 전기회로에서 전류의 흐름을 방해하는 소자

(4) 옴의 법칙(Ohm's law)

① 전기회로에 흐르는 전류는 전압에 비례하고, 저항에 반비례한다.

$$I = \frac{V}{R} \, [A] \quad (I : 전류, \, V : 전압, \, R : 저항)$$

② 컨덕턴스(conductance) : 전기가 얼마나 잘 통하느냐 하는 정도를 나타내는 계수를 나타낸 것으로 저항의 역수 또는 어드미턴스의 실수부이다. 단위는 모(mho)이며 기호는 M이다.

$$G = \frac{1}{R} \, [\mho], \, I = GV \; 또는 \; \frac{I}{V} = G$$

(5) 저항의 접속

1) **직렬접속** : 하나 이상의 저항들을 일렬로 접속한 것

① 합성저항(R_T) $= R_1 + R_2 + R_3 \, [\Omega]$

② 직렬회로의 전압분배 : 옴의 법칙에 의해 다음과 같다.

$$V_1 = \frac{R_1}{R_T} \times V, \; V_2 = \frac{R_2}{R_T} \times V, \; V_3 = \frac{R_3}{R_T} \times V$$

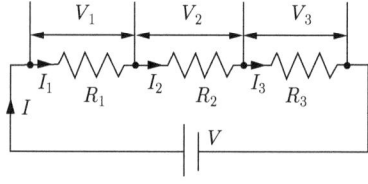

참고 • 동일한 크기의 R을 n개 직렬 접속하면 합성저항은 $R \times n$이다.
• 동일한 크기의 R을 n개 병렬 접속하면 합성저항은 $\frac{R}{n}$이다.

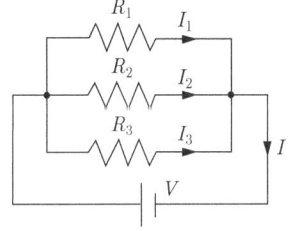

2) **병렬접속** : 2개 이상의 저항의 양 끝을 각각 한 곳에서 접속하는 것

① 합성저항$(R_T) = \dfrac{1}{\dfrac{1}{R_1}+\dfrac{1}{R_2}+\dfrac{1}{R_3}} = \dfrac{R_1 R_2 R_3}{R_1 R_2 + R_1 R_3 + R_2 R_3}$ [Ω]

② 직렬회로의 전류분배 : 옴의 법칙에 의해 다음과 같다.

$$I_1 = \frac{R_T}{R_1} \times I, \; I_2 = \frac{R_T}{R_2} \times I, \; I_3 = \frac{R_T}{R_3} \times I$$

3) **직·병렬 접속** : 직렬접속과 병렬접속을 조합한 회로

① 합성저항$(R_T) = R_1 + \dfrac{1}{\dfrac{1}{R_2}+\dfrac{1}{R_3}} = R_1 + \dfrac{R_2 R_3}{R_2 + R_3}$

(6) 전지의 접속

① 직렬접속

$$I(R+nr) = nE, \; I = \frac{nE}{nr+R} = \frac{E}{r+\dfrac{R}{n}} \; [A]$$

※전지는 내부저항(r)을 가지고 있다. E가 n개 직렬로 접속하면 전체 $E_T = nE$

② 병렬접속

$$I(R+\frac{r}{n}) = E, \; I = \frac{E}{R+\dfrac{r}{n}} \; [A]$$

※E가 n개 병렬로 접속하면 전체 $E_T = E$

③ 직·병렬접속

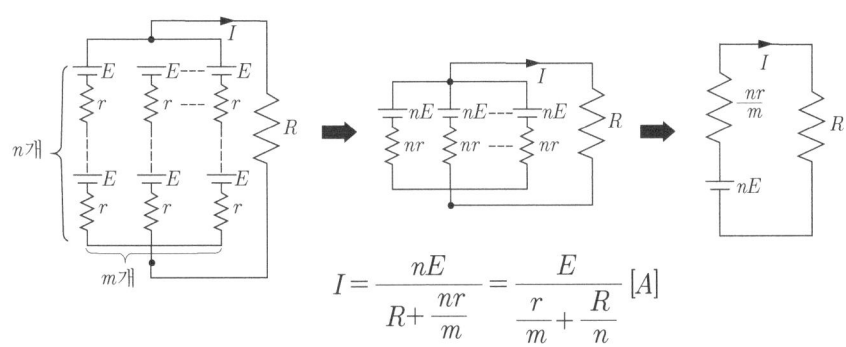

$$I = \frac{nE}{R+\dfrac{nr}{m}} = \frac{E}{\dfrac{r}{m}+\dfrac{R}{n}} \; [A]$$

Craftsman Electronic CAD

(7) 전기저항

① 도체의 저항 : 고유저항(ρ)과 도체의 길이(l)에 비례하고, 단면적(A)에 반비례 한다.

$$R = \rho \frac{l}{A} \, [\Omega]$$

② 고유저항(ρ) : 길이 1[m], 단면적 1[m²]의 임의 도체 양면 사이의 저항값을 나타낸다.
(단위 : $\Omega \cdot$ m)

$$\rho = \frac{R \cdot A}{l} \, [\Omega \cdot \text{m}]$$

③ 전도율(σ) : 고유저항의 역수로서 전류의 흐르기 쉬운 정도를 나타낸다.

④ 저항의 온도 특성 : 금속체의 저항은 온도의 상승에 따라 점차 저항이 증가하는 특성을 지니고 있다.

⑤ 표준연동에 대한 온도계수

	설명	
0[℃]에서의 온도계수	도체의 온도가 0[℃]에서 1[℃]로 상승할 경우의 저항의 증가비율	$\alpha_0 = \dfrac{1}{234.5} = 0.00427$
t[℃]에서의 온도계수	도체가 온도 t[℃]에서 1[℃] 상승할 경우의 저항값의 증가비율	$\alpha_t = \dfrac{1}{234.5+t} = \dfrac{\alpha_0}{1+\alpha_0 t}$
온도에 따른 저항변화	임의의 온도 t[℃]에서의 저항값이 R_t인 도체가 T[℃]로 상승할 경우의 저항값	$R_t = R_t\{1+\alpha_t(T-t)\} \, [\Omega]$

(8) 전류의 열작용

1) 전력(P)

① 단위 시간동안에 전기에너지의 소비량을 나타내는 것

② 1[sec] 동안에 1[J]의 일을 할 때 1[W]의 전력이라고 함 (단위 : W = J/sec)

③ $P = \dfrac{VQ}{t} = VI = I^2 R = \dfrac{V^2}{R} [\text{W}]$ (Q : 전하량, t : 시간)

2) 전력량(W)

① 어느 일정 시간 동안의 전기에너지의 총량을 나타내는 것

② 전력과 그 전력이 계속하는 시간과 곱으로 나타냄 (단위 : J =W · sec)

③ $W = I^2 Rt = VIt = Pt \, [J]$

> **참고** 전력량의 단위 변환
> • 1[W · sec] = 1[J]
> • 1[Wh] = 1[W]×3600[sec] = 3600[W · sec] = 3600[J] = 3.6×10³[J]
> • 1[kWh] = 1000[Wh] = 10³×3.6×10³[J]= 3.6×10⁶[J]

3) 줄의 법칙(Joule's law)

① 저항 R의 도체에 전류 I를 흘릴 때 전류에 의한 단위시간당 발생열량은 도체의 저항과 전류의 제곱에 비례한다는 법칙

② 발열량(H) = $0.24 \times I^2 Rt \, [cal]$ (I : 전류, R : 저항, t : 시간)

> **참고** 발열량 공식의 유도
> - $H = I^2 Rt \ [J]$
> - $1[J] = \dfrac{1}{4.186} = 0.24[cal]$ (← 줄의 실험에 의하면 1cal의 열량 = 4.186J이므로)

④ 온도상승에 따른 발열량$(H') = cm(T - T_0) \ [cal]$

　　(c : 비열, m : 질량[g], T_0 : 상승 전의 온도[℃], T : 상승 후의 온도[℃])

4) 열전기 현상

① 제벡 효과(Seebeck effect) : 서로 다른 두 종류의 금속을 접촉하여 두 접점의 온도를 다르게 하면 온도차에 의해서 열기전력이 발생하고 미소한 전류가 흐르는 현상

② 펠티에 효과(Peltier effect) : 두 종류의 금속을 접촉하여 전류를 흘리면 그 접점의 접합부에서 열의 발생 및 흡수 현상이 생기는 현상(전자냉동기 등에서 이용)

[제벡 효과]　　　　　　　　　[펠티에 효과]

2. 회로망 해석의 정리 · 응용

(1) 키르히호프의 법칙

법칙	설명
제1법칙 (전류법칙, KCL)	회로의 한 접속점에서 접속점에 흘러들어오는 전류의 합과 흘러나가는 전류의 합은 같다. $\Sigma I = I_1 - I_2 - I_3 + I_4 - I_5 = 0$ • 들어오는 전류 : I_1, I_4 • 나가는 전류 : I_2, I_3, I_5
제2법칙 (전압법칙, KVL)	회로망 중의 임의의 폐회로 내에서 일주 방향에 따른 전압강하의 합은 기전력의 합과 같다. 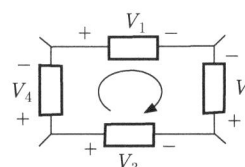　임의의 폐회로에 따라 일주하면서 취한 전압상승의 합은 전압강하의 합과 같다. $-V_1 + V_2 + V_3 - V_4 = 0$ $V_2 + V_3 = V_1 + V_4$

(2) 중첩의 원리

회로 내에 2개 이상의 전원이 동시에 작용할 때 회로에 흐르는 전류는 전원이 각각 단독으로 그 위치에 존재할 때 발생하는 전류의 합이다.

$$I_1 = I'_1 - I''_1 , I_2 = I'_2 - I''_2 , I_3 = I'_3 - I''_3$$

※ 전류원은 개방(Open), 전압원은 단락(Short) 시킨다.

(3) 테브낭의 정리와 노튼의 정리

	설명
테브낭의 정리	• 전원이 포함된 회로망은 하나의 등가전압(V_{Th}) 및 직렬로 연결된 등가저항 (R_{Th})으로 대치할 수 있다. • R_{Th} : 전압원을 단락하고 출력단에서 구한 합성저항
노튼의 정리	• 전원이 포함된 회로망은 하나의 등가전류원(i_N)및 병렬로 연결된 등가저항 (R_N)으로 대치할 수 있다. • R_N : 전류원을 개방하고 출력단에서 구한 합성저항

[테브낭의 정리]　　　　　　　[노튼의 정리]

(4) 최대전력 전달

임의의 회로에서 발생된 전력을 이 회로에 연결된 부하 회로에 최대로 전달하려면 부하저항 값 R_L이 테브낭 등 가회로의 R_{Th}의 값과 같아야 한다.

$$P_L = i_L^2 \times R_L = \left(\frac{v_{oc}}{R_{Th}+R_L}\right) \times R_L$$

즉, P_L을 최대로 만드는 값을 구하려면, 최적화 기법으로 위의 식을 변수 R_L에 대하여 편미분하고, 그 값을 0으로 만드는 변수값을 찾으면 된다.

$$\frac{\partial P_L}{\partial R_L} = \frac{v_{oc}^2}{(R_{Th}+R_L)^2} - 2\frac{v_{oc}^2 R_L}{(R_{Th}+R_L)^3} = v_{oc}^2 \frac{R_{Th}-R_L}{(R_{Th}+R_L)^3} = 0$$

따라서 위 식을 만족시키려면 분자가 0이 되어야 하므로 $R_{Th} - R_L = 0$, 즉 $R_{Th} = R_L$
그리고 이 때 얻을 수 있는 최대전력은 다음과 같다.

$$P_{max} = v_L \times i_L = \frac{v_{oc}}{2} \times \frac{v_{oc}}{2R_L} = \frac{v_{oc}^2}{4R_L}$$

STEP 02 정전계

정전계(electrostatic field, 靜電界)는 정지하고 있는 전하에 의해서 발생하는 전기력이 미치는 범위의 공간을 말한다.

1. 정전기의 성질

(1) 대전현상

종류가 다른 두 물체를 마찰할 때 두 물체 상호간, 또는 주위의 가벼운 물체 등을 끌어당기는 힘이 발생하는 현상을 말하며 여기서 발생한 전기를 마찰 전기라 하고 이 때 종류가 다른 두 물체에는 각각 ⊕, ⊖ 전기를 발생하면서 다음과 같은 성질을 갖는다.

① 다른 종류의 전기를 띤 2개의 물체는 서로 끌어당기는 흡인력이 작용한다.
② 같은 종류의 전기를 띤 2개의 물체는 서로 반발하는 반발력이 작용한다.

(2) 정전유도

대전체 A에 대전되지 않은 도체 B를 가까이 하면 A에 가까운 쪽에는 다른 종류의 전하가, 먼 쪽에는 같은 종류의 전하가 나타나는 현상

(3) 정전계의 쿨롱의 법칙

두 개의 대전체 사이에는 힘이 작용하는데, 즉 두 개의 점전하 Q_1과 Q_2 사이에 작용하는 힘 F는 Q_1과 Q_2의 곱에 비례하고 두 전하 사이 거리의 제곱(r^2)에 반비례한다.

$$F = k\frac{Q_1 Q_2}{r^2}[N]$$

$$F = \frac{1}{4\pi\varepsilon_0} \times \frac{Q_1 Q_2}{r^2}[N] \ (\varepsilon_0 = \frac{10^{-9}}{36\pi} \text{이므로}) \ F = \frac{Q_1 Q_2}{4\pi\varepsilon_0 r^2} = 9\times10^9 \times \frac{Q^2}{r^2} \ [N]$$

2. 전기장

임의의 대전체에 의한 전기적인 힘이 미치는 공간을 전기장, 전장 또는 전계라 한다.

(1) 전기장의 세기

임의의 전기장 내에 +1[C]의 단위 점전하를 놓았을 때 이 단위 점전하에 작용하는 힘을 전기장의 세기라 하면 쿨롱의 법칙에 따라 다음과 같이 나타낼 수 있다.

$$E = \frac{1}{4\pi\varepsilon} \times \frac{Q}{r^2} = \frac{1}{4\pi\varepsilon_0\varepsilon_s} \times \frac{Q}{r^2} = 9\times10^9 \times \frac{Q}{\varepsilon_s r^2} \ [N]$$

(2) 정전력과 전기장과의 관계

전기장의 세기가 E인 공간 내에 $Q[C]$의 전하를 놓았을 때 작용하는 힘으로 쿨롱의 법칙에 의하여 +1[C]인 때의 Q배가 되므로 다음과 같이 나타낼 수 있다.

$$F = QE[N], \ E = \frac{F}{Q}[N/C] = \frac{F}{Q}[V/m], \ Q = \frac{F}{E}[C]$$

3. 콘덴서

(1) 콘덴서와 정전용량

① 정전용량 : 임의의 콘덴서가 전하를 축적하는 능력을 나타내는 비례상수로 커패시턴스라고도 하며 단위는 [F]을 사용한다.

$$Q = CV[C], \ C = \frac{Q}{V}[F]$$

② 평행판 콘덴서의 정전용량 : 평행판 콘덴서에서의 정전용량 C의 값은 극판 사이를 채운 유전체의 유전율 ε과 극판의 면적 A에는 비례하고, 극판간의 거리 d에는 반비례 한다.

$$C = \varepsilon \frac{A}{d}\ [F], \ Q = CV = \varepsilon \frac{A}{d} V\ [C]$$

(2) 콘덴서의 접속

① 병렬접속

$$Q_1 = C_1 V, \ Q_2 = C_2 V, \ Q_3 = C_3 V$$

$$Q = Q_1 + Q_2 + Q_3 = C_1 V + C_2 V + C_3 V = V(C_1 + C_2 + C_3)$$

$$\therefore 합성정전용량 \ C = \frac{Q}{V} = C_1 + C_2 + C_3$$

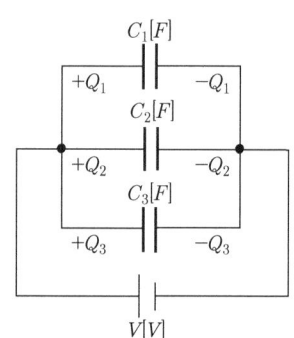

② 직렬접속

$$V_1 = \frac{Q}{C_1}, \ V_2 = \frac{Q}{C_2}, \ V_3 = \frac{Q}{C_3}$$

$$V = V_1 + V_2 + V_3 = \frac{Q}{C_1} + \frac{Q}{C_2} + \frac{Q}{C_3}$$

$$= Q\left(\frac{1}{C_1} + \frac{1}{C_2} + \frac{1}{C_3}\right)$$

$$\therefore 합성정전용량 \ C = \frac{Q}{V} = \frac{1}{\dfrac{1}{C_1} + \dfrac{1}{C_2} + \dfrac{1}{C_3}}[F]$$

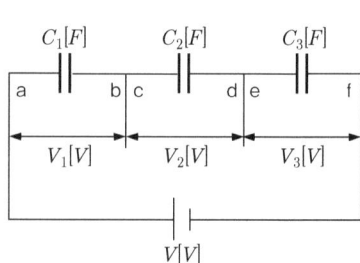

1. 자기의 성질

(1) 자석의 성질

자석(Magnetic)의 자극은 반드시 N극(+극)과 S극(-극)이 쌍을 이루며, 같은 극끼리는 서로 밀어내는 반발력이 작용하고, 다른 극과는 서로 끌어당기는 흡인력이 작용한다.

(2) 정자계의 쿨롱의 법칙(Coulomb's law)

두 자극 사이에 작용하는 힘은 두 자극의 세기(m_1, m_2)의 곱에 비례하고, 두 자극 사이의 거리(r)의 제곱에 반비례한다.

$$F = k\frac{m_1 m_2}{r^2} = \frac{1}{4\pi\mu} \times \frac{m_1 m_2}{r^2} = \frac{1}{4\pi \times (4\pi \cdot 10^{-7})} \times \frac{m_1 m_2}{r^2} = 6.33 \times 10^4 \frac{m_1 m_2}{r^2} [N]$$

$\mu = \mu_0 \cdot \mu s$ ($\mu_0 = 4\pi \cdot 10^{-7}$, $\mu s =$ 진공 중에서 1)

2. 자기장의 성질

(1) 자기장

① 자기장의 세기(H) : 임의의 자기장 내에 +1[Wb]의 단위 점 자하를 놓았을 때 이 단위 점 자하에 작용하는 자기장의 세기라 하며, 쿨롱의 법칙에 따라 다음과 같이 나타낼 수 있다.

$$H = k\frac{m_1 m_2}{r^2} = \frac{m \times 1}{4\pi\mu_0 r^2} = 6.33 \times 10^4 \frac{m}{r^2} [AT/m \text{ 또는 } A/m]$$

② 자기력 : 자기장의 세기가 H인 공간 내에 $m'[Wb]$의 자하를 놓았을 때 작용하는 힘으로 쿨롱의 법칙에 따라 다음과 같이 나타낼 수 있다.

$$F = \frac{mm'}{4\pi\mu_0 r^2} \text{ 이고 } H = \frac{m}{4\pi\mu_0 r^2} \text{이므로, } \frac{F}{H} = m' [Wb], \ F = m'H = mH \ [N]$$

$$\therefore H = \frac{F}{m} [N/Wb]$$

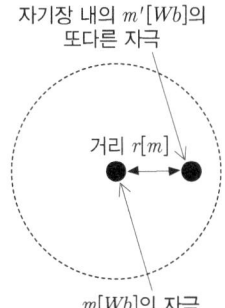

[자기장의 세기(H)] [자기장 내에 다른 자극과의 관계]

(2) 자기력선의 성질

　① 자기력선은 N극에서 시작하여 S극에서 끝난다.

　② 자장 안에서 임의의 점에서의 자기력선의 접선방향은 그 접점에서의 자기장의 방향을 나타
　　낸다.

　③ 자장 안에서 임의의 점에서의 자기력선 밀도는 그 점에서의 자장의 세기를 나타낸다.

　④ 두 개의 자기력선은 서로 반발하며 교차하지 않는다.

(3) 자속 밀도와 자장의 세기

　① 자속밀도(B) : 1[m^2]의 단위 면적당 자속의 양을 말한다(단위 : T(테슬라) 또는 Wb/m^2)

$$B = \frac{자속}{면적} = \frac{\phi}{A} = \frac{\mu NI}{l} \ [Wb/m^2]$$

 참고　**자속($\phi[Wb]$)**
　• 자극의 이동선을 가상으로 그린 선을 말하며, 점자극 $m[Wb]$의 자극이 미치
　　는 범위 내에는 $m[Wb]$의 힘이 동일하게 적용된다.

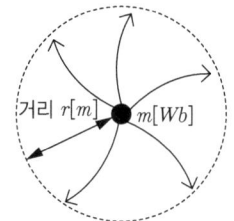

거리 $r[m]$　　$m[Wb]$

　② 자장의 세기 : 자기 회로의 단위 길이에 대해서 얼마만큼의 기자력(자속을 발생시키는 원천)이
　　주어지고 있는가를 나타내는 양

$$H = \frac{NI}{l} \ [AT/m] \ (\ l : 단위 길이 즉, 한 번 감은 길이)$$

(4) 자기 모멘트

　① 자극의 세기 $m[Wb]$와 길이 $l[m]$인 자석의 자기 모멘트 M은

$$M = ml \ [Wb{\cdot}m]$$

　② 평등 자장 내에서 막대 자석이 받은 회전력 T는

$$T = MH sin\theta \ [N{\cdot}m]$$

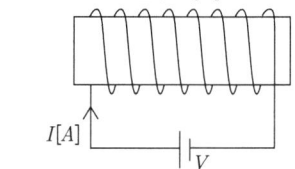

권수 $N[T]$

$I[A]$　　　V

3. 전류에 의한 자기현상

(1) 전류에 의한 자기장의 발생

　① 직선 전류에 의한 자기장의 발생 : 종이와 도선을 배치한 상태에서 종이 위에 철가루를 뿌리
　　고 도선에 전류를 흘리면서 종이를 가볍게 두드리면 종이 위의 철가루는 서서히 도선을 중심
　　으로 하는 원형을 그린다.(→원형의 자기장이 발생)

　② 앙페르(Ampere)의 오른나사 법칙 : 도선에 흐르는 전류에 의한 자기장의 방향을 결정하는 것
　　으로 오른나사 방향으로 전류의 방향을 정하면, 이때 발생하는 자기장의 방향은 오른나사의
　　회전방향이 된다는 법칙이다.

[직선 전류에 의한 자계]　　　[앙페르의 오른나사 법칙]

(2) 전류에 의한 자장의 세기

① 비오-사바르의 법칙 : 전선에 흐르는 전류에 의해 만들어진 자계의 크기를 구할 때 사용하는 법칙으로, 도선에 전류 I가 흐를 때 도선상의 미소부분의 $\Delta l[m]$에 의한 $r[m]$ 떨어진 지점에 자장 ΔH의 세기를 알 수 있다.

$$\Delta H = \frac{I\Delta l}{4\pi r^2}\, sin\theta\,[AT/m]$$

② 직선 전류에 의한 자장의 세기 : 무한히 긴 직선 도체에 전류 $I[A]$를 흘릴 때, 직선도체에서 수평으로 $r[m]$ 떨어진 점 P에 발생하는 자장의 세기는 다음과 같다.

$$H = \frac{I}{2\pi r}\,[AT/m]$$

③ 원형 코일 중심의 자장의 세기 : 반지름 $r[m]$로 N회 감은 원형 코일에 전류 $I[A]$를 흘릴 때 원형 코일의 중심 O점에 발생하는 자장의 세기는 비오-사바르의 법칙에 의하여 다음과 같이 나타낼 수 있다.

$$H = \frac{NI}{2r}\,[AT/m]$$

4. 전자력

(1) 전자력의 방향과 크기

① 플레밍의 왼손 법칙 : 자장 안에 놓인 도선에 전류가 흐를 때 도선이 받는 힘의 방향을 알 수 있는 법칙

② 직선 도체에 작용하는 힘

$$F = BIlsin\theta\,[N]$$

③ 사각형 코일에 작용하는 힘

$$F = BIANcos\theta\,[N\cdot m]$$

(2) 평행 도체 사이에 작용하는 힘

두 전류 간에 작용하는 힘 : 두 전류의 방향이 같으면 흡인력, 두 전류의
방향이 반대이면 반발력이 작용하여, 도선 1[m]마다의 힘은 다음과 같다.

$$F = \frac{2I_1 I_2}{r} \times 10^{-7} \, [N/m]$$

5. 전자유도현상

(1) 플레밍의 오른손 법칙

도체가 운동하여 자속을 끊었을 때 기전력의 방향을 알
수 있는 법칙

(2) 페러데이의 전자 유도 법칙

전자 유도에 의해서 생기는 전압의 크기는 코일을 쇄교
(서로 연결)하는 자속의 변화율과 코일의 권수의 곱에 비
례한다.

$$V = N \frac{\Delta \phi}{\Delta t} \, [V]$$

(3) 렌쯔의 법칙

전자유도에 의하여 생긴 기전력의 방향은 그 유도전류가 만들 자속이 항상 원래 자속의 증가 또
는 감소를 방해하는 방향이다.

$$V' = -L \frac{\Delta I}{\Delta t} \, [V]$$

(4) 유도기전력의 크기

자속밀도 $B[Wb/m]$인 자장 내에 길이 $l[m]$의 도체를 자속의 방향에 대한 각도 θ를 가지면서 속
도 $V[m/sec]$로 운동시킬 때 도체에서 발생하는 유도기전력의 크기는 다음과 같다.

$$e = vBl\sin\theta \, [V]$$

6. 유도 작용과 인덕턴스

(1) 자기유도

코일에 흐르는 전류 $I[A]$를 변화시키면 코일과 쇄교하는 자속 ϕ도 변화하므로 코일 자체에는 이
자속의 변화를 방해하는 방향으로 새로운 기전력이 유도된다. 이와 같이 코일에 흐르는 전류의
변화에 의하여 코일 자체에 새로운 기전력이 유도되는 현상을 자기유도라 한다.

(2) 자체 인덕턴스

코일에 흐르는 전류 $I[A]$에 비례하여 발생하는 자속 ϕ에 의하여 유도되는 기전력의 크기를 결
정하는 비례상수로 그 크기는 코일의 권수나 형태, 주위 매질의 투자율 등에 의하여 결정되어

진다.

$$L = \frac{N\phi}{I} [H]$$

(3) 환상 솔레노이드(ring solenoid)의 자기 인덕턴스

$$L = \frac{\mu A N^2}{l} [H]$$

$1[H]$: $1[sec]$ 동안에 $1[A]$의 전류가 변화하여 $1[V]$의 전압이 발생하는 코일의 자체 인덕턴스

(4) 상호 인덕턴스

유도결합상태에 있는 두 개의 코일에서 1차코일에 흐르는 전류 $I_1[A]$에 의하여 발생한 자속 ϕ가 2차코일을 쇄교하여 2차코일에 유도되는 기전력의 크기를 결정하는 비례상수를 상호인덕턴스라고 한다.

$$M = \frac{N_2 \phi_1}{I_1} [H]$$

[환상 솔레노이드의 자기 인덕턴스]   [상호 인덕턴스]

(5) 결합계수

$$K = \frac{M}{\sqrt{L_1 L_2}} \quad (단, 0 < K \le 1)$$

(6) 인덕턴스의 접속

상호 인덕턴스를 가지는 2개의 코일을 직렬로 접속했을 때 발생하는 합성 인덕턴스는 각각의 코일 접속 방법에 따라 다음과 같다.

접속 방법	설명
가동접속	• 2개의 코일에 흐르는 전류에 의하여 발생한 자속이 서로 합해지는 방향이 되도록 접속한 경우 • $L = L_1 + L_2 + 2M [H]$
차동접속	• 2개의 코일에 흐르는 전류에 의하여 발생한 자속이 서로 상쇄되는 방향이 되도록 접속한 경우 • $L = L_1 + L_2 - 2M [H]$

7. 전자에너지

(1) 코일에 축적되는 에너지

$$v' = L\frac{\Delta I}{\Delta t}[V] = L\frac{I}{t}[V]\text{에서}$$

$$W = v' \times \frac{It}{2} = L\frac{I}{t} \times \frac{It}{2} = \frac{1}{2} \times LI^2[J]$$

(2) 단위체적당 축적되는 에너지

$$W = \frac{W}{Al} = \frac{1}{2}BH = \frac{1}{2}\mu H^2\,[J/m^3]$$

$$\text{또, } W = \frac{1}{2}BH = \frac{1}{2} \times \frac{B^2}{\mu}\,[J/m^3]$$

(3) 자기 흡인력

$$F = \frac{1}{2} \times \frac{1}{\mu_0}B^2 A\,[N]$$

$$\text{단위 넓이 } 1[m^2]\text{마다의 흡인력 } F = \frac{1}{2} \times \frac{B^2}{\mu_0}\,[N/m^2]$$

STEP 04 교류회로

1. 정현파 교류와 표시방법

(1) 사인파의 교류

① 직류 : 시간의 변화에 따라 크기와 방향이 일정한 전압 · 전류

② 교류 : 시간의 변화에 따라 크기와 방향이 주기적으로 변하는 전압 · 전류

③ 파형 : 전압, 전류 등이 시간의 흐름에 따라 변화하는 모양

④ 사인파의 교류 발생

㉠ 코일에 발생하는 전압

$v = 2Blu\sin\theta = V_m\sin\theta[V]$ (B : 자속밀도$[Wb/m^2]$, l : 길이$[m]$, u : 속도$[m/s]$)

㉡ 호도법 : 각도를 라디안$[rad]$으로 나타냄 $\theta = l/r[rad]$

㉢ 각도 : $180° = \pi\,[rad]$

㉣ 회전각 : $\theta = \omega t\,[rad]$

※ 각속도 : 회전체가 1초 동안에 회전한 각도, 기호는 ω, 단위는 $[rad/s]$

[사인파]

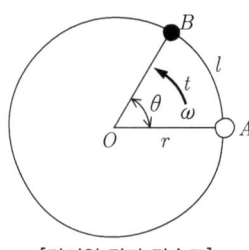

[라디안 각과 각속도]

⑤ 주기와 주파수

	설명
주기	• 1사이클의 변화에 요하는 시간(기호 : T, 단위 : [s]) • $T = \dfrac{2\pi}{\omega} = \dfrac{1}{f} [s]$
주파수	• 1초 동안에 반복되는 사이클의 수(기호 : f, 단위 : 헤르츠[Hz]) • $f = \dfrac{1}{T} [Hz], \omega = \dfrac{2\pi}{T} = 2\pi f [Hz]$

⑥ 위상과 위상차
   ㉠ 위상 : 주파수가 동일한 2개 이상의 교류가 존재할 때 상호간의 시간적인 차이를 각속도
      로 표현한 것. $\theta = \omega t [rad]$
   ㉡ 위상차 : 2개 이상의 교류 사이에서 발생하는 위상의 차

(a) 위상차가 있는 2개의 교류   (b) 동상의 전압과 교류

[교류와 위상과 위상차]

   ㉢ 동상 : 동일한 주파수에서 위상차가 없는 경우
   ㉣ 위상차와 교류표시
      • 뒤진교류 : $v = V_m sin(\omega t - \theta) [V]$
      • 앞선교류 : $v = V_m sin(\omega t + \theta) [V]$

$V_1(기준) : Vm_1 sin \omega t$
$V_2(\theta_2 뒤짐) : Vm_2 sin(\omega t - \theta_2)$
$V_3(\theta_1 앞섬) : Vm_3 sin(\omega t + \theta_1)$

[위상차와 교류 표시]

(2) 정현파 교류의 크기
   ① 순시값 : 어떤 임의의 순간에서의 전압이나 전류의 크기의 값 $v = V_m sin(\omega t + \theta) [V]$
   ② 최대값 : 교류파형의 순시값 중 가장 큰 값

③ 평균값 : 순시값의 1주기 동안의 평균을 취하여 교류의 크기를 나타낸 값

$$V_{av} = \frac{2}{\pi}V_m = 0.637V_m\,[V]$$

④ 실효값 : 교류의 크기를 교류와 동일한 일을 하는 직류의 크기로 바꿔 나타낸 값

$$I = \sqrt{I^2 의\ 1주기\ 간의\ 평균값}\,,\ I = \frac{I_m}{\sqrt{2}} \simeq 0.707 I_m\,[A]$$

⑤ 최대값, 평균값, 실효값의 관계

　㉠ 평균값 = 최대값$\times\dfrac{2}{\pi}$, $V_{av} = \dfrac{2}{\pi}\times V_m \fallingdotseq 0.637V_m\,[V]$

　㉡ 실효값 = 최대값$\times\dfrac{1}{\sqrt{2}}$, $V = \dfrac{1}{\sqrt{2}}\times V_m \fallingdotseq 0.707V_m\,[V]$

⑥ 파고율과 파형율

　㉠ 파고율(최대값과 실효값의 비율) = $\dfrac{최대값}{실효값} = \dfrac{V_m}{0.707V_m} \fallingdotseq 1.414$

　㉡ 파형율(실효값과 평균값의 비율) = $\dfrac{실효값}{평균값} = \dfrac{0.707V_m}{0.637V_m} \fallingdotseq 1.11$

2. RLC 기본 회로

(1) RLC 회로

① **저항(R) 만의 회로** : R만의 회로에 교류전압 $v = \sqrt{2}\,V sin\omega t[V]$를 인가했을 때 흐르는 전류 i 는 서로 위상이 같다.

　㉠ 순시전류 : $i = \sqrt{2}\,\dfrac{V}{R} sin\omega t = \sqrt{2}\,I sin\omega t[A]$

　㉡ 전압과 전류의 크기 : $V = IR[V]$, $I = \dfrac{V}{R}\,[A]$ (V, I : 실효값)

② **인덕턴스(L) 만의 회로** : L만의 회로에 교류전류 $i = \sqrt{2}\,sin\omega t[A]$를 가했을 때 흐르는 전류 i는 인가전압 v보다 $\pi/2[rad]$만큼 위상이 뒤진다.

　㉠ 유도기전력 : 인덕턴스 L인 코일 양단에 흐르는 전류 i의 변화를 방해하는 방향으로 발생 하는 기전력

$$V_L = -L\frac{\varDelta i}{\varDelta t} = \sqrt{2}\,\omega L sin(\omega t - \frac{\pi}{2})[V]$$

　㉡ 전압과 전류의 크기 : $V = \omega LI[V]$, $I = \dfrac{V}{\omega L}\,[A]$ (V, I : 실효값)

　㉢ 유도성 리액턴스 : L만의 회로에서 흐르는 교류전류를 방해하는 작용을 하는 일종의 교류 에서의 저항으로 주파수에 비례하는 특성을 가진다.

　㉣ 코일에 축적되는 에너지 : $W = \dfrac{1}{2}LI^2\,[J]$

　㉤ 전압과 전류의 위상 : 전류가 전압보다 $\pi/2[rad]$만큼 뒤진 유도성 전류가 흐른다.

③ **정전용량(C) 만의 회로** : C만의 회로에 교류전압 $V = \sqrt{2}\,V sin\omega t[V]$를 가했을 때 흐르는 전류 i는 인가전압 v보다 $\pi/2[rad]$만큼 위상이 앞선 전류가 흐른다.

   ㉠ 콘덴서에 축적되는 전기량 : $Q = CV = \sqrt{2}\,CV sin\omega t$

   ㉡ 전압과 전류의 크기 : $V = \dfrac{1}{\omega C}I[V]$, $I = \omega CV[A]$ $(V, I : 실효값)$

   ㉢ 용량성 리액턴스(X_C) : C만의 회로에서 흐르는 교류전류를 방해하는 작용을 하는 일종의 교류에서의 저항으로 주파수에 반비례하는 특성을 갖는다.

$$X_C = \frac{1}{\omega C} = \frac{1}{2\pi f C}\,[\Omega]$$

   ㉣ 콘덴서에 축적되는 에너지 : $W_C = \dfrac{1}{2}CV^2\,[J]$

   ㉤ 전압과 전류의 위상 : 전류가 전압보다 위상이 $\pi/2[rad]$만큼 앞선 용량성 전류가 흐른다.

(2) RLC 직렬회로

1) RL 직렬회로

 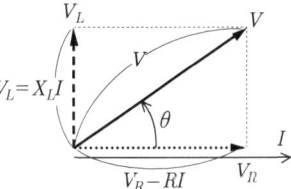

① R 양단 전압 : $V_R = IR$ (V_R은 전류 I와 동상)

② L 양단 전압 : $V_L = X_L I = \omega L I$ (V_L은 전류 I보다 $\pi/2[rad]$만큼 앞선 위상)

③ 전압 : $V = \sqrt{V_R^2 + V_L^2} = I\sqrt{R^2 + X_L^2} = I\sqrt{R^2 + (\omega L)^2}\,[V]$

④ 전류 : $I = \dfrac{V}{\sqrt{R^2 + X_L^2}}\,[A]$

⑤ 위상차 : $\theta = tan^{-1}\dfrac{X_L}{R} = tan^{-1}\dfrac{\omega L}{R}\,[rad]$

⑥ 임피던스 : 교류에서 전류의 흐름을 방해하는 R, L, C의 벡터적인 합

$$Z = \sqrt{R^2 + X_L^2} = \sqrt{R^2 + (\omega L)^2}\,[\Omega]$$

⑦ 전류는 전압보다 $\theta[rad]$만큼 위상이 뒤진다.

2) RC(저항-콘덴서) 직렬회로

 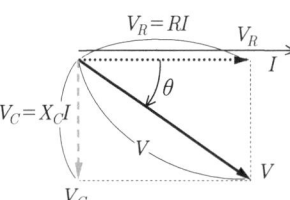

① R 양단 전압 : $V_R = RI$ (V_R은 전류 I와 동상)

② C 양단 전압 : $V_C = X_C I = \dfrac{1}{\omega C} I$ (V_C은 전류 I보다 $\pi/2[rad]$만큼 앞선 위상)

③ 전압 : $V = I\sqrt{R^2 + X_C^2} = I\sqrt{R^2 + (\dfrac{1}{\omega C})^2}\ [V]$

④ 전류 : $I = \dfrac{V}{\sqrt{R^2 + X_C^2}}\ [A]$

⑤ 위상차 : $\theta = tan^{-1}\dfrac{X_C}{R} = tan^{-1}\dfrac{1}{\omega CR}\ [rad]$

⑥ 임피던스 : 교류에서 전류의 흐름을 방해하는 R, L, C의 벡터적인 합

$Z = \sqrt{R^2 + (\dfrac{1}{\omega C})^2}\ [\Omega]$

⑦ 전류는 전압보다 $\theta[rad]$만큼 위상이 뒤진다.

3) RLC 직렬회로

 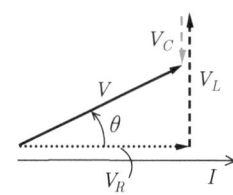

① R, L, C 양단 전압

㉠ $V_R = RI$ (V_R은 전류 I와 동상)

㉡ $V_L = X_L I = \omega L I$ (V_L은 전류 I보다 $\pi/2[rad]$만큼 앞선 위상)

㉢ $V_C = X_C I = \dfrac{1}{\omega C} I$ (V_C은 전류 I보다 $\pi/2[rad]$만큼 뒤진 위상)

② R, L, C 직렬회로의 관계 ($\omega L > \dfrac{1}{\omega C}$ 의 경우)

㉠ 전압 : $V = \sqrt{V_R^2 + (V_L - V_C)^2} = I\sqrt{R^2 + (X_L - X_C)^2}\ [V]$

㉡ 전류 : $I = \dfrac{V}{\sqrt{R^2 + (X_L - X_C)^2}}\ [A]$

③ 위상차 : $\theta = tan^{-1}\dfrac{X_L - X_C}{R}\ [rad]$

④ 임피던스 : $Z = \sqrt{R^2 + (\omega L - \dfrac{1}{\omega C})^2}\ [\Omega]$

4) 임피던스의 유도성과 용량성

① $\omega L > \dfrac{1}{\omega C}$ 일 때 : 전류는 전압에 비해 뒤진 위상 (유도성)

② $\omega L < \dfrac{1}{\omega C}$ 일 때 : 전류는 전압에 비해 앞선 위상 (용량성)

③ $\omega L = \dfrac{1}{\omega C}$ 일 때 : 전류와 전압이 같은 위상 (공진)

5) 직렬공진

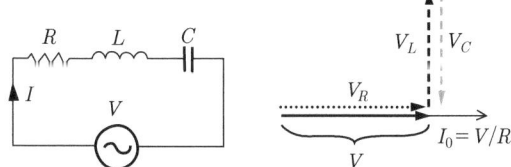

① 공진 조건 : $\omega L = \dfrac{1}{\omega C}$

② 공진 임피던스 : $Z = R\ [\Omega]$

③ 공진 시 전류 : $I_0 = \dfrac{V}{R}\ [A]$

④ 직렬 공진일 때 임피던스 $Z = R$ 이 되어 임피던스는 최소, 전류는 최대가 된다.

⑤ 공진 주파수 : $f_0 = \dfrac{1}{2\pi\sqrt{LC}}\ [Hz]$

[직렬 공진 곡선]

⑥ 공진 곡선 : 공진회로에서 주파수에 대한 전류변화를 나타낸 곡선

⑦ 선택도 : 회로에서 원하는 주파수와 원하지 않는 주파수를 분리하는 것

$Q = \dfrac{1}{R}\sqrt{\dfrac{L}{C}}$

(3) R, L, C 병렬회로

1) RL 병렬회로

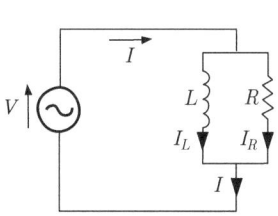

① 전류 : $I = \sqrt{I_R{}^2 + I_L{}^2} = V\sqrt{\left(\dfrac{1}{R}\right)^2 + \left(\dfrac{1}{\omega L}\right)^2}\ [A]$

② 위상차 : $\theta = tan^{-1}\dfrac{R}{\omega L}\ [rad]$

③ 임피던스 : $Z = \dfrac{1}{\sqrt{\left(\dfrac{1}{R}\right)^2 + \left(\dfrac{1}{\omega L}\right)^2}}\ [\Omega]$

2) RC 병렬회로

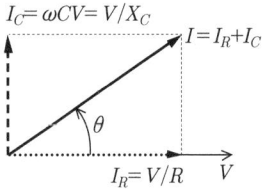

① 전류 : $I = \sqrt{I_R^2 + I_C^2} = V\sqrt{\left(\dfrac{1}{R}\right)^2 + (\omega C)^2}\,[A]$

② 위상차 : $\theta = tan^{-1} \omega CR\,[rad]$

③ 임피던스 : $Z = \dfrac{1}{\sqrt{\left(\dfrac{1}{R}\right)^2 + (\omega C)^2}}\,[\Omega]$

3) LC 병렬회로

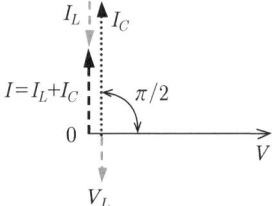

① $\dfrac{1}{\omega L} < \omega C$의 경우 전류 : $I = \dfrac{V}{\dfrac{1}{\omega C - \dfrac{1}{\omega L}}}\,[A]$

② $\dfrac{1}{\omega L} > \omega C$의 경우 전류 : $I = \dfrac{V}{\dfrac{1}{\dfrac{1}{\omega L} - \omega C}}\,[A]$

4) RLC 병렬회로 ($\dfrac{1}{\omega L} < \omega C$의 경우)

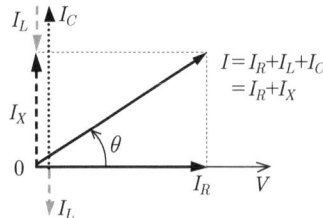

① 전류 : $I = \sqrt{I_R^2 + (I_C - I_L)^2} = V\sqrt{\left(\dfrac{1}{R}\right)^2 + \left(\omega C - \dfrac{1}{\omega L}\right)^2}\,[A]$

② 위상차 : $\theta = tan^{-1}\left(\omega C - \dfrac{1}{\omega L}\right)R\,[rad]$

③ 임피던스 : $Z = \dfrac{1}{\sqrt{\left(\dfrac{1}{R}\right)^2 + \left(\omega C - \dfrac{1}{\omega L}\right)^2}}\,[\Omega]$

(4) 벡터 기호법에 의한 교류 회로의 계산

1) 기본회로

① R만의 회로 : $\dot{I} = \dfrac{\dot{V}}{R}[A],\ \dot{V} = \dot{I}R\,[V]$

② L만의 회로 : $\dot{I} = \dfrac{\dot{V}}{j\omega L}[A],\ \dot{V} = j\omega L\dot{I}\,[V]$ (전압이 전류보다 $\pi/2\,[rad]$만큼 앞섬)

③ C만의 회로 : $\dot{I} = \dot{V} - j\dfrac{1}{\omega C}[A],\ \dot{V} = -j\dfrac{1}{\omega C}\dot{I}\,[V]$ (전압이 전류보다 $\pi/2\,[rad]$만큼 뒤짐)

2) 복소 임피던스

$Z = (저항\ 성분) + j(리액턴스\ 성분) = R + jX\ [\Omega]$

3) 직렬회로

① RL 직렬 : $\dot{Z} = R + j\omega L\,[\Omega]$

② RC 직렬 : $\dot{Z} = R - j\dfrac{1}{\omega C}\,[\Omega]$

③ RLC 직렬 : $\dot{Z} = R + j\left(\omega L - \dfrac{1}{\omega C}\right)[\Omega]$

④ 임피던스 직렬접속 : $\dot{Z} = \dot{Z}_1 + \dot{Z}_2 + \dot{Z}_3\,[\Omega]$

4) 병렬회로

① 복소 어드미턴스 : $Y = \dfrac{1}{Z}$ = (컨덕턴스 성분) $+ j$(서셉턴스 성분) $= G + jB\ [\mho]$

② 임피던스와 어드미턴스 비교

회로	임피던스	어드미턴스
저항회로	$R[\Omega]$	$\dfrac{1}{R}\,[\mho]$(컨덕턴스)
유도성 회로	$j\omega L[\Omega]$(양의 리액턴스)	$-j\dfrac{1}{\omega L}\,[\mho]$(음의 리액턴스)
용량성 회로	$-j\dfrac{1}{\omega C}[\Omega]$(음의 리액턴스)	$j\omega C\,[\mho]$(양의 리액턴스)

③ RL 병렬 : $\dot{Y} = \dfrac{1}{R} - j\dfrac{1}{\omega L}\,[\mho]$

④ RC 병렬 : $\dot{Y} = \dfrac{1}{R} + j\omega C\,[\mho]$

⑤ RLC 병렬 : $\dot{Y} = \dfrac{R}{R^2 + X^2} + j\dfrac{-X}{R^2 + X^2} = G + jB\ [\mho]$

5) 병렬 공진 회로

(a) 코일과 콘덴서의 병렬회로

(b) 벡터 그림

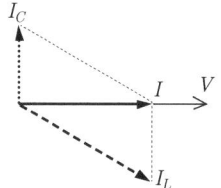

(c) 공진 시 벡터 그림

① 병렬 공진 : $Y = \dfrac{1}{R + j\omega L} + j\omega C = \dfrac{R}{R^2 + (\omega L)^2} + j\left(\omega C - \dfrac{\omega L}{R^2 \times (\omega L)^2}\right) = G + jB[\Omega]$

② 공진 조건 : $\omega C = \dfrac{\omega L}{R^2 \times (\omega L)^2}$

③ 공진 주파수 : $f_0 = \dfrac{1}{2\pi}\sqrt{\dfrac{1}{LC} - \dfrac{R^2}{L^2}}\,[Hz]$

④ 공진 시 어드미턴스 : $Y = \dfrac{CR}{L}\,[\mho]$

⑤ 공진 임피던스 : $Z_0 = \dfrac{L}{CR}\,[\Omega]$

⑥ 병렬 공진 시 Z(임피던스)는 최대, I(전류)는 최소

⑦ 임피던스 병렬 접속 : $\dot{Z} = \dfrac{\dot{V}}{\dot{I}} = \dfrac{1}{\dfrac{1}{\dot{Z_1}} + \dfrac{1}{\dot{Z_2}} + \dfrac{1}{\dot{Z_3}}}\,[\Omega]$

⑧ 어드미턴스 병렬 접속 : $\dot{Y} = \dot{Y_1} + \dot{Y_2} + \dot{Y_3}\,[\mho]$

[병렬 공진 회로의 공진 곡선] 　　[임피던스와 어드미턴스의 병렬 접속]

2. 교류전력

저항과 유도성 리액턴스가 직렬로 접속된 회로에 순시전압 v를 인가했을 때 흐르는 전류 i는 유도성 리액턴스 부하에 의한 위상차 θ만큼 뒤지는 지상전류가 흐르면서 부하에 연결된 각각의 회로소자에서 소비되는 교류전력은 다음과 같다.

$V(t) = \sqrt{2}\,V sin\omega t\,[V],\ i(t) = \sqrt{2}\,I sin(\omega t - \theta)\,[A]$

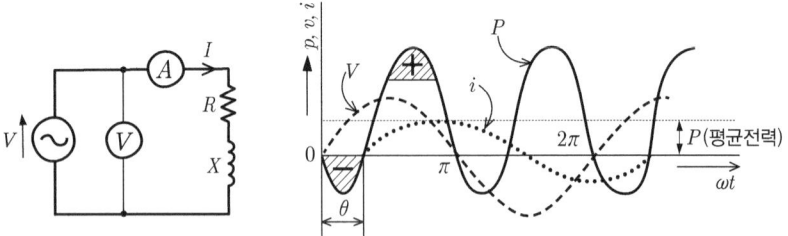

(1) 피상전력 : 교류의 부하 또는 전원의 용량을 표시하는 전력, 전원에서 공급되는 전력

$P_a = VI = I^2 Z\,[VA]$

(2) 유효전력 : 전원에서 공급되어 부하에서 유효하게 이용되는 전력, 전원에서 부하로 실제 소비되는 전력

$P = VI cos\theta = I^2 R\,[W]$

(3) 무효전력 : 실제로는 아무런 일을 하지 않아 부하에서는 전력으로 이용될 수 없는 전력, 즉 실제로 아무런 일도 할 수 없다.

$$P_r = VIsin\theta = I^2X\,[Var]$$

(4) 역률 : 피상전력 중에서 유효전력으로 사용되는 비율

① 역률의 표현 : $cos\theta = \dfrac{VIcos\theta}{VI} = \dfrac{P}{P_a}$

② 역률의 개선 : 부하의 역률을 1에 가깝게 높이는 것

③ 역률 개선 방법 : 소자에 흐르는 전류의 위상이 소자에 걸리는 전압보다 앞서는 용량성 부하인 콘덴서를 부하에 첨가한다.

④ 유효, 무효, 피상전력 사이의 관계 : $P_a = \sqrt{P^2 + P_r^2}\,[W]$

(5) 전압과 전류의 유효성분과 무효성분

① 전류의 성분

㉠ 유효성분 : $I_p = Icos\theta[A]$

㉡ 무효성분 : $I_r = Isin\theta[A]$

② 전압의 성분

㉠ 유효성분 : $V_p = Vcos\theta[A]$

㉡ 무효성분 : $V_r = Vsin\theta[A]$

3. 3상 교류

(1) 3상 교류의 발생

① 3상 교류 : 주파수가 동일하고 위상이 $[rad]$ 만큼씩 다른 3개의 파형

② 상(phase) : 3상 교류를 구성하는 각 단상 교류

③ 상순 : 3상 교류에서 발생하는 전압들이 최대값에 도달하는 순서

(2) 3상 교류의 순시값

① $v_a = \sqrt{2}\,Vsin\omega t[V]$

② $v_a = \sqrt{2}\,Vsin(\omega t - \dfrac{2\pi}{3})[V]$

③ $v_c = \sqrt{2}\,Vsin(\omega t - \dfrac{4\pi}{3})[V]$

(3) 3상 교류의 결선법

① 결선 방법

㉠ Y 결선 : 전원과 부하를 Y형으로 접속하는 방법(성형 결선)

㉡ Δ 결선 : 전원과 부하를 Δ형으로 접속하는 방법(삼각 결선)

② Y 결선과 전압

㉠ 상전압 : 각 상에 걸리는 전압

㉡ 선간전압 : 부하에 전력를 공급하는 선들 사이의 전압

㉢ 상전압과 선간전압의 관계 : 선간전압이 상전압보다 $\dfrac{\pi}{6}(30°)$ 앞선다.

② 선간전압의 크기 : $V_l = \sqrt{3}\, V_p[V]$

③ Δ 결선과 전압

　㉠ 상전압과 선간전압의 관계 : 선간전압과 상전압은 동상(phase)이다.

　㉡ 선간전압의 크기 : $V_l = V_p[V]$

[Y 결선]　　　　　　　　[Δ 결선]

(4) 평형 3상 회로 : 전원이 대칭이고 부하가 평형을 이루고 있는 회로

　1) Y-Y 회로

　　① 전원의 접속 및 부하의 접속이 모두 Y결선인 회로

　　② 선전류와 상전류는 동상이다.

　　③ 선전류의 크기 : $I_l = I_p[A]$

　　④ 선간전압과 선전류의 관계 : $I_l = \dfrac{V_l}{\sqrt{3}\, Z}\ [A]$

　2) Δ-Δ 회로

　　① 전원의 접속 및 부하의 접속이 모두 결선인 회로

　　② 선전류는 상전류보다 $30°$ 뒤진다.

　　③ 선전류의 크기 : $I_l = \sqrt{3}\, I_p[A]$

　　④ 선간전압과 선전류의 관계 : $I_l = \dfrac{\sqrt{3}\, V_l}{Z}\ [A]$

[Y-Y 회로]　　　　　　　　[Δ-Δ 회로]

3) Y 부하와 Δ 부하의 변환

(a) Y 회로   (b) Δ 회로

[Y 회로와 Δ 회로의 변환]

① Y → Δ 변환

   ⊙ $Z_{ab} = \dfrac{Z_a Z_b + Z_b Z_c + Z_c Z_a}{Z_c}$ [Ω]

   ⓒ $Z_{bc} = \dfrac{Z_a Z_b + Z_b Z_c + Z_c Z_a}{Z_a}$ [Ω]

   ⓒ $Z_{ca} = \dfrac{Z_a Z_b + Z_b Z_c + Z_c Z_a}{Z_b}$ [Ω]

   ※ 평형 부하인 경우 : $Z_\Delta = 3Z_Y$ [Ω]

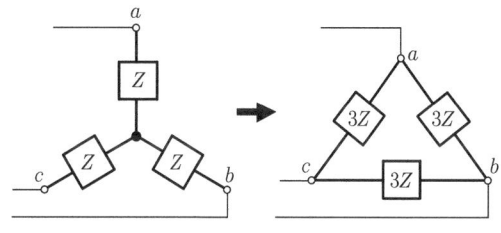

② Δ → Y 변환

   ⊙ $Z_a = \dfrac{Z_{ab} \cdot Z_{ca}}{Z_{ab} + Z_{bc} + Z_{ca}}$ [Ω]

   ⓒ $Z_b = \dfrac{Z_{ab} \cdot Z_{bc}}{Z_{ab} + Z_{bc} + Z_{ca}}$ [Ω]

   ⓒ $Z_c = \dfrac{Z_{bc} \cdot Z_{ca}}{Z_{ab} + Z_{bc} + Z_{ca}}$ [Ω]

   ※ 평형 부하인 경우 : $Z_Y = \dfrac{Z_\Delta}{3}$ [Ω]

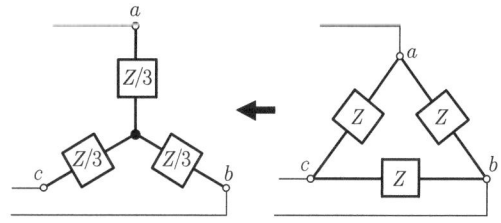

4) V 결선

   ① 결선된 전원 중 1상을 제거하여 결선한 방식

   ② V결선의 경우 유효전력 : $P_V = \sqrt{3}\, V_P I_P \cos\theta$ [W]

   ③ Δ결선의 경우 유효전력 : $P_\Delta = \sqrt{3}\, V_P I_P \cos\theta$ [W]

   ④ 출력비 : $\dfrac{P_V}{P_\Delta} = \dfrac{\sqrt{3}}{3} = 57.7$ [%]

   ⑤ 이용률 : $\dfrac{P_V}{P} = \dfrac{\sqrt{3}}{2} = 86.6$ [%]

   ⑥ V결선은 변압기 사고시 응급조치 등의 용도로 사용된다.

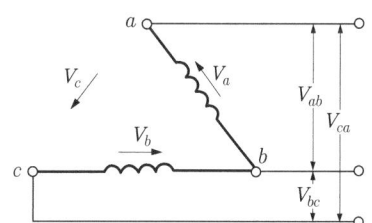

(5) 불평형 3상 회로

1) Y 결선 불평형 부하의 회로

① 선전류 : 3상 교류회로에서 단자로부터 유입 또는 유출되는 전류

㉠ $I_a = \dfrac{Z_a V_{ab} - Z_b V_{ca}}{Z_a Z_b + Z_b Z_c + Z_c Z_a} \, [\Omega]$

㉡ $I_b = \dfrac{Z_a V_{bc} - Z_c V_{ab}}{Z_a Z_b + Z_b Z_c + Z_c Z_a} \, [\Omega]$

㉢ $I_c = \dfrac{Z_b V_{ca} - Z_a V_{bc}}{Z_a Z_b + Z_b Z_c + Z_c Z_a} \, [\Omega]$

② $\varDelta$상 전류 : 3상 교류회로에서 각 상에 흐르는 전류

2) 결선 불평형 부하의 회로

상전류의 크기 : $I_{ab} = \dfrac{V_{ab}}{Z_{ab}} \, [A], \; I_{bc} = \dfrac{V_{bc}}{Z_{bc}} \, [A], \; I_{ca} = \dfrac{V_{ca}}{Z_{ca}} \, [A]$

(6) 3상 전력

① 3상 전력 : $P = P_a + P_b + P_c \, [W]$

　　※ 평행 부하인 경우 : $P = 3P_p \, [W]$

② 평형 3상 회로의 전력

㉠ 3상 전력 : $P = 3V_p I_p cos\theta \, [W]$

㉡ Y 결선 시의 전력 : $V_p = \dfrac{V_l}{\sqrt{3}} \, [V], \; I_p = I_l \, [A]$에서

　　$P = 3V_p I_p cos\theta = \sqrt{3} \, V_l I_l \, cos\theta \, [W]$

㉢ $\varDelta$ 결선 시의 전력 : $V_p = V_l \, [V], \; I_p = \dfrac{I_l}{\sqrt{3}} \, [A]$에서

　　$P = \sqrt{3} \, V_l I_l \, cos\theta \, [W]$

[3상 회로]

(a) Y 결선 부하

(b) $\varDelta$ 회로 부하

[3상 전력]

③ 피상전력과 무효전력

㉠ 피상전력 : $P_a = \sqrt{3} \, V_l I_l \, [VA]$

㉡ 무효전력 : $P_r = \sqrt{3} \, V_l I_l sin\theta \, [V_{ar}]$

㉢ 유효전력 : $P = \sqrt{3} \, V_l I_l cos\theta \, [W]$

㉣ 3상 전력 사이의 관계 : $P_a = \sqrt{P^2 + P_r^2} \, [VA]$

④ 3상 전력의 측정
- ㉠ 1전력계법 : $P = 3P_1 [W]$
- ㉡ 2전력계법 : $P = P_1 + P_2 [W]$
- ㉢ 3전력계법 : $P = P_1 + P_2 + P_3 [W]$
- ※ 평형회로는 물론 불평형 회로도 정확하게 측정이 가능

(7) 회전자기장
① 3상 교류에 의한 회전자기장
- ㉠ 자기장 : 자극에 대하여 자력이 작용하는 공간
- ㉡ 자기장의 회전속도 : $N = 60f$ [rpm]
- ㉢ 합성자기장의 세기 : $h = h_a + h_b + h_c = \dfrac{3H_m}{2} [AT/m]$
- ㉣ 회전자기장은 상순의 방향으로 회전
- ㉤ 상순을 바꾸면 회전방향이 역으로 됨 → 교류전동기를 역회전시키는 경우에 이용

② 2상 교류에 의한 회전자기장
- ㉠ 2상 교류 : 서로의 위상차가 나는 2개의 교류 전류
- ㉡ 합성자기장의 세기 : $h = H_m [AT/m]$
- ㉢ 자기장의 생성 : 콘덴서를 이용해서 위상차가 거의 $\pi/2[rad]$ 되는 다른 회로에 의해 위상이 다른 2상 교류전류를 만들어 회전자기장을 만든다.

4. 과도 현상

(1) R–L 직렬회로
① 직류 전압을 인가한 경우

(a) R–L 직렬회로

(b) $i(t)$ 특성

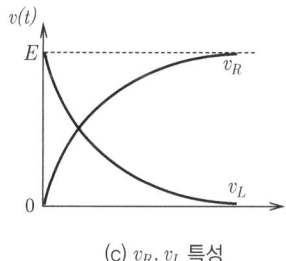

(c) v_R, v_L 특성

- ㉠ 평형 방정식 : $L\dfrac{di}{dt} + Ri = E$

- ㉡ 전류 $i = \dfrac{E}{R}\left(1 - e^{-\frac{R}{L}t}\right)[A]$ (초기 조건은 $t = 0$; $i = 0$)

- ㉢ 시정수 $\tau = \dfrac{L}{R} [s]$

- ㉣ R, L 양단의 전압 $v_L = Ri = E\left(1 - e^{-\frac{R}{L}t}\right)[V]$, $v_L = L\dfrac{di}{dt} = Ee^{-\frac{R}{L}t}[V]$

② 직류 전압을 제거하는 경우

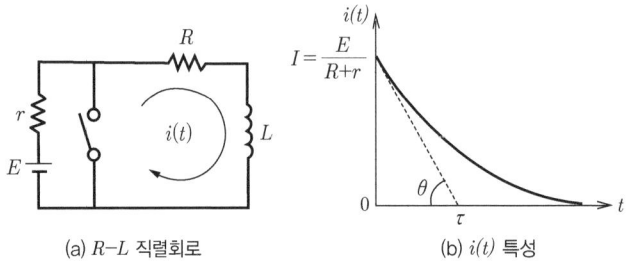

(a) R–L 직렬회로   (b) $i(t)$ 특성

㉠ 평형 방정식 : $L\dfrac{di}{dt}+Ri=0$

㉡ 전류 $i=\dfrac{E}{R+r}e^{-\frac{R}{L}t}[A]$ (초기 조건은 $i(0)=\dfrac{E}{R+r}$)

㉢ 시정수 $\tau=\dfrac{L}{R}[s]$

(2) R–C 직렬회로

① 직류 전압을 인가하는 경우

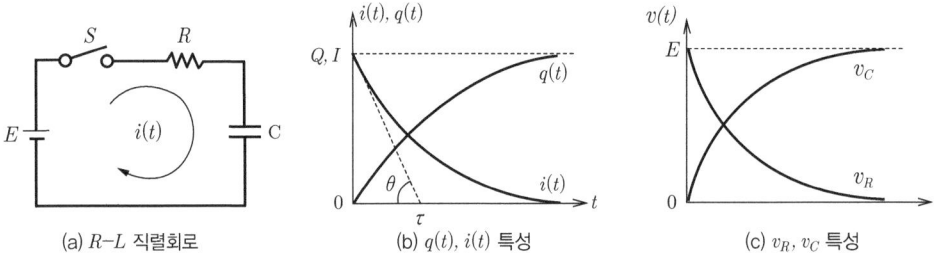

(a) R–L 직렬회로   (b) $q(t)$, $i(t)$ 특성   (c) v_R, v_C 특성

㉠ 평형 방정식 $Ri+\dfrac{1}{C}\int i\,dt=E,\quad R\dfrac{dq}{dt}+\dfrac{q}{C}=E$

㉡ 전하 및 전류 $q=CE\!\left(1-e^{-\frac{1}{RC}t}\right)[C],\quad i=\dfrac{dq}{dt}=\dfrac{E}{R}e^{-\frac{1}{RC}t}[A]$

㉢ 시정수 $\tau=RC\,[s]$

㉣ R, C 양단의 전압 $v_R=Ri=Ee^{-\frac{1}{RC}t}[V],\quad v_C=\dfrac{q}{C}=E\!\left(1-e^{-\frac{1}{RC}t}\right)[V]$

② 직류 전압을 제거하고 방전하는 경우

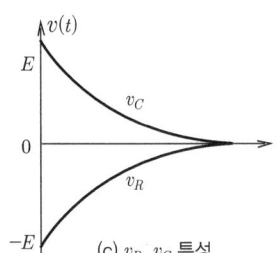

(a) R–C 직렬회로   (b) $q(t)$, $i(t)$ 특성   (c) v_R, v_C 특성

㉠ 평형 방정식 $Ri + \frac{1}{C}\int i dt = 0, \quad R\frac{dq}{dt} + \frac{q}{C} = 0$

㉡ 전하 및 전류 $q = CEe^{-\frac{1}{RC}t}[C], \quad i = \frac{dq}{dt} = -\frac{E}{R}e^{-\frac{1}{RC}t}[A]$ (초기 조건은 $q(0) - Q = CE$)

㉢ 시정수 $\tau = RC\ [s]$

㉣ R, C 양단의 전압 $v_R = Ri = -Ee^{-\frac{1}{RC}t}[V], \quad v_C = \frac{q}{C} = Ee^{-\frac{1}{RC}t}[V]$

5. 비사인파 교류

① 개요 : 부하의 성질에 따라 파형이 일그러져 비사인파형으로 되는 교류 (기본파+고조파+직류분)

㉠ 기본파 : 비사인파형에서 기본이 되는 파형

㉡ 고조파 : 기본파보다 높은 주파수

㉢ 고주파 : 3~30[MHz]의 높은 주파수

② 비사인파 실효값 $V = \sqrt{V_1^2 + V_2^2 + V_3^2 + \cdots + V_n^2}\ [V]$

③ 비사인파의 일그러짐율(왜형율)

$$\varepsilon = \frac{\text{전고조파의 실효값}}{\text{기본파의 실효값}} = \frac{\sqrt{V_2^2 + V_3^2 + \cdots + V_n^2}}{V_1} \times 100[\%]$$

④ 비사인파 교류의 전력

$v = \sqrt{2}\,V_1 sin\omega t + \sqrt{2}\,V_3 sin(3\omega t + \phi_3) + \sqrt{2}\,V_5 sin(5\omega t + \phi_3)\ [V]$

$i = \sqrt{2}\,I_2 sin(\omega t - \theta_1) + \sqrt{2}\,I_3 sin(3\omega t + \phi_3 - \theta_3) + \sqrt{2}\,I_5 sin(5\omega t + \phi_5 - \theta_5)\ [A]$

로 표시될 때 회로의 소비전력 $P = V_1 I_1 cos\theta_1 + V_3 I_3 cos\theta_3 + V_5 I_5 cos\theta_5\ [W]$

⑤ 역률

$$pf = \frac{P}{VI} \times 100$$

$$V = \sqrt{V_1^2 + V_2^2 + V_3^2 + \cdots + V_n^2}\ [V]$$

$$I = \sqrt{I_1^2 + I_2^2 + I_3^2 + \cdots + I_n^2}\ [A]$$

전원회로의 기본

STEP 01 정류회로의 특성

(1) 전압 변동률

실제의 모든 전원은 내부저항 때문에 부하의 크기에 따라 출력 전압이 달라지며 그 변화율을 '전압 변동률'이라 한다.

전압 변동률 $\varepsilon = \dfrac{V-V_0}{V_0}\times 100[\%]$ (V : 무부하 시 직류 전압, V_0 : 전부하 시 직류 전압)

(2) 맥동률

정류된 직류(전압) 속에 포함되어 있는 교류 성분의 정도를 나타낸다.

$$\gamma = \frac{\text{출력파형에 포함된 교류분의 실효값}}{\text{출력파형의 평균값(직류성분)}} = \frac{\varDelta V}{V_d}\times 100[\%]$$

(3) 정류효율

직류출력 전력에 대한 교류입력 전력의 비이다.

$$\eta = \frac{\text{부하에 전달되는 직류출력 전력}}{\text{교류입력 전력}}\times 100[\%]$$

(4) 정류 방식별 맥동주파수

정류 방식	맥동 주파수	
단상 반파 정류회로	1상×60Hz	= 60[Hz]
단상 전파 정류회로	1상×120Hz	= 120[Hz]
3상 반파 정류회로	3상×60Hz	= 180[Hz]
3상 전파 정류회로	3상×120Hz	= 360[Hz]

STEP 02 정류회로의 종류

1. 반파 정류회로

(1) 동작원리

① 순방향으로 on이고 역방향으로 off인 다이오드의 성질 이용

② 그림의 회로에서 다이오드와 부하에 인가된 교류 전압은 (+) 반주기 동안은 순바이어스가 되

어 통전 상태로 되고, (–) 반주기 동안은 역바이어스로 매우 큰 저항을 가지므로 전류가 잘 흐르지 못한다.

[반파 정류회로]

반파 정류회로의 출력파형

(2) 특성

① 전류파형의 직류성분 또는 평균값 $I_{dc} = \dfrac{I_m}{\pi}$

② 전류파형의 실효값 $I_{rms} = \dfrac{I_m}{2}$

③ 맥동률 $\gamma = \sqrt{F^2 - 1} = 1.21$

④ 정류효율 $\eta = \dfrac{P_{dc}}{P_i} = \dfrac{4}{\pi^2\left(1 + \frac{r_P}{R_L}\right)} = \dfrac{0.405}{\left(1 + \frac{r_P}{R_L}\right)}$

⑤ 반파 정류회로의 최대효율은 $r_P = 0$ 일 때 40.6 [%]이다.

2. 전파 정류회로

(1) 동작원리

① 전파 정류 회로는 그림과 같이 2개의 다이오드를 사용한다.

② 변압기 2차 권선의 중간 탭에서 부하와 연결하면 (+)의 반주기 동안에는 다이오드 D_1을 통해서 흐르고 D_2는 차단 상태가 된다. 또, 음 (–)의 반주기 동안은 다이오드 D_2를 통하여 전류가 흐르고 D_1이 차단 상태가 된다.

따라서, 양(+), 음(–)의 반주기마다 D_1과 D_2가 교대로 통전하게 되고 모든 전류는 R_L로 흐른다.

[전파 정류회로]

전파 정류회로의 출력파형

(2) 특성

① 전파 전류의 평균값 또는 직류값 $I_{dc} = \dfrac{2I_m}{\pi}$

② 전파 정류 파형의 실효값 $I_{rms} = \dfrac{I_m}{\sqrt{2}}$

③ 맥동율 $\gamma = \sqrt{F^2 - 1} = 0.482$

④ 정류효율 $\eta = \dfrac{\left(\dfrac{2I_m}{\pi}\right)^2 R_L}{\left(\dfrac{I_m}{\sqrt{2}}\right)^2 (r_P + R_L)} \times 100[\%] = \dfrac{81.2}{\left(1 + \dfrac{r_P}{R_L}\right)}[\%]$

⑤ 정류효율은 반파정류회로의 2배이며, 이론적으로 최대 81.2 [%]이다.

⑥ 변압기 2차측에 중간탭이 필요하다.

3. 브리지 정류회로

(1) 동작원리

브리지 정류 회로는 그림과 같이 4개의 다이오드를 이용한다.

• 양(+)의 반주기 동안에 전류의 방향은
a → D_2 → c → d → D_4 → b로 흐른다(D_1, D_3은 off)

• 음(−)의 반주기 동안에 전류의 방향은
b → D_3 → c → d → D_1 → a로 흐른다(D_2, D_4은 off)

반파 정류회로의 출력파형

(2) 특징

구분	특징
장점	• 중간탭을 가지는 변압기를 사용하지 않으므로 작은 변압기를 사용할 수 있다. • 각 다이오드의 최대 역 전압비는 작으므로(전파 정류회로의 1/2) 고압 정류회로에 적합하다.
단점	• 반파나 전파 정류회로에 비하여 많은 다이오드가 필요하므로 값이 비싸다. • 정류효율이 낮다.

4. 배전압 정류회로

입력 교류 전압 최대값의 거의 2배의 직류 출력 전압이 얻어지도록 배려된 정류 회로로서 반파 배전압 정류 회로, 전파 배전압 정류 회로가 있다.

STEP **(03)** 평활회로

반파 또는 전파 정류기로부터의 출력전원은 맥류이기 때문에 이것을 좀더 직류로 가깝게 하기 위해서 사용하는 회로를 평활회로라 한다.

1. 유도성 평활회로

인덕터가 전류의 변화를 억제하는 성질을 이용한 회로이다.

(1) 동작원리

그림과 같이 결합하면 초크 코일 L에 흐르는 전류가 급격히 변화할 때 반대 방향으로 저지하려는 전압이 나타나 R_L에 흐르는 전류는 평탄해진다.

[초크 입력여파기]

(2) 특성

부하저항이 R_L이 적을수록(부하전류가 클수록) 맥동율이 작아진다.

2. 용량성 평활회로

RC 저역통과 필터의 작용을 이용한 회로이다.

(a) 콘덴서 여파기 회로

(c) 실제 파형

(b) 콘덴서 여파기의 출력파형

(d) 근사적인 출력파형

(1) 동작원리

① 부하저항 R_L의 값이 콘덴서 C의 리액턴스 값보다 크다고 하면, 처음 반주기 동안은 R_L의 값이 크므로 대부분의 전류가 콘덴서로 흐른다.

② 콘덴서 C는 입력의 최대값까지 통전되며 이에 의한 여파기 출력 파형은 그림(b)와 같다.

③ 다음 반주기 동안에는 차단되므로 콘덴서 C에 충전된 전압은 부하저항 R_L을 통하여 방전한다.

④ 콘덴서 C의 양단 전압은 점차 감소하며 회로의 시정수 RC에 의하여 방전 시간이 결정된다.

⑤ 이러한 과정은 반복되어 그림(c)와 같이 된다.

⑥ 맥동율 $r = \dfrac{I_{rms}}{V_{dc}} = \dfrac{T}{2\sqrt{3}\,R_L C}$

(2) 특성

① 맥동율은 부하저항 R_L 또는 콘덴서 용량 C가 증가할수록 감소되므로 용량이 큰 콘덴서가 맥동율을 낮게 한다.

② 입력콘덴서 여파기는 입력초오크 여파기보다 큰 직류출력전압과 낮은 맥동율을 가지게 된다.

STEP 04 정전압 전원회로

정류 회로를 지난 파형은 맥류인데, 평활 회로를 연결하면 리플이 적은 직류 출력전압을 얻을 수 있다. 그러나 전원 전압이나 부하의 변동에 대해서 더욱 안정된 전압을 얻으려면 전압 안정화 회로를 사용해야 한다. 이러한 회로를 정전압 회로라 한다.

(1) 직류 전압 안정화 회로의 기본구성

(a) 병렬 제어형   (b) 직렬 제어형

[직류전압 안정회로의 기본 구성]

(2) 병렬 제어용 정전압 회로

① 제어용 트랜지스터(가변 임피던스)와 부하저항 R_L이 병렬로 접속된다.

② R_1이 R_L과 직렬 접속되므로 전력소비가 크고 효율이 나쁘다.

(3) 직렬 제어형 정전압 회로

① 제어용 트랜지스터가 부하와 직렬로 접속된다.

② 경부하 시 효율이 병렬 제어형보다 크고, 출력전압의 안정 범위가 넓다.

[병렬 제어용 정전압 회로]   [직렬 제어형 정전압 회로]

(4) 실제의 직렬 제어형 정전압 회로

직렬 제어형 정전압의 기본 회로로는 큰 전류를 부하에 흘릴 수 없으며 출력 전압도 자유로운 조절을 할 수 없다. 이러한 단점들을 보완한 회로가 다음 그림이다.

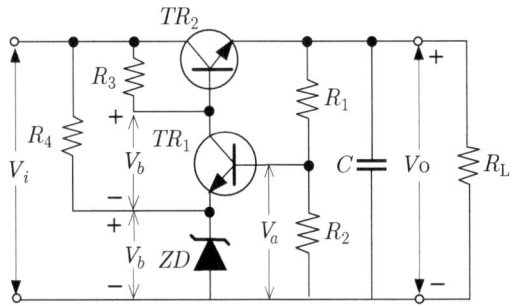

[직렬 제어용 정전압 회로]

① 출력 전압 V_0가 상승하면 V_a(또는 TR_1의 V_{BE})가 증대하여 TR_1의 컬렉터 전류가 증가한다.

② 이 전류의 증가는 R_3에서의 전압 강하를 증가시키며 이 때문에 V_0는 감소, R_3의 전압(TR_2의 $V_{CB} \fallingdotseq V_{CE1}$)이 증대하여 V_0의 상승을 억제한다.

(5) 정전압 IC(Regulator)

정전압 IC(3단자 레귤레이터) 입력전압이 출력전압 보다 높아야 하며, 내부 회로 구성이 비교적 간단하고 전력 손실이 높다. 열적으로 안정을 위하여 방열판을 부착하여 사용하도록 권장한다.

(6) 전압 안정화 회로의 리니어 방식과 스위칭 방식

구분	특징
리니어 방식	• 직류(DC) 출력이 건전지에 가깝게 양질이다. • 적은 부품으로 구성되어 회로가 간단하다. • 소출력 회로에 많이 사용된다. • 발열이 심하며, 효율이 낮다.
스위칭 방식	• 직류에 잡음 성분이 있다. • 많은 부품으로 구성되어 회로가 복잡하다. • 대 전력용으로 많이 사용된다. • 효율이 높다.

각종 증폭회로

1. 바이어스 회로

(1) 베이스 바이어스 회로(Base Bias)

① 베이스 바이어스 전압 공급에 따라 베이스 전류를 일정하게 고정

② 불안정한 Q점을 가지므로, 증폭기로는 이용하지 않고 주로 스위칭용으로 사용한다.

③ 동작점에서의 베이스 전류 $I_B = \dfrac{V_{CC} - V_{BE}}{R_B} \, [A]$

④ 컬렉터 전류 $I_C = \beta I_B + (1+\beta) I_{CO} \, [A]$

⑤ 안정계수 $S = \dfrac{\varDelta I_C}{\varDelta I_{CO}} \, [A]$, S가 작을수록 안정도가 좋다.

(2) 이미터 바이어스 회로(Emitter Bias)

① 이미터 전류를 일정하게 고정 유지하기 위해 R_E가 삽입된다.

② Q점이 트랜지스터 전류이득 변화에 영향을 받지 않도록 한다.

③ I_C, V_{CE}값이 β값에 거의 영향을 받지 않으므로, 베타 독립이라고도 한다.

(3) 전압분배 바이어스 회로(VDB, Voltage Divider Bias)

① 베이스 회로가 두 저항(R_1, R_2)에 의해 전압 분배된다.

A점 $V_{BB} = (\dfrac{R_2}{R_1 + R_2}) \times V_{CC}$

② 증폭기에 폭넓게 사용되는 바이어스 회로이다.

[베이스 바이어스 회로]

[이미터 바이어스 회로]

[전압분배 바이어스 회로]

2. Transistor 증폭기

종류	컬렉터 접지 (Common Collector)	이미터 접지 (Common Emitter)	베이스 접지 (Common Base)
회로			
입력	베이스	베이스	이미터
출력	이미터	컬렉터	컬렉터
전류증폭율	크다	크다	1보다 작다(≒1)
전압증폭율	1보다 작다(≒1)	크다	크다
입력임피던스	크다 (수십 kΩ 이상)	중간 (수백 Ω ~ 수십 kΩ)	작다 (수 Ω ~ 수십 Ω)
출력임피던스	작다	중간	크다
입/출력 위상	동상	역상	동상
전력증폭도	낮다	높다	낮다
용도	이미터 플로어 완충증폭기(buffer) 임피던스변환(부하측)	전압, 전류, 전력 증폭용	임피던스변환(입력측), 전압 증폭용

3. 이미터 플로어

① 컬렉터 접지 방식으로, 전압 증폭이 필요 없고 큰 전류 이득이 필요한 회로에 사용된다.

② 입력 임피던스가 매우 높고 출력 임피던스는 매우 낮으므로 저항 변환을 위한 버퍼단(buffer stage)으로 사용된다.

③ 전압 이득은 1 또는 1 이하이다.

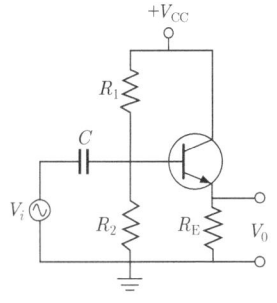

4. 부귀환증폭기

① 출력 일부를 역상으로 입력에 되돌리어 비교함으로써 출력을 제어할 수 있게 한 증폭기

② 이득 $A_f = \dfrac{A}{1+A\beta}$

③ 부귀환 증폭기의 특징
- 이득이 감소한다. (안정도가 증가)
- 이득이 보통 −3[dB] 감소하므로 대역폭(BW)이 넓어지므로 주파수 특성이 개선된다.
- 일그러짐과 잡음이 감소한다.
- 입력 임피던스는 증가하고 출력 임피던스는 감소한다.

5. 전력 증폭기

① 높은 출력 전력을 생성할 수 있는 증폭기

② 전력 증폭기 구분 : A급 증폭기, B급 증폭기, AB급 증폭기, C급 증폭기, D급 증폭기

③ 부하선 상의 Q점 위치

④ 동작형태

⑤ 전력증폭기의 특성

구분 \ 종류	A급	B급	C급
동작점	부하선의 중앙	부하선의 차단점	부하선의 차단점 이하
효율	낮음(25%) 병렬(50%)	78.5%	78.5% 이상
왜율	적다	중간	크다
주파수 안정도	좋다	중간	나쁘다
유통각	$\theta = 2\pi$	$\theta = \pi$	$\theta < \pi$

1. 증폭도

① 증폭도(이득) : 출력 신호에 대한 입력 신호의 비로서 보통 $[dB]$로 표시한다.

$G = 20log_{10}A \ [dB]$

② 다단 증폭기의 종합 이득은 각각의 이득의 합으로 표시할 수 있다.

    ㉠ 종합 증폭도 : $A = A_1 \cdot A_2 \cdot A_3 \cdots A_n$

    ㉡ 종합 이득 : $G = G_1 + G_2 + G_3 \cdots G_n$

2. 일그러짐 특성

① 진폭 일그러짐 : 입력 전압의 과대 또는 동작점의 부적당으로 동작 범위가 특성 곡선의 비직선 부분을 포함하기 때문에 발생하는 것으로, 비직선 일그러짐이라고도 한다.

일그러짐율 $K = \dfrac{\sqrt{V_2^2 + V_3^2 + \cdots}}{V_1} \times 100[\%]$ (V_1 : 기본파의 실효값, V_2, V_3 : 제2, 제3 고조파의 실효값)

② 주파수 일그러짐 : 주파수에 따라 증폭도가 달라짐으로써 발생하는 일그러짐으로, 증폭 회로 내에 포함된 L, C 소자의 리액턴스가 주파수에 따라 변하기 때문에 발생한다.

③ 위상 일그러짐 : 입력 전압에 포함된 다른 주파수 성분 사이의 위상 관계가 출력쪽에서 다르게 나타나기 때문에 생긴다.

3. 잡음 특성

① 증폭 회로의 잡음

    ㉠ 진공관이나 트랜지스터 자체에서 발생하는 잡음

    ㉡ 접속 불량에 의한 잡음

    ㉢ 기계적 진동에 의해서 발생하는 잡음

② 산탄효과 : 진공관의 음극에서 양극으로 이동하는 전자의 흐름에 약간의 맥동이 있어 일으키는 잡음으로, 이 잡음은 전 주파수대에 걸쳐 일정하게 일어나므로 이용하는 주파수대가 넓을수록 커지게 된다.

③ 플리커 잡음 : 진공관에서 음극 표면의 상태가 고르지 못하여 전자의 방사가 시간적으로 일정하지 않으므로 발생하는 잡음으로 가청 주파수대에서만 일어난다.

④ 트랜지스터 잡음 : 진공관보다는 대체로 크나, 주파수가 높아지면 감소한다.

⑤ 열잡음 : 증폭 회로를 구성하는 저항이나 도체 중에서 자유전자가 그 온도에 상당한 열운동을 하는 원인에 발생하는 잡음

실효 잡음 전압 $e = 2\sqrt{KTBR} \ [V]$ (K : 볼츠만 상수, T : 절대온도, B : 대역폭, R : 저항)

⑥ 잡음지수(noise figure) : 증폭기 내부에서 발생하는 잡음이 미치는 영향의 정도를 표시한다.

잡음지수 $F = \dfrac{\text{입력에서의 신호 전압과 잡음 전압의 비}}{\text{출력에서의 신호 전압과 잡음 전압의 비}}$ (※ 이상적 잡음 지수 F= 1인 무잡음의 상태)

$\overset{STEP}{(03)}$ 연산 증폭회로

1. 연산 증폭기 개요

(1) 연산증폭기 : 직류로부터 특정한 주파수 범위 사이에서 되먹임(feedback) 증폭기를 이용하여 일정한 연산을 할 수 있도록 한 직류 증폭기

(2) 이상적인 연산증폭기의 특성
   ① 입력 임피던스가 무한대이다.
   ② 대역폭이 무한대이다.
   ③ 이득이 무한대이다.
   ④ 오프셋(offset)이 0이다.
   ⑤ 출력 임피던스가 0이다.
   ⑥ 동위상신호제거비(CMRR)이 무한대이다.

(3) 일반적인 연산 증폭기의 특징
   ① 증폭도가 대단히 큰 직류 증폭회로이다. 보통 1만배 이상의 증폭도를 가지고 있다.
   ② 입력 임피던스가 대단히 크고, 출력 임피던스가 매우 작다.
   ③ 차동 증폭회로로 되어 있다. 출력전압 $V_0 = A(V_2 - V_1)$

(4) 차동증폭기(Differential amplifier)
   ① 2개의 입력 단자에 가해진 2개의 신호차를 증폭하여 출력으로 하는 회로이며, 실제의 차동 증폭기는 이상적인 상태에서 완전히 드리프트(drift)가 없도록 설계되어야 한다.
   ② 동위상신호제거비(CMRR : Common Mode Rejection Ratio)

   $$\text{CMRR} = \frac{\text{차동 이득}}{\text{동위상 이득}}$$ (※동위상 신호 제거비가 클수록 우수한 차동특성을 나타냄)

   ③ 차동 증폭회로의 특징
      ㉠ 직류 증폭이 가능하며 직선성이 좋다.
      ㉡ 온도에 대해서 안정하다.
      ㉢ 전원 전압의 변동에도 안정하다.

2. 연산 증폭기의 기본회로

구분 \ 종류	비반전 증폭기	반전 증폭기
회로		

구분 종류	비반전 증폭기	반전 증폭기
특징	ⓘ 입력전압 V_i는 동상입력 단자에 가함 ⓘⓘ 입력과 동상의 출력전압이 얻어지는 증폭 회로	ⓘ 입력전압 V_i는 역상입력단자에 가함 ⓘⓘ 입력과 역상의 출력 전압이 얻어지는 증폭 회로
구성	출력 V_0가 저항 R_f를 통해 역상 입력단자에 접속되어, 음(−)되먹임 증폭회로를 구성	출력 V_0가 저항 R_f를 통해 역상 입력단자에 접속되므로 음(−)되먹임 증폭회로가 구성
증폭도	$A = \dfrac{V_0}{V_i} = 1 + \dfrac{R_f}{R_1}$	$A = \dfrac{V_0}{V_i} = -\dfrac{R_f}{R_1}$

3. 연산증폭회로의 응용

(1) 부호변환기

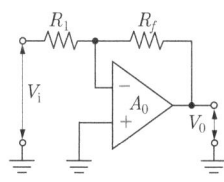

$R_1 = R_f$이면 증폭도 $A = -1$이 되어 입력의 부호만 바뀌므로 부호변환기 가 된다.

(2) 가산기

$$V_0 = -\left(\frac{R_f}{R_1} V_1 + \frac{R_f}{R_2} V_2 \right)$$

(3) 적분기

$$V_0(t) = -\frac{1}{RC} \int V_i(t)\, dt$$

(4) 미분기

$$V_0(t) = -CR \frac{dV_i(t)}{dt}$$

(5) DC 전압 플로어

입력의 2단자가 단락되어 있으므로 $A = \dfrac{V_0}{V_i} = 1$이 되어서 출력전압 이 입력전압을 그대로 따라서 변한다. 이 회로는 입력 임피던스가 높고 출력 임피던스가 낮아서, 구동회로의 부하 효과를 막는 완충 증폭 회로(buffer)로 적합하다.

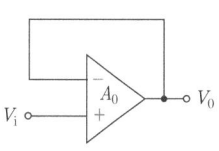

발진 및 펄스 회로

STEP 01 발진 및 변·복조회로

1. 발진회로

(1) 발진 조건

① 증폭도 : $A_f = \dfrac{A}{1-A\beta}$

② 바크하우젠(Barkhausen)의 발진조건 : $|A\beta| = 1$

③ 발진의 성장조건 : $|A\beta| \geq 1$

④ 발진의 소멸조건 : $|A\beta| \leq 1$

(2) 3 리액턴스 일반형

① Z_1, Z_2, Z_3 : 리액턴스 소자

② $X_1 + X_2 + X_3 = 0$ 조건을 만족

③ 발진조건

㉠ $X_3 < 0$(용량성)일 때, $X_1, X_2 > 0$(유도성)

㉡ $X_3 > 0$(유도성)일 때, $X_1, X_2 < 0$(용량성)

(3) 발진기의 종류

발생 파형에 따라 정현파 발진기, 비정현파 발진기로 구분된다.

구분		종류
정현파 발진기	LC 발진기	• 동조형 발진기 • 하틀리 발진기 • 콜피츠 발진기
	RC 발진기	• 이상형 발진기 • 비인 브리지 발진기
	수정 발진기	• 피어스 BE형 발진기 • 피어스 CE형 발진기
비정현파 발진기		• 멀티바이브레이터 • 블로킹 발진기 • 톱니파 발진기

(4) LC 발진회로

LC 동조형 공진을 이용한 발진회로. 귀환회로의 차이에 따라 구분되고 주파수 정확성이 좋지 않다.

1) 하틀리 발진(Hartley oscillation) 회로

① 발진주파수

$$f = \frac{1}{2\pi\sqrt{L_0 C}}[Hz], \quad L_0 = L_1 + L_2 + 2M$$

($M : L_1, L_2$ 간의 상호 인덕턴스)

② 지속 발진을 위한 전류 증폭률 $h_{fe} = \dfrac{1}{\omega^2(L_2+M)C} - 1$

③ C를 가변용량으로 사용하여 발진주파수를 임의로 가변할 수 있으며 주로 중파, 단파대에 많이 사용한다.

2) 콜피츠 발진(Colpitts oscillation) 회로

① 발진주파수

$$f = \frac{1}{2\pi\sqrt{LC_0}} = \frac{1}{2\pi\sqrt{L\left(\frac{C_1 \cdot C_2}{C_1 + C_2}\right)}}[Hz]$$

② 지속 발진을 위한 전류 증폭률 $h_{fe} = \omega^2 L C_2$

③ 높은 주파수의 발진이 용이하고 단파대 이상에서 사용한다.

(5) RC 발진회로

주파수 가변성은 좋으나, 주파수 정확성 결여 및 고주파수 적용에 어려움

1) 이상형 RC 발진회로

① 발진주파수 $f = \dfrac{1}{2\pi\sqrt{6}\,RC}$

② 입력 임피던스는 크고, 출력 임피던스가 작은 증폭회로

③ $A_v \geq 29$

2) 브리지형 RC 발진회로

① 발진주파수 $f = \dfrac{1}{2\pi\sqrt{R_1 R_2 C_1 C_2}}[Hz]$

② $R_1 = R_2 = R, C_1 = C_2 = C$이면 $f = \dfrac{1}{2\pi RC}$

③ $A_v \geq 3$

[이상형 RC 발진회로]

[브리지형 RC 발진회로]

3) 수정 발진회로

① 수정진동자

    ㉠ 발진 원리 : 압전효과(수정, 전기석, 티단산바륨 등의 결정에 압력을 가하면 표면에 전하가 나타나 기전력이 발생)

    ㉡ 수성진동자 : 얇은 수성편을 만들고 그 양면에 금속 전극를 부착한 것

(a) 기호   (b) 등가회로   (c) 직접 FM 방식의 원리

[수정 진동자]

    ㉢ 직렬 공진주파수 : $f_0 = \dfrac{1}{2\pi\sqrt{L_0 C_0}}[Hz]$

    ㉣ 병렬 공진주파수 : $f_p = \dfrac{1}{2\pi\sqrt{LC_p}}[Hz]$

    ㉤ 수정 진동자는 리액턴스가 유도성이 되는 범위, 즉 $f_0 < f < f_p$인 주파수 범위가 좁아 수정발진기의 발진주파수가 매우 안정하기 때문에 발진소자로 사용된다.

    ㉥ 수정발진기의 특징

        • 주파수 안정도가 좋다.(10^{-6} 정도)

        • 수정진동자의 Q가 매우 높다.($10^{-4} \sim 10^{6}$)

        • 수정진동자는 기계적으로나 물리적으로 안정하다.

        • 발진조건을 만족하는 유도성 주파수 범위가 대단히 좁다.

② 피어스 BE형 발진회로와 피어스 BC형 발진회로

구분	설명	
피어스 BE형 발진(Pierce BE type oscillation)회로	수정 진동자가 이미터와 베이스 사이에 있으며 하틀리 발진회로와 유사	
피어스 BC형 발진(Pierce BC type oscillation)회로	수정 진동자가 컬렉터와 베이스 사이에 있는 것으로 콜피츠 발진회로와 유사	

4) 발진회로의 주파수 변화

① 발진기가 갖추어야 할 조건 : 주파수의 안정도가 높아야 함

② 발진기의 주파수가 변동 원인과 대책

구분	원인	대책
부하 변화	발진 코일에 결합한 출력코일에 직접 부하를 접속할 때 코일의 회로정수가 변화하여 주파수가 변화한다.	발진기와 부하 사이에 선형 고주파 증폭기를 넣어 안정시킨다.
전원 전압의 변화	전원 전압의 변화는 트랜지스터의 동작점을 변화시켜 발진 주파수가 변한다.	전원 안정화 회로를 이용하여 전원 전압의 안정도를 높인다.
주위 온도의 변화	주위 온도가 변화하면 트랜지스터나 회로 소자의 값이 변화하여 발진 주파수가 변화된다.	코일이나 콘덴서를 온도계수가 낮은 재료를 써서 만들거나, 발진 회로를 온도가 일정한 항온조 안에 넣는다.

2. 변·복조회로

(1) 변조(modulation)

신호 정보를 전송 매체의 채널 특성에 맞게끔 신호(정보)의 세기나 변위, 주파수, 위상 등을 적절한 파형 형태로 변환하는 것

1) 변조의 목적

① 전송 매체에 알맞은 변조방식을 사용하면 장거리 전송이 가능

② 변조가 넓은 주파수대역에 걸치므로 여러 채널을 그룹화할 수 있는 다중화가 가능

③ 주파수를 높임에 따라 안테나 길이, 크기의 단축이 가능

④ 필터링 또는 증폭과 같은 실계요구 사항의 충족이 용이한 주파수대로 전환

⑤ 신호 대역폭을 늘려주어 잡음 및 간섭에 강인하게 함

2) 변조의 종류

① 진폭 변조(Amplitude Modulation, AM) : 반송파의 진폭을 정보 신호의 세기에 따라 변화시키는 변조 방식

② 주파수 변조(Frequency Modulation, FM) : 반송파의 주파수를 신호파의 진폭에 따라 변화시키는 변조 방식

③ 위상 변조(Phase Modulation, PM) : 정보 신호에 따라 반송파 위상을 변화(위상편이)시키는 변조방식

④ 디지털 변조(Digital Modulation, DM) : 신호를 0과 1의 2진값 정보로 교환하여 베이스 밴드 신호로 만들어 그 신호를 고주파에 싣는 조작

(2) 진폭 변조파의 주파수 성분

① 반송파 : $v_c = V_{cm} sin\, 2f_c t$ (V_{cm} : 반송파의 최대값, f_c : 반송파 주파수)

② 신호파 : $v_c = V_{sm} cos\, 2f_s t$ (V_{sm} : 신호파의 최대값, f_s : 신호파 주파수)

③ 진폭변조파

$$v_{AM} = (V_{cm} + V_{sm}\cos 2\pi f_s t)\ \sin 2\pi f_c t$$

$$= V_{cm}\sin 2\pi f_c t + \frac{1}{2}V_{sm}\sin 2\pi(f_c+f_s)t + \frac{1}{2}V_{sm}\sin 2\pi(f_c-f_s)t$$

(f_c : 반송파 주파수, f_c+f_s : 상측파 성분, f_c-f_s : 하측파 성분)

④ 주파수 스펙트럼 선도

⑤ 점유 주파수 대역폭 : 하측파대에서 상측파대까지 피변조파가 점유하는 주파수 대역

$B = 2f_{sm}$ (f_{sm} : 신호파의 최대 주파수)

⑥ 피변조파의 전력

$$P = P_c + P_U + P_L = P_c\left(1 + \frac{m^2}{2}\right)[W]\quad (P_c : 반송파\ 전력,\ P_U : 상측파\ 전력,\ P_L : 하측파\ 전력)$$

㉠ 반송파와 측파대의 전력비 : $P_c : P_U : P_L = 1 : \dfrac{m^2}{4} : \dfrac{m^2}{4}$

㉡ $m=1$일 때, 반송파의 점유 전력은 전체 전력의 2/3이며, 나머지 1/3의 전력이 상·하 양 측파가 점유하는 전력이 된다.

⑦ 변조도 : 신호파의 진폭과 반송파의 진폭의 비

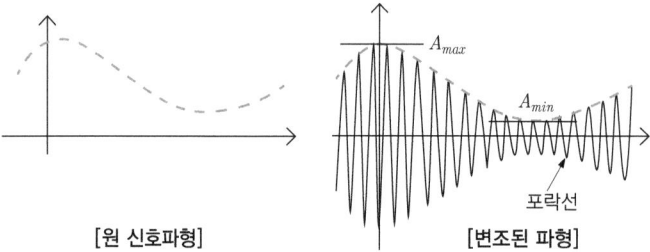

[원 신호파형]　　　　　　　　[변조된 파형]

(3) 진폭 변·복조

1) 진폭 변조회로

① 진폭 변조는 반송파 진폭을 정보 신호의 세기에 따라 변화시키는 변조 방식으로 회로가 간단하고 경제적이나 전력효율이 좋지 않고 잡음에 약하다.

② 변조도 $m = \dfrac{V_{sm}}{V_{cm}} = \dfrac{A_{max} - A_{min}}{A_{max} + A_{min}}$

㉠ $m<1$: 이상 없음

㉡ $m=1$: 100% 변조

㉢ $m>1$: 과변조(→ 위상반전, 일그러짐이 생김, 순간적으로 음이 끊김)

③ 진폭 변조회로의 종류

구분	설명	
컬렉터 변조회로 (직선 변조회로)	• C급 증폭으로 동작 • 컬렉터에 신호파를 가함 • 직선성이 대단히 우수 • 거의 100%까지 변조가능 • 큰 변조 전력이 요구됨	
베이스 변조회로 (제곱 변조회로)	• C급 증폭으로 동작 • 베이스에 반송파와 신호파를 가함 • 컬렉터 변조에 비하여 훨씬 작은 변조신호 전력이 요구됨 • 일그러짐이 컬렉터 변조회로보다 크고 효율도 나쁨 • 변조도를 크게 할 수 없음	
링변조회로	• 피변조파대에서 반송파를 제거하고 상측파대와 하측파대만을 얻는 회로 (평형변조회로) • 단측파 통신에 이용 • 단측파대를 얻고자 할 때 필터회로를 부착 • 소형으로 경제적이며 낮은 전력	
평형 변조회로	• 반송파 제거 통신방식이나 단측파대 통신방식의 변조회로로 쓰이는 회로 • 반송파가 제거되면 양측파대(상하측파대)만 나옴 • 링변조회로와 같은 방식	

2) 진폭 복조회로

① 복조(demodulation) : 피변조파를 수신하여 이에 포함된 신호파를 재생하여 가청할 수 있게 하는 과정으로 검파(detection)라고도 한다.

② 진폭 복조회로 : 신호파는 반송파의 주파수를 임의로 변화시켜도 변조파에 접해있는 곡선 즉, 변조파의 포락선과 일치한다.

  ㉠ 직선 복조회로 : 다이오드의 전압 전류 특성의 직선 부분이 이용되도록 입력 전압을 충분히 크게 하여 복조하는 방식

  ㉡ 제곱 복조회로 : 비직선 소자의 제곱 특성을 이용한 방식으로 진폭이 작은 진폭 변조파의 복조에 사용된다.

(4) 주파수 변조

1) 주파수 변조의 원리

① 주파수 변조 : 반송파의 주파수 변화를 신호파의 진폭에 비례시키는 변조 방식

② 최대 주파수 편이 : 반송 주파수 f_c를 중심으로 변조에 의한 최대 주파수 변화분

    ㉠ FM 방송 $\Delta f_c = \pm 75[kHz]$

    ㉡ TV 음성 $\Delta f_c = \pm 25[kHz]$

    ㉢ 일반 통신 $\Delta f_c = \pm 15[kHz]$

③ 주파수 변조지수 : 최대 주파수 편이 Δf_c와 신호 주파수 f_s의 비 $\left(m_f = \dfrac{\Delta f_c}{f_s} \right)$

④ 실용적 주파수 대역폭 $B = 2f_s(m_f+1) = 2(\Delta f_c + fs)$

2) 주파수 변조 회로

① 직접 FM 방식 : 발진 회로의 발진 주파수를 신호파의 진폭에 비례해서 직접 변화시키는 방법으로 리액턴스 트랜지스터, 가변용량 다이오드 등을 사용한다.

(a) TR회로   (b) 등가회로   (c) 직접 FM 방식의 원리

[리액턴스 트랜지스터]

    ㉠ 실효 인덕턴스 $L_e = \dfrac{h_{ie}RC}{h_{fe}}$

    ㉡ 실효 용량 $C_e = \dfrac{h_{fe}RC}{h_{ie}}$

② 간접 FM 방식 : 위상 변조에 의해 간접적으로 FM파를 만드는 것으로 신호파 주파수에 반비례하고 위상이 $90°$ 다르게 하는 보정회로(적분회로)를 통해 위상 변조를 시켜 FM파를 얻는다.

③ 주파수 변조의 특징

    ㉠ 장점 : 진폭에 영향을 받지 않고 페이딩에 덜 민감하다.

    ㉡ 단점 : 대역폭이 넓어진다.

[간접 FM 방식의 원리]

3) 주파수 변조파의 복조회로

① 주파수 판별회로 : FM파에 실린 신호를 재생할 때 FM파를 진폭변조파로 변화시킨 다음 이것을 신호파로 복조하는 회로

② 포스터 실리 판별회로

    ㉠ 주파수 편이가 작은 범위에서는 직선적으로 되나 주파수 편이가 크면 S자형의 특성이 된다.

    ㉡ 단점 : 입력 진폭에 의한 복조 감도가 변하므로 판별 회로의 앞에 별도의 진폭제한 회로를 삽입해야 한다.

③ 비검파 회로 : 포스터 실리 회로의 일부를 개량한 것으로 복조 감도는 1/2 낮으며 포스터 실리 회로와 다른 점은 다음과 같다.

    ㉠ 다이오드 D_1, D_2의 접속 극성이 다름

    ㉡ 단자 A–C 사이에 용량이 큰 콘덴서 C_6이 병렬로 접속됨

    ㉢ 출력전압을 얻는 방법이 다름

    ㉣ 진폭변동에 민감하지 않으므로 별도의 리미터 회로가 필요 없음

[비검파 회로]

(5) 펄스 변 · 복조

1) 펄스 변조

① 표본화 신호(펄스파)를 원래의 신호 모양에 따라서 조작하는 변조 방식

② 펄스 변조 방식의 종류

구분	종류	설명
연속 레벨 변조	• 펄스 진폭 변조(PAM)	펄스 신호레벨에 따라서 펄스의 진폭을 변화
	• 펄스 폭 변조(PWM)	펄스 신호레벨에 따라서 펄스폭을 변화
	• 펄스 위치 변조(PPM)	펄스 신호레벨에 따라서 펄스 위치를 변화
	• 펄스 주파수 변조(PFM)	펄스 신호레벨에 따라서 주파수가 변화됨, 신호 레벨이 크면 펄스 주기가 짧아지고 주파수가 높아짐

구분	종류	설명
불연속 레벨 변조	펄스 수 변조(PNM)	펄스 신호레벨에 따라 펄스 수를 변화
	펄스 부호 변조(PCM)	• 펄스 신호레벨에 따라 펄스 열의 유무를 변화 • 각 표본별로 그 신호 레벨을 일정 비트를 가지는 2진 부호로 바꾸어 부호화
	델타 변조(ΔM)	신호 레벨을 일정한 계단파에 근사화시켜 레벨이 커져 갈 때는 양의 펄스로, 작아져 갈 때는 음의 펄스로 변경

2) 펄스 복조회로

① 수신측에서 수신한 펄스파에서 신호분(정보)를 빼내는 회로
② 펄스 변조 방식의 종류

종류	설명
펄스 진폭 변조파의 복조회로	• PAM(Pulse Amplifier Modulation)파는 저역필터(적분회로)로 복조할 수 있다. • 주파수 성분에 대해 생각하면 PAM파의 고주파 성분(펄스)이 콘덴서를 통해 접지로 흐르고 남은 신호분을 출력단자에서 빼낼 수 있도록 한 것이다.
펄스 폭 변조파의 복조회로	PWM파의 복조도 PAM과 같이 적분회로로 할 수 있다.
펄스 위상 변조파의 복조회로	PPM파를 PAM파로 변환하고, PAM 복조회로로 신호파를 빼냄
펄스 주파수 변조파의 복조회로	PPM과 같게 해서 신호파를 빼냄

(02) 펄스회로

1. 펄스발생의 기본

(1) 이상적인 펄스 파형

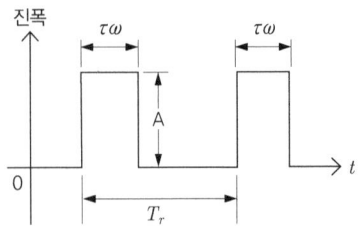

- $\tau\omega$: 펄스폭
- Tr : 펄스의 반복주기
- A : 펄스의 진폭
- 펄스의 반복 주파수 $f = \dfrac{1}{T_r}[Hz]$
- 펄스의 충격계수(duty factor) $D = \dfrac{\tau\omega}{T_r}$

(2) 실제 펄스 파형

① 상승시간(T_r, rise time) : 실제의 펄스가 이상적 펄스의 진폭(V)의 10%에서 90%까지 상승하는데 걸리는 시간

② 지연시간(t_d, delay time) : 이상적 펄스의 상승 시각으로부터 진폭의 10%까지 이르는 실제의 펄스 시간

③ 하강시간(t_f, fall time) : 실제의 펄스가 이상적 펄스의 진폭(V)의 90%에서 10%까지 내려가는데 걸리는 시간

④ 축적시간(t_s, storage time) : 이상적 펄스의 하강 시각에서 실제의 펄스가 진폭(V)의 90%가 되기까지의 시간

⑤ 펄스폭($\tau\omega$, pulse width) : 펄스 파형이 상승 및 하강의 진폭(V)의 50%가 되는 구간의 시간

⑥ 오버슈트(overshoot) : 상승 파형에서 이상적 펄스파의 진폭(V)보다 높은 부분의 높이(a)

⑦ 언디슈트(undershoot) : 하강 파형에서 이상적 펄스파의 기준 레벨보다 아랫부분의 높이(d)

⑧ 턴 온 시간(t_{ON}, turn-on time) : 이상적 펄스의 상승 시각에서 진폭(V)의 90%까지 상승하는 시간($t_{ON} = t_d + t_f$)

⑨ 턴 오프 시간(t_{OFF}, turn-off time) : 이상적 펄스의 하강 시각에서 진폭(V)의 10%까지 하강하는 시간($t_{OFF} = t_s + t_f$)

⑩ 새그(s, sag) : 내려가는 부분의 정도를 말하며, $(C/V) \times 100\%$로 나타낸다.

⑪ 링잉(b, ringing) : 펄스의 상승 부분에서 진동의 정도를 말하며, 높은 주파수 성분에 공진하기 때문에 발생

2. 펄스 응용회로의 기본

(1) 미분회로 : 직사각형파로부터 폭이 좁은 트리거(trigger) 펄스를 얻는데 자주 쓰인다.

(2) 적분회로 : 시간에 비례하는 전압(또는 전류)파형, 즉 톱날파의 신호를 발생하거나 신호를 지연시키는 회로에 쓰인다.

(CR형) (RL형) (RC형) (LR형)

(입력)

(출력) $CR \ll \tau\omega$

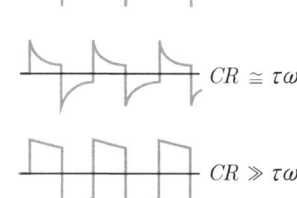

$CR \cong \tau\omega$

$CR \gg \tau\omega$

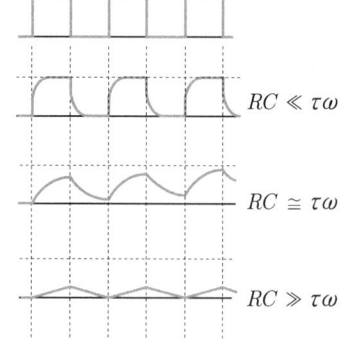

$RC \ll \tau\omega$

$RC \cong \tau\omega$

$RC \gg \tau\omega$

[미분회로] [적분회로]

3. 파형의 정형과 변환 회로

(1) 파형의 진폭과 파형의 시간적 관계의 기본 조작

구분	진폭	시간
선택	• 입력파 중에 어느 특정 부분만을 빼내는 조작 • 클리핑 회로, 슬라이스 회로 등	• 입력파 중에 어느 특정의 시간 부분만을 빼내는 조작 • 게이트 회로
비교	• 입력파의 진폭을 기준 레벨과 비교하여 같은 레벨이 되는 시각에 펄스를 발생하는 조작	• 소정의 시각에 있어서 입력파의 진폭을 지시하는 조작 • 시간 선택 회로를 그대로 또는 다소 변형하여 사용
변이	• 입력파의 파형을 그대로 두고 진폭 축상의 기준 레벨을 바꾸는 조작 • 클램핑 회로	• 입력파를 시간적으로 지연시키는 조작 • 지연회로, 단안정 멀티바이브레이터, 분주회로 등

(2) 클리퍼 회로(Clipper circuit)

입력 전압에서의 임의 전압 레벨의 위, 아래 영역을 제한하거나 자르는 회로로 리미터(limiter), 진폭선택기(amplitude selector), 슬라이서(slicer) 등으로도 칭한다.

① 양(+)의 반 주기 제한   ② 음(−)의 반 주기 제한

③ 바이어스된 리미터

④ 슬라이서(slicer)

(3) 클램퍼 회로(Clamper circuit)

입력 신호의 (+) 또는 (−)의 피크(peak)를 어느 기준 레벨로 바꾸어 고정시키는 회로로서, 직류분 재생회로 등에 사용된다.

① 양(+)의 클램퍼(Positive Clamper)

② 음(−)의 클램퍼(Negative Clamper)

4. 멀티바이브레이터 회로

(1) 비안정 멀티바이브레이터

① $Tr_1 : ON, TR_2 : OFF, TR_1 : OFF, TR_2 : ON$의 2개의 준안정 상태(일시적 안정상태)가 있어, 이것이 일정한 주기로 되풀이된다. 외부의 입력이 없어도 준안정 상태가 반복하여 직사각형 펄스를 발생시킨다.

② 반복주기 $T_{r1} ≒ 0.69(C_1 R_{b2} + C_2 R_{b1})[sec]$

③ $f = \dfrac{1}{T_r} = \dfrac{1}{\tau\omega_1 + \tau\omega_2} = \dfrac{1}{0.69(C_1 R_{b2} + C_2 R_{b1})} [Hz]$

(2) 단안정 멀티바이브레이터

① 하나의 안정상태나 하나의 준안정상태를 가지며, 외부로부터 (−)의 트리거 펄스를 가하면 안정 상태에서 준안정상태로 되었다가 어느 일정시간 경과 후 다시 안정상태로 돌아오는 동작을 한다.

② 반복주기 $T_r ≒ 0.69 R_2 C_1 [sec]$

③ C_2는 가속(speed−up) 콘덴서로서 스위칭 속도를 빠르게 하며, 동작을 정확하게 하는 동작을 한다.

[비안정 멀티바이브레이터]

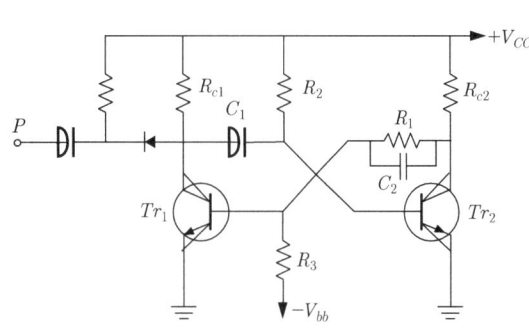

[단안정 멀티바이브레이터]

(3) 쌍안정 멀티바이브레이터

① 처음 어느 한쪽의 트랜지스터가 ON이면 다른 쪽의 트랜지스터는 OFF의 안정상태로 되었다가, 트리거 펄스가 가해지면 다른 안정상태로 반전되는 동작을 한다.

② 플립플롭 회로

③ 분주기, 계산기, 계수기억회로, 2진 계수회로 등에 사용

(4) 슈미트 트리거 회로(Schmidt trigger circuit)

① 안정된 두 가지의 상태를 가지고 있고, 쌍안정 멀티바이브레이터와 같이 상반된 두 가지의 동작 상태를 가지며, 파형 발생에 사용된다.

② 입력 전압값에 따라 민감하게 동작하며 낮은 트리거 전압(LTP : low trigger point)에서 동작하고, 트리거 신호는 서서히 변하는 교류 전압과 같다.

③ 입력 파형은 서서히 변하는 사인 곡선과 같은 파형이고, 출력은 높고 낮은 두 개의 논리 상태를 형성하는 구형파이다.

[쌍안정 멀티바이브레이터]

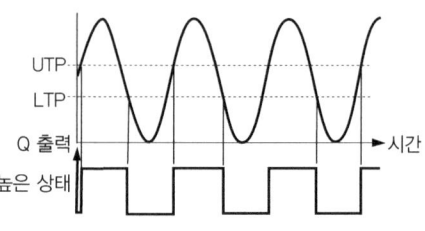

[슈미트 트리거 회로의 기본 파형]

SECTION

05

Craftsman Electronic CAD

논리회로

STEP 01 조합 논리회로

1. 수의 진법 및 코드화

(1) 수의 진법

구분	진폭
10진법	• 일상 생활에서 사용하는 수로 0~9까지의 10개의 숫자를 이용하여 모든 수를 표현 • 예 10진수 253을 각 자릿수를 이용하여 계산하는 예 $253 = (2 \times 10^2) + (5 \times 10^1) + (3 \times 10^0)$ $= (2 \times 100) + (5 \times 10) + (3 \times 1)$ $= 200 + 50 + 30 = 253_{10}$
2진법	• 0과 1의 숫자로만 모든 수를 표현하는 방법 • 예 2진수 1101_2를 각 자릿수로 계산하는 예 → 10진수로 변환 $1101_2 = (1 \times 2^3) + (1 \times 2^2) + (0 \times 2^1) + (1 \times 2^0)$ $= (1 \times 8) + (1 \times 4) + (0) + (1 \times 1)$ $= 8 + 4 + 0 + 1 = 13_{10}$
8진법	• 0~7까지의 여덟가지 숫자로 표기하는 방법 • 컴퓨터 내부에서의 표현 방법은 2진수인데 2진수로 표현하는 경우 너무 많은 자릿수를 차지하여 표기하기가 어려우므로 몇 자리를 묶어 하나의 자릿수로 표현 • 예 8진수 7560을 10진수로 변환하는 예 $7560_8 = (7 \times 8^3) + (5 \times 8^2) + (6 \times 8^1) + (0 \times 8^0)$ $= (7 \times 512) + (5 \times 64) + (6 \times 8) + (0 \times 1)$ $= 3584 + 320 + 48 + 0 = 3952_{10}$
16진법	• 0~9의 숫자와 10~15까지의 숫자는 순서대로 A, B, C, D, E, F 영문 대문자 6개를 사용하여 모두 16개의 숫자를 이용하는 방법 • 예 16진수 $F15_{16}$을 10진수로 변환하는 예 $F15_{16} = (F \times 16^2) + (1 \times 16^1) + (5 \times 16^0)$ $= (15 \times 256) + (1 \times 16) + (5 \times 1)$ $= 3840 + 16 + 5 = 3861_{10}$

(2) 수의 코드화

① 2진화 10진수(binary coded decimal, BCD) : 10진수 1자리를 2진수 4자리(4bit)로 표시한 것으로 자리에 따라서 8, 4, 2, 1의 값을 갖고 있으므로 8 · 4 · 2 · 1 부호라고도 한다.

② 부호(정보량)의 최소 단위, 즉 1 또는 0을 비트(bit)라 하고 8비트를 바이트(byte)라 하며, 몇 개의 바이트를 워드(word)로 표시한다.

③ 부호화 : 2진수와 10진수의 두 성질를 가지는 것을 부호화 했을 때
    ㉠ 웨이티드 부호(weighted code) : 비트 자리에 따라 일정한 값을 갖는 것
    ㉡ 언웨이티드 부호(unweight code) : 비트 자리에 따라 값이 다른 것

2. 조합 논리회로

(1) 기본 논리회로

구분	AND	OR	NOT	NAND	NOR	XOR
기호						
논리식	$F = A \cdot B$	$F = A + B$	$F = \overline{A}$	$F = \overline{A \cdot B}$	$F = \overline{A + B}$	$F = A \oplus B$
진리표	$A\ B\ F$ 0 0 0 0 1 0 1 0 0 1 1 1	$A\ B\ F$ 0 0 0 0 1 1 1 0 1 1 1 1	$A\ \|\ F$ 0 | 1 1 | 0	$A\ B\ F$ 0 0 1 0 1 1 1 0 1 1 1 0	$A\ B\ F$ 0 0 1 0 1 0 1 0 0 1 1 0	$A\ B\ F$ 0 0 0 0 1 1 1 0 1 1 1 0
논리 동작	모든 입력이 1일 때 출력이 1로 된다.	입력이 하나라도 1이면 출력이 1로 된다.	입력이 1일 때 출력이 0, 입력이 0일 때 출력이 1로 된다.	모든 입력이 1일 때 출력이 0으로 된다.	입력이 하나라도 1이면 출력이 0으로 된다.	입력이 모두 같을 때 논리 0이 되고 다를 때는 1이 된다.

(2) 불 대수(Boolean algebra)

① $A + 0 = 0 + A = A$ ② $A \cdot 1 = 1 \cdot A = B$ ③ $A + 1 = 1 + A = 1$

④ $A \cdot 0 = 0 \cdot A = 0$ ⑤ $A + A = A$ ⑥ $A \cdot A = A$

⑦ $A + \overline{A} = 1$ ⑧ $A \cdot \overline{A} = 0$ ⑨ $\overline{\overline{A}} = A$

⑩ 교환법칙 : $A + B = B + A,\ AB = BA$

⑪ 결합법칙 : $(A + B) + C = A + (B + C),\ (AB)C = A(BC)$

⑫ 분배법칙 : $A(B + C) = AB + AC,\ A + BC = (A + B)(A + C)$

⑬ 드모르간의 정리 : $\overline{A + B} = \overline{A} \cdot \overline{B},\ \overline{A \cdot B} = \overline{A} + \overline{B}$

⑭ 흡수법칙 : $A + AB = A,\ A(A + B) = A$

⑮ 합의의 정리 : $AB + BC + \overline{A}C = AB + \overline{A}C,\ (A + B)(B + C)(\overline{A} + C) = (A + B)(\overline{A} + C)$

(3) 카르노맵(Karnaugh map)

사각형의 맵 안에 주어진 항의 수를 1로 표시하고, 인전합 칸의 1을 묶어 간략화하는 방법이다.

① 카르노 맵 안에 주어진 논리식의 항을 1로 표시
② 인접한 칸의 1을 2n(2, 4, 8,…)개로 묶는다.
③ 완전 중복되지 않는 범위에서 1의 수를 중복하여 묶는다.
④ 인접되지 않는 1은 더 이상 간략화가 안된다.

$$F = \overline{A}\overline{B} + AB$$

$$F = C$$

$$F = \overline{A}C$$

$$F = \overline{A}$$

양쪽 끝은
연결되어 있다.

$$F = \overline{C}$$

(4) 반가산기(half adder)

① 2개의 2진수 A와 B를 더한 합(sum) S와 자리 올림(carry) C를 얻는 회로이다.

② 반가산기는 배타 논리합(XOR) 회로는 논리곱(AND) 회로를 이용하여 구성한다.

(5) 전가산기(full adder)

① 전가산기 : 2진수 가산을 완전히 하기 위해 자리올림 입력도 함께 더할 수 있는 기능을 갖는다.

② 입력 중 어느 하나가 1인 경우에는 출력은 1이 되고, 모든 입력이 1일 때에도 출력은 1이 되며, 자리올림 C_n은 입력 중 2개 이상이 1인 경우에는 1이 된다.

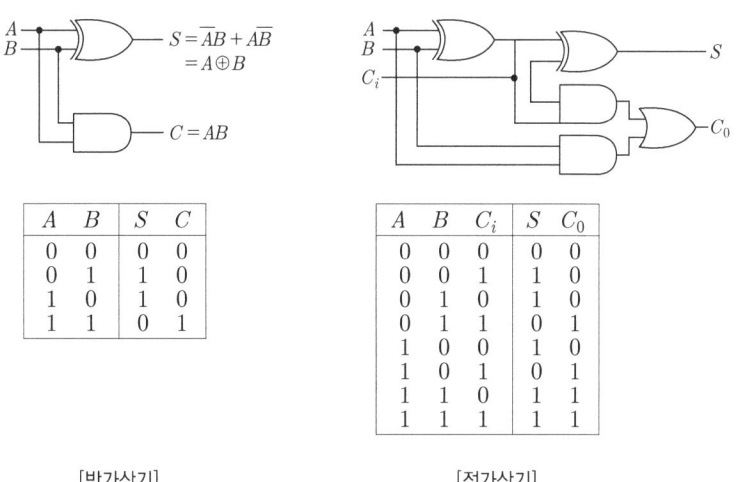

A	B	S	C
0	0	0	0
0	1	1	0
1	0	1	0
1	1	0	1

A	B	C_i	S	C_0
0	0	0	0	0
0	0	1	1	0
0	1	0	1	0
0	1	1	0	1
1	0	0	1	0
1	0	1	0	1
1	1	0	1	1
1	1	1	1	1

[반가산기]   [전가산기]

(6) 멀티플렉서(Multiplexer, MUX) : N개의 입력선 중에서 하나를 선택하여 출력선으로 전달하는 회로(OR gate로 구성)

(7) 디멀티플렉서(Demultiplexer) : 여러 개의 입력선 중에서 하나를 선택하여 단일 출력선으로 연결하는 조합회로

(8) 해독기(decoder) : 2진수로 표시된 입력 조합에 따라 출력이 하나만 동작하도록 하는 회로

(9) 부호기(encoder) : 여러 개의 입력을 가지고 그 중 하나만 1이 되는 N비트 코드를 발생시키는 장치

STEP (02) 순서 논리회로

1. RS 플립플롭

RS 플립플롭은 S(set)와 R(reset) 2개의 입력과 Q, $\overline{Q}$ 2개의 출력을 가지고 있으며 R, S 입력의 조합으로 출력의 상태를 변화시킬 수 있으나 $S=R=1$의 경우는 불확정(부정) 상태가 되는 플립플롭이다.

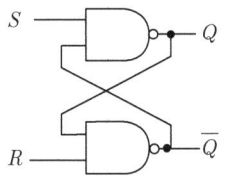

R	S	Q_{n+1}
0	0	Q_n
1	0	0
0	1	1
1	1	부정

2. JK 플립플롭

RS 플립플롭에서 $R=S=1$의 상태에서는 동작이 불확실한 상태가 되므로, RS 플립플롭에서 Q를 R로, $\overline{Q}$를 S로 되먹임하여 불확실한 상태가 나타나지 않도록 한 회로이다.

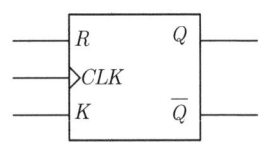

J	K	Q_{n+1}
0	0	Q_n
1	0	0
0	1	1
1	1	$\overline{Q_n}$

① $J=K=0$일 때 클록 펄스가 1이면 출력은 불변이며, $J=1$, $K=0$일 때 $CP=1$이면 출력은 0이 된다.

② $J=K=1$일 때 $CP=1$이면 출력은 현 상태에서 반전되어 나온다.

③ $J=K=1$을 계속 유지하고 CP가 계속 들어오면 출력은 0과 1을 반복하게 된다.

④ $JK-FF$에서는 출력 쪽이 입력에 되먹임되어 있기 때문에 $CP=1$일 때 출력 쪽의 상태가 변화하면 입력 쪽이 변하여 오동작을 유발하는 레이싱(racing)

3. D 플립플롭

D 플립플롭은 RS–FF에서 2개의 입력, R, S가 동시에 1인 경우에도 불확정 출력상태가 되지 않도록 하기 위하여 인버터(NOT 게이트) 하나를 입력 양단에 부가한 것으로 정보를 일시 유지하는 래치(latch)회로나 시프트 레지스터(shift register)등에 쓰인다.

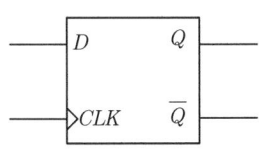

CLK	D	Q_{n+1}
0	0	Q_n
1	0	Q_n
0	1	0
1	1	1

4. T 플립플롭

JK–FF의 입력 J와 K를 서로 묶어서 하나의 입력으로 하여 클록 신호가 1일 때 출력이 반전상태(토글)가 되도록 한 것이 T 플립플롭이다.

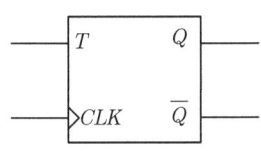

CLK	T	Q_{n+1}
0	0	Q_n
1	0	Q_n
0	1	0
1	1	$\overline{Q_n}(toggle)$

SECTION
06 반도체

Craftsman Electronic CAD

STEP 01 반도체의 개요

1. 반도체의 종류

(1) 진성 반도체

① 불순물 원자나 결정 결함을 포함하지 않는 순수한 반도체

② 원자가가 4가인 원소 : Si, Ge

(2) 불순물 반도체

진성 반도체에 전기 전도성을 향상시키기 위하여 불순물을 첨가한 반도체로, P형(+)과 N형(−)으로 분류한다.

① P형 반도체 : 정공에 의해서 전기 전도가 이루어지는 불순물 반도체

• 억셉터(acceptor) : P형 반도체를 만들기 위한 불순물 원소 (Ga, In, B, Al)

② N형 반도체 : 과잉전자에 의해서 전기 전도가 이루어지는 불순물 반도체

• 도너(donor) : N형 반도체를 만들기 위한 불순물 원소(Sb, As, P, Pb)

[진성 반도체] [P형 반도체] [N형 반도체]

구분	원자가	불순물	다수 반송자	대표적 원소
진성반도체	4가	없음	전자=정공	Ge, Si
P형 반도체	3가	억셉터(acceptor)	정공	B, Al, In, Ga
N형 반도체	5가	도너(donor)	과잉전자	N, P, As, Sb

2. 반도체의 성질

(1) 저항률에 의한 물질의 구분

① 도체(conductor) : $10^{-4}[\Omega m]$ 이하의 물질 (은, 구리 등)

② 절연체(insulator) : $10^{7}[\Omega m]$ 이상의 물질 (베이클라이트, 고무 등)

③ 반도체(semiconductor) : $10^{8} \sim 10^{-5}[\Omega m]$ 사이의 물질 (Ge, Si 등)

(2) 에너지 구조

① 허용대(allowed band) : 고체 중에서 전자가 존재할 수 있는 에너지 준위

② 금지대(forbidden band) : 허용대와 허용대 사이의 전자가 존재할 수 없는 범위

③ 충만대(filled band) : 전자가 가득 찬 허용대(가전자대라고도 한다.)

④ 공대(empty band) : 전자가 1개도 들어 있지 않은 허용대

⑤ 전도대(conduction band) : 대역의 일부가 전자로 채워져 있는 허용대

(3) 반도체의 홀 효과(hall effect)

홀 전압 $V = k_{\mathrm{H}} \dfrac{IB}{t}\ [V]$

(k_H : 홀 계수$[m^2/C]$, t : 금속의 너비$[m]$, B : 자속밀도$[Wb/m^2]$, I : 전류)

3. 전자의 개념

(1) 전자와 원자

물질의 고유의 성질을 보존하는 작은 입자 분자(molecule)로 구성되어 있다. 분자는 원자(atom)로 구성되고, 원자는 양전하를 가진 원자핵를 가진 원자핵을 중심으로 하여 그 주위에 음전하를 가진 전자(electron)가 회전하며, 전자 자신은 자전하고 있다.

① 양자(proton) : 원자의 중심 부분에서 (+) 전기를 갖으며, 전자 질량의 1840 배이다.

• 양자의 전기량 : $1.602 \times 10^{-19}[C]$

② 중성자(neutron) : 원자의 구조의 중심 부분에서 전기를 갖지 않는다.

③ 원자핵(atomic neutron) : 양자와 중성자 함께 있는 것을 말한다.

④ 전자(electron) : 원자핵의 주위를 돌고 있는 (−) 전기를 갖는다.

(2) 자유전자

전기적으로 안정된 원자에 외부에너지인 빛이나 열을 가하면 원자핵에서 가장 멀리 떨어진 궤도의 전자가 핵의 구속력으로부터 이탈하게 되어 자유공간에 자유롭게 움직일 수 있다. 이 때의 전자를 자유전자(이탈전자)라 한다.

① 전자의 전기량(e) : $-1.602 \times 10^{-19}[C]$

② 전자의 질량 : $9.109 \times 10^{-13}[kg]$

(3) 전기의 발생

① 물질은 정상상태에서는 양자의 수와 전자의 수가 서로 같으므로 전기적으로 중성상태에 있다.

② 대전에 따라 자유전자의 들어오고 나감에 따라 음전기 또는 양전기를 갖는다.

③ 전기량는 대전된 물질이 갖는 전기의 양으로 단위는 쿨롱(coulomb : C)을 사용한다.

$$1[C] = \frac{1}{1.602 \times 10^{-19}} \fallingdotseq 6.24 \times 10^{18}[V]$$

STEP 02 반도체 소자

1. 다이오드

구분	진폭
PN 접합 다이오드 (PN, junction diode)	• P형 반도체와 N형 반도체를 접합시켜 만든다.
제너 다이오드 (zener diode)	• 전압을 일정하게 유지하기 위한 전압 제어 소자로 정전압 다이오드로 불리우며, 정전압회로에 사용된다. • 재료의 배합에 따라 약 1~100[V]까지 제너전압이 결정된다.
터널 다이오드 (tunnel diode)	• 불순물 농도를 매우 크게 만들어 부성 저항 특성을 갖는 소자 • 사용 : 마이크로파대의 발진이나 전자계산기의 고속 스위칭 소자
서미스터 (thermistor)	• 온도에 따라 저항값이 변하는 소자로서 음(−)의 온도계수를 갖는 소자 • 사용 : 저항 온도 변화의 보상, 전력계, 자동제어, 온도계 등
배리스터 (varistor)	• 전압에 의해 저항이 크게 변하는 소자 • 사용 : 고압 송전 피뢰기, 전차기와 통신기기의 불꽃 잡음의 흡수 등
가변 용량 다이오드 (varactor diode)	• 역방향 전압의 변화로 다이오드 양단의 공간전하 용량이 가변되는 특성을 이용한 소자 • 사용 : 수신기의 동조회로, 주파수 변조회로 등의 용량변화 소자

[다이오드의 특성]

[다이오드의 기호] [다이오드의 구성]

2. 트랜지스터

(1) 트랜지스터의 구조

P형 반도체와 N형 반도체를 P-N-P 또는 N-P-N의 순서로 결합

① 이미터(emmiter, E) : 전류의 반송자를 주입하는 전극
② 베이스(base, B) : 주입된 반송자를 제어하는 전류 공급
③ 컬렉터(collector, C) : 전류의 반송자를 모으는 부분의 전극

[PNP형 트랜지스터]   [NPN형 트랜지스터]

(2) 전기적 성질

이미터(E)와 베이스(B) 사이에 순방향 전압, 컬렉터(C)와 베이스 사이에 역방향 전압을 걸고, 이미터와 베이스 사이의 전압을 조절하면 컬렉터에 흐르는 전류의 세기를 조절할 수 있다.

(3) 트랜지스터의 동작

구분	진폭
PNP형 트랜지스터	• 연결 : 다이오드에서와 같이 한 쪽 방향으로만 흐르고 P단에 양의 전극을 연결하고, N단에 음의 전극을 연결할 때에만 전류가 흐른다. • PNP TR은 컬렉터와 이미터가 P형 반도체이고 베이스는 N형 반도체이다. • 전류 흐름 : 이미터에서 베이스 방향이며 전압을 인가하면, 컬렉터와 베이스에 역방향의 전압을 인가하면 이미터와 베이스 사이의 전위차가 낮아져 이미터에서 컬렉터로 전류가 흐르게 된다.
NPN형 트랜지스터	• 이미터와 컬렉터가 N형 반도체이고, 베이스는 P형 반도체이다. • 전류 흐름 : 전류가 흐르게 하기 위해서는 베이스와 이미터 간에는 순방향전압을 인가하고 베이스와 컬렉터 사이에는 역방향전압을 인가하여 준다.

[PNP형 트랜지스터]   [NPN형 트랜지스터]

(4) 트랜지스터의 증폭작용

외부 전원 접속에 의해서 이미터(n형 반도체)의 전자는 순방향에 바이어스 되기 때문에 용이하게 E→B 영역에 흘러 들어가지만 베이스 영역(p형 반도체)의 폭이 대단히 좁아 이미터에서 주입된

전자 중 대부분은 컬렉터 영역(n형 반도체)의 (+) 전극에 잡아당겨진다. 따라서 전자와 역방향인 전류의 흐름에서 생각하면 E→B에 소전류를 흘림으로써 C→E에 큰 전류 I_C를 흘릴 수 있다. 이 것을 일반적으로 트랜지스터의 전류 증폭작용이라고 한다.

(5) 전류 증폭률
① 트랜지스터의 전류 분배

$$I'_E = I'_B + I'_C$$

② 이미터와 컬렉터 사이의 전류 증폭률(베이스 접지 전류 증폭률)

$$\alpha = \left| \frac{\Delta I_C}{\Delta I_E} \right| \quad (V_{CB} \text{ 일정})$$

③ 베이스와 컬렉터 사이의 전류 증폭률(이미터 접지 전류 증폭률)

$$\beta = \left| \frac{\Delta I_C}{\Delta I_B} \right| \quad (V_{CE} \text{ 일정})$$

④ α와 β 사이의 관계

$$\alpha = \frac{\beta}{1+\beta}, \ \ \beta = \frac{\alpha}{1-\alpha}$$

⑤ 보통 α는 0.95~0.99, β는 20~100 정도이다.

(6) 트랜지스터의 동작영역
① 트랜지스터에 외부 전류전원을 연결하는 방법에는 입출력 단자에 각기 순방향이나 역방향 전 압을 인가할 수 있으므로 4가지가 있다.
② 포화상태와 차단상태를 이용하는 것이 스위칭 동작이며 활성 상태를 이용하는 것이 증폭 동 작이다.

[트랜지스터의 동작영역]

동작영역	EB 접합	CB 접합	용도
차단	역방향	역방향	개방스위치
순방향활성	순방향	역방향	증폭기
포화	순방향	순방향	닫힌 스위치
역방향활성	역방향	순방향	–

3. 전계 효과 트랜지스터

(1) FET의 분류

FET(Filed Effect Transistor)는 JFET와 MOSFET(Metal Oxide Semiconductor FET)로 구분된다.

(2) FET의 특징

FET가 인가된 전압에 의하여 제어되는 전압제어형 전계효과 트랜지스터인 반면 BJT는 입력전 류에 의하여 제어되는 전류제어형 트랜지스터라는 구분된 특징을 갖고 있다.

① 전압제어형 소자이다.

② 입력 임피던스가 높다.

③ 드레인 전류가 0일 때 off-set 전압이 없다

④ BJT보다 이득-대역폭적(積)이 작다.

⑤ 열 안정성이 좋다.

⑥ 저주파 특성이 좋다.

(3) 접합형 전계효과 트랜지스터(J-FET) 구조 및 기호

　① N채널과 P채널에서 전류 I_D의 방향과 드레인 전압 V_{DD}와 게이트 전압 V_{GG}이며, 이때 게이트-소스 사이의 전압 V_{GS}와 드레인-소스 사이의 전압 V_{DS}이다.

　② V_{DD}는 드레인-소스 사이의 전압 V_{DS}를 발생시키고 드레인에서 소스로 드레인 전류 I_D가 흐르게 된다. 이 때 $V_{GS} = -V_{GG}$와 같게 되며 게이트 전류는 $I_G = 0$이 된다.

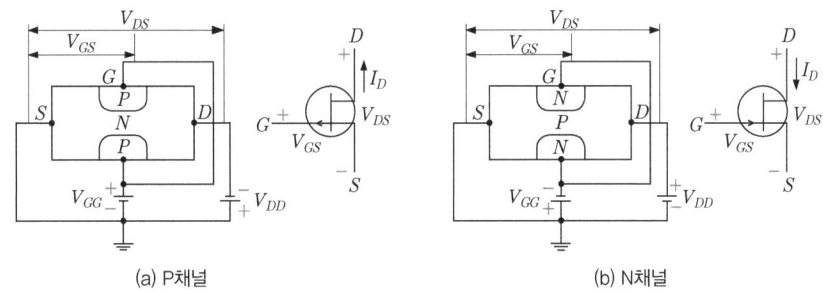

(a) P채널 　　　　　　　　　　　　　　(b) N채널

[JFET 구조와 기호]

(4) 핀치오프 현상

　① 드레인에 (+) 전위를 소스에 (−) 전위를 인가하고 $V_{GS} = 0$이 되도록 즉, 게이트 전압 V_{GG}를 없애고 게이트를 소스에 직접 연결함으로서 게이트와 소스의 사이의 전위를 같게 한다. 드레인-소스 사이의 전압이 증가하면 양쪽 N채널의 공핍영역이 증가하여 채널 저항도 증가하게 되고, 결국에는 공핍영역이 증가하여 P채널층이 거의 없어지는 핀치오프(Pinch-Off) 현상이 나타나게 된다.

　② 드레인-소스 포화 전류 : 핀치오프 현상에 도달하였을 때의 전압을 핀치오프 전압(V_P)이라 한다. 이때 드레인 전류는 포화상태로 되고 이러한 전류를 드레인-소스 포화 전류(Drain-Source Saturation Current, I_{DSS})로 나타낸다. V_P 이상에서는 드레인 전류 I_P가 더 이상 증가하지 않고 일정값을 유지하게 된다.

(5) 금속산화물 FET(MOSFET, Metal Oxide Semiconductor Field Effect Transistor)

1) 공핍형 MOSFET

　① MOSFET의 입력 임피던스는 JFET와 유사하며 충분히 높은 입력 임피던스 때문에 직류 바이어스 회로에서 게이트 전류는 거의 $I_G = 0[A]$이다.

　② MOSFET는 게이트와 채널 사이의 절연층이 있기 때문에 IGFET(Insulated Gate FET)로 불리기도 한다. 드레인-소스 사이의 전압(V_{DS})에 의하여 전류가 드레인에서 소스로 흐르게 되고, $V_{GS} < 0[V]$에서 I_D가 계속 증가하다가 $V_{GS} = 0[V]$에서 $I_D = 0[A]$로 된다. 이때

드레인–소스 사이의 역포화 전류 I_{DSS}가 나타나게 되며, $V_{GS} > 0[V]$에서 I_{DSS}가 계속 증가하는 특성을 갖고 있다.

2) 증가형 MOSFET

① 증가형 MOSFET는 공핍형 MOSFET와 달리 N형 도핑영역 사이에 채널이 존재하지 않는다. 그러므로 $V_{GS} = 0[V]$의 조건에서 드레인–소스 사이에 전압 V_{DS}를 인가하면 채널이 없기 때문에 전류는 $0[A]$가 된다.

② V_{DS}를 서서히 증가시키면 게이트 밑의 SiO_2 절연막에 공핍층이 형성되고 게이트에 인가된 (+)전위에 이끌린 전자들이 공핍층내에 모여들여 일종의 채널과 같은 띠를 형성한다.

③ 이러한 전자띠를 통하여 드레인–소스 사이에 전류가 흐르게 되고, 전류가 흐르기 시작할 때의 전압을 문턱전압(Threshold Voltage, V_T)이라 한다.

[공핍형 MOSFET의 구조]   [증가형 MOSFET의 구조]

4. 반도체 스위칭 소자

(1) 실리콘 제어 정류기(SCR, silicon controlled rectifier)

① 사이리스터(thyristor)의 한 종류이며, 제어소자로 동작하는 3개의 전극(애노드, 캐소드,게이트)를 가진 PNPN의 4층 반도체 정류기로서 단방향성 소자이다.

② 고속스위칭, 전동기, 전열기, 온도조절기 등에서 주로 제어용 소자로 쓰인다.

[SCR의 기호 및 등가회로]

(2) 다이액 소자(DIAC, diode AC switch)

① 역방향이라도 통전 상태와 차단 상태가 있는 쌍방향성 2단자 스위칭 소자로서, 실리콘대칭형 스위치(silicon symmetrical switch, SSS)라고도 한다.

② 교류회로의 전류 제어 회로, 조명 조정 장치, 온도 조정 장치 등에 쓰인다.

[다이액의 기호 및 특성곡선]

(3) 트라이액(triac) 소자

    ① 쌍방향성 소자로서 T_1, T_2 사이에 순방향 또는 역방향 어느 한쪽 방향으로 전압을 가해줄 때 게이트에 어느 값 이상의 전류가 흘러 들어가거나 나가면 T_1, T_2 사이 는 단락(도통)된다.

    ② 게이트에 (+) 또는 (−)의 어느 값 이상 전류를 흘리면 트리거(trigger)시킬 수 있고 비교적 약한 전력으로 동 작시킬 수 있다.

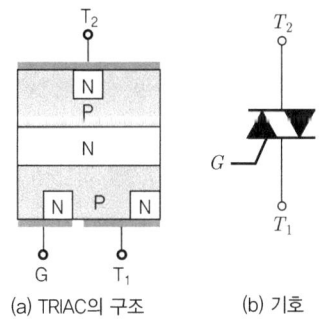

(a) TRIAC의 구조   (b) 기호

(4) 단일 접합 트랜지스터(UJT, uni-juction transistor)

    ① N형의 실리콘 막대 양단에 단자 B_1, B_2를 만들고 중간 부분에 P층을 형성하여 이 부분을 E (이미터)로 하고 B_1, B_2를 베이스로 한 것으로 더블 베이스 다이오드라고도 한다.

    ② 부성 저항 특성에 의한 발진 작용으로 사이리스터의 트리거 펄스 발생회로 등에 사용된다.

(a) 구조   (b) 등가회로   (c) 기호

5. 집적회로

(1) 집적회로(integrated circuit, IC) : 한 개의 칩 안에 능동소자와 수동소자를 조합, 전자회로를 구성한 것으로 다음과 같이 분류된다.

(2) 집적도에 의한 IC 분류

    ① SSI(Small Scale IC, 소규모 집적회로) : 100개 이하

    ② MSI(Medium Scale IC, 중간 규모 집적회로) : 100~1000개

    ③ LSI(Large Scale IC, 고밀도 집적회로) : 1,000~10,000개

    ④ VLSI(Very Large Scale IC, 초고밀도 집적회로) : 10,000~1,000,000개

    ⑤ ULSI(Ultra Large Scale IC, 초초고밀도 집적회로) : 1,000,000개 이상

[1. 직 · 교류회로 예상문제]

01 전류의 흐름을 방해하는 소자를 무엇이라 하는가?

① 전압
② 전류
③ 저항
④ 콘덴서

🔍 저항(Resistance) : 전기회로에서 전류의 흐름을 방해하는 소자로 기호는 R, 단위는 옴(Ohm, [Ω])을 사용한다.

02 도체에 전압이 가해졌을 때 흐르는 전류의 크기는 가해진 전압에 비례한다는 법칙은?

① 줄의 법칙
② 옴의 법칙
③ 중첩의 법칙
④ 키르히호프의 법칙

🔍 옴(Ohm 법칙) : 도체에 흐르는 전류(I)는 전압(V)에 비례하고 저항(R)에 반비례 한다.
$$V = IR, \ I = \frac{V}{R}, \ R = \frac{V}{I}$$

03 10[Ω] 저항 10개를 이용하여 얻을 수 있는 가장 큰 합성저항값은 몇 [Ω]인가?

① 1[Ω]
② 10[Ω]
③ 50[Ω]
④ 100[Ω]

🔍 • 10개 직렬 합성저항 : $R_s = n \times R = 10 \times 10 = 100[\Omega]$
• 10개 병렬 합성저항 : $R_p = \frac{R}{n} = \frac{10}{10} = 1[\Omega]$

04 어떤 도체에 5[A]의 전류를 10분간 흘렸을 때 도체를 통과한 전하량 C는 얼마인가?

① 1000
② 2000
③ 3000
④ 4000

🔍 $Q = It = 5 \times 10 \times 60 = 3000[C]$

05 저항 20[Ω]인 도체에 100[V]의 전압을 가할 때, 그 도체에 흐르는 전류는 몇 [A]인가?

① 0.2
② 0.5
③ 2
④ 5

🔍 옴의 법칙 $I = \frac{V}{R}, \ I = \frac{100}{20} = 5[A]$

06 굵기가 균일한 전선의 단면적이 $S[m^2]$이고, 길이가 $l[m]$인 도체의 저항은 몇 [Ω]인가? (단, ρ는 도체의 고유저항이다.)

① $R = \rho \frac{S}{l}[\Omega]$
② $R = \rho \frac{l}{S}[\Omega]$
③ $R = l \frac{S}{\rho}[\Omega]$
④ $R = LS\rho[\Omega]$

🔍 저항에서 R은 길이 l에 비례하고 단면적 S에 반비례 한다.
$$R = \rho \frac{l}{S}[\Omega]$$

07 다음 그림의 회로에서 합성저항은 몇 [Ω]인가?

① 20[Ω]
② 40[Ω]
③ 60[Ω]
④ 80[Ω]

🔍 $R_t = \left(\frac{120 \times 80}{120 + 80} \right) + 12 = \frac{9600}{200} + 12 = 60[\Omega]$

08 주어진 구리선을 단면적이 균일하게 5배의 길이로 느리면 저항은 몇 배가 되는가?

① 25배
② $\frac{1}{5}$배
③ $\frac{1}{25}$배
④ 5배

정답 [1. 직 · 교류회로] **01** ③ **02** ② **03** ④ **04** ③ **05** ④ **06** ② **07** ③ **08** ①

$R = \rho \dfrac{l}{S} \, [\Omega]$에서

$R_1 = \rho \dfrac{5l}{\frac{1}{5}S} = 25\,\rho \dfrac{l}{S} = 25R$

09 2[μF] 콘덴서에 60[V]를 인가할 때 저장되는 에너지[J]는?

① 3.6×10^{-3}　　　② 4×10^{-3}

③ 4.5×10^{-4}　　　④ 6.5×10^{-4}

$W = \dfrac{1}{2}V^2 C \,[J]$에서

$= \dfrac{60^2 \times 2 \times 10^{-6}}{2} = \dfrac{3600 \times 2 \times 10^{-6}}{2} = \dfrac{0.0072}{2}$

$= 0.0036 = 3.6 \times 10^{-3}$

10 두 저항을 직렬로 연결했을 때 합성 저항은 15[Ω]이고 병렬로 연결했을 때의 합성 저항은 3.6[Ω]이다. 각 저항의 값은 얼마인가?

① 3.6[Ω]과 11.4[Ω]　　② 6[Ω]과 9[Ω]

③ 3[Ω]과 12[Ω]　　　④ 4[Ω]과 11[Ω]

• 직렬 저항 : $R_s = R_1 + R_2 = 15[\Omega]$

• 병렬 저항 : $R_p = \dfrac{R_1 \times R_2}{R_1 + R_2} = 3.5[\Omega]$

∴ $R_1 = 6[\Omega],\ R_2 = 9[\Omega]$

11 다음과 같은 회로에서 ab 사이의 단자 전압은?

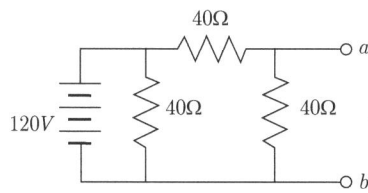

① 20[V]　　　　② 40[V]

③ 60[V]　　　　③ 80[V]

직 · 병렬회로의 합성저항$(R_t) = \dfrac{40 \times 80}{40 + 80} = \dfrac{3200}{120} = 26.7[\Omega]$

전체전류 $i = \dfrac{V}{R_t} = \dfrac{120}{26.7} = 4.5[A]$

80[Ω]의 회로에 i_1의 전류가 흐르면

$i_1 = \dfrac{40}{40 + 80}i = \dfrac{40}{120} \times 4.5 = 1.5[A]$

∴ $V_{ab} = i_1 \times R = 1.5 \times 40 = 60[V]$

12 정전용량이 20[μF]인 커패시터의 극판 간격을 1/4로 줄였을 때 정전용량은 몇 [μF]인가?

① 20[μF]　　　　② 40[μF]

③ 60[μF]　　　　④ 80[μF]

정전용량 $C = \dfrac{\varepsilon A}{d}[F]$ (A : 극판면적, d : 극판길이)

$C = \dfrac{\varepsilon A}{\frac{1}{4}d} = 4\dfrac{\varepsilon A}{d} = 4 \times 20 = 80[\mu F]$

13 500[W]의 전력을 소비하는 전열기를 10시간 동안 연속하여 사용했을 때의 소비된 전력량은 몇 [kWh] 인가?

① 1[kWh]　　　　② 5[kWh]

③ 10[kWh]　　　④ −50[kWh]

소비전력량$(Pt) = 500 \times 10 = 5000[Wh] = 5[kWh]$

14 기전력 1.5[V], 내부저항 0.1[Ω]인 전지 10개를 병렬로 접속한 전원에 저항 1.99[Ω]의 전구를 접속하면 전구에 흐르는 전류는 몇 [A] 인가?

① 0.5 [A]　　　　② 0.75 [A]

③ 2.25 [A]　　　④ 5 [A]

$R_t = \dfrac{V_r}{n} + R_L = \dfrac{0.1}{10} + 1.99 = 2[\Omega]$

$i = \dfrac{V}{R_t} = 0.75[A]$

15 정현파 교류전압의 최대치와 실효치와의 관계는?

① 최대치 $= \dfrac{1}{\sqrt{2}} \times$ 실효치

② 최대치 $= \sqrt{2} \times$ 실효치

③ 최대치 $= 2 \times$ 실효치

④ 최대치 $= \dfrac{\pi}{\sqrt{2}} \times$ 실효치

정현파(사인파) 교류에서 실효값이란 직류가 하는 일과 동일한 열 효과를 나타내는 교류값을 말하며, 가장 일반적으로 사용되는 값이다. 최대전압은 최대치이므로 최대치 $= \sqrt{2} \times$ 실효치이다.

16 저항이 30[Ω], 유도리액턴스가 10[Ω], 용량리액턴스가 50[Ω]인 직렬회로의 합성 임피던스는 몇 [Ω]인가?

① 50[Ω] ② 70[Ω]
③ 90[Ω] ④ 100[Ω]

🔍 합성 임피던스
$$Z = \sqrt{R^2 + (X_L - X_C)^2} = \sqrt{30^2 + (10-50)^2} = 50[\Omega]$$

17 회로의 접속점에 흘러 들어오는 전류의 합은 흘러 나가는 전류의 합과 같음을 나타내는 법칙은?

① 키르히호프의 법칙
② 쿨롱의 법칙
③ 패러데이의 법칙
④ 비오-사바르의 법칙

🔍 • 키르히호프 제1전류법칙 : 유입하는 전류의 합은 유출하는 전류의 합과 같다
• 키르히호프 제2전압법칙 : 임의의 한 폐회로에서 기전력의 대수합은 그 회로의 전압 강하의 대수합과 같다.

18 콘덴서 C_1 = 20[μF], C_2 = 40[μF]를 직렬로 연결하고 양단에 300[V]의 전압을 인가하였을 때 C_1 양단에 걸리는 전압은?

① 50[V] ② 100[V]
③ 150[V] ④ 200[V]

🔍 전기량 $Q = CV$
$Q = C_1 V_1 = C_2 V_2,\ \therefore \dfrac{V_2}{V_1} = \dfrac{C_1}{C_2}$
$V_1 = \dfrac{C_2}{C_1 + C_2} V,\ V_2 = \dfrac{C_1}{C_1 + C_2} V$
(단, V_1(C_1의 양단전압), V는 직렬양단 전체전압)
따라서,
$V_1 = \dfrac{40}{20+40} \times 300 = 200[V],\ V_2 = \dfrac{20}{20+40} \times 300 = 100[V]$
$V = V_1 + V_2 = 200 + 100 = 300[V]$

19 10[H]의 코일에 1[A]의 전류를 흘릴 때 코일에 저장되는 에너지는?

① 5[J] ② 10[J]
③ 20[J] ④ 50[J]

🔍 $W = \dfrac{1}{2} I^2 L[J],\ \therefore W = \dfrac{1}{2} \times 1^2 \times 10 = 5[J]$

20 R-L-C 직렬회로에서 저항이 50[Ω], 유도성 리액턴스가 25[Ω], 용량성 리액턴스가 25[Ω] 일 때 합성 임피던스는?

① 0[Ω] ② 25[Ω]
③ 50[Ω] ④ 75[Ω]

🔍 임피던스란 주파수성분에 따른 R-L-C의 복합적인 저항성분으로 나타낸다. 따라서,
$$Z = \sqrt{R^2 + (X_L - X_C)^2} = \sqrt{50^2 + (25-25)^2} = 50[\Omega]$$

21 정격전압 220[V], 800[W]의 전열기에 110[V]의 전압을 가하였을 때 소비되는 전력은?

① 800[W] ② 400[W]
③ 200[W] ④ 100[W]

🔍 전력$(P) = I^2 R = \dfrac{V^2}{R}[W]$에서
$R = \dfrac{V^2}{P} = \dfrac{220^2}{800} = \dfrac{48400}{800} = 60.5[\Omega]$
$P = \dfrac{V^2}{R} = \dfrac{110^2}{60.5} = \dfrac{12100}{60.5} = 200[W]$

22 전자유도 현상에 의하여 생기는 유도 기전력의 방향을 알 수 있는 법칙은?

① 렌쯔의 법칙
② 플레밍의 오른손 법칙
③ 플레밍의 왼손 법칙
④ 앙페르의 오른나사 법칙

🔍 렌쯔의 법칙(Lenz's Law)은 전자유도에 의하여 생긴 기전력방향, 즉 유도된 기전력에 의해 흐르는 전류의 방향은 자속의 증가 또는 감소를 방해하는 방향으로 발생한다. 이런 특성 때문에 반작용의 법칙이라고도 하며, 유도기전력의 크기 e를 나타내는 식에 음(-)의 기호를 붙여 표현한다.

23 2종의 금속 또는 반도체를 폐로가 되도록 접속하고 접속한 두 점 사이에 온도차를 주면 기전력이 발생되는 현상은?

① 제벡 효과 ② 펠티에 효과
③ 톰슨 효과 ④ 터널 효과

정답 16 ① 17 ① 18 ④ 19 ① 20 ③ 21 ③ 22 ① 23 ①

🔍 서로 다른 두 종류의 금속을 접합하여 두 접합점에서 온도차를 주면 열기전력이 발생하는데 이를 제벡 효과라 한다. 두 금속의 접합부 온도차에 열기전력은 비례한다.

🔍 직렬회로 합성용량(C_t) $\dfrac{1}{C_t} = \dfrac{1}{C_1} + \dfrac{1}{C_2}$

$$\therefore C_t = \dfrac{1}{\dfrac{1}{C_1} + \dfrac{1}{C_2}} = \dfrac{C_1 \times C_2}{C_1 + C_2} = \dfrac{6 \times 4}{6 + 4} = 2.4 [\mu F]$$

24 교류 전압 v(t)=150sin$(3\omega t + \dfrac{\pi}{3})$[V] 의 실효치는?

① 약 50[V]　　　② 약 106[V]
③ 약 150[V]　　　④ 약 212[V]

🔍 정현파(사인파) 교류에서 실효값이란 직류가 하는 일과 동일한 열 효과를 나타내는 교류값을 말하며, 가장 일반적으로 사용되는 값이다.

$$\therefore 실효값 = \dfrac{150}{\sqrt{2}} = 106[V]$$

28 전류가 도체에 흐르게 되면 도체 중에서 전류는 일정한 일을 하게 되며 결과적으로 열로 변하여 온도를 상승시킨다는 법칙은?

① 플레밍의 왼손법칙
② 줄의 법칙
③ 쿨롱의 법칙
④ 키르히호프의 제2법칙

🔍 줄의 법칙 : $H = I^2 Rt[J]$

25 실효값이 100[V]인 정현파 전압의 전파정류 시 평균값은?

① 약 45[V]　　　② 약 75[V]
③ 약 90[V]　　　④ 약 141[V]

🔍 평균값 $= \dfrac{2 \times 최대전압}{\pi}$, 최대전압 $=$ 실효값$\times \sqrt{2}$ 에 따라

$$= \dfrac{2V_m}{\pi}\sqrt{2} = \dfrac{2 \times 100}{\pi} \times \sqrt{2} = 90[V]$$

29 다음 설명에 가장 적합한 법칙은?

(보기)
두 전하 사이에 작용하는 힘의 크기는 두 전하의 곱에 비례하고 두 전하 사이의 거리의 제곱에 반비례한다.

① 옴의 법칙　　　② 전자유도 법칙
③ 쿨롱의 법칙　　　④ 비오사바르의 법칙

🔍 쿨롱의 법칙 : 두개의 대전체 사이에는 힘이 작용하는데, 즉 두개의 점전하 Q_1과 Q_2 사이에 작용하는 힘 F는 Q_1, Q_2의 곱에 비례하고 두 전하 사이 거리의 제곱(r^2)에 반비례 한다.

26 동일한 정현파의 반주기 동안 $\dfrac{평균치}{실효치}$ 는 약 얼마인가?

① 0.9　　　② 1.41
③ 2.11　　　④ 3.14

🔍 $\dfrac{평균치}{실효값} = \dfrac{\dfrac{2 \times V_m}{\pi}}{\dfrac{V_m}{\sqrt{2}}} = \dfrac{2V_m\sqrt{2}}{\pi V_m} = \dfrac{2.82V_m}{3.14V_m} = 0.9$

30 "전자유도에 의하여 생기는 전압의 크기는 코일을 쇄교하는 자속의 변화율과 코일의 권선 수의 곱에 비례한다"는 법칙은?

① 렌쯔의 법칙
② 패러데이의 법칙
③ 앙페르의 오른나사 법칙
④ 비오-사바르의 법칙

🔍 패러데이의 법칙 : 전자유도에 의해 생기는 기전력의 크기는 코일을 쇄교하는 자속의 변화율과 코일의 권수에 비례한다.

27 6[μF]와 4[μF] 콘덴서 2개를 직렬로 연결하면, 합성 용량[μF]은?

① 1.2　　　② 2.4
③ 3.6　　　④ 4.8

정답　24 ②　25 ③　26 ①　27 ②　28 ②　29 ③　30 ②

31 다음 중 비오-사바르 법칙에 대한 관계는?

① 기전력과 회전력
② 전기와 전기장의 세기
③ 자석과 기전력의 변화
④ 전류와 자기장의 세기

🔍 비오-사바르의 법칙은 도체의 미소 부분 $\Delta l[m]$에 흐르는 전류 $I[A]$에 의해서 생기는 자장의 세기 $\Delta H[A/m]$를 알 수 있는 법칙이다.

32 저항 R=5[Ω], 인덕턴스 L=100[mH], 정전용량 C=100[μF]의 RLC 직렬회로에 60[Hz]의 교류전압을 가할 때 회로의 리액턴스 성분은?

① 저항
② 유도성
③ 용량성
④ 임피던스

🔍 • $X_L = \omega L = 2\pi f L = 2 \times 3.14 \times 60 \times 100 \times 10^{-3} = 37.65[\Omega]$
• $X_C = \dfrac{1}{\omega C} = \dfrac{1}{2\pi f C} = \dfrac{1}{2 \times 3.14 \times 60 \times 100 \times 10^{-6}}$
　　　$= 26.54[\Omega]$
∴ $X_L > X_C$ 이므로 유도성이다.

33 Y 결선의 전원에서 각상의 전압이 100[V]일 때 선간 전압은?

① 약 100[V]
② 약 141[V]
③ 약 173[V]
④ 약 200[V]

🔍 교류의 3ϕ의 Y결선 $V_l = \sqrt{3}$
$V_p = V_l \times$각 상전압 $= \sqrt{3} \times 100[V] ≒ 173[V]$

34 100[Ω]의 저항에 10[A]의 전류를 1분간 흐르게 하였을 때의 발열량은?

① 36[kcal]
② 72[kcal]
③ 144[kcal]
④ 288[kcal]

🔍 $H = 0.24 I^2 R t [cal]$
　　$= 0.24 \times 10^2 \times 100 \times 1 \times 60 = 144,000[cal] = 144[kcal]$

35 4[Ω]의 저항과 8[mH]의 인덕턴스가 직렬로 접속된 회로에 60[Hz], 100[V]의 교류 전압을 가하면 전류는 약 몇 [A]인가?

① 20[A]
② 25[A]
③ 30[A]
④ 35[A]

🔍 $Z = R + X_L$
　$= R + j\omega L = \sqrt{R^2 + (\omega L)^2}$
　$= \sqrt{R^2 + (2\pi f L)^2} = \sqrt{4^2 + (2 \times 3.14 \times 60 \times 8 \times 10^{-3})^2}$
　$= \sqrt{4^2 + 3^2} = \sqrt{25} = 5[\Omega]$
∴ $I = \dfrac{V}{Z} = \dfrac{100}{5} = 20[A]$

36 회로의 전원 V_S가 최대전력을 전달하기 위한 부하 저항 R_L의 값은?

① 25[Ω]
② 50[Ω]
③ 75[Ω]
④ 100[Ω]

🔍 최대 전력 전달 조건은 $R_S = R_L$이다.

37 그림과 같은 4개의 콘덴서회로의 합성 정전용량은 얼마인가? (단, 각 콘덴서의 값은 4[μF] 이다.)

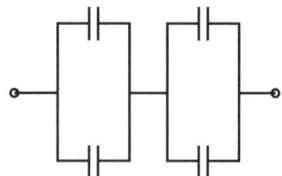

① 4[μF]
② 8[μF]
③ 12[μF]
④ 16[μF]

🔍 • 직렬접속 합성정전용량 : $C = \dfrac{C_1 \times C_2}{C_1 + C_2}$
• 병렬접속 합성정전용량 : $C = C_1 + C_2$
먼저 병렬접속 합성정전용량을 구하면
$C_{P1} = 4+4 = 8[\mu F]$, $C_{P2} = 4+4 = 8[\mu F]$
C_{P1}과 C_{P2}는 직렬접속이므로 총 합성정전용량은
$C_T = \dfrac{C_{P1} \times C_{P2}}{C_{P1} + C_{P2}} = \dfrac{8 \times 8}{8 + 8} = 4[\mu F]$

정답 　31 ④　32 ②　33 ③　34 ③　35 ④　36 ③　37 ①

38 다음 회로에서 공진을 하기 위해 필요한 조건은?

① $\omega L = \dfrac{1}{\omega C^3}$ ② $\omega L = \dfrac{1}{\omega C}$

③ $\omega L = \omega C$ ④ $\dfrac{1}{\omega L} = \omega C^2$

🔍 직렬 공진시 공진 조건은 용량성 리액턴스값(X_C)값과 유도성 리액턴스값(X_L)이 같을 때 공진현상이 발생된다.

∴ 즉 $\omega L = \dfrac{1}{\omega C}$ 일 때이다.

39 자체 인덕턴스가 10[H]인 코일에 1[A]의 전류가 흐를 때 저장되는 에너지는?

① 1[J]   ② 5[J]

③ 10[J]   ④ 20[J]

🔍 L만의 회로 $W = \dfrac{1}{2}I^2 L[J]$

∴ $W = 0.5 \times 1^2 \times 10 = 5[J]$

40 5[μF]의 콘덴서에 1[kV]의 전압을 가할 때 축적되는 에너지 [J]는?

① 1.5[J]   ② 2.5[J]

③ 5.5[J]   ④ 10[J]

🔍 C 만의 회로 $W = \dfrac{1}{2}V^2 C[J]$

$W = 0.5(1 \times 10^3)^2 \times (5 \times 10^{-6}) = 2.5[J]$

41 원형 코일의 감은 횟수 N회, 코일의 반지름 r[m], 코일에 흐르는 전류가 I[A]라면 코일 중심의 자장의 세기 [AT/m]는?

① r에 비례한다.   ② r에 반비례한다.

③ I에 반비례한다.   ④ r^2에 반비례한다.

🔍 $H = \dfrac{IN}{2r}[AT/m]$이므로 r에 반비례한다.

42 다음 중 발전기의 원리와 밀접한 것은?

① 줄의 법칙

② 비오사바르의 법칙

③ 오른나사의 법칙

④ 플레밍의 오른손 법칙

🔍 • 플레밍의 오른손법칙 : 자장(S극과 N극) 내에 도체를 놓고 운동시키면 기전력 e가 전류방향으로 발생한다.(발전기의 원리)
• 플레밍의 왼손법칙 : 자장(S극과 N극) 내에 도체를 놓고 전류를 흘리면 힘 F가 작용하여 도체가 움직이게 되는데 이와 같이 자장과 전류 사이에 작용하는 힘을 전자력이라 한다.(전동기의 원리)

43 주기가 0.01[sec]인 교류신호의 주파수는?

① 1000[Hz]   ② 500[Hz]

③ 100[Hz]   ④ 10[Hz]

🔍 $f = \dfrac{1}{T} = \dfrac{1}{0.01} = 100[Hz]$

44 자기인덕턴스가 L_1, L_2 이고, 상호인덕턴스가 M, 결합계수가 1일 때의 관계는?

① $L_1 L_2 = M$ ② $L_1 L_2 > M$

③ $\sqrt{L_1 L_2} > M$ ④ $\sqrt{L_1 L_2} = M$

🔍 두 코일간의 유도결합의 정도를 나타내는 양으로서 다음과 같이 정의되는 결합계수(Coefficient of coupling) k를 쓴다.

$k = \dfrac{1}{\sqrt{L_1 L_2}}$ 에서, k=1이므로 ∴ $M = \sqrt{L_1 L_2}$

45 R–L 직렬회로의 시정수에 해당되는 것은?

① $\dfrac{1}{2R}$ ② $2R$

③ $\dfrac{R}{L}$ ④ $\dfrac{L}{R}$

🔍 $R-L$ 직렬회로의 시정수 $\tau = \dfrac{L}{R}[sec]$

46 저항을 R 이라고 하면 컨덕턴스 G[℧]는 어떻게 표현되는가?

① R^2 ② R

③ $\dfrac{1}{R^2}$ ④ $\dfrac{1}{R}$

정답 38 ②   39 ②   40 ②   41 ②   42 ④   43 ③   44 ④   45 ④   46 ④

○ 컨덕턴스(conductance) : 저항의 역수로 전류가 흐르기 쉬운 정도를 나타낸다.

47 정현파의 파고율은 얼마인가?

① $\sqrt{2}$

② $\dfrac{2}{\pi}$

③ $\dfrac{\pi}{2\sqrt{2}}$

④ $\dfrac{\pi}{2}$

○ 정현파의 파고율 = 최대값/실효값
최대값=실효값×$\sqrt{2}$ 이므로 파고율(최대값/실효값)은 $\sqrt{2}$ 가 된다.

48 최대값이 I_m[A]인 전파정류 정현파의 평균값은?

① $\sqrt{2}\,I_m$[A]

② $\dfrac{I_m}{\pi}$[A]

③ $\dfrac{2I_m}{\pi}$[A]

④ $\dfrac{I_m}{2}$[A]

○

구분	평균치	실효치
정현파	$\dfrac{2I_m}{\pi}$	$\dfrac{I_m}{\sqrt{2}}$
전파정류	$\dfrac{2I_m}{\pi}$	$\dfrac{I_m}{\sqrt{2}}$
반파정류	$\dfrac{I_m}{\pi}$	$\dfrac{I_m}{2}$

49 다음 중 1μF를 F로 표시하면 얼마인가?

① 10^{-3}F

② 10^{-6}F

③ 10^{-9}F

④ 10^{-12}F

○ 1μF = 10^{-6}F, 1nF = 10^{-9}F, 1pF = 10^{-12}F

50 기전력 1.5V, 내부저항 0.1[Ω]의 전지 10개를 병렬로 접속한 전원에 저항 2[Ω]의 전구를 접속하면 전구에 흐르는 전류는 몇 [A]가 되는가?

① 0.25

② 0.35

③ 0.65

④ 0.75

○ $I = \dfrac{R}{\dfrac{r}{m}+R} = \dfrac{1.5}{\dfrac{0.1}{10}+2} ≒ 0.75[A]$

[2. 전원회로의 기본 예상문제]

01 정류회로에서 직류 출력전압이 100[V]이고, 교류(리플) 성분의 전압이 1.2[V]일 때, 맥동률은 몇 % 인가?

① 0.9%

② 1.0%

③ 1.2%

④ 1.5%

○ 맥동률(r) : 리플 전압과 직류 평균 전압과의 비를 백분율로 나타낸 것
$r = \dfrac{\text{출력전압에 포함된 교류성분의 실효값}}{\text{출력전압의 직류 평균값}}\times100\%$
$= \dfrac{1.2}{100}\times100 = 1.2\%$

02 어떤 정류기 부하양단의 직류전압이 300[V]이고, 맥동률이 2[%]이면 교류성분의 실효값은?

① 2[V]

② 4.24[V]

③ 6[V]

④ 8.48[V]

○ 맥동률(r) = $\dfrac{\text{출력전압에 포함된 교류성분의 실효값}}{\text{출력전압의 직류 평균값}}\times100\%$
$2 = \dfrac{\Delta V}{300}\times100$, 교류성분의 실효값($\Delta V$) $= \dfrac{2\times300}{100} = 6[V]$

03 전압안정화 회로에서 리니어(linear) 방식과 스위칭(switching) 방식의 장 · 단점 비교가 옳은 것은?

① 효율은 리니어 방식보다 스위칭 방식이 좋다.
② 회로구성에서 리니어 방식은 복잡하고 스위칭 방식은 간단하다.
③ 중량은 리니어 방식은 가볍고 스위칭 방식은 무겁다.
④ 전압 정밀도는 리니어 방식은 나쁘고 스위칭 방식은 좋다.

○ 전압안정화 회로

구분	특징
리니어 (linear) 방식	• 직류(DC) 출력이 건전지에 가깝게 양질이다. • 적은 부품으로 간단하다. • 소출력 회로에 많이 사용된다. • 발열이 심하며, 효율이 낮다.
스위칭 (switching) 방식	• 직류 속에 잡음이 있다. • 많은 부품으로 구성되어 회로가 복잡하다. • 대전력용으로 많이 사용된다. • 효율이 높다.

04 직렬형 정전압 회로의 특징에 대한 설명 중 옳지 않은 것은?

① 과부하시 전류가 제한된다.
② 경부하시 효율이 병렬에 비하여 훨씬 크다.
③ 출력 전압의 안정 범위가 비교적 넓게 설계된다.
④ 증폭단을 증가시킴으로써 출력저항 및 전압 안정 계수를 매우 작게 할 수 있다.

🔍 과부하 시 전류가 제한되는 것은 병렬형 정전압 회로의 특징 이다.

05 다음 중 제너 다이오드를 사용하는 회로는?

① 검파회로
② 전압안정회로
③ 고주파발진회로
④ 고압정류회로

🔍 제너다이오드는 역방향 전압을 가할 경우, 어느 전압 값 이상이 되면 전류가 급격히 증가한다. 이것을 이용하여 전류의 대폭적 인 변화에 대해서도 단자 전압이 변화하지 않으므로 전압안정 회로에 주로 사용된다.

06 다음 회로에서 제너다이오드 D의 역할은?

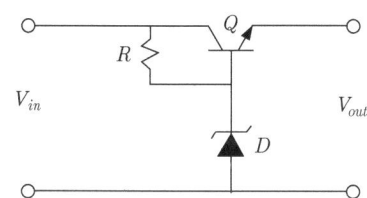

① 전압강하용
② 기준전압용
③ 오차전압 증폭용
④ 오차전압 제어용

🔍 제너 다이오드(D)는 기준전압을 유지하는 역할을 한다.

07 전원 회로에서 부하를 연결했을 때 9[V]이었고, 무부하 시 10[V]였다. 전압 변동률은 얼마인가?

① 8%
② 11%
③ 15%
④ 17%

🔍 $\eta = \dfrac{V - V_0}{V_0} \times 100 = \dfrac{10 - 9}{9} \times 100 ≒ 11\%$

08 고전압 고전류를 얻기 위해서는 다음 중 어느 정류 회로가 좋은가?

① 반파정류기
② 단상 양파정류기
③ 브리지정류기
④ 배전압 반파정류기

🔍 브리지정류기는 다이오드 4개에 각각 분배되어 역전압비가 작아지므로 고전압 고전류에 적합하다.

09 평활회로의 출력 전압을 일정하게 유지시키는데 필요한 회로는?

① 안정화(정전압)회로
② 브리지정류회로
③ 전파정류회로
④ 정류회로

🔍 전압변동되는 평활전압을 TR, Zener Diode 등을 사용하여 정 전압 안정화 회로를 구성하여 안정된 전압을 얻는다.

10 정류기의 평활회로는 다음 중 어느 것인가?

① 고역 여파기
② 저역 여파기
③ 대역 여파기
④ 대역 소거 여파기

🔍 평활회로는 정류기 출력 전압의 맥동을 감쇠시키는 회로로 저 역 여파기를 사용한다.

[3. 각종 증폭회로 예상문제]

01 다음 중 충실도가 가장 좋은 저주파 전력증폭기의 증폭 방식은?

① A급
② AB급
③ B급
④ C급

🔍 A급은 일그러짐(왜율)이 가장 작고 원음에 가깝게 재생하므로 직선성이 가장 좋은 증폭 방식이다.

02 다음 중 이상적인 연산증폭기의 특징에 대한 설명으로 적합하지 않은 것은?

① 입력 임피던스는 무한대이다.
② 오픈 루프 이득이 무한대이다.
③ 입력 오프셋 전압이 무한대이다.

④ 동상신호제거비(CMRR)가 무한대이다.

🔍 이상적인 연산증폭기(OP-AMP)의 특징
• 입력 임피던스가 무한대이다.
• 대역폭이 무한대이다.
• 이득이 무한대이다.
• 오프셋(offset)이 0이다.
• 출력 임피던스가 0이다.
• 동위상신호제거비(CMRR)이 무한대이다.

03 어떤 증폭기의 전압증폭도가 100 이고, 전류증폭도가 10 일 때 이 증폭기의 전력이득은 몇 [dB]인가?

① 10[dB]   ② 20[dB]
③ 30[dB]   ④ 60[dB]

🔍 • 전력($Power$) = 전압(V) × 전류(I) = $100×10 = 1000$배
• 전력이득($Gain$) = $10log_{10}1000 = 10log_{10}10^3 = 30[dB]$

04 이미터 접지 트랜지스터 증폭회로에서 I_B = 100[μA], I_C = 12[mA]일 때 전류증폭률 β는 얼마인가?

① 0.98   ② 50
③ 100   ④ 120

🔍 전류 증폭률(β) = $\dfrac{출력 전류}{입력 전류} = \dfrac{\Delta I_C}{\Delta I_B}$
∴ $\beta = \dfrac{\Delta I_C}{\Delta I_B} = \dfrac{12×10^{-3}}{100×10^{-6}} = 120$

05 다음 중 부궤환 증폭기의 특징에 대한 설명으로 적합하지 않은 것은?

① 이득이 증가한다.
② 안정도가 증가한다.
③ 주파수 특성이 개선된다.
④ 주파수 대역폭이 증가한다.

🔍 부궤환 증폭기의 특징
• 이득이 감소한다.(안정도가 증가)
• 이득이 보통 −3[dB] 감소하므로 대역폭(BW)이 넓어져 주파수 특성이 개선된다.
• 일그러짐과 잡음이 감소한다.
• 입력 임피던스는 증가하고 출력 임피던스는 감소한다.

06 연산 증폭폭에서 차동 이득(A_d)이 10000, 동상 이득(A_c)이 10일 때 동상신호제거비(CMRR)는?

① 20[dB]   ② 40[dB]
③ 60[dB]   ④ 80[dB]

🔍 $CMRR = \dfrac{차동 이득}{동위상 이득} = \dfrac{10000}{10} = 10^3$
∴ $G_{ain} = 20log_{10}10^3 = 60[dB]$

07 A급 트랜지스터 증폭기가 이용하는 동작영역은?

① 활성영역   ② 포화영역
③ 차단영역   ④ 포화영역 + 차단영역

🔍 트랜지스터가 동작하기 위해서는 바이어스 전압을 걸어 주어야 한다. 이 전압에 따라서 증폭기로서 동작하려면 다음과 같다.
• 활성영역(입력 : BE = 순 바이어스 전압) 동작점으로 동작
• 포화영역은 입력 BE와 출력 CE 모두 순 바이어스 전압 인가 시 동작점으로 동작
• 차단영역은 논리(0, 1)인 스위칭으로 동작 시 입력 BE와 출력 CE 모두 역 바이어스 전압인가 시 동작점으로 동작

08 C급 증폭기의 가장 큰 장점은?

① 잡음이 감소한다.   ② 온도특성이 좋다.
③ 회로구성이 간편하다.   ④ 전력효율이 좋다.

🔍 저주파 증폭기
• A급 : 일그러짐(왜율)이 가장 작고 원음에 가깝게 재생 하므로 직선성이 좋으며, 효율은 50%로 가장 적다. (입력 신호가 없을 때도 콜렉터 전류가 흐른다)
• B급 : 일그러짐이 두 번째로 크며, 효율은 78.5% 정도로 높다. (입력 신호가 없을 때 콜렉터 전류는 흐르지 않는다)
• AB급 : B급에서 발생하는 일그러짐인 +상측파와 −하측파가 교차하는 교차점에서 일그러짐(크로스 오버 왜곡)을 개선하는 특징이 있으며 가청주파대역에서는 들을 수 없다.
• C급 : 일그러짐이 가장 크지만 효율은 78.5~100% 정도로 높다.

09 이미터 접지 트랜지스터 증폭회로에서 I_B가 50[μA]이고, I_C가 3.65[mA]일 때, I_E는?

① 0.7[mA]   ② 2.6[mA]
③ 3.6[mA]   ④ 3.7[mA]

🔍 트랜지스터의 에미터 접지방식인 증폭회로에서 에미터에 흐르는 전류의 합 $IE = IB + IC$ 이다.
∴ $IE = 50×10^{-6} + 3.65×10^{-3} = 3.7[mA]$

정답   **03** ③   **04** ④   **05** ①   **06** ③   **07** ①   **08** ④   **09** ④

10 어떤 증폭회로에서 입력전압이 10[mV]일 때 출력전압이 1[V]이었다면 전압이득은?

① 10[dB] ② 20[dB]
③ 40[dB] ④ 60[dB]

이득(gain) = $20log_{10}\frac{V_0}{Vi}$[dB]이므로

$G = 20log_{10}\frac{1}{10\times10^{-3}} = \frac{10^2}{1}$

∴ $20log_{10}10^2 = 40[dB]$

11 증폭기의 전압증폭도가 1000일 때 이것을 [dB]로 나타내면 몇 [dB]인가?

① 20[dB] ② 30[dB]
③ 40[dB] ④ 60[dB]

이득(gain) = $20log_{10}\frac{V_0}{Vi}$[dB]이므로

$G = 20log_{10}1000$, ∴ $20log_{10}10^3 = 60[dB]$

12 무궤환시 전압이득이 150인 증폭기에서 궤환율 β = 0.01의 부궤환을 걸었을 때 전압이득은?

① 9 ② 30
③ 60 ④ 150

전압이득 $A_v = \frac{A}{1-\beta A} = \frac{150}{1-(-0.01\times150)} = 60$

13 무궤환시 증폭기의 전압이득이 100일 때, 궤환율 0.09의 부궤환을 걸어주면 이득은?

① 10 ② 20
③ 50 ④ 100

전압이득 $A_v = \frac{A}{1-\beta A} = \frac{100}{1-(-0.09\times100)} = 10$

14 전압 증폭도가 100인 무궤환 증폭회로에서 궤환율 β = 0.01의 부궤환을 걸어 줄 경우, 증폭도는?

① 10 ② 30
③ 50 ④ 100

전압이득 $A_v = \frac{A}{1-\beta A} = \frac{100}{1-(-0.01\times100)} = 50$

15 A급 증폭기에서 동작점의 설정으로 적합한 것은?

① 정특성 곡선에서 컬렉터 전류의 차단점보다 더욱 부(-)쪽에 설정한다.
② 정특성 곡선에서 컬렉터 전류의 차단점에 설정한다.
③ 정특성 곡선에서 직선부의 중앙부에 설정한다.
④ 정특성 곡선의 만곡부에 설정한다.

A급 증폭기
• 일그러짐(왜율)이 가장 작고 원음에 가깝게 재생하므로 직선성이 좋다.
• 정특성 곡선에서 동작점은 직선부의 중앙에 설정한다.
• 효율이 50%로 가장 적다.
• 입력 신호가 없을 때도 컬렉터 전류가 흐른다.

16 다음 트랜지스터 회로는 어떤 바이어스 회로인가?

① 고정 바이어스 회로
② 전압분배 바이어스 회로
③ 전류분배 바이어스 회로
④ 혼합 바이어스 회로

베이스저항 RB가 +VCC에 접속하는 방법으로 동작점이 온도 변화에 따라 변화되는 결점을 갖고 있다.

17 트랜지스터 증폭회로에서 잡음이 없을 때 잡음지수는?

① 0 ② 1
③ 10 ④ 100

무잡음상태의 잡음지수 F = 1

정답 10 ③ 11 ④ 12 ③ 13 ① 14 ③ 15 ③ 16 ① 17 ②

18 전력 증폭기는 트랜지스터 바이어스의 동작점에 의하여 구분하는데, 다음 중 증폭기의 효율이 가장 좋은 것은?

① A급   ② B급

③ C급   ④ AB급

🔍 저주파 증폭기
- A급 : 일그러짐(왜율)이 가장 작고 원음에 가깝게 재생하므로 직선성이 좋으며, 효율은 50[%]로 가장 적다.(입력 신호가 없을 때 콜렉터 전류가 흐른다.)
- B급 : 일그러짐이 두 번째로 크며, 효율은 78.5% 정도로 높다.(입력 신호가 없을 때 콜렉터 전류는 흐르지 않는다.)
- AB급 : B급에서 발생하는 일그러짐인 +상측파와 −하측파가 교차하는 교차점에서 일그러짐(크로스 오버 왜곡)을 개선하는 특징이 있으며 가청주파대역에서는 들을 수 없다.
- C급 : 일그러짐이 가장 크지만 효율은 78.5~100% 정도로 높다.

19 일그러짐이 가장 적어 저주파 증폭기에 주로 사용되는 전력 증폭기는?

① A급   ② B급

③ AB급   ④ C급

20 이상적인 연산증폭기에서 동상신호제거비(CMRR)는?

① 0   ② 1

③ 100   ④ 무한대

🔍 이상적인 연산증폭(op-amp)의 특징
- 전압이득, 입력저항값, 대역폭은 무한대이다.
- 출력저항과 지연응답, 오프셋은 0이다.
- 특성변동 및 잡음이 없다.
- 동위상신호제거비(CMRR)은 무한대이어야 한다.

21 상보 대칭식 SEPP 회로에서 크로스오버 일그러짐(Cross-over distortion)을 제거하기 위한 방법은?

① A급 증폭을 시킨다.

② AB급 증폭을 시킨다.

③ C급 증폭을 시킨다.

④ D급 증폭을 시킨다.

🔍 +파와 −파가 겹치는 일그러짐인 크로스오버 일그러짐을 제거하기 위해서는 AB급 증폭기를 사용한다.

22 다음 그림과 같은 트랜지스터회로에서 IC는 얼마인가? (단, β_{DC}는 50 이다.)

① 11.5[mA]   ② 11.5[μA]

③ 10.5[mA]   ④ 10.5[μA]

🔍 이미터 접지방식일 때 $\beta = \dfrac{\Delta I_C}{\Delta I_B}$, $\Delta I_C = \beta \times \Delta I_B$

$I_B = \dfrac{V_{BB} - V_{BE}}{R_B} = \dfrac{3 - 0.7}{10 \times 10^3} = \dfrac{2.3}{10^4} = 230[\mu A]$

$IC = I_B \times \beta = 230 \times 50 = 0.0115 = 11.5[mA]$

23 회로에서 V_O를 구하면 몇 [V] 인가? (단, $I_2 \gg I_B$, $V_{BE} = 0.6[V]$, $I_C \approx I_E$임)

① 9.82[V]   ② 10.82[V]

③ 11.82[V]   ④ 12.82[V]

🔍 전류궤환 바이어스 회로이다.

$V_B = \dfrac{R_2}{R_1 + R_2} V_{CC} = \dfrac{2 \times 10^3}{8 \times 10^3 + 2 \times 10^3} \times 20 = 4[V]$

$V_E = V_B - V_{BE} = 4 - 0.6 = 3.4[V]$

IC ≅ IE이므로

$I_C = I_E = \dfrac{V_E}{R_E} = \dfrac{3.4}{1 \times 10^3} = 3.4[V]$

$V_C = R_C I_C = 2.7 \times 10^3 \times 3.4 \times 10^{-3} = 9.18[V]$

$V_0 = V_{CC} - R_C I_C = 20 - 9.18 = 10.82[V]$

정답   18 ③   19 ①   20 ④   21 ②   22 ①   23 ②

24 연산증폭기에서 두 입력 단자가 접지되었을 때 두 출력 단자 사이에 나타나는 직류전압의 차는?

① 입력 오프셋 전압
② 출력 오프셋 전압
③ 입력 오프셋 전압 드리프트
④ 출력 오프셋 전압 드리프트

🔍 • 입력 오프셋 전압 : 차동 출력을 0[V]로 만들기 위한 입력 직류전압이다.
   • 출력 오프셋 전압 : OP-AMP에서 두 입력 단자를 접지 되었을 때 두 출력 단자 사이에 나타나는 직류전압의 차

25 차동증폭기에 대한 설명으로 적합하지 않은 것은?

① 2개의 입력을 갖는다.
② 2개의 출력을 갖는다.
③ 직류증폭이 어렵다.
④ 공통성분제거비(CMRR)는 차동증폭기의 성능을 나타내는 것 중의 하나이다.

🔍 차동증폭기(DIFF AMP)는 2개의 입력 신호의 차(差)를 증폭하는 것으로 직류에서 수 [MHz]까지의 응답이 요구되는 물리적 측정에서 자동 승폭기가 필요하다.

26 다음의 회로에서 출력전압 V_0는?

① −2[V]   ② 2[V]
③ −6[V]   ④ 6[V]

🔍 OP-AMP를 이용한 가산기 회로로
$$V_0 = -[(-4 \frac{3\times10^3}{1\times10^3})+(2 \frac{3\times10^3}{1\times10^3})] = 6[V]$$

27 그림과 같은 적분 연산 회로의 전달 특성은?

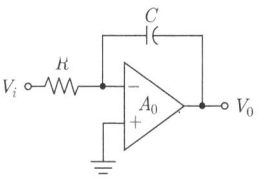

① $V_0(t) = -\frac{1}{RC}\int V_i(t)\,dt$

② $V_0(t) = -CR\int V_i(t)\,dt$

③ $V_0(t) = -\frac{R}{C}\int V_i(t)\,dt$

④ $V_0(t) = -\frac{C}{R}\int V_i(t)\,dt$

🔍 적분기(LPF) : 입력에 저항, 궤환에 콘덴서로 구성
$$V_0(t) = -\frac{1}{RC}\int V_i(t)\,dt$$

28 그림과 같은 연산 증폭기 회로의 명칭은 무엇인가?

① 부호 변환 증폭기   ② 덧셈기
③ 미분기   ④ 적분기

🔍 미분기(HPF) : 입력에 콘덴서, 궤환에 저항으로 구성
$$V_0(t) = -CR\frac{dvi}{dt}$$

29 회로에서 다음과 같은 조건일 때 동작 상태를 가장 잘 나타낸 것은? (단, $R_1 = R_2 = R_3 = R$ 이고, $R > R_f$ 이다.)

① 반전 가산 증폭기   ② 반전 가산 감쇄기
③ 반전 차동 증폭기   ④ 반전 차동 감쇄기

정답 24 ② 25 ③ 26 ④ 27 ① 28 ③ 29 ②

$$e_0 = -\frac{R_f}{R}ei \text{이므로} \quad e_0 = -\left(\frac{R_f}{R_1}e_1 + \frac{R_f}{R_2}e_2 + \frac{R_f}{R_3}e_3\right)$$

이 식에서 $R_1 = R_2 = R_3$이라면 $e_0 = -\frac{R_f}{R}(e_1 + e_2 + e_3)$

∴ R값이 크므로 출력은 반전 가산되어 감쇄한다.

30 다음과 같은 연산증폭기의 출력 e_o는?

① $-6[V]$ ② $-10[V]$

③ $-15[V]$ ④ $-20[V]$

op-amp, R 이용한 가산기 회로

$e_0 = -\frac{R_f}{R}ei$이므로 $e_0 = -\left(\frac{R_f}{R_1}e_1 + \frac{R_f}{R_2}e_2 + \frac{R_f}{R_3}e_3\right)$

$e_0 = -\left(\frac{1\times10^6}{100\times10^3}\times0.5 + \frac{1\times10^6}{500\times10^3}\times1.5 + \frac{1\times10^6}{1\times10^6}\times2.0\right)$

$= -(5+3+2) = -10[V]$

31 다음 연산증폭기 회로에서 $Z = 50[k\Omega]$, $Z_f = 500[k\Omega]$ 일 때 전압증폭도(A_{vf})는?

① 0.5 ② -0.5

③ 10 ④ -10

op-amp 이용한 반전 증폭기로서

$v_0 = -\frac{Z_f}{Z}V_S = -\frac{500}{50}V_S = -10[V]$

32 다음과 같은 회로에서 출력 V_0는?

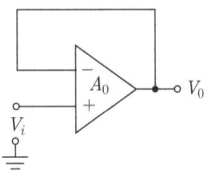

① ∞ ② 1

③ V_i ④ $-V_i$

전압 플로어(Voltage follower)의 구성은 반전 입력과 출력 단자와 궤환시킨다. 비반전 입력(+)에 신호를 인가하면 입력신호(V_i)가 출력(V_0)에 동상으로 따라오는 회로이다. 즉, $V_i = V_o$가 된다.

∴ $A = \frac{V_0}{V_i} = 1$

33 다음과 같은 연산증폭기 회로의 명칭은?

① 가산기   ② 적분기

③ A/D 변환기   ④ D/A 변환기

입력 신호 $2^0 \sim 2^3$의 디지털 신호를 아날로그 출력을 가산하여 얻는 D/A 변환기이다.

34 차동 증폭기의 특성을 옳게 나타낸 것은 다음 중 어느 것인가?

① 2개의 입력과 출력의 비를 나타내는 회로이다.

② 2개의 입력과 출력에서 최소값을 찾아낸다.

③ 2개의 입력과 출력에서 최소값을 일정하게 한다.

④ 2개의 입력에 동시에 들어가는 잡음 성분을 제거 시킨다.

2개의 입력에 동시에 들어가는 잡음 등의 성분을 제외시키는 특성을 갖고 있다.

[4. 발진 및 펄스회로 예상문제]

01 발진회로에서 발진주파수의 변동을 가져오는 요인이 아닌 것은?

① 부하의 변동 ② 주위 온도의 변화
③ 전원 전압의 변동 ④ 완충증폭기의 사용

🔍 발진주파수 변동의 원인과 대책
  • 주위 온도변화 : 온도보상 회로 및 항온조를 사용
  • 부하의 변동 : 소결합 차폐 및 완충 증폭기로 결합
  • 전원전압의 변동 : 발진부와 전원부 분리 사용, 정전압 안정화 회로 사용
  • 부품불량 : 접촉의 완전화, 불량부품 교환

02 다음 중 RC 이상형 발진회로에 대한 설명으로 적합하지 않은 것은?

① 정현파 발진기의 일종이다.
② 저주파 발진용으로 주로 사용된다.
③ 전압증폭도는 29보다 작아야 한다.
④ R, C 값을 조정하여 주파수를 조정할 수 있다.

🔍 진입증폭도는 29보다 커야 한다.

03 다음 중 멀티바이브레이터에 대한 설명으로 적합하지 않은 것은?

① 구형파 출력을 발생한다.
② 발진주파수가 전압변동에 매우 민감하다.
③ 일반적으로 정궤환을 하는 2단 구성된다.
④ 회로의 안정성에 따라 비안정, 단안정, 쌍안정회로 등으로 구분한다.

🔍 발진주파수는 회로의 시정수로 결정되며, 고차의 고조파가 함유된 파형을 얻는다.

04 DSB 통신과 비교한 SSB 통신 방식에 대한 설명으로 적합하지 않은 것은?

① 송신 전력이 절감된다.
② 송수신기 장치가 단순해진다.
③ 주파수 이용 효율이 높다.
④ 신호대 잡음비(S/N)가 개선된다.

🔍 SSB 통신 방식
  • 상측 또는 하측 일부만 사용하여 송출하는 방식으로 전화 통신에 주로 사용된다.
  • 한쪽 측파대를 BPF(대역통과 필터) 제거하므로 회로가 복잡하며, 소비전력이 적다.(DSB에 비해 30% 정도)
  • 점유 주파수대 폭이 1/2로 축소된다.(주파수 이용효율이 높음)
  • 선택성 페이딩(fading)의 영향이 적다.(3dB 개선)
  • 신호잡음비(S/N 비)가 개선된다.(평균전력 10.8dB, 첨두전력 12dB 개선)
  • 비화성을 유지할 수 있다.

05 1000[kHz]의 반송파를 10[kHz]의 신호파로 진폭변조시킬 때 상측파대의 주파수는 몇 [kHz] 인가?

① 990[kHz] ② 1000[kHz]
③ 1010[kHz] ④ 1110[kHz]

🔍 상측파 $f_c + f_s$, 하측파 $f_c - f_s$
  $\therefore f_{upper} = 1000 + 10 = 1010[kHz]$

06 다음 펄스 발생 회로 중에서 기억소자로 사용되는 플립플롭에 해당하는 것은?

① 타이머 IC 회로
② 비안정 멀티바이브레이터
③ 단안정 멀티바이브레이터
④ 쌍안정 멀티바이브레이터

🔍 멀티바이브레이터
  • 단안정 멀티바이브레이터 : 결합소자는 R와 C 시정수로 구성되며 트리거 입력이 순간적으로 Low 상태로 인가되어 출력 Q가 High로 구동되며 /Q는 Low로 구동된다.
  • 비안정 멀티바이브레이터 : 결합소자 2개의 시정수 $R_1 C_1$, $R_2 C_2$로써 AC-DC 결합 회로를 형성한다. 펄스폭과 주기가 반복되는 펄스를 발생시키는 비동조 증폭회로로 구성된다.
  • 쌍안정 멀티바이브레이터 : 2개의 안정 상태를 가지며 2개의 트리거(trigger) 펄스에 의해 하나의 구형파를 발생시킬 수 있다. 이 회로를 플립플롭(Flip-flop)이라고 하며 기억장치 등에 사용된다.

07 전력이 10[kW]인 반송파를 변조도 60%로 AM 변조했을 때 피변조파의 전력은?

① 10[kW] ② 11.8[kW]
③ 13.2[kW] ④ 14.6[kW]

🔍 $P_m = P_c \left(1 + \dfrac{m^2}{2}\right) = 10\left(1 + \dfrac{0.6^2}{2}\right) = 11.8[kW]$

08 멀티바이브레이터에서 비안정, 단안정, 쌍안정의 구분은 무엇으로 결정되는가?

① 결합회로의 구성
② 전원 전류의 크기
③ 전원 전압의 크기
④ 바이어스 전압의 크기

09 시미트 트리거 회로의 출력 파형은?

① 구형파
② 삼각파
③ 정현파
④ 톱니파

🔍 시미트 트리거 회로는 정현파 신호 입력을 받아서 구형파 출력을 만드는 회로로서 TTL에 사용한다.

10 콜렉터(collector) 동조형 LC발진 회로의 증폭기는 어느 방식으로 동작시키는 것이 적합한가?

① A급
② B급
③ C급
④ AB급

🔍 콜렉터 동조형 LC발진회로는 콜렉터 쪽에 변압기와 C를 이용하여 구성되며 C급으로 동작시킨다.

11 다음 중 디지털 변조에 속하지 않는 것은?

① PM
② FSK
③ ASK
④ QAM

🔍 디지털 변조 방식
 • ASK(진폭 편이 변조)
 • FSK(주파수 편이 변조)
 • PSK(위상 편이 변조)
 • QAM(진폭+위상, APK 변조)

12 진폭 변조에 대한 설명으로 적합한 것은?

① 반송파의 위상은 일정하고 주파수가 변하는 것
② 반송파의 주파수는 일정하고 신호파에 따라 진폭이 변하는 것
③ 반송파의 진폭은 일정하고 주파수가 변하는 것
④ 반송파의 진폭은 일정하고 위상이 변하는 것

🔍 • 진폭변조 회로(AM) : 신호파(변조파) 진폭에 따라 반송파의 진폭을 변화시키는 변조방식
 • 주파수변조 회로(FM) : 신호파(변조파)에 따라 반송파의 진폭은 일정하며 주파수만 변화시키는 변조방식
 • 위상변조 회로(PM) : 신호파(변조파)에 따라 반송파의 위상을 변화시키는 변조방식
 • 펄스변조 회로(PCM) : 아날로그 신호를 압축 표본화하고 양자화 신호를 부호화한 디지털 신호

13 수정발진기는 수정진동자의 어떤 전기적인 특성을 하는가?

① 지벡 효과
② 압전기 현상
③ 펠티에 효과
④ 전자유도 현상

🔍 수정 진동자는 압전효과(piezo effect)를 이용한 것으로 수정 결정에 입력 또는 비튼 힘이 작용함으로써 결정이 상대하는 두개의 면에 전압이 발생하는 현상으로서 이것을 대신하여 전압을 가하여 입력을 가한 것과 같은 효과에 따라 진동하며 수정 자체의 고유진동수의 안정된 주파수 값을 얻을 수 있다.

14 수정발진기에서 안정된 발진을 유지할 수 있는 주파수 f의 범위는? (단, f_s : 직렬공진 주파수, f_p : 병렬공진 주파수)

① $f > f_p$
② $f_s > f$
③ $f_s < f < f_p$
④ $f_s > f > f_p$

🔍 수정 진동자
 • 압전효과(piezo effect)를 이용한 것으로 수정 결정에 입력 또는 비튼 힘이 작용함으로써 결정이 상대하는 두 개의 면에 전압이 발생하는 현상으로서 이것을 대신하여 전압을 가하여 입력을 가한 것과 같은 효과에 따라 진동하며 수정 자체의 고유진동수의 안정된 주파수값을 얻을 수 있다.
 • 리액턴스가 유도성이 되는 범위는 $f_s < f < f_p$인 주파수 범위가 좁아 발진 주파수가 매우 안정하기 때문에 많이 사용된다.

15 다음 중 수정진동자의 설명으로 거리가 먼 것은?

① 주파수 안정도가 양호하다.
② 수정편의 Q가 높다.
③ 출력이 매우 크다.
④ 고주파 발진에 적합하다.

16 다음 중 비정현파 발진기에 속하는 것은?

① 하틀리 발진기
② 블로킹 발진기
③ 이상형 RC 발진기
④ 콜피츠 발진기

🔍 비정현파는 삼각파, 톱니파, 구형파를 발생하는 멀티바이브레이터, 블로킹 발진기 등이다.

17 다음과 같은 회로의 명칭은?

① 클램프(Clamper)회로
② 슬라이서(Slicer) 회로
③ 클리퍼(Clipper)회로
④ 리미터(limiter) 회로

🔍 • 클램프(Clamper) 회로 : 입력신호의 최대값(상단레벨)을 특정 값인 (+), (−) 값으로 고정시켜야 하는 경우 이러한 조작을 하는 회로로 직류성분을 재생하는 목적으로 쓰인다.
• 슬라이서(Slicer) 회로 : 리미터의 특별한 경우로서 입력신호 중에서 폭이 매우 좁게, (+) 일부분 혹은 (−) 일부분 토막을 추출하는 회로이며, 인가되는 전압의 극성은 서로 동일하다.
• 클리퍼(Clipper) 회로 : 입력 파형에 대한 상단 파형을 자르는 피크 클리퍼, 파형의 하단을 자르는 베이스 클리퍼로 구분한다.
• 리미터(limiter) 회로 : 입력신호의 상·하단을 제한하는 회로로 진폭 제한기라고도 한다.

18 발진 주파수를 측정할 수 있는 계측기와 거리가 먼 것은?

① 주파수 계수기(Frequency Counter)
② 오실로스코프(Oscilloscope)
③ 파워미터(Power Meter)
④ 스펙트럼 분석기(Spectrum Analyzer)

🔍 • 파워미터 : 소비전력 측정
• 주파수 카운터 : 주파수 및 주기 측정
• 오실로스코프 : 파형에 따른 주기, 주파수, 전압, 변조도, X–Y 도형, 불규칙적 파형
• 스펙트럼 분석기 : 주파수, 주파수 편차, RF 간섭시험, ANT 패턴 측정, 펄스폭 및 반복률 측정

19 디지털 신호(2진 데이터)의 정보내용에 따라 반송파의 위상을 변화시키는 변조방식은?

① ASK
② FSK
③ PSK
④ QAM

🔍 • ASK(진폭편이 변조) : 진폭이 크면 1로 출력, 진폭이 작으면 0으로 출력
• FSK(주파수편이 변조) : 디지털 신호가 1이면 f_1 주파수로, 0이면 f_2의 주파수로 변환
• PSK(위상편이 변조) : 디지털 신호의 0, 1에 따라 0°, 180° 위상을 갖는 변조 방식
• QAM(직교진폭 변조) : 진폭 + 위상 = APK 변조

20 10[kHz]의 정현파로 100[MHz]의 반송파를 FM 변조했을 때 최대주파수 편이가 ±100[kHz]이면 점유주파수 대역폭은?

① 20[kHz]
② 110[kHz]
③ 220[kHz]
④ 440[kHz]

🔍 점유주파수 대역폭 $BW_{FM} = 2(f_s + \Delta f_c)$
(f_s : 정보신호의 최대 주파수, Δf_c : 최대 주파수 편이)
$\therefore BW = 2 \times (10 + 100) = 220[kHz]$

21 다음 중 입력 파형의 기준을 다른 기준 레벨로 바꾸어 고정시키는 회로는?

① 펄스 회로
② 클램핑 회로
③ 클리퍼 회로
④ 리미트 회로

🔍 • 클램핑 회로 : 입력신호의 최대값(상단레벨)을 특정값인 (+), (−)값으로 고정시키는 회로로 직류성분을 재생하는 목적으로 쓰인다.
• 클리퍼 회로 : 입력 파형에 대한 상단 파형을 자르는 피크 클리퍼, 파형의 하단을 자르는 베이스 클리퍼로 구분한다.
• 리미트 회로 : 입력신호의 상·하단을 제한하는 진폭 제한기라고도 한다.

22 공진회로에서 공진주파수 f_0와 대역폭 Bw 및 선택도 Q와의 관계식으로 옳게 표현된 것은?

① $B_w = \dfrac{Q}{f_0}$
② $B_w = \dfrac{f_0}{Q}$
③ $B_w = f_0 Q$
④ $B_w = Q$

$$\text{대역폭}(B_w) = f_2 - f_1 = 2\Delta f$$

$$\frac{\Delta f}{f_0} = \frac{1}{2Q}, \ f_0 = \Delta f 2Q = B_w Q$$

$$\therefore \ B_w = \frac{f_0}{Q}$$

23 주로 100[kHz] 이하의 저주파용 정현파 발진회로로 가장 많이 사용되는 것은?

① 블로킹 발진회로　　② 수정 발진회로

③ 톱니파 발진회로　　④ RC 발진회로

🔍 • RC 발진회로 : 저주파 발진기이며, 보통 1[Hz]~1[MHz] 이하에서 발진
　• LC 발진회로 : 보통 1[MHz] 이상에서 발진하는 동조형과 3소자발진기인 콜피츠, 하틀리, 클랩형 발진기로 분류
　• 수정 발진기 : 수정편을 이용하여 발진을 구동시키며 보통 1[Mz]~10[MHz] 이상에서 발진

24 피변조파의 최대 진폭을 A, 최소 진폭을 B라 하면 변조율은?

① $m_a = \dfrac{A}{B} \times 100\%$

② $m_a = \dfrac{A-B}{A+B} \times 100\%$

③ $m_a = \dfrac{A+B}{A-B} \times 100\%$

④ $m_a = \dfrac{B}{A} \times 100\%$

🔍 변조율$(m_a) = \dfrac{A-B}{A+B} \times 100\%$

25 진폭변조의 경우 변조 파형의 최대치를 45[mm], 최소치를 5[mm]라 하면 이 변조도는 몇 [%] 인가?

① 60　　　　　　② 70

③ 80　　　　　　④ 90

🔍 변조도$(m) = \dfrac{A-B}{A+B} \times 100\% = \dfrac{45-5}{45+5} \times 100 = 80\%$

26 공진주파수가 6[kHz]의 병렬 공진회로에서 Q(Quality factor)가 60 이라면, 이 회로의 대역폭은?

① 100[Hz]　　　　② 150[Hz]

③ 200[Hz]　　　　④ 250[Hz]

🔍 $Q = \dfrac{f_0(\text{공진 주파수})}{B_W(\text{대역폭})}$ 에서 $B_W = \dfrac{f_0}{Q} = \dfrac{6 \times 10^3}{60} = 100[Hz]$

27 발진회로에서 증폭회로의 증폭도를 A, 궤환회로의 궤환률을 β라 할 때 발진 조건은?

① $A = \beta$　　　　② $A \cdot \beta < 1$

③ $A \cdot \beta \geqq 1$　　　　④ $A \cdot \beta = 0$

🔍 바크하우젠(Barkhausen)의 발진 조건 $A\beta = 1$에서 $A\beta < 1$ 일 때 발진이 감쇠하고, $A\beta > 1$ 일 때 발진이 성장 지속된다.

28 구형파의 입력을 가하여 폭이 좁은 트리거 펄스를 얻는데 사용되는 회로는?

① 미분회로　　　　② 적분회로

③ 발진회로　　　　④ 클리핑회로

🔍 • 회로구성 : 미분회로는 입력에 C 직렬로 구성하고 출력 측에 R 병렬로 구성된 회로이다.
　• 신호 인가 : 입력 측에 구형파를 넣으면 출력은 시간에 따라 이득이 감소하는 트리거 펄스파를 CR시정수 값에 따라 얻을 수 있다.

29 펄스의 상승 부분에서 진동의 정도를 말하며 높은 주파수 성분에 공진하기 때문에 생기는 것은?

① Sag　　　　　② Storage Time

③ Under Shoot　　④ Ringing

🔍 링잉(Ringing) : 펄스는 짧은 순간에 상승했다 떨어지는 신호에서 10~90%의 상승시간 중에서 최고점인 100%에서 90%로 떨어지면서 진동을 일으키며 공진하기 때문에 생긴다.

30 이상적인 펄스 파형 최대 진폭 A_{max}의 90% 되는 부분에서 10% 되는 부분까지 내려가는데 소요되는 시간은?

① 지연시간　　　　② 상승시간

③ 하강시간　　　　④ 오버슈트 시간

🔍 하강시간(fall time) : 펄스의 진폭이 90% 되는 부분에서 10% 되는 부분까지 하강하는데 걸리는 시간

정답　23 ④　24 ②　25 ③　26 ①　27 ③　28 ①　29 ④　30 ③

31 클리퍼(clipper)에 대한 설명으로 가장 옳은 것은?

① 임펄스를 증폭하는 회로이다.

② 톱니파를 증폭하는 회로이다.

③ 구형파를 증폭하는 회로이다.

④ 파형의 상부 또는 하부를 일정한 레벨로 잘라내는 회로이다.

🔍 · 클램핑 회로 : 입력신호의 최대값(상단레벨)을 특정값인 (+), (−)값으로 고정시키는 회로로, 직류 성분을 재생하는 목적으로 쓰인다.
· 클리퍼 회로 : 입력 파형에 대한 상단 파형을 자르는 피크 클리퍼, 파형의 하단을 자르는 베이스 클리퍼로 구분한다.
· 리미트 회로 : 입력신호의 상·하단을 제한하는 진폭 제한기라고도 한다.
· 슬라이서 회로 : 리미터의 특별한 경우로서 입력신호 중에서 폭이 매우 좁게 (+) 일부분 혹은 (−) 일부분 토막을 추출하는 회로이며, 인가되는 전압의 극성은 서로 동일하다.

32 그림과 같이 회로에 입력을 주었을 때 출력 파형은 어떻게 되는가?

🔍 클램핑 회로 : 반복파형의 한 부위를 어느 일정한 레벨로 고정시키는 회로. 스위칭할 때의 전압 변화 등을 어느 범위로 제한하기 위해 인가한다. 그림에서 입력에 구형파전압 3V를 클램핑 회로인 다이오드와 직류전압 2V가 순방향으로 구성되어 있으므로 출력은 입력 구형파 3V가 2V 높게 부가 되어 출력된다.

33 과변조(over modulation)한 전파를 수신하면 어떤 현상이 발생하는가?

① 음성파 출력이 크다.

② 음성파 전력이 작다.

③ 검파기가 과부하 된다.

④ 음성파가 많이 일그러진다.

🔍 변조(Modulation)
· 100%변조 : m=1 인 경우, 포락선 최소점이 0[V]일 때이다.
· 부족변조 : m < 1 인 경우이다.
· 과변조 : m > 1 인 경우이며 일그러짐이 발생한다.

34 다음 그림과 같은 회로의 명칭은?

① 피어스 C−B형 발진회로

② 피어스 B−E형 발진회로

③ 하틀리 발진회로

④ 콜피츠 발진회로

🔍 트랜지스터를 이용한 수정발진회로는 수정(x-tal)편을 트랜지스디 베이스(B), 에미디(C), 컬렉디(C), 단지의 접속점에 띠리 이름을 부여한다. 그림의 회로는 수정 진동자(회로에서 좌측에 있는 기호)가 트랜지스터 베이스(B), 에미터(E) 접속되어 회로 구성되어 있으므로 피어스(Pierce) B−E형 발진기라 부른다.

35 이상형 병렬 저항형 CR발진회로의 발진주파수는?

① $f_0 = \dfrac{1}{2\pi\sqrt{6}\,CR}$ ② $f_0 = \dfrac{1}{2\pi\sqrt{6CR}}$

③ $f_0 = \dfrac{1}{2\pi LC}$ ④ $f_0 = \dfrac{\sqrt{6}}{2\pi CR}$

🔍 · 이상형 병렬 저항형 발진회로의 발진주파수
$$f_0 = \dfrac{1}{2\pi\sqrt{6}\,CR}$$
· 이상형 병렬 C형 발진회로의 발진주파수
$$f_o = \dfrac{\sqrt{6}}{2\pi CR}$$

36 펄스의 중요한 변이에 있어서 후속 방향으로 흔들리는 일그러짐을 무엇이라고 하는가?

① 새그(sag)   ② 오버슈트(overshot)

③ 언더슈트(undershot)   ④ 스파이크(spike)

정답 31 ④ 32 ① 33 ④ 34 ② 35 ① 36 ②

🔍 오버슈트(overshot) : 펄스의 중요한 변이에 있어 후속 방향으로 흔들리는 일그러짐

37 저역통과 RC 회로에서 시정수가 의미하는 것은?

① 응답의 상승 속도를 표시한다.
② 응답의 위치를 결정해준다.
③ 입력의 진폭 크기를 표시한다.
④ 입력의 주기를 결정해준다.

🔍 시정수란 입력 신호가 변화했을 때 출력 신호가 정상 상태에 도달하기까지(최종값 63.2%)의 입력 신호에 대한 응답의 상승 속도를 표시한다.

38 비안정 멀티바이브레이터 회로에서 베이스 전압의 파형은?

① 임펄스(삼각)파형   ② 구형파형
③ 정현파형   ④ 스텝파형

🔍 두 개의 결합 콘덴서가 번갈아 충전하기 때문이며, 오버슈트라고 하는 적은 전압의 임펄스가 발생한다.

39 다음 회로 중 플립플롭(쌍안정 멀티바이브레이터) 회로를 쓰지 않는 것은?

① 2진 계수회로
② 리미터 회로
③ 전자계산기 기억회로
④ 분주회로

🔍 플립플롭 회로는 입력 트리거 펄스 2개마다 1개의 출력 펄스를 얻어낼 수 있으므로 전자계산기, 계수기 등의 디지털 기기들의 기억소자로 이용된다.

40 펄스 증폭회로의 설명으로 틀린 것은?

① 저역특성이 양호하면 새그가 감소한다.
② 결합콘덴서를 크게 하면 새그가 감소한다.
③ 고역특성이 양호하면 입상의 기울기가 개선된다.
④ 고역보상이 지나치면 언더슈트가 발생한다.

🔍 펄스 증폭회로 특성
• 저역특성이 양호하면 새그가 감소한다.
• 결합콘덴서를 크게 하면 새그가 감소한다.
• 고역특성이 양호하면 입상의 기울기가 개선된다.
• 고역보상이 지나치면 오버슈트가 발생한다.

[5. 논리회로 예상문제]

01 T 플립플롭에 대한 설명으로 옳은 것은?

① 클록펄스가 인가되면 출력은 0이다.
② JK 플립플롭을 이용하여 구현할 수 없다.
③ 클록펄스 인가 시 출력은 항상 1이다.
④ 클록펄스가 인가되면 출력은 반전된다.

🔍 T플립플롭 : 하나의 입력 단자와 2개의 출력 단자를 갖는 플립플롭 회로로, 클록펄스가 인가되면 출력은 반전된다.

02 다음 ( ) 안에 들어갈 내용으로 알맞은 것은?

━━━━━━ (보기) ━━━━━━
D 플립플롭은 1개의 S-R 플립플롭과 1개의 (   ) 게이트로 구성할 수 있다.

① AND   ② OR
③ NOT   ④ NAND

🔍 D-F/F(D 플립플롭)은 RS-F/F 2개의 입력 R, S에 동시 1이 되는 경우 출력은 불확정 상태가 되기 때문에 NOT 게이트 1개를 입력 양단에 부가한 것으로 정보를 일시 유지하는 래치(Latch) 회로로 시프트 레지스터 등에 쓰인다.

03 T 플립플롭의 설명으로 옳지 않은 것은?

① 클럭 펄스가 가해질 때마다 출력상태가 반전한다.
② 출력파형의 주파수는 입력주파수의 1/2이 되기 때문에 2분주회로 및 계수회로에 사용된다.
③ JK플립플롭의 두 입력을 묶어서 하나의 입력으로 만든 것이다.
④ 어떤 데이터의 일시적인 보존이나 디지털신호의 지연작용 등의 목적으로 사용되는 회로이다.

🔍 T플립플롭 : JK플립플롭의 두 입력을 묶은 하나의 입력 단자와 2개의 출력 단자를 갖는 플립플롭 회로로, 클록펄스가 인가되면 출력은 반전된다.

🔍 JK 플립플롭(JK flip-flop) : RS 플립플롭에서는 세트 펄스와 리셋 펄스가 동시에 오면 불안정 상태를 나타내지만, JK 플립플롭에서는 그런 경우 출력이 반전하도록 되어 있다.

04 그림과 같은 회로에 대한 것으로 옳은 것은?

① 정논리 AND
② 부논리 AND
③ 정논리 OR
④ 부논리 OR

🔍 OR(논리합) : 입력 A, B 중 어느 하나라도 1이면 출력 C는 1이 출력되는 논리회로

05 그림의 파형 A, B 가 AND 게이트를 통과했을 때의 출력 파형은?

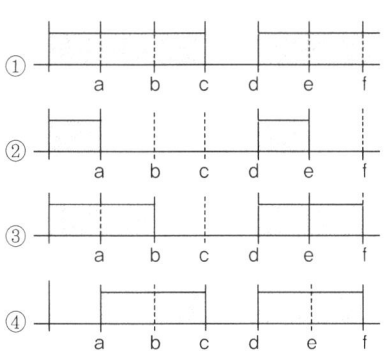

🔍 AND(논리곱) : 입력이 A, B 동시에 1(5V)이 입력 될 때에만 1(5V) 출력이 되는 논리회로이므로 동시에 1이 입력되는 구간 0~a, d~e 구간에서만 1이 출력된다.

06 JK 플립플롭에서 클록펄스가 인가되고 J, K 입력이 모두 1일 때 출력은?

① 1
② 반전
③ 0
④ 변함없음

07 JK 플립플롭을 이용한 비동기식 계수기의 오동작에 대한 설명으로 적합한 것은?

① 오동작과 클록 주파수와는 관련 없다.
② 클록 주파수가 높을수록 오동작 가능성이 크다.
③ 클록 주파수가 낮을수록 오동작 가능성이 크다.
④ 직렬로 연결된 플립플롭의 수가 많을수록 오동작 가능성이 적다.

🔍 비동기형(Asynchronous type) 계수기는 플립플롭을 직렬(종속)로 구성하고 클록펄스는 첫 단 플립플롭에만 입력을 인가하고 다음 단 플립플롭에는 첫 단 출력이 입력으로 사용되는 방식으로 플립플롭마다 클럭 입력이 다른 (비동기)방식이기 때문에 주파수가 높으면 오동작 가능성이 크다.

08 다음 중 플립플롭 회로와 같은 것은?

① 클리핑 회로
② 무안정 멀티바이브레이터 회로
③ 단안정 멀티바이브레이터 회로
④ 쌍안정 멀티바이브레이터 회로

🔍 쌍안정 멀티바이브레이터(Bistable MV) : 2개의 안정 상태를 가지며 2개의 트리거(trigger) 펄스에 의해 하나의 구형파를 발생시킬 수 있다(2:1). 이 회로를 플립플롭(Flip-flop)이라고 하며 기억장치 등에 사용된다.

09 J-K Flip-Flop에서 입력이 J=1, K=1일 때 Clock pulse가 계속 들어오면 출력의 상태는?

① Toggle
② Set
③ Reset
④ 동작불능

🔍 J-K 플립플롭

J	K	Q_{n+1}
0	0	Q_n
0	1	0
1	0	1
1	1	$\overline{Q_n}(toggle)$

10 Master-Slave JK-FF에서 클록 펄스가 들어올 때 마다 출력 상태가 반전되는 것은?

① $J=0$, $K=0$ ② $J=1$, $K=0$

③ $J=0$, $K=1$ ④ $J=1$, $K=1$

🔍 트랜지스터의 컬렉터 전류가 최대로 되어 더 이상의 전류 증가가 일어나지 않는 포화상태와 컬렉터 전류가 흐르지 않게 되는 차단상태는 논리회로의 ON과 OFF에 대응시킬 수 있다.

11 다이오드-트랜지스터 논리회로(DTL)의 특징이 아닌 것은?

① 소비전력이 적다.

② 잡음여유도가 크다.

③ 응답속도가 비교적 빠르다.

④ 저속도 및 중속도에서 동작이 안정하다.

🔍 DTL(Diode-Transistor Logic)
• 잡음 여유도가 크다.
• 동작이 안정하다.
• 소비전력이 적다.
• 온도의 영향을 많이 받는다.
• 응답속도가 비교적 느리다.

12 JK 플립플롭의 J입력과 K입력을 묶어서 1개의 입력 형태로 변경한 것은?

① RS 플립플롭   ② D 플립플롭

③ T 플립플롭   ④ 시프트 레지스터

🔍 T플립플롭 : JK플립플롭의 두 입력을 묶은 하나의 입력 단자와 2개의 출력 단자를 갖는 플립플롭 회로로, 클록펄스가 인가되면 출력은 반전된다.

13 JK 플립플롭을 이용하여 10진 카운터를 설계할 때, 최소로 필요한 플립플롭의 수는?

① 1개   ② 2개

③ 3개   ④ 4개

🔍 $2^{n-1} \leq 10 \leq 2^n$ ∴ $n=4$

14 트랜지스터로 논리회로를 구성하려고 한다. 트랜지스터는 다음 어느 상태에서 동작되도록 해야 하는가?

① 포화상태 또는 차단상태

② 활성상태 또는 차단상태

③ 활성상태 또는 역활성 상태

④ 포화상태 또는 활성상태

🔍 트랜지스터의 컬렉터 전류가 최대로 되어 더 이상의 전류 증가가 일어나지 않는 포화상태와 컬렉터 전류가 흐르지 않게 되는 차단상태는 논리회로의 ON과 OFF에 대응시킬 수 있다.

15 다음 논리회로 중 fan-out이 가장 큰 회로는?

① CMOS gate   ② DTL gate

③ TTL gate   ④ RTL gate

🔍 fan-out이 가장 큰 것은 CMOS이며 다음으로 TTL이다. CMOS는 50개 이상, TTL은 15개 정도이다.

16 RS-FF 회로의 동작에서 R=1, S=1을 입력에 넣었을 때 출력이 옳은 것은?

① ON   ② 1

③ 0   ④ 부정

🔍 set 입력과 Reset 입력이 동시에 1이 되면 출력 Q와 $\bar{Q}$는 어느 쪽이나 모두 1이 되므로 부정이 된다.

17 JK플립플롭의 J와 K를 연결한 것으로 clock pulse가 들어가면 상태 변화를 일으키게 하여 토글 스위치처럼 작용하여 주로 counter에 사용하는 플립플롭은?

① RS 플립플롭

② D 플립플롭

③ T 플립플롭

④ Master-Slave 플립플롭

🔍 T플립플롭 : JK플립플롭의 두 입력을 묶은 하나의 입력 단자와 2개의 출력 단자를 갖는 플립플롭 회로로, 클록펄스가 인가되면 출력은 반전된다.

18 그림의 회로는 어떤 논리 동작을 하는가? (단, 정논리회로이다.)

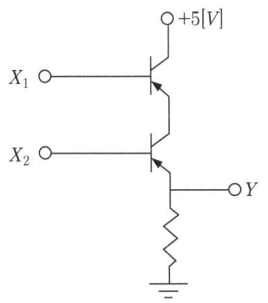

① OR   ② AND

③ NOR   ④ NAND

🔍 X_1, X_2의 두 입력이 모두 논리 1이 되어야만 트랜지스터가 동작하여 Y단자 출력 1이 나오므로 $Y = X_1 \cdot X_2$의 AND 동작을 한다.

19 정논리회로에서 그림의 게이트(gate) 명칭은?

① OR   ② AND

③ NOR   ④ NAND

🔍 A, B 두 단자 모두 또는 어느 한 단자에만 입력 신호가 가해져도 출력이 나오는 동작을 하므로 OR게이트이다.

20 다음과 같은 회로는 어떠한 논리 동작을 하는가? (단, 정논리로 가정한다.)

① OR   ② AND

③ NOR   ④ NAND

🔍 다이오드가 모두 순방향으로 접속되어 있으므로 두 입력 중 어느 하나라도 0이면 출력 Y는 0이 되고, 두 입력 모두 1이면 출력 Y는 1이 되므로 Y=A · B AND회로이다.

[6. 반도체 소자 예상문제]

01 다음 중 P형 반도체를 만드는 불순물 원소가 아닌 것은?

① 비소(As)   ② 갈륨(Ga)

③ 붕소(B)   ④ 인듐(In)

🔍 • P형 반도체를 만드는 불순물(acceptor) : 인듐(In), 갈륨(Ga), 붕소(B), 알루미늄(Al) 등
 • N형 반도체를 만드는 불순물(donor) : 안티몬(Sb), 비소(As), 인(P) 등

02 다음 중 반도체의 성질에 대한 설명으로 옳지 않은 것은?

① 저항의 온도계수는 부( )이다.

② 열전효과가 있다.

③ 전도도는 불순물 양으로 조절할 수 없다.

④ 광기전력 현상이 있다.

🔍 반도체는 온도 상승에 따라 저항값이 감소하는 부성(-) 저항 특성을 갖으며 불순물을 섞을수록 도전율이 증가한다. 반도체의 특성을 응용한 광기전력, 열기전력도 있다.

03 다음 중 집적 회로(IC)의 장점에 대한 설명으로 적합하지 않은 것은?

① 신뢰성이 좋다.

② 대량 생산할 수 있다.

③ 큰 전력을 취급할 수 있다.

④ 회로를 초소형으로 할 수 있다.

🔍 집적회로(Integrated circuit)는 전력출력이 작아도 되는 소형·경량의 회로에 적합하며, 신뢰성이 특히 중요시된다.

04 다음 중 과잉전자를 만드는 불순물은?

① 도너
② 억셉터
③ 구형 반도체
④ 진성반도체

🔍 • P형(+) 빈도체를 만드는 불순물(acceptor) : 인듐(In), 길륨(Ga), 붕소(B), 알루미늄(Al) 등
• N형(−) 반도체를 만드는 불순물(donor) : 안티몬(Sb), 비소(As), 인(P) 등

05 BJT와 비교한 FET에 대한 설명으로 틀린 것은?

① 입력임피던스가 높다.
② 이득대역폭 적이 크다.
③ 잡음특성이 양호하다.
④ 온도변화에 따른 안정성이 높다

🔍 전계효과트랜지스터(Field Effect Transistor)는 TR의 단점을 개선하여 BJT보다 이득 대역폭 적($積$)이 작다.

06 다음 중 FET에 대한 설명으로 틀린 것은?

① 입력 임피던스가 높다.
② 접합 트랜지스터보다 잡음이 적다.
③ 다수 캐리어의 전류에 의해서만 동작한다.
④ 게이트 전류로 드레인 전류를 제어한다.

🔍 전계효과트랜지스터(FET)
• 입력임피던스가 매우 높다.
• TR보다 잡음이 적다.
• 열 안정성이 좋다.
• 비교적 방사능 현상의 영향을 덜 받는다.
• BJT보다 이득 대역폭 적($積$)이 작다.

07 다음 중 N형 반도체를 만드는 불순물은?

① 붕소(B)
② 인듐(In)
③ 갈륨(Ga)
④ 비소(As)

🔍 • P형 반도체를 만드는 불순물(acceptor) : 인듐(In), 갈륨(Ga), 붕소(B), 알루미늄(Al) 등
• N형 반도체를 만드는 불순물(donor) : 안티몬(Sb), 비소(As), 인(P) 등

08 다음 중 억셉터(acceptor)에 속하지 않는 것은?

① 붕소(B)
② 인듐(In)
③ 게르마늄(Ge)
④ 알루미늄(Al)

09 일반적인 반도체의 특성으로 적합하지 않은 것은?

① 불순물이 섞이면 저항이 증가한다.
② 매우 낮은 온도에서 절연체가 된다.
③ 전기적 전도성은 금속과 절연체의 중간적 성질을 가지고 있다.
④ 온도가 상승하면 저항이 감소한다.

🔍 • 반도체는 불순물을 섞으면 저항이 감소하는 부성(−) 저항 특성을 갖으며, 도전율은 증가한다.
• 반도체는 에너지를 주면 전류가 흐르는 도체, 에너지를 주지 않으면 전류가 흐르지 않는 부도체이다.
• 불순물 반도체는 P형(+)과 N형(−)으로 분류한다.

10 다음 중 전계효과트랜지스터(FET)의 3정수에 속하지 않는 것은?

① μ(증폭정수)
② r_d(드레인 저항)
③ h_{fe}(전류증폭율)
④ g_m(상호전달컨덕턴스)

🔍 전계효과 트랜지스터(FET)의 3정수는 μ(증폭 정수), r_d(드레인 저항), g_m(상호전달컨덕턴스)가 있으며, 3정수의 관계는 $\mu = rd \times g_m$이 된다.

11 트라이액(TRIAC)에 관한 설명 중 옳지 않은 것은?

① 쌍방향성 소자이다.
② 교류 제어에 사용한다.
③ (+) 또는 (−) 전류로 통전시킬 수 있다.
④ 게이트 전압을 가변하여 부하전류를 조절한다.

🔍 트라이액(TRIAC) : 스위칭 소자로서 그 구성은 실리콘제어정류소자(SCR) 2개를 서로 대칭적으로 구성된 3단자 쌍방향 교류제어로 사용되며, 게이트 전압으로 T_2, T_1인 주전류를 제어한다.

12 트랜지스터의 특성에 대한 설명 중 옳지 않은 것은?

① 트랜지스터는 전류를 증폭하는 소자이다.
② 트랜지스터의 전류 이득은 h_{fe}로 일반적으로 표기한다.
③ 트랜지스터의 전류 이득은 컬렉터의 전류에 따라 변한다.
④ 트랜지스터의 전류 이득은 접합부의 온도가 증가하면 감소한다.

🔍 트랜지스터의 접합부의 온도가 증가하면 전류이득은 증가한다.

13 FET의 핀치오프(Pinch-off) 전압이란?

① 드레인 전류가 포화일 때의 드레인-소스간의 전압
② 드레인 전류가 0인 때의 드레인-소스간의 전압
③ 드레인 전류가 0인 때의 게이트-드레인간의 전압
④ 드레인 전류가 0인 때의 게이트-소스간의 전압

🔍 게이트 소스간 역전압을 서서히 증가시키면 내부의 전류 통로인 채널이 증가하면서 드레인 전류가 0이 될 때의 게이트와 소스간 역전압을 핀치오프(pin-off) 전압이라 한다.

14 다음 사이리스터 중 단방향성 소자는?

① TRIAC   ② DIAC
③ SSS   ④ SCR

🔍 사이리스터(thyristor)
 • 단방향성 소자 : Shockley 다이오드, SCR, SCS, GTO 등
 • 쌍방향성 소자 : DIAC, TRIAC, SSS 등

15 반도체소자 중 정전압회로에서 전압조절(VR)과 같은 동작 특성을 갖는 것은?

① 서미스터   ② 바리스터
③ 제너다이오드   ④ 트랜지스터

🔍 제너 다이오드는 내부 임계전압 범위에 따른 순방향 전압을 유지하고 그 이상 혹은 이하의 전압이 걸리면 제너브레이크다운(제너 항복)으로 역으로 급격한 전류를 흘리며 순방향 전류흐름을 차단하므로 기준전압 이상의 전압변동에 따른 전압안정 및 회로를 보호할 수 있다.

16 PN 접합 다이오드에 가한 역방향 전압이 증가할 때 옳은 것은?

① 저항이 감소한다.
② 공핍층의 폭이 감소한다.
③ 공핍층 정전용량이 감소한다.
④ 다수캐리어의 전류가 증가한다.

🔍 pn 접합에 역바이어스를 증가시키면 내부 공핍층(공간 전하영역)이 증가하게 되면서 반송자(정공, 전자)의 흐름이 없고, 전류가 흐를 수 없게 된다.

17 N형 반도체의 다수 반송자는?

① 정공   ② 도너
③ 전자   ④ 억셉터

🔍 N형 반도체 : 순수한 진성반도체인 게르마늄(Ge), 실리콘(Si) 등에 5족의 불순물 원자인 안티몬(Sb), 비소(As), 인(P) 등을 넣으면 공유결합을 하고 한 개의 과잉 전자(-)를 발생시킨다. 이렇게 과잉 전자를 제공한 불순물을 도너(donor)라 하며, 다수 반송자는 전자(-)에 해당한다.

18 PN 접합 다이오드의 기본 작용은?

① 증폭작용   ② 발진작용
③ 발광작용   ④ 정류작용

🔍 PN 접합 다이오드는 애노드(anode)에서 캐소드(cathode)방향으로 전류가 흐르는 단방향성이고 정류작용을 기본으로 하여 정류회로에 많이 사용된다.

19 열전자 방출 재료로 적합하지 않은 것은?

① 증폭작용   ② 발진작용
③ 발광작용   ④ 정류작용

🔍 열전자 방출량이 커야 하므로 일함수는 작아야 한다.

20 전압을 일정하게 유지하기 위한 전압 제어소자로 널리 이용되는 다이오드는?

① 터널 다이오드   ② 제너 다이오드
③ 바랙터 다이오드   ④ 쇼트키 다이오드

🔍 제너 다이오드는 주로 정전압 다이오드로 사용된다.

21 가변용량 다이오드의 용도는?

① AGC(자동 이득 제어) 회로
② 정전압 회로
③ 주파수 변환 회로
④ AFC(자동 주파수제어) 회로

🔍 가변용량 다이오드는 자동 주파수제어의 용도로 사용한다.

22 서미스터에 대하여 잘못 기술된 것은?

① 반도체의 일종이다.
② 일반적으로 (+)의 온도 계수를 가지고 있다.
③ 온도에 따라 저항의 값이 크게 변화한다.
④ 바이어스 안정 회로 등에 쓰인다.

🔍 일반적으로 서미스터는 (−)의 온도 계수를 가지며, 온도 변화율
이 보통 금속의 10배 이상이다. 특별한 경우 (+)의 온도계수를
갖는 PTC도 있다.

23 배리스터의 주된 용도는?

① 서지 전압에 대한 회로의 보호
② 온도 보상
③ 출력 전류 조정
④ 전압 증폭

🔍 배리스터는 가해진 전압에 따라 저항값이 크게 변하는 반도체
로서 증폭기 출력단의 온도보상에도 쓰이지만 주된 용도는 서
지 전압에 대한 보호용이다.

24 SCR의 설명으로 옳은 것은?

① 게이트 전류로 애노드 전류를 제어할 수 있다.
② 단락 상태에서 전원 전압을 감소시켜 차단 상태
로 할 수 있다.
③ 게이트 전류를 차단하면 애노드 전류가 차단된
다.
④ 단락 상태에서 애노드 잔압을 0 또는 (−)로 하면
차단 상태로 된다.

🔍 SCR은 게이트 전류가 흘러 일단 단락 상태가 되면 전원을 제거
하거나 전원의 극성을 바꾸어 가하지 않는 이상 차단되지 않는
다.

25 CdS 소자의 설명으로 적합한 것은?

① 빛에 의하여 전기 저항이 변화한다.
② 온도에 의하여 저항이 변화한다.
③ 전압에 의해 전기 저항이 변화한다.
④ 태양에너지를 전기에너지로 변화한다.

🔍 CdS는 빛에 의한 전도성을 이용한 것이며, 입사되는 빛으로 저
항이 변하는 가변 저항 소자이다.

정답 21 ④ 22 ② 23 ① 24 ④ 25 ①

CHAPTER

02

Craftsman Electronic CAD

전자계산기
일반

STEP 01 컴퓨터의 기본적 구조

1. 개요

컴퓨터의 기본 구성은 하드웨어와 소프트웨어로 구분된다.

(1) 하드웨어

입력을 담당하는 입력장치, 입력장치로 받아들인 정보 및 데이터들을 처리하는 처리장치, 처리장치를 통해 출력되는 결과물을 저장하는 저장장치와 결과물을 시간적으로 보여주거나 청각적으로 들려줄 수 있는 출력장치로 세분화 할 수 있다.

(2) 소프트웨어

크게 시스템 소프트웨어와 응용 소프트웨어로 나눌 수 있는데 시스템 소프트웨어의 경우 컴퓨터를 좀 더 효율적으로 사용하기 위해 컴퓨터를 제어하고 운영하는 프로그램이다. 응용 소프트웨어는 특정한 응용분야에 사용하기 위해 개발된 프로그램이다.

세대구분	회로구성소자
제1세대	진공관(Tube)
제2세대	TR, DIODE
제3세대	IC
제4세대	LSI

참고 컴퓨터를 구성하는 기본 소자의 발전 과정

[컴퓨터의 구성]

2. CPU(중앙처리장치)의 구성

프로그램 명령어를 실행하는 일을 담당하는 중앙처리장치는 제어장치, 연산장치, 레지스터들의 세 부분으로 구성된다. 그리고 주기억 장치를 비롯한 다른 장치들과는 시스템 버스로 연결되어 있다.

[중앙처리장치의 구성]

(1) 제어장치(Control Unit)

프로그램 명령어를 해석하고, 해석된 명령의 의미에 따라 연산장치, 주기억 장치 등에게 동작을 지시하며 어드레스 레지스터, 기억 레지스터, 명령 레지스터, 명령 해독기, 명령 계수기 등으로 구성된다.

(2) 연산장치(ALU : Arithmetic Logical Unit)

덧셈, 뺄셈, 곱셈, 나눗셈의 산술 연산만이 아니라 AND, OR, NOT, XOR와 같은 논리연산을 하는 장치로 제어장치의 지시에 따라 연산을 수행하며 누산기, 가산기, 데이터 레지스터, 상태 레지스터로 구성된다.

구성	설명
누산기 (Accumulator)	• 연산장치를 구성하는 중심이 되는 레지스터로서 사칙연산, 논리연산 등의 결과와 인터럽트 신호를 기억
가산기(Adder)	• 누산기와 데이터 레지스터의 두 수를 가산하는 기능을 하며 결과는 누산기에 저장
데이터 레지스터 (Data Register)	• 데이터의 일시적인 저장에 사용되는 특정의 레지스터 • 가끔 숫자의 증가와 감소 같은 간단한 자료 처리에도 사용
상태 레지스터 (Status Register)	• 컴퓨터의 연산 결과를 나타내는데 사용 • 연산값의 부호 및 오버플로 발생 유무를 표시

(3) 레지스터(Register)

주기억장치로부터 읽어온 명령어나 데이터를 저장하거나 연산된 결과를 저장하는 공간이다.

법칙	설명
MAR (Memory Address Register)	중앙처리장치 내부에서 기억장치 내의 정보를 호출하기 위해 그 주소를 기억하고 있는 제어용 레지스터
MBR (Memory Buffer Register)	메모리를 읽거나, 쓴 데이터를 일시적으로 저장하기 위한 레지스터
프로그램 카운터(Program Counter)	기억장치에 기억된 명령이 순서대로 중앙 처리 장치에서 실행될 수 있도록 그 주소를 지정해 주는 레지스터

3. 기억장치

(1) 주기억장치

CPU가 직접 참조하는 고속의 메모리로, 프로그램이 실행될 때 보조 기억 장치로부터 프로그램이나 자료를 이동시켜 실행시킬 수 있는 기억 장소

(2) 주기억 장치의 종류와 특성

1) ROM(Read Only Memory)

한번 기록한 정보에 대해 오직 읽기만을 허용하도록 설계된 비휘발성 기억장치이며, 시스템 프로그램을 저장하는데 사용한다.

종류	설명
Mask Rom	컴퓨터 제조회사에서 필요한 자료를 제조 과정에서 기록하여 제공하는 ROM(읽기만 가능)
PROM (Programmable Rom)	사용자가 한 번에 한해 기록(쓰기)이 가능한 ROM
UV-EPROM (UV-Erasable PROM)	소자에 강한 자외선을 비춤으로써 정보를 지울 수 있기 때문에 반복해서 여러 번 정보를 기록할 수 있는 ROM(지우는 방식에 따라 구분)
EEPROM (Electrically EPROM)	사용자가 메모리 내의 내용을 수정할 수 있는 ROM으로 정상보다 더 높은 전압을 이용하여 반복적으로 지우거나, 다시 프로그래밍(기록)이 가능한 ROM
펌웨어 (Firmware)	ROM에 소프트웨어를 저장한 것을 말하는 것으로 하드웨어 교체 없이 소프트웨어 업그레이드만으로 시스템의 성능을 높이기 위한 목적으로 사용되며 하드웨어와 소프트웨어의 중간적 특징을 지님

2) RAM(Random Access Memory)

전원이 공급되지 않으면 기억된 내용이 사라지는 휘발성(소멸성) 메모리로 실행 중인 프로그램이나 데이터를 저장하며, 자유롭게 데이터의 판독과 기록이 가능한 주기억 장치

종류	설명
SRAM (Static RAM)	정적인 램으로 전원이 공급되지 않아도 기억된 내용이 사라지지 않는 RAM(재충전 필요 없음), 플립플롭으로 구성
DRAM (Dynamic RAM)	구조는 단순하지만 가격이 저렴하고 집적도가 높아 PC의 메모리로 이용 휘발성이 메모리이므로 재충전시간이 필요(동적, 일정시간 동안 기억)

3) 주기억장치 할당 기법

종류	설명
오버레이(Overlay)	단일 사용자 시스템에서 프로그램의 크기는 주기억장치의 용량보다 클 수는 없다. 그러나 사용하지 않는 프로그램의 부분을 보조기억장치로 옮겨와서 이제 더 이상 필요하지 않는 프로그램 부분이 사용하고 있던 장소를 다른 프로그램이 사용하게 하면 실제 영역보다 더 큰 프로그램의 실행이 가능하다.
연속 로딩 기법	기억공간 관리중 고정 분할 할당과 동적 분할 할당으로 나누어 관리

(3) 보조기억장치

컴퓨터의 중앙처리장치가 아닌 외부에서 프로그램이나 데이터를 보관하기 위한 기억장치를 말한다. 주기억장치보다 속도는 느리지만 많은 자료를 영구적으로 보관할 수 있다.

(4) 보조기억장치의 종류와 특성

종류	특성
하드디스크	• 원판이 두꺼워서 지워지지 않아서 하드디스크라 한다. • 개인용 컴퓨터의 본체에 부착시켜 사용하기 때문에 고정디스크라 한다. • 40기가바이트(GB) 이상의 대용량이 사용된다. • 분당 5400~7200rpm의 회전 속도를 갖는다.
플로피디스크	• 휴대가 간편하다. • 지름이 3.5인치인 플로피디스크의 용량은 1.44메가바이트이다.
광디스크(CD)	• CD-ROM은 읽기만 가능한 광디스크이다. • CD는 1회만 사용이 된다.(굽는다.) • CD-ROM은 1000번 저장된다.(삭제된다.) • CD-ROM 드라이브는 CD를 읽을 수 있는 하드웨어이다. • CD-RW 드라이브는 CD를 읽을 수 있고 저장도 할 수 있다.
플래시 메모리	• 휴대가 편리한 보조기억장치이다. • 8GB, 16GB, 32GB, 64GB 등의 용량이 사용되고 있다.
자기테이프	• 많은 양의 자료를 저장 할 수 있으나 사용하기 불편 • 기계적인 동작을 이용하고 있으므로 데이터의 기록, 판독 시간이 느림 • 직렬 접근(순자적인 읽기/쓰기 농작) 방식

(5) 보조기억장치의 분류 방법

분류 방법	분류 기준	종류
접근방법	순차접근 기억장치	자기 테이프, 카세트 테이프, 카트리지 테이프 등
	직접접근 기억장치	자기 디스크, 하드 디스크, 플로피 디스크, CD-ROM 등

(6) 메모리의 구조

구분	설명
캐시 기억장치 (Cache Memory)	• 프로그램 실행속도를 중앙처리장치의 속도에 가깝도록 하기 위하여 개발된 고속 버퍼 기억장치 • 주기억장치보다 속도가 빠르고, 중앙처리장치 내에 위치하고 있으므로 레지스터 기능과 유사하다.
가상 기억장치 (Virtual Memory)	• 제한된 주기억장치의 용량을 초과하여 사용하기 위하여 보조기억장치의 기억공간을 사용자의 주기억장치가 확장된 것과 같이 사용하는 방법이다. • 가상기억장치에서 주기억장치의 내용을 보조기억장치로 전송하는 것을 롤아웃(Roll-out)이라 한다.

참고 기억장치의 접근 시간 순서(빠른 순서)
레지스터 – 캐시메모리 – 주기억장치 – 보조기억장치

4. 입 · 출력장치

(1) 입력장치

사용자가 원하는 문자나 그림 등의 데이터를 컴퓨터로 전달하는 장치

종류	설명
키보드(Keyboard)	PC의 가장 대표적인 입력 장치로서 글자판의 글쇠를 직접 눌러서 데이터를 입력하는 장치로 문자 키패드, 숫자 키패드, 특수키, 기능키 등으로 구성
마우스(Mouse)	그래픽 사용자 환경으로 되어있는 Windows의 대표적인 입력 장치로 마우스 포인터를 움직여 메뉴나 아이콘을 쉽게 선택하거나 실행할 수 있도록 하는 입력 장치임
스캐너(Scanner)	텍스트, 그림, 사진 등의 영상 자료를 컴퓨터로 읽어들이는 입력 장치
디지타이저(Digitizer)	도면으로부터 좌표를 읽어들이는 데 사용하며, 자기장이 분포되어 있는 평에 위치 검출기를 위치시켜 도면의 위치에 대응하는 X, Y 좌표를 입력하거나 원하는 명령어를 선택하는 입력장치
조이스틱(Joystick)	막대를 상하좌우로 움직여서 스크린 내의 커서의 위치를 조정하는 입력장치로서 주로 게임용으로 사용됨
플로터(Plotter)	그림이나 설계 도면을 인쇄하는 장치로서 주로 CAD의 출력 장치로 이용되며, 출력하고자 하는 용지 크기에 제한받지 않고 출력할 수 있음
디지털 카메라 (Digital Camera)	영상을 그래픽 파일 형태로 곧바로 컴퓨터에 입력시킬 수 있는 장치로서 피사체의 영상을 필름대신 전자 촬영소자에 기록하여, 내장된 반도체용 메모리에 저장하는 방식을 사용하는 카메라임
광학 마크 판독기(OMR : Optical Mark Reader)	광학 마크를 읽어들이는 장치로서 해당 부분을 까맣게 표시하고 표시된 부분과 나머지 부분의 명암을 구분하여 기록된 자료를 판독함. OMR카드는 컴퓨터용 사인펜으로 표시한 마크에 빛을 쏘아 판독하는 장치
광학 문자 판독기(OCR : Optical Charater Reader)	손으로 쓴 글씨나 인쇄된 문자에 빛을 쏘아 반사되는 정도를 가지고 문자를 판독하는 장치로서 각종 공공요금 청구서나 지로용지 등에 사용
자기 잉크 문자 판독기(MICR:Magnetic Ink Character)	자성을 띤 특수 잉크로 쓰여진 문자를 판독하는 장치로서 은행에서 수표나 어음을 처리할 때 사용
바코드 판독기 (Bar Code Reader)	빛을 쏘아 상품에 인쇄된 바코드를 인식하는 장치로서 판매 시점 자료 수집 시스템에서 많이 사용
라이트 펜 (Light Pen)	모니터 장치에 부속된 일종의 수동 입력 및 교환 장치로서 감광 소자를 내장한 펜 모양의 도구로 모니터에 지시하면 그 내용을 컴퓨터가 인식하게 하는 장치

(2) 출력장치

그래픽 카드, 모니터 등을 통해 컴퓨터가 처리한 결과를 인간에게 전달해 주는 장치

종류	설명
그래픽 카드	컴퓨터가 처리한 자료를 인간이 볼 수 있도록 모니터에 뿌려주는 장치
음극선관 (CRT : Cathode Ray Tube)	TV 브라운관처럼 전자총에서 나오는 전자빔이 화면의 형광면에 부딪치며 발광하여 표시하는 방식
액정 디스플레이 (LCD : Light Crystal Display)	액정 물질이 들어 있는 두 장의 유리판에 전압을 가하고, 그로 인해 반사되는 빛의 양을 변화시켜 화면에 표시하는 장치
플라즈마 디스플레이 (PDP : Plasma Display Panel)	두 장의 유리판 사이에 플라즈마라는 혼합 가스의 충돌로 일어나는 빛을 이용하여 화면에 표시하는 장치로 최근 벽걸이형 TV에 많이 사용됨
프린터	사용자가 작업 중인 내용이나 작업의 결과를 리본, 잉크, 레이저, 열 등을 이용하여 컴퓨터에서 처리된 그래픽 및 문자 등의 데이터를 종이와 같은 물리적인 매체 등에 인쇄하는 장치
플로터(Plotter)	그림이나 설계 도면을 인쇄하는 장치로서 주로 CAD의 출력 장치로 이용되며, 출력하고자 하는 용지 크기에 제한 받지 않고 출력할 수 있음
마이크로 필름 출력 장치 (COM:Computer Output Microfilm)	컴퓨터에서 처리한 자료를 종이나 화면에 나타내지 않고 마이크로 필름에 수록한 장치임

(3) 콘솔

컴퓨터와 오퍼레이터 사이에 필요한 정보를 주고받을 수 있는 장치로서, 키보드와 CRT로 구성되어 있으며 작동의 개시, 정지, 작업관리 등에 직접 관여한다.

(4) 채널

주기억장치와 입 · 출력 장치 간의 차이를 줄일 목적으로 사용하는 것으로 CPU로부터 입 · 출력장치의 제어를 위임받아 한 번에 여러 데이터 블록을 입 · 출력 할 수 있는 시스템

구분	설명
셀렉터 채널 (Selector)	하나의 입.출력 장치를 선택하면 전송이 종료될 때 까지 계속 동작하여, 채널은 그 장치의 전용 선으로 동작한다.
멀티플렉서 채널 (Multiplexor Channel)	직렬형으로 비교적 입.출력 장치 가동 시에 여러 개 동작하는 채널, 바이트 멀티플렉서 채널(저속), 블록 멀티 플렉서 채널(고속)이 있다.

(5) 입출력 제어장치

① 입출력장치와 시스템 간의 자료 전송을 제어하는 장치로 데이터 버퍼 레지스터를 이용하여 두 장치간의 속도 차이를 해결한다.(기억장치와 입출력장치 간의 중개 역할)

② 제어 신호의 물리적 · 논리적 변환 및 오류를 제어한다.

③ 채널 I/O 프로세서, DMA 등이 있다.

(6) 입출력 인터페이스

① 동작 방식 및 데이터 형식이 다른 장치들 사이의 자료 전송을 원활하게 하는 수단이다.

② 주변 장치와 CPU 및 기억장치 사이의 서로 다른 동작 방식을 해결한다.

③ 주변 장치와 CPU의 속도 차이를 해결한다.

④ 주변 장치의 데이터 코드와 CPU 및 기억장치의 워드 형식 차이를 해결한다.

⑤ 동작 방식이 다른 주변 장치들 간의 간섭(충돌)을 제어 해결한다.

(7) 입출력 버스

① 기억장치와 입출력 장치 사이의 데이터 전송을 위해 연결된 통로이다.

② 제어버스, 데이터버스, 주소버스 등이 있다.

(8) 장치간의 데이터 전송 방식

비동기적인 장치간의 데이터 전송을 알려 주기 위해 제어신호를 교환하여 송수신 상태를 동기화시키는 방법으로 두 가지로 구분한다.

구분	설명
스트로브펄스 (Strobe Pulse)	하나의 제어선(스트로브 신호), 데이터 버스로 구성되며, CPU와 주기억장치 사이의 정보 교환에 사용한다.
핸드세이킹 (Handshaking)	컴퓨터시스템과 주변장치들 간의 데이터 전송 시 입출력의 준비 완료를 나타내는 신호를 두어서 송수신하는 방법으로 데이터 전송에 보다 신뢰를 가지며, 2~3개의 제어선을 가진다.

(9) 입출력 제어방식

구분	설명
Programmed I/O	CPU가 직접 참여하여 입출력 여부를 확인하는 방식으로 상태플래그를 이용하여 입·출력에 대한 데이터 전송을 CPU가 처리한다.
Interrupt I/O	입출력을 위해 CPU가 상태플래그를 이용하지 않고 입출력 신호를 인터럽트처리하여 CPU에게 알려 주는 방식(상태플래그 체크를 하지 않기 때문에 보다 효율적임)
DMA (Direct Memory Access)	데이터의 입·출력 전송이 중앙처리장치의 간섭 없이 직접 메모리 장치와 입·출력 장치 사이에서 이루어지는 인터페이스

Craftsman Electronic CAD

02 자료의 표현과 연산

(01) 자료의 표현

1. 자료의 구조

자료를 효율적으로 사용하기 위해 자료의 특성에 따라 분류하여 구성하고 저장 및 처리하는 모든 작업을 말한다. 컴퓨터가 효율적으로 문제를 처리하기 위해서는 문제를 정의하고 분석하여 그에 대한 최적의 프로그램을 작성해야 한다.

(1) 자료

컴퓨터 시스템의 구성과 이용에 관련되는 모든 정보 및 데이터를 의미한다.

(2) 자료의 구조

① 비트(bit) : 0과 1로 표현되는 데이터의 최소 단위이며 논리 데이터로 표현
② 니블(nibble) : 1바이트의 절반, 즉 4비트를 하나의 단위로 한 것
③ 바이트(byte) : 1개의 문자나 수를 기억하는 데이터 단위로서 8개의 비트로 구성
　(※1Kbyte = 2^{10} = 1024byte)
④ 워드(word) : 몇 개의 바이트의 모임으로, 하나의 기억 장소에 기억되는 데이터 범위를 의미한다.
⑤ 항목(field) : 정보의 전달을 위한 최소한의 문자의 집단을 말한다.
⑥ 레코드(record) : 한 단위로 취급되는 서로 관련 있는 항목들의 집단을 말한다.
⑦ 파일(file) : 어떤 한 작업에 관련된 레코드들의 집합을 말한다.
⑧ 데이터베이스(data base) : 상호 관련된 파일들의 집합을 말한다.

> **참고** 자료 구성의 단계 : 비트 < 니블 < 바이트 < 워드 < 항목 < 레코드 < 파일 < 데이터베이스

2. 자료의 표현방식

(1) 외부적 표현 방식

코드(code)로 표시하여 사람이 이해할 수 있도록 표현하며 종류로는 BCD 코드, EBCDIC 코드, ASCII 코드, 그레이 코드, 해밍 코드, 3초과 코드 등이 있다.

1) BCD 코드(Binary Coded Decimal, 2진화 10진수)
10진수 1자리를 2진수 4자리(bit)로 표현하는 가중치 코드, 8421 코드라고도 한다.

2) 3초과 코드(Excess-3 Code)

BCD 코드에 $(3)_{10}$을 더하여 만든 코드로, 자기 보수 코드라고도 한다. 3초과 코드는 비트마다 일정한 값을 갖지 않으며, 연산 동작이 쉽게 이루어지는 특징이 있는 코드이다.

3) 그레이 코드(Gray Code)

비가중치 코드이며 연산에는 부적합하지만 어떤 코드로부터 그 다음의 코드로 증가하는데 하나의 비트만 바꾸면 되므로 데이터의 전송, 입·출력 장치 등에 많이 사용한다.

4) ASCII 코드(American Standard Code for Information Interchange Code)

① 미국의 표준코드, 문자를 표시하기 위한 7비트 코드로서 영어 대문자, 소문자로 구별할 수 있으며, 가장 왼쪽의 한 비트는 코드의 오류 검출용 패리티 비트를 부가하여 8비트로 표시하고 데이터 통신에서 표준코드로 사용하며 개인용 컴퓨터에 사용한다.

② $2^7=128$개의 문자까지 표시가 가능하다.

패리티				8	4	2	1
	Zone				Digit		

5) EBCDIC(Extended Binary Code Decimal Interchange Code)

① 4개의 존 비트와 4개의 숫자 비트로 이루어져 있으며 영문 대문자를 포함하여 모든 문자를 표현할 수 있도록 한 범용 코드로서 대형 컴퓨터에 주로 사용하는 코드이다.

② $2^8=256$개의 문자까지 표현이 가능하다.

패리티				8	4	2	1
	Zone				Digit		

6) 해밍코드(Hamming Code)

오류검출 및 정정가능

7) 패리티 검사(Parity Check)

데이터의 저장과 전송의 정확성을 유지하기 위하여 검사 비트를 이용하는 자동 오류 검사방법(정정 불가능)

종류	의미	패리티 비트를 포함한 경우
Odd Parity (홀수 패리티)	항상 1이 홀수가 되도록 패리티 비트가 세트된다.	0000001 1000011
Even Parity (짝수 패리티)	항상 1이 짝수가 되도록 패리키 비트가 세트된다.	1000001 0000011

(2) 내부적 표현 방식

1) 고정 소수점 표현

컴퓨터 내부에서 정수를 표현할 때 사용하는 형식
① 2바이트(16비트) 정수형 : 부호부 1bit + 정수부 15bit
② 4바이트(32비트) 정수형 : 부호부 1bit + 정수부 31bit

③ 부호부에는 정수부가 양수이면 0을, 음수이면 1을 표시한다.

2) 부동 소수점 표현

① 컴퓨터 내부에서 소수점이 있는 실수를 표현할 때 사용하는 형식

② 4바이트(32비트) 단정도 실수형 : 부호부 1bit + 지수부 7bit + 가수부 32bit

부호비트 1bit	지수부 7bit	가수부 3Byte

◄———— 1Byte ————►◄———————— 3Byte ————————►

③ 부호비트는 실수가 양수이면 0, 음수이면 1로 표시하고, 지수부는 2진수로, 가수부는 10진 유효숫자를 2진수로 변환하여 표시한다.

3) 팩 형식

1바이트에 10진수 두 자리를 저장하는 형식

---

(02) 연산

1. 산술연산(수치적 연산)

산술적인 계산에서 주로 사용되는 것으로 고정 소수점 연산방식, 부동 소수점 연상방식이 있으며, 이 식으로 표현된 수치에 4직연산(+, −, *, /)과 산술 Shift 연산을 포함한다.

(1) 2진수의 연산

연산	연산식	예
2진수의 덧셈	X+Y=CS, 올림(Carry)	0+0=00(CS) 1+0=01(CS) 0+1=01(CS) 1+1=10(CS)
2진수의 뺄셈	X−Y=BS, 빌림(Borrow)	0−0=00(BS) 1−0=01(BS) 0−1=11(BS) 1−1=01(BS)
2진수의 곱셈		0×0=0 1×0=0 0×1=0 1×1=1
2진수의 나눗셈		0÷0=0 1÷1=1

> **참고** 데이터 성질에 따라 산술적 연산과 논리적 연산으로 분류한다.

(2) 산술적 시프트

곱셈이나 나눗셈의 효과를 얻기 위하여 정해진 방법으로 숫자들을 왼쪽 또는 오른쪽으로 자리 이동하는 작업

(3) 소수점의 연산

종류	패리티 비트를 포함한 경우
고정 소수점	고정소수점은 소수점을 사용하여 고정된 자리수의 소수를 나타내는 것이다.
부동 소수점	부동 소수점 방식은 실수를 표현할 때 소수점의 위치를 고정하지 않고 그 위치를 나타내는 수를 따로 적는 것으로, 유효숫자를 나타내는 가수와 소수점의 위치를 풀이하는 지수로 나누어 표현한다.

참고 고정 소수점과 부동 소수점의 비교
- 부동 소수점 방식은 숫자를 표현하는데 있어서 일정한 유효숫자를 보장한다는 장점이 있다. 반면에 고정 소수점 방식은 밑수 뿐 아니라 지수값도 미리 결정해 두고 사용하는 방식이다. 따라서 정수형 자료형을 기반으로 소수점을 표현할 수 있다.
- 연산 장치에 따라서 부동 소수점을 지원하지 않는 경우에는 이러한 방식으로 소수점을 표현하여야 한다. 또한, 정수형 자료형의 연산은 부동 소수점 자료형의 연산보다 빠르게 할 수 있다는 장점이 있다.

(4) 진수변환

진수변환	예
10진수 → 2진수	**예 -1)** 37을 2진수로 변환 : $(37)_{10}=(100101)_2$ 2) 37　- 1 2) 18　- 0 2) 9　- 1 2) 4　- 0 2) 2　- 0 　　1 **예 -2)** 0.375를 2진수로 변환 : $(0.375)_{10}=(0.011)_2$ 소수점의 자리를 2로 곱하여 소수점의 자리가 0이 될 때까지 곱한다. $0.375 \times 2 = \underline{0}.75$　　$0.75 \times 2 = \underline{1}.5$　　$0.5 \times 2 = \underline{1}.0$
2진수 → 10진수	101011를 10진수로 변환 : $(101011)_2 = (43)_{10}$ $(1 \times 2^5)+(0 \times 2^4)+(1 \times 2^3)+(0 \times 2^2)+(1 \times 2^1)+(1 \times 2^0) = 32+8+2+1 = 43$
10진수 → 8진수	**예 -1)** 65을 8진수로 변환 : $(65)_{10}=(81)_8$ 8) 65 8) 8　- 1 　0　- 8 **예 -2)** 0.9375를 8진수로 변환 : $(0.9375)_{10}=(0.74)_8$ 소수점의 자리를 8로 곱하여 소수점의 자리가 0이 될 때까지 곱한다. $0.9375 \times 8 = \underline{7}.5$　　$0.5 \times 8 = \underline{4}.0$

진수변환	예
10진수 → 16진수	10진수 756.5를 16진수로 변환 : $(756.5)_{10}=(2F4.8)_{16}$ • 정수 부분 : (16으로 나눔) $16\ )\ \underline{756}\ -\ 4$ $16\ )\ \underline{47}\ -\ F(15)$ $\quad\quad 2$ • 소수 부분 : (소수점의 자리를 16으로 곱함) $0.5 \times 16 = 8.0$
8진수 → 16진수	$(2374)_8$를 16진수로 변환 : $(2374)_8=(4FC)_{16}$ 8진수의 각 자리수를 3bit의 2진수로 표현한 후 4bit로 표현하면 16진수가 된다. 우선 각 자리수의 8진수를 3bit 2진수로 표현 | 2	3	7	4
---	---	---	---
010	011	111	100	 3bit의 2진수를 4bit로 묶은 후 16진수로 변환한다. $010\ 011\ 111\ 100 \rightarrow \underline{0100}\ \underline{1111}\ \underline{1100}$ $\quad\quad\quad\quad\quad\quad\quad\ 4\quad\ \ F\quad\ C$
16진수 → 10진수	$(28C)_{16}$를 10진수로 변환 : $(28C)_{16}=(652)_{10}$ $(28C)_{16} = (2\times16^2)+(8\times16^1)+(C\times16^0) = 512 + 128 + 12 = 652$

2. 논리 연산

(1) MOVE

하나의 입력 자료를 갖는 단일 연산으로 전자계산기 내부에서 하나의 레지스터에 기억된 데이터를 다른 레지스터로 옮기는 데 이용된다.

(2) Complement

① 단일 연산으로 입력 자료 1의 연산 결과는 보수가 된다.

② 논리 회로에서 인버터와 같은 기본적인 연산기로 이용되며, 음수(-)의 표현에 있어 1의 보수 또는 2의 보수를 구하는 데 이용할 수 있다.

예 -1) 2진수 $(11001)_2$의 1의 보수 : 11001 → 00110

예 -2) 2진수 $(11001)_2$의 2의 보수 : 11001 → 00110 + 1 → 00111

2의 보수는 주어진 2진수를 모두 부정을 취하여 1의 보수로 바꾼다. 1의 보수에 1을 더하면 2의 보수가 된다. 즉 2의 보수는 1의 보수보다 1이 크다.

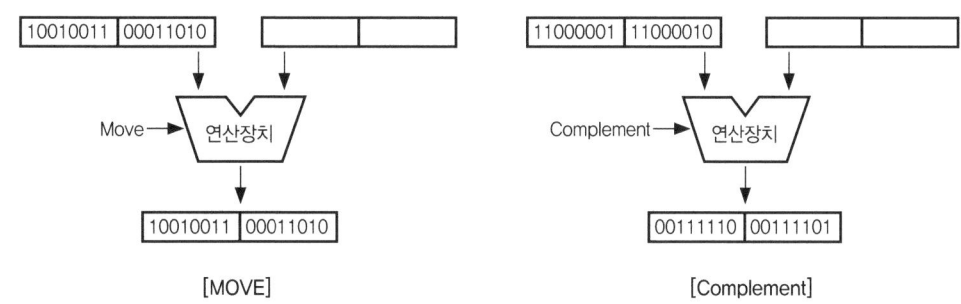

[MOVE]　　　　　　　　　　　　[Complement]

(3) AND

특정한 비트 또는 문자를 삭제하고, 나머지 비트를 데이터로 사용하기 위해 사용되는 연산자

(4) OR

2개 이상의 데이터를 합하여 비트나 문자를 삽입하는 데 사용되는 연산

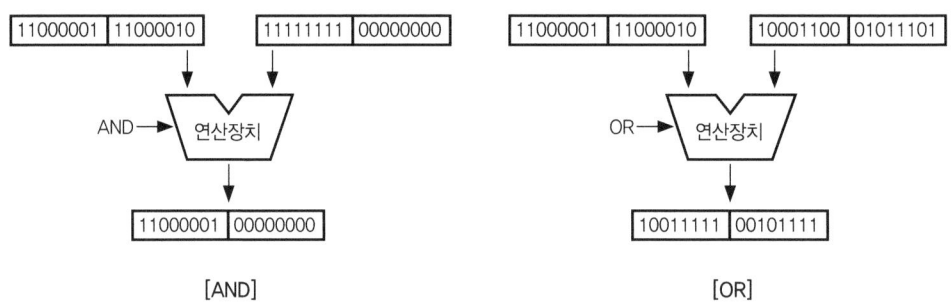

[AND]   [OR]

(5) Shift

입력 데이터의 모든 비트를 좌측 또는 우측으로 자리를 옮기는 것으로, 이동 방향에 따라 오른쪽 시프트와 왼쪽 시프트 두 가지가 있다.

종류	설명
왼쪽 시프트	비트들이 왼쪽으로 한 칸씩 이동하면서, 맨 왼쪽 비트는 버려지고 맨 우측 비트는 0으로 채워진다. **예** 42 왼쪽 시프트는 먼저 2진수로 변환 101010, 한 비트 좌측 시프트하면 1010100이 되므로 84가 된다.
오른쪽 시프트	비트들이 우측으로 한 칸씩 이동하면서, 맨 오른쪽 비트는 버려지고 맨 좌측 비트는 0으로 채워진다. **예** 42 오른쪽 시프트는 먼저 2진수로 변환 101010, 한 비트 우측 시프트하면 10101이 되므로 21이 된다.

(6) Rotate

Rotate 연산은 Shift 연산과 유사한 비트 조작 명령이다. Shift는 비트를 선형으로 이동시키는 데 비해 Rotate 연산은 원형을 이동시킨다. 비트 이동에 의해 밀려나는 비트는 버려지지 않고 반대쪽으로 다시 이동된다는 것이 특징이다.

(7) 단항연산/이항연산

① 단항연산 : MOVE, Shift, Rotate, Complement
② 이항연산 : 사칙연산, OR, AND, EX-OR

1. 프로그래밍 개념

컴퓨터에 부여하는 명령을 만드는 작업. 수식이나 작업을 컴퓨터에 알맞도록 정리해서 순서를 정하고 컴퓨터 특유의 명령 코드로 고쳐 쓰는 작업을 총칭해서 프로그래밍이라 한다.

2. 프로그래밍 언어

프로그래밍 언어란 컴퓨터에서 일을 수행하는 프로그램을 작성하기 위해 사용하는 기호체계를 의미한다. 프로그래밍 언어는 저급언어와 고급 언어로 크게 나눌 수 있다.

(1) 저급 언어(Low Level Language)

컴퓨터 이해하기 쉽게 작성된 프로그래밍 언어로, 기계어와 어셈블리어를 일컫는다.

종류	설명
기계어	컴퓨터가 직접 해독할 수 있는 2진수로 나타내는 언어로 프로그래밍의 기본이 된다. 즉 컴퓨터를 작동시키기 위해 0과 1로 나타낸 컴퓨터 고유 명령 형식이다.
어셈블리 언어	기계어의 단점을 극복하고 작성 과정을 편리하도록 개발하였으며 기계어의 명령부와 번지부를 사람이 이해하기 쉬운 기호와 1:1로 대응시켜 기호화한 프로그램 언어이다.

(2) 고급 언어(High Level Language)

사람이 알기 쉽도록 써진 프로그래밍 언어로서, 저급 프로그래밍 언어보다 가독성이 높고 다루기 간단하다는 장점이 있다. BASIC, FORTRAN, COBOL, ALGOL, C, PL/I, C++, JAVA 등이 있다.

종류	설명
BASIC	• 1963년 미국의 다트마스 대학에서 TSS(타임 셰어링 시스템)용으로 개발되었으며 초보자를 대상으로 한 프로그래밍 언어이다. • 행 번호를 기본으로 해서 1행씩 해석하여 실행해 나가며, 오류가 발생하면 바로 알려주는 전형적인 대화형 언어이다. 초보자도 배우기 쉽다.
FORTRAN	• 1950년대에 IBM에 의해 개발된 컴퓨터 프로그래밍 언어, 이것은 수학적 공식으로 프로그래머가 계산할 수 있게 한 최초의 언어이다. • 연산 표현이 쉽고 제어명령과 입출력 명령이 단순할 뿐만 아니라 구문이 비교적 간결해 배우기가 쉽다.

종류	설명
COBOL	• 1960년에 미국의 컴퓨터 사용자와 제조업자를 중심으로 개발된 사무자료 처리용 고급언어이다. • 이 언어는 다량의 자료를 처리하는 데 적합하며, 코볼 컴파일러만 있으면 컴퓨터 기종간의 차이에 상관없이 공통으로 사용할 수 있으며 사무계산 및 상업계산용에 적합하다. • 이 언어의 특징은 구어체의 영어 문장으로 되어 있고 컴퓨터의 내부적인 특성에 관계없이 설계되었으므로 사용시 기종 제한이 없다는 점, 그리고 프로그램을 쉽게 익힐 수 있으며 프로그램의 착오 발생 시 수정이 용이하다는 점 등이 있다.
C언어	• 1974년 개발된 언어로 UNIX 시스템을 구축하기 위한 시스템 프로그래밍 언어이다. • C 언어는 컴퓨터 사용자가 보다 효율적으로 컴퓨터 자원을 다룰 수 있도록 해주는 역할을 하는 장치로써, 모든 서버 운영체제의 기초를 이해하는데 도움이 된다. • 수행 속도가 빠르고, 크기, 효율 등의 기능면에서 고급 언어와 어셈블리어의 중간 기능을 수행한다.
C++	미국 벨 연구소에서 C 언어의 기능을 확장하여 개발한 프로그래밍 언어로서, 사용자에 의한 새로운 데이터 타입의 정의를 위한 신축성 있고 효율적인 기능을 제공하는 등 객체 지향 중심 프로그래밍(object-oriented programming)의 개념을 도입하였다.
JAVA	객체지향프로그래밍 언어로서 C/C++에 비해 간략하고 쉬우며 네트워크 기능의 구현이 용이하기 때문에, 인터넷 환경에서 가장 활발히 사용되는 프로그래밍 언어이다. 자바 프로그램은 운영체제의 종류에 관계없이 대부분의 시스템에서 실행 가능하다.

(3) C언어의 연산자

1) 산술 연산자

기호	연산자 의미	관계식
*	곱셈	$X*Y$
/	나눗셈	X/Y
%	나머지 계산	$X\%Y$
+	덧셈	$X+Y$
−	뺄셈	$X-Y$

2) 관계 연산자

기호	연산자 의미	관계식
>	~보다 크다.	$a>b$
>=	~보다 크거나 같다.	$a>=b$
<	~보다 작다.	$a<b$
<=	~보다 작거나 같다.	$a<=b$
==	같다.	$a==b$
!=	다르다.	$a!=b$

기호

3) 논리 연산자

기호	연산자 의미
!	*NOT*
&&	*AND*
||	*OR*

4) 증가, 감소 연산자

기호	연산자 의미
++i	i 값에 먼저 1 증가시킨 후 계산
i++	i 값을 먼저 계산 후 1 증가
--i	i 값에 먼저 1 감소기킨 후 계산
i--	i 값을 먼저 계산 후 1 감소

5) C언어의 변수명 규칙

① 변수명으로 사용할 수 있는 문자는 알파벳, 숫자, _ 세 가지이다.
② 변수명의 첫 글자는 숫자가 될 수 없다.
③ 변수명은 최대 32자까지이다.
④ 대문자, 소문자는 서로 다른 것으로 구분된다.

3. 순서도 작성법

(1) 순서도(Flowchart)의 정의

컴퓨터로 처리해야 할 작업 과정을 약속된 기호를 사용하여 순서대로 일관성 있게 그림으로 나타낸 것

(2) 순서도의 역할

① 프로그램 작성의 직접적인 자료가 된다.
② 업무의 내용과 프로그램을 쉽게 이해할 수 있고, 다른 사람에게 전달이 쉽다.
③ 프로그램의 정확성 여부를 판단하는 자료가 되며, 오류가 발생 하였을 때 그 원인을 찾아 수정하기가 쉽다.
④ 프로그램의 논리적인 체계 및 처리 내용을 쉽게 파악할 수 있다.

(3) 순서도 기호

순서도는 프로그래머 자신은 물론, 그 프로그램의 개발과 운영 및 유지 보수에 관계되는 모든 사람과 연관성을 가지게 된다. 그러므로 누구나 이해할 수 있는 약속된 기호를 사용하여야 한다.

기호	명칭	설명	보기
▭	처리	각종 연산, 데이터 이동 등의 처리	A = B+C
⬭	터미널/단자	순서도의 시작과 끝 표시	시작(끝)

기호	명칭	설명	보기
◯	연결자	흐름이 다른 곳과 연결되는 입출구를 나타냄	
▱	입출력	일반적인 데이터의 입력과 출력 처리를 나타냄	▱ 입력(출력)
➡	흐름선	기호를 연결하여 처리의 흐름을 나타내는 기능	⬭ 시작 ↓ ▱ A, B 입력
⬡	준비	기억장소, 초기값 등 작업의 준비 과정을 나타냄	
◇	판단	조건이 참이면 '예', 거짓이면 '아니오'로 이동	◇ A > B → 아니오 ↓ 예
▭	미리 정의된 처리	미리 정의된 처리로 옮길 때 사용	
⬠	천공카드	천공카드의 입출력	
⬡	인쇄	서류로 인쇄할 것을 나타냄	인쇄 A
◿	수동입력	콘솔에 의한 입력	
⬔	카드 파일	천공카드로 구성된 파일	
⬭	디스플레이	결과를 모니터에 나타냄	

(4) 순서도의 작성방법

① 위에서 아래로 내려가면서 작성한다.

② 분기점이 있는 경우 왼쪽에서 오른쪽으로 작성한다.

③ 기호와 기호 사이에는 화살표(→)로 연결한다.

④ 기호 내부에는 실행 내용을 간단, 명료하게 표시한다.

⑤ 약속된 표준 기호를 사용한다.

⑥ 과정이 길어 연속적인 표현이 어려울 때는 나누어 작성하고 연결 기호를 사용한다.

(5) 순서도의 종류

종류	의미
시스템 순서도	단위 프로그램을 하나의 단위로 하여 업무의 전체적인 처리 과정의 흐름을 나타낸 순서도
프로그램 순서도	프로그램의 논리적인 작업 순서를 나타낸 순서도 • 일반 순서도 : 프로그램의 기본 골격(프로그램의 전개 과정)만을 나타낸 순서도 • 세부 순서도 : 기본 처리 단위가 되는 모든 항목을 프로그램으로 바로 나타낼 수 있을 정도까지 상세하게 나타낸 순서도

(6) 순서도의 기본유형

① 직선형 (순차구조) : 조건에 의해서 분기되거나 또는 일정한 내용을 반복 처리함 없이, 위에서 아래로 하나의 명령문씩 단계적으로 실행하여 실행 정지 명령에 도달되는 구조

② 분기형(선택구조) : 주어진 조건의 만족 여부에 따라 실행 내용이나 순서를 서로 달리하고자 할 때 작성되는 순서도 구조

③ 반복형(반복구조) : 특정 조건이 만족되는 동안 어느 부분의 처리 내용을 반복 실행하도록 그려진 구조. 반복 종료하는 조치가 없으면 무한 반복을 하게 된다.

SECTION 04 마이크로프로세서

1. 마이크로프로세서 기본 구조

(1) 기본 구성

마이크로프로세서는 중앙처리장치의 기능을 집적화한 것으로서, 제어장치(명령어 해석 및 실행), 레지스터, 연산장치(ALU) 등의 기본 구성을 갖는다.

(2) 마이크로프로세서의 CPU 모듈 동작 순서

명령어 인출 → 명령어 해석 → 데이터 인출 → 데이터 처리

[마이크로프로세서 구성 요소]

2. 마이크로프로세서 구성요소

(1) 레지스터(register)

① 레지스터는 CPU 내부의 기억장치이고 ALU에서 수행한 연산의 결과를 임시로 저장하는 역할을 한다. 고속으로 데이터에 접근, 처리가 가능하며 외부 메모리는 번지로 구별하는 데 반해 레지스터는 이름으로 구별한다.

② 구분 : 범용 레지스터(누산기 등)와 특수목적 레지스터(프로그램 카운터, 명령어 레지스터 등)

(2) 산술논리장치(ALU)

산술 및 논리 연산 수행하는 장치이다. 레지스터에서 피연산자를 받고 연산 결과를 다시 레지스터에 저장한다. 조합논리회로로 구성되어 있다.

(3) 제어장치

CPU 내부의 신호의 흐름을 제어하는 신호를 발생한다.

(4) 버스

버스(bus)라는 것은 디지털 시스템에서 동일한 기능을 수행하는 신호선들의 집합이다. 마이크로프로세서 내부에서 하나의 신호선은 두 가지 상태(0, 1)만을 가질 수 있다. 이러한 선이 여러 개 모이면 다양한 경우의 수가 생겨서 여러 상태나 값을 가지고 전달할 수 있게 된다.

버스 종류	설명
데이터(Data) 버스	마이크로프로세서가 내·외부의 메모리와 데이터를 주고 받는데 사용하는 신호선이다.

버스 종류	설명
어드레스(Address) 버스	마이크로프로세서가 내외부의 메모리 번지를 지정하는데 사용하는 신호선이다.
신호(Signal) 버스	마이크로프로세서가 수행할 작업의 종류 및 상태를 메모리나 입출력기기에 알려주고, 외부의 요구를 받아들이는 신호선이다.
제어(Control) 버스	중앙처리장치와의 데이터 교환을 제어하는 신호의 전송 통로

STEP 02 명령어 형식 및 데이터 형식

1. 명령어 구성

구성은 명령부(명령코드부 : OP code)와 처리부(피연산자부 : operand)로 되어 있다.

① 명령부(OP Code) : 처리해야 할 연산의 종류
② 처리부(Operand) : 처리할 정보나 처리된 정보

OP Code	Operand

2. 명령어의 기능

종류	기능
함수연산 기능	데이터 처리 명령어가 산술과 논리 연산을 수행한다.
전달 기능	데이터 전송 명령어가 레지스터 사이의 정보 전달이나 중앙처리장치와 주기억장치 사이의 정보 이동을 수행한다.
제어 기능	프로그램 제어 명령어가 명령어의 수행 순서를 제어한다.
입, 출력 기능	프로그램으로 입력이 가능한 기능이 있어야 하며, 기억된 계산 결과를 프로그래머에게 알리기 위해서 출력 장치를 이용한다.

3. 명령어의 종류

(1) 3-주소 명령어

오퍼랜드(Operand)의 수가 3개인 명령어 형식

OP Code	Operand1	Operand2	Operand3

① 장점 : 산술식을 프로그램 하는 데 있어서 프로그램의 길이가 짧아짐
② 단점 : 3주소 명령어를 2진 코드화 했을 때 세 개의 오퍼랜드를 나타내기 위한 비트 수가 다른 주소 명령어 형식보다 많이 필요

(2) 2-주소 명령어

오퍼랜드의 수가 2개인 명령어 형식, 범용 레지스터에 사용하며 가장 일반적인 주소지정방식

OP Code	Operand1	Operand2

① 장점 : 3주소 명령어에 비해 명령어의 길이가 짧아짐
② 단점 : 같은 내용을 수행하기 위한 명령어의 수가 증가

(3) 1-주소 명령어

오퍼랜드의 수가 1개인 명령어 형식, 오퍼랜드를 가져오거나 연산결과를 저장하기 위한 임시적인 장소로 누산기를 사용

OP Code	Operand1

① 장점 : 3주소 명령어에 비해 명령어의 길이가 짧아짐
② 단점 : 같은 내용을 수행하기 위한 명령어의 수가 증가

(4) 0-주소 명령어

① 기억장치 스택을 사용하며 주소 필드는 사용하지 않음
② 명령어의 길이가 짧아 기억 공간을 적게 차지하나 많은 양의 정보가 스택과 주기억장치를 이동하므로 비효율적

4. 데이터의 전달에 관한 명령

데이터를 메모리와 레지스터 간에서 또는 레지스터와 레지스터 간에서 전달시키는 명령

구분	설명
로드명령 (Load Instruction)	지정된 메모리 번지의 내용을 누산기 등의 레지스터로 옮기는 명령
스토어 명령 (Store Instruction)	누산기 등 레지스터의 내용을 지정된 메모리 번지로 옮기는 명령
전송 명령 (Move Instruction)	하나의 레지스터에서 다른 레지스터로 데이터를 옮기는 명령
교환 명령(Exchange Instruction)	두 레지스터 간에 서로 데이터를 교환하는 명령
입·출력 명령 (Input/output Instruction)	주변장치에서 데이터를 입력하거나 주변 장치로 데이터를 출력하는 명령
푸시/팝 명령 (Push/pop Instruction)	데이터를 스택에 일시 저장하거나 스택으로부터 데이터를 불러내는 명령

5. 데이터의 제어에 관한 명령

명령의 실행 순서를 변경하거나 마이크로프로세서의 동작을 제어하는 명령이다.

구분	설명
분기명령 (Branch Instruction)	프로그램 실행 순서를 지정된 번지로 변경하는 분기 또는 점프 명령
서브루틴 분기명령 (Subroutine Instruction)	지정 어드레스로 분기하고 후에 그 명령으로 복귀하는 명령

6. 마이크로프로세서의 순서제어 관한 명령

점프명령, 콜 명령, 리턴 명령이 있다.

STEP 03 주소 지정 방식

(1) 즉시주소 지정 방식(Immediate Addressing Mode)
    명령 속의 오퍼랜드 정보를 그대로 오퍼랜드로 사용하는 방식

(2) 직접 주소 지정 방식(Direct Addressing Mode)
    명령어의 오퍼랜드에 실제 데이터가 들어 있는 주소를 직접 갖고 있는 방식

(3) 간접 주소 지정 방식(Indirect Addressing Mode)
    명령어 내의 주소부에 실제 데이터가 저장된 장소의 주소를 가진 기억장소의 주소를 표현한
    방식

(4) 레지스터 주소 지정 방식(Register Addressing Mode)
    오퍼랜드로 레지스터를 지정하고 다시 그 레지스터값이 실제 데이터가 기억된 기억 장소의 주
    소를 지정한다.

(5) 묵시적 주소 지정 방식(Implied Addressing Mode)
    명령어 실행에 필요한 데이터의 위치가 묵시적으로 지정

(6) 페이지 주소 지정 방식(Page Addressing Mode)
    기억장치를 일정한 크기의 페이지로 나누어서 명령 속에 페이지 내에서의 어드레스를 지정하
    는 방법

(7) 상대 주소 지정 방식(Relative Addressing Mode)
    프로그램 카운터가 명령의 주소 부분과 더해져서 유효 주소가 결정되는 방법으로, 명령의 주소
    부분은 보통 부호를 포함한 수이며, 음수(2의 보수 표현)나 양수 둘 다 될 수 있다.

(8) 인덱스 주소 지정 방식(Indexed Addressing Mode)
    명령어의 주소 필드의 값과 인덱스 레지스터의 값을 더해 유효 주소를 구하며, 어레이의 참조
    에 유용하다.

STEP 04 서브루틴과 스택

(1) 서브루틴(Subroutine)

프로그램 가운데 하나 이상의 장소에서 필요할 때마다 되풀이해서 사용할 수 있는 부분적 프로그램. 실행 후에는 메인 루틴이 호출한 장소로 되돌아간다. 되돌아 갈 복귀 주소를 저장해 놓아야 하는데 이때 사용되는 것이 스택(stack)이다. 독립적으로 쓰는 일은 없고 메인 루틴과 결합하여 기능을 수행한다.

(2) 스택(Stack)

① 스택은 데이터 입/출력이 한쪽으로만 접근 할 수 있는 자료 구조이다. 스택에 서 가장 나중에 들어간 데이터가 제일 먼저 나오게 된다. 그래서 스택을 LIFO(Last In First Out) 구조라고 한다.

② 스택을 조작하는 동작은 데이터를 넣은 PUSH 동작과 데이터를 빼오는 POP 동작이 있다. PUSH는 스택의 최상단 데이터 위에 새로운 데이터를 쌓는다(stack)의 의미이고, POP은 스택의 최상단에 있는 데이터를 빼온다는 의미이다.

[스택]　　　　　[스택의 PUSH/POP 동작]

[1. 직·교류회로] 01 ③　02 ②　03 ④　04 ③　05 ①　06 ①　07 ③　08 ①

[1. 컴퓨터의 구조 일반 예상문제]

01 다음 나열된 장치들 중 출력장치로만 짝지어진 것은?

① 마우스, 광학마크판독기, 프린터
② 키보드, 스캐너, CRT
③ 광학문자판독기, 라이트펜, 프린터
④ X–Y플로터, CRT, 프린터

🔍 • 입력장치 : 키보드, 마우스, 디지타이저, 이미지 스캐너, 라이트 펜 등
• 출력장치 : 모니터, 프린터, X–Y 플로터, 포토 플로터 등

02 마이크로프로세서에서 누산기(Accumulator)의 용도는?

① 명령을 저장
② 명령을 해독
③ 명령의 주소를 저장
④ 연산 결과를 일시적으로 저장

🔍 누산기(Accumulator) : 연산에 관계되는 상태와 인터럽트 신호를 기억한다.

03 컴퓨터가 현재 실행 중인 명령 다음에 실행해야 할 명령이 저장된 메모리 주소를 기억하는 레지스터를 무엇이라 하는가?

① 플래그 레지스터(flag register)
② 명령 레지스터(instruction register)
③ 프로그램 카운터(program counter)
④ 메모리 주소 레지스터(memory address register)

🔍 프로그램 카운터(Program Counter) : 기억장치에 기억된 명령이 순서대로 중앙처리장치에서 실행될 수 있도록 그 주소를 지정해 주는 레지스터

04 다음 중 사칙 연산 명령을 내리는 장치는?

① 연산장치
② 입력장치
③ 제어장치
④ 기억장치

🔍 제어장치 : 프로그램 명령어를 해석하고, 해석된 명령의 의미에 따라 연산장치, 주기억 장치 등에게 동작을 지시

05 다음은 기억장치에 대한 설명이다. 잘못된 것은?

① 주기억장치와 보조기억장치로 분류된다.
② 주기억장치에는 디스크와 테이프 등이 사용된다.
③ RAM은 DATA를 읽기도 하고 쓰기도 할 수 있다.
④ 주기억장치와 CPU 사이에서 일종의 버퍼기능을 수행하는 캐시 기억장치가 있다.

🔍 주기억장치의 종류와 특징
• 기억장치는 주기억장치와 보조기억장치로 분류한다.
• 주기억장치의 종류로는 RAM, ROM 등이 있다.
• RAM은 DATA를 읽기도 하고 쓰기도 할 수 있다.
• 주기억장치와 CPU 사이에서 일종의 버퍼 기능을 수행하는 캐시기억장치가 있다.

06 다음 중 제어장치의 역할이 아닌 것은?

① 명령을 해독한다.
② 두 수의 크기를 비교한다.
③ 입·출력을 제어한다.
④ 시스템 전체를 감시 제어한다.

🔍 제어장치(Control Unit) : 프로그램 명령어를 해석하고, 해석된 명령의 의미에 따라 연산장치, 주기억 장치 등에게 동작을 지시하며 어드레스 레지스터, 기억 레지스터, 명령 레지스터, 명령 해독기, 명령계수기 등으로 구성된다.

07 다음 메모리 중 재생(refresh)하기 위한 별도의 회로와 프로그램이 필요한 것은?

① ROM
② USB 메모리
③ DRAM
④ SRAM

🔍 DRAM(Dynamic RAM) : 구조는 단순하지만 가격이 저렴하고 집적도가 높아 PC의 메모리로 이용되며, 휘발성 메모리이므로 재충전시간이 필요하다.

08 컴퓨터의 기억 장치 레지스터 중 MBR(Memory Buffer Register)에 대한 설명으로 옳은 것은?

① 메모리로부터 읽거나(read), 쓴(write)데이터를 일시적으로 저장하기 위한 레지스터
② 실제 주소를 계산하기 위해 주소를 기억하는 레지스터
③ 연산 결과의 상태를 기억하는 레지스터
④ 실행될 명령 코드가 저장되어 있는 레지스터

🔍 MBR(memory buffer register) : 기억 장치로부터 불러낸 정보나 또는 저장할 정보를 넣어 두는 레지스터이다.

09 다음 명령에서 CPU의 정보를 기억 장치에 기억하는 명령어는?

① Add
② Shift
③ Load
④ Store

🔍 • Load : 기억 장치 내의 데이터를 불러들이는 명령
• Shift : 입력 데이터의 모든 비트를 좌측 또는 우측으로 자리를 옮기는 명령
• Store : 기억 장치에 데이터를 저장하는 명령
• Add : 더하기 명령

10 다음 중 입력 장치가 아닌 것은?

① 스캐너
② 프로젝터
③ 디지타이저
④ 터치스크린

🔍 • 입력장치 : 키보드, 마우스, 디지타이저, 이미지 스캐너, 라이트 펜 등
• 출력장치 : 모니터, 프린터, X-Y 플로터, 포토 플로터, 프로젝터 등

11 다음 메모리 중 가장 빠르게 액세스되는 메모리는?

① 가상 메모리
② 주기억 메모리
③ 캐시 메모리
④ 보조기억 메모리

🔍 • 캐시 기억장치(Cache Memory) : 프로그램 실행속도를 중앙처리장치의 속도에 가깝도록 하기 위하여 개발된 고속 버퍼 기억장치로서, 주기억장치보다 속도가 빠르고, 중앙처리장치 내에 위치하고 있으므로 레지스터 기능과 유사하다.
• 기억장치의 접근 시간 순서 : 레지스터 - 캐시메모리 - 주기억장치 - 보조기억장치

12 컴퓨터의 CPU에 속하지 않는 것은?

① 레지스터
② 주변장치
③ 연산장치
④ 제어장치

🔍 CPU(중앙처리장치)의 구성 : 프로그램 명령어를 실행하는 일을 담당하는 중앙처리장치는 제어장치, 연산장치, 레지스터들의 세 부분으로 구성된다. 그리고 주기억 장치를 비롯한 다른 장치들과는 시스템 버스로 연결되어 있다.

13 주기억 장치에 기억된 프로그램을 읽고 해독한 후, 각 장치에 지시신호를 전달함으로써 프로그램에서 지시한 동작이 실행되도록 하는 것은?

① 입력장치
② 출력장치
③ 연산장치
④ 제어장치

🔍 제어장치(Control Unit) : 프로그램 명령어를 해독하고, 해석된 명령의 의미에 따라 연산장치, 주기억 장치 등에게 동작을 지시하며 어드레스 레지스터, 기억 레지스터, 명령 레지스터, 명령 해독기, 명령계수기 등으로 구성된다.

14 메모리 내용을 보존하기 위해 일정 기간마다 재충전이 필요한 기억소자는?

① SRAM
② DRAM
③ 마스크 ROM
④ EPROM

🔍 DRAM(Dynamic RAM) : 구조는 단순하지만 가격이 저렴하고 집적도가 높아 PC의 메모리로 이용되며, 휘발성 메모리이므로 재충전시간이 필요하다.

15 채널(Channel)의 종류로 옳게 묶인 것은?

① 다이렉트(direct) 채널과 멀티플렉서 채널
② 멀티플렉서 채널과 셀렉터(selector) 채널
③ 셀렉터 채널과 스트로브(strobe) 채널
④ 스트로브 채널과 다이렉트 채널

🔍 채널
• 주기억장치와 입·출력 장치간의 차이를 줄일 목적으로 사용하는 것으로 CPU로부터 입·출력 장치의 제어를 위임받아 한 번에 여러 데이터 블록을 입·출력 할 수 있다.
• 종류 : 셀렉터 채널(Selector), 멀티플렉서 채널(Multiplexor Channel)

정답 08 ① 09 ④ 10 ② 11 ③ 12 ② 13 ④ 14 ② 15 ②

16 가상기억장치(virtual memory)의 개념으로 가장 옳은 것은?

① 기억장치를 부합하다
② 데이터를 미리 주기억장치에 넣는다.
③ 많은 데이터를 주기억장치에서 한 번에 가져오는 것을 의미한다.
④ 프로그래머가 필요로 하는 주소공간보다 작은 주기억장치의 컴퓨터가 큰 기억장치를 갖는 효과를 준다.

🔍 가상 기억장치(Virtual Memory) : 제한된 주기억장치의 용량을 초과하여 사용하기 위하여 보조기억장치의 기억공간을 사용자의 주기억장치가 확장된 것과 같이 사용하는 방법이다.

17 컴퓨터의 중앙처리장치(CPU) 내부에서 기억장치 내의 정보를 호출하기 위해 그 주소를 기억하고 있는 제어용 레지스터는?

① 상태 레지스터
② 프로그램 카운터
③ 메모리 주소 레지스터
④ 스택 포인터

🔍 메모리 주소 레지스터[MAR(Memory Address Register)] : 중앙처리장치 내부에서 기억장치 내의 정보를 호출하기 위해 그 주소를 기억하고 있는 제어용 레지스터

18 제조사의 요구에 따라 제조회사에서 내용을 넣어 제조하는 롬(ROM)은?

① PROM   ② MASK ROM
③ EPROM   ④ EEPROM

🔍 Mask Rom : 컴퓨터 제조회사에서 필요한 자료를 제조 과정에서 기록하여 제공하는 ROM(읽기만 가능)

19 컴퓨터의 연산 결과를 나타내는 데 사용되며, 연산값의 부호 및 오버플로 발생 유무를 표시하는 레지스터는?

① 데이터 레지스터
② 상태 레지스터
③ 누산기
④ 연산 레지스터

🔍 상태 레지스터(Status Register) : 컴퓨터의 연산 결과를 나타내는데 사용되며, 연산값의 부호 및 오버플로 발생 유무를 표시한다.

20 다음 중 컴퓨터를 구성하는 기본 소자의 발전 과정을 순서대로 옳게 나열한 것은?

① Tube → TR → IC
② Tube → IC → TR
③ TR → IC → Tube
④ IC → TR → Tube

🔍 기본 소자의 발전

세대구분	회로구성소자
제1세대	진공관(Tube)
제2세대	TR, DIODE
제3세대	IC
제4세대	LSI

[2. 자료의 표현과 연산 예상문제]

01 10진수 0.375를 2진수로 변환하면?

① $(0.11)_2$
② $(0.011)_2$
③ $(0.110)_2$
④ $(0.111)_2$

🔍 소수점의 자리를 2로 곱하여 소수점의 자리가 0이 될 때까지 곱한다.
$0.375×2 = \underline{0}.75 → 0.75×2 = \underline{1}.5 → 0.5×2 = \underline{1}.0$
$(0.375)_{10} = (0.011)_2$

02 컴퓨터 기억용량의 1K 바이트는 몇 바이트인가?

① 1000   ② 1001
③ 1024   ④ 1212

🔍 1KB = 2^{10} = 1024byte

03 다음 중 8421 코드는?

① BCD 코드

② Gray 코드

③ Biquinary 코드

④ Excess-3 코드

🔍 BCD 코드(Binary Coded Decimal, 2진화 10진수) : 10진수 1 자리를 2진수 4자리(bit)로 표현하는 가중치 코드, 8421 코드라고도 한다.

04 비가중치 코드이며 연산에는 부적합하지만 어떤 코드로부터 그 다음의 코드로 증가하는 데 하나의 비트만 바꾸면 되므로 데이터의 전송, 입·출력장치 등에 많이 사용되는 코드는?

① BCD 코드

② Gray 코드

③ ASCII 코드

④ Excess-3 코드

🔍 그레이 코드(Gray Code) : 비가중치 코드이며 연산에는 부적합하지만 어떤 코드로부터 그 다음의 코드로 증가하는 데 하나의 비트만 바꾸면 되므로 데이터의 전송, 입·출력 장치 등에 많이 사용한다.

05 단항(Unary) 연산을 행하는 것은?

① OR   ② AND

③ SHIFT   ④ 4칙 연산

🔍 • 단항연산 : MOVE, Shift, Rotate, Complement
• 이항연산 : 사칙연산, OR, AND, EX-OR

06 컴퓨터 시스템에서 자료를 처리하는 최소 단위는?

① 바이트(byte)   ② 비트(bit)

③ 워드(word)   ④ 니블(Nibble)

🔍 • 비트(bit) : 0과 1로 표현되는 데이터의 최소 단위이며 논리 데이터로 표현
• 바이트(byte) : 1개의 문자나 수를 기억하는 데이터 단위로서 8개의 비트로 구성
• 워드(word) : 몇 개의 바이트의 모임으로, 하나의 기억 장소에 기억되는 데이터 범위를 의미
• 항목(field) : 정보의 전달을 위한 최소한의 문자의 집단

07 컴퓨터에서 보수(complement)를 사용하는 가장 큰 이유는?

① 가산과 승산을 간단히 하기 위해

② 감산을 가산의 방법으로 처리하기 위해

③ 가산의 결과를 정확히 하기 위해

④ 감산의 결과를 정확히 하기 위해

🔍 컴퓨터에서 보수(complement)를 사용하는 가장 큰 이유는 감산을 가산의 방법으로 처리하기 위해서이다.

08 8비트로 부호와 절대값 방법으로 표현된 수 42를 한 비트씩 좌우측으로 산술 시프트하면?

① 좌측 시프트 : 42, 우측 시프트 : 42

② 좌측 시프트 : 84, 우측 시프트 : 42

③ 좌측 시프트 : 42, 우측 시프트 : 21

④ 좌측 시프트 : 84, 우측 시프트 : 21

🔍 Shift
• 입력 데이터의 모든 비트를 좌측 또는 우측으로 자리를 옮기는 것으로, 이동 방향에 따라 오른쪽 시프트와 왼쪽 시프트 두 가지가 있다.
• 42 왼쪽 시프트는 먼저 2진수로 변환 101010, 한 비트 좌측 시프트 하면 10101000이 되므로 84가 된다.
• 42 오른쪽 시프트는 먼저 2진수로 변환 101010, 한 비트 우측 시프트하면 10101이 되므로 21이 된다.

09 다음 중 고정 소수점 표현 방식의 설명으로 옳은 것은?

① 부호, 지수부, 가수부로 구성되어 있다.

② 2의 보수 표현 방법을 많이 사용한다.

③ 매우 큰 수와 작은 수를 표시하기에 편리하다.

④ 연산이 복잡하고 시간이 많이 걸린다.

🔍 고정 소수점 표현
• 컴퓨터 내부에서 정수를 표현할 때 사용하는 형식으로 2바이트(16비트) 정수형과 4바이트(32비트) 정수형이 있다.
• 부호부에는 정수부가 양수이면 0을, 음수이면 1을 표시한다. 2의 보수 표현 방법을 많이 사용한다.

10 BCD코드 0001 1001 0111를 10진수로 나타내면?

① 195   ② 196

③ 197   ④ 198

🔍 BCD 코드의 각 자리수를 10진수로 변환한다.

0001	1001	0111
1	9	7

11 2진수 100100을 2의 보수(2's complement)로 변환한 것은?

① 011100
② 011011
③ 011010
④ 010101

🔍 2의 보수는 주어진 2진수를 모두 부정을 취하여 1의 보수로 바꾼다. 1의 보수에 1을 더하면 2의 보수가 된다. 즉 2의 보수는 1의 보수보다 1이 크다.
→ 011011(1의 보수) + 1 → 011100(2의 보수)

12 미국 표준 코드로서 데이터 통신에 많이 사용되는 자료의 표현 방식은?

① BCD 코드
② ASCII 코드
③ EBCDIC 코드
④ GRAY 코드

🔍 ASCII 코드
미국의 표준코드, 문자를 표시하기 위한 7비트 코드로서 영어 대문자, 소문자로 구별할 수 있으며, 가장 왼쪽의 한 비트는 코드의 오류 검출용 패리티 비트를 부가하여 8비트로 표시하고 데이터 통신에서 표준코드로 사용하며 개인용 컴퓨터에 사용한다.

13 다음 10진수 756.5를 16진수로 옳게 표현한 것은?

① 2F4.8
② 2E4.8
③ 2F4.5
④ 2E4.5

🔍 • 정수 부분을 16으로 나눈다.
16) 756 – 4
16) 47 – F(15)
2
• 소수 부분의 소수점의 자리를 16으로 곱한다.
0.5×16 = 8.0
∴ $(756.5)_{10} = (2F4.8)_{16}$

14 Parity Bit에 대한 설명 중 옳지 않은 것은?

① 에러 검출 및 교정이 가능하다.
② 기존 코드값에 1bit를 추가하여 사용한다.
③ 기수(Odd)와 우수(Even) 체크법이 있다.
④ 정보의 옳고 그름을 판별하기 위해 사용한다.

🔍 오류를 스스로 검출하여 교정이 가능한 코드는 해밍 코드이다.

15 8진수 2374를 16진수로 변환한 값은?

① 3A2
② 3C2
③ 4D2
④ 4FC

🔍 8진수의 각 자리수를 3bit의 2진수로 표현한 후 4bit로 표현하면 16진수가 된다.

8진수	2	3	7	4
3bit	010	011	111	100
4bit	0100	1111	1100	0
16진수	4	F	C	

16 특정한 비트 또는 문자를 삭제하는 데 가장 적합한 연산은?

① AND
② OR
③ MOVE
④ COMPLEMENT

🔍 AND : 특정한 비트 또는 문자를 삭제하고, 나머지 비트를 데이터로 사용하기 위해 사용되는 연산자

17 다음은 데이터 크기를 나타내는 단위들이다. 데이터의 크기순으로 옳게 나열된 것은?

① byte < word < record < bit
② bit < byte < record < file
③ file < field < record < bit < byte
④ field < record < file < byte

🔍 자료의 구조
• 비트(bit) : 0과 1로 표현되는 데이터의 최소 단위이며 논리 데이터로 표현
• 바이트(byte) : 1개의 문자나 수를 기억하는 데이터 단위로서 8개의 비트로 구성
• 워드(word) : 몇 개의 바이트의 모임으로, 하나의 기억 장소에 기억되는 데이터 범위를 의미
• 항목(field) : 정보의 전달을 위한 최소한의 문자의 집단
• 레코드(record) : 한 단위로 취급되는 서로 관련 있는 항목들의 집단
• 파일(file) : 어떤 한 작업에 관련된 레코드들의 집합
• 데이터베이스(data base) : 상호 관련된 파일들의 집합
※ 자료 구성의 단계 : 비트 < 바이트 < 워드 < 항목 < 레코드 < 파일 < 데이터베이스

정답 11 ① 12 ② 13 ① 14 ① 15 ④ 16 ① 17 ②

18 10진수 234에 대한 9의 보수로 옳게 변환한 것은?

① 764　　　　　　② 765

③ 766　　　　　　④ 777

🔍 10진수의 9의 보수는 구하는 방법은 9−10진수를 하면 된다.
1의 9의 보수는 9−1 = 8, 11의 9의 보수는 99−11 = 88, 111의 9의 보수는 999−111 = 888
그러므로 234의 9의 보수는 999−234 = 765가 된다.

19 컴퓨터 내부에서 수치자료를 표현하는데 사용하지 않는 형식은?

① 고정 소수점 데이터 형식
② 부동 소수점 데이터 형식
③ 팩 형식
④ 아스키 데이터 형식

🔍 컴퓨터 내부에서의 수치자료 표현
• 고정 소수점 표현 : 컴퓨터 내부에서 정수를 표현할 때 사용하는 형식
• 부동 소수점 표현 : 컴퓨터 내부에서 소수점이 있는 실수를 표현할 때 사용하는 형식
• 팩 형식 : 1바이트에 10진수 두 자리를 저장하는 형식

20 2진수 1001과 0101을 OR 연산을 하면?

① 1100　　　　　　② 1101

③ 0001　　　　　　④ 0111

🔍 OR연산 : 두 비트 중에 하나만 1이 있어도 결과가 1이 되는 연산

A	1	0	0	1
B	0	1	0	1
결과	1	1	0	1

[3. 소프트웨어 일반 예상문제]

01 컴퓨터가 직접 인식하여 실행할 수 있는 언어로 0과 1만을 사용하여 명령어와 데이터를 나타내는 것은?

① 기계어　　　　　　② 어셈블리어
③ 컴파일 언어　　　　④ 인터프리터 언어

🔍 기계어 : 컴퓨터가 직접 해독할 수 있는 2진수로 나타내는 언어로 프로그래밍의 기본이 된다. 즉 컴퓨터를 작동시키기 위해 0과 1로 나타낸 컴퓨터 고유 명령 형식이다.

02 데이터 처리 과정 및 프로그램 결과가 출력되는 전반적인 처리 과정의 흐름을 일정한 기호를 사용하여 나타낸 것을 무엇이라 하는가?

① 순서도　　　　　　② 수식도
③ 로그　　　　　　④ 분석도

🔍 순서도(Flowchart) : 컴퓨터로 처리해야 할 작업 과정을 약속된 기호를 사용하여 순서대로 일관성 있게 그림으로 나타낸 것

03 순서도를 작성하는 방법으로 틀린 것은?

① 처리순서의 방향은 아래에서 위로, 오른쪽에서 왼쪽 화살표로 표시한다.
② 논리적 타당성을 확보할 수 있도록 작성한다.
③ 처리과정을 간단 명료하게 표시한다.
④ 순서도가 길거나 복잡할 경우 기능별로 분할한 후 연결기호를 사용하여 연결한다.

🔍 순서도의 작성방법
• 위에서 아래로 내려가면서 작성한다.
• 논리적 타당성을 확보할 수 있도록 작성한다.
• 기호 내부에는 실행 내용을 간단, 명료하게 표시한다.
• 과정이 길어 연속적인 표현이 어려울 때는 나누어 작성하고 연결 기호를 사용한다.

04 다음 그림은 순서도의 기호를 나타낸 것이다. 무엇을 나타내는 기호인가?

① 처리
② 판단
③ 터미널
④ 준비

🔍

처리	판단	터미널	준비
□	◇	⬭	⬡

정답　**18** ②　**19** ④　**20** ②　[3. 소프트웨어 일반] **01** ①　**02** ①　**03** ①　**04** ②

05 어셈블리어(Assembly Language)의 설명 중 틀린 것은?

① 기호 언어(Symbolic Language)라고도 한다.
② 언어번역프로그램으로 컴파일러(Compiler)를 사용한다.
③ 기종 간에 호환성이 적어 전문가들만 주로 사용한다.
④ 기계어를 단순히 기호화한 기계 중심 언어이다.

🔍 어셈블리 언어(Assembly Language)
• 기호 언어(symbolic language)라고도 한다. 주로 오퍼레이팅 시스템이나 하드웨어를 소통을 위해 쓰이는 저급언어(low level language)다.
• 고급 언어(high-level language)가 기계어와 1 : 2인데 반하여, 저급언어인 어셈블리 언어는 기계어와 1 : 1로 대응하는 기호로 명령어와 데이터를 작성한다.
• 어셈블리 언어는 기계어보다 이해가 쉽고, 애플리케이션의 실행속도를 높이기 위해 기억하기 쉬운 부호로 이루어진 언어로서 사용이 편리하며, 프로그램의 작성, 수정이 용이하다.
• 각각의 프로세서마다 다른 종류의 어셈블리 언어를 가지며 어셈블리 언어는 어셈블러에 의해 번역된다.

06 운영체제의 종류가 아닌 것은?

① MS-DOS　　　② WINDOWS
③ UNIX　　　④ P-CAD

🔍 P-CAD는 운영체제가 아닌 EDA(Electronic Design Automation) 전자회로 등을 설계하기 위하여 만들어진 CAD 프로그램이다.

07 순서도는 일반적으로 표시되는 정도에 따라 종류를 구분하게 되는데 다음 중 순서도 종류에 해당되지 않는 것은?

① 시스템 순서도　　　② 일반 순서도
③ 세부 순서도　　　④ 실체 순서도

🔍 순서도의 종류
• 시스템 순서도 : 단위 프로그램을 하나의 단위로 하여 업무의 전체적인 처리 과정의 흐름을 나타낸 순서도
• 프로그램 순서도 : 프로그램의 논리적인 작업 순서를 나타낸 순서도
–일반 순서도 : 프로그램의 기본 골격(프로그램의 전개 과정)만을 나타낸 순서도
–세부 순서도 : 기본 처리 단위가 되는 모든 항목을 프로그램으로 바로 나타낼 수 있을 정도까지 상세하게 나타낸 순서도

08 다음 중 C 언어의 자료형과 거리가 먼 것은?

① integer　　　② double
③ char　　　④ short

🔍 C언어 기본 자료형 : int, short, long, char, double 등

09 다음 중 C언어의 관계연산자가 아닌 것은?

① <<　　　② >==
③ ==　　　④ >

🔍 C언어 관계 연산자

기호	연산자 의미	관계식
>	~보다 크다	$a>b$
>=	~보다 크거나 같다	$a>=b$
<	~보다 작다	$a<b$
<=	~보다 작거나 같다	$a<=b$
==	같다	$a==b$
!=	다르다	$a!=b$

10 순서도를 사용함으로써 얻을 수 있는 효과가 아닌 것은?

① 프로그램 코딩의 직접적인 자료가 된다.
② 프로그램을 다른 사람에게 쉽게 인수, 인계할 수 있다.
③ 프로그램의 내용과 일 처리 순서를 한눈에 파악할 수 있다.
④ 오류가 발생했을 때 그 원인을 찾아 수정하기가 어렵다.

🔍 순서도의 역할
• 프로그램 작성의 직접적인 자료가 된다.
• 업무의 내용과 프로그램을 쉽게 이해할 수 있고, 다른 사람에게 전달이 쉽다.
• 프로그램의 정확성 여부를 판단하는 자료가 되며, 오류가 발생 하였을 때 그 원인을 찾아 수정하기가 쉽다.
• 프로그램의 논리적인 체계 및 처리 내용을 쉽게 파악할 수 있다.

11 객체지향 언어이고 웹상의 응용 프로그램에 알맞게 만들어진 언어는?

① 포트란(FORTRAN)　　　② C
③ 자바(JAVA)　　　④ SQL

정답　05 ②　06 ④　07 ④　08 ①　09 ①　10 ④　11 ③

🔍 JAVA : 객체지향 프로그래밍 언어로서 네트워크 기능의 구현이 용이하기 때문에 인터넷 환경에서 가장 활발히 사용되는 프로그래밍 언어이다.

12 순서도의 기본 유형에 속하지 않는 것은?

① 직선형 순서도
② 회전형 순서도
③ 분기형 순서도
④ 반복형 순서도

🔍 순서도의 기본유형
• 직선형(순차구조) : 조건에 의해서 분기되거나 또는 일정한 내용을 반복 처리함 없이, 위에서 아래로 하나의 명령문씩 단계적으로 실행하여 실행 정지 명령에 도달되는 구조
• 분기형(선택구조) : 주어진 조건의 만족 여부에 따라 실행 내용이나 순서를 서로 달리하고자 할 때 작성되는 순서도 구조
• 반복형(반복구조) : 특정 조건이 만족되는 동안 어느 부분의 처리 내용을 반복 실행하도록 그려진 구조. 반복 종료하는 조치가 없으면 무한 반복을 하게 된다.

13 다음 중 순서도의 특징이 아닌 것은?

① 프로그램 코딩의 기초 자료가 된다.
② 프로그램 보관 시 자료가 된다.
③ 오류 수정이 용이하다.
④ 사용하는 언어에 따라 기호, 형태도 달라진다.

🔍 순서도의 특징
• 프로그램 코딩의 기초 자료가 된다.
• 프로그램 보관 시 자료가 된다.
• 오류수정(debugging)이 용이하다.
• 통일된 기호를 사용한다.

14 다음 중 C 언어 프로그램 형식과 관계가 없는 것은?

① 인터프리터 방식을 사용한다.
② "/*"와 "*/"을 이용하여 주석을 나타낸다.
③ 프로그램 내의 명령은 ; 으로 구분된다.
④ 모든 프로그램은 main 함수로부터 실행이 시작된다.

🔍 C 언어는 인터프리터 언어가 아닌 컴파일러 언어이다.

15 컴파일러형 언어의 설명으로 틀린 것은?

① 원시 프로그램의 수정없이 계속 반복 수행하는 응용 시스템에서 효율적이다.
② FORTRAN, COBOL, C, 어셈블러 등이 있다.
③ 목적 프로그램을 만든다.
④ 고급언어와 관련된 번역 프로그램이다.

🔍 어셈블리 언어는 컴파일러 형어 언어가 아닌 어셈블러에 의해서 번역되는 프로그래밍 언어이다.

16 다음 C 프로그램의 실행 결과는?

(보기)
```
void main()
{
    int a, b, tot;
    a=200;
    b=400;
    tot=a+b;
    printf("두 수의 합=%d\n",tot);
}
```

① 두 수의 합 = a+b
② 두 수의 합 = 200+400
③ 두 수의 합 = 60
④ 두 수의 합 = %d\n

🔍 tot = a(200) + b(400) = 600이므로, 출력문은 두 수의 합 = 600

17 C 언어에서 "i++" 명령의 설명으로 가장 적합한 것은?

① i 변수를 계속 덧셈한다.
② i 변수를 1씩 증가한다.
③ i 변수를 2씩 증가한다.
④ i 변수를 계속 곱셈한다.

🔍 C언어의 증감, 감소 연산자

기호	의미
$++i$	i 값에 먼저 1 증가시킨 후 계산
$i++$	i 값을 먼저 계산 후 1 증가
$--i$	i 값에 먼저 1 감소시킨 후 계산
$i--$	i 값을 먼저 계산 후 1 감소
$!=$	$a!=b$

18 C 언어에서 모든 프로그램의 실행 시작을 의미하는 함수는?

① main   ② auto
③ block   ④ void

🔍 main함수 : 중요한 가장 큰 주된 프로그램에서는 시작점 (진입점) 모든 프로그램에서 1개 이상 존재해야하는 함수 메인함수

19 다음 중 미국 벨 연구소에서 개발된 고급프로그램 언어이며 UNIX 운영체계의 중심 언어는?

① ADA   ② FORTRAN
③ C   ④ JAVA

🔍 C언어 : 1974년 개발된 언어로 UNIX 시스템을 구축하기 위한 시스템 프로그래밍 언어이다.

20 언어번역 프로그램에 해당하지 않는 것은?

① 로더   ② 어셈블러
③ 인터프리터   ④ 컴파일러

🔍 어셈블리어를 기계어로 번역하는 번역기가 어셈블러이고, 고급 언어 중에서 한 줄 한 줄 번역하는 번역기가 인터프리터이다. 반면에 원시프로그램 전체를 번역하는 번역기가 컴파일러이다.

[4. 마이크로프로세서 예상문제]

01 후입선출(LIFO) 동작을 수행하는 자료구조는?

① RAM   ② ROM
③ STACK   ④ QUEUE

🔍 스택(Stack) : 스택은 데이터 입/출력이 한쪽으로만 접근 할 수 있는 자료 구조이다. 스택에서 가장 나중에 들어간 데이터가 제일 먼저 나오게 된다. 그래서 스택을 LIFO(Last In First Out) 구조라고 한다.

02 명령어는 전자계산기의 동작을 수행시키기 위한 비트들의 집합으로 나누어진다. 각 명령은 어떻게 구성되는가?

① 오퍼레이션 코드와 실행프로그램

② 오퍼랜드와 목적 프로그램
③ 오퍼레이션 코드와 소스 코드
④ 오퍼레이션 코드와 오퍼랜드

🔍 명령어 구성 : 구성은 명령부(명령코드부, OP code)와 처리부 (피연산자부, operand)로 되어 있다.

03 마이크로컴퓨터에서 오퍼랜드가 존재하는 기억장치의 어드레스를 명령 속에 포함시켜 지정하는 주소지정방식은?

① 직접 어드레스 지정방식
② 이미디어트 어드레스 지정방식
③ 간접 어드레스 지정방식
④ 레지스터 어드레스 지정방식

🔍 직접 주소 지정 방식(Direct Addressing Mode) : 명령어의 오퍼랜드에 실제 데이터가 들어 있는 주소를 직접 갖고 있는 방식

04 마이크로프로세서의 내부 구성 요소 중 산술연산과 논리연산 동작을 수행하는 것은?

① PC   ② MAR
③ IR   ④ ALU

🔍 연산장치(ALU: Arithmetic Logical Unit) : 덧셈, 뺄셈, 곱셈, 나눗셈의 산술 연산만이 아니라 AND, OR, NOT, XOR와 같은 논리연산을 하는 장치로 제어장치의 지시에 따라 연산을 수행하며 누산기, 가산기, 데이터 레지스터, 상태 레지스터로 구성된다.

05 마이크로프로세서를 이용하여 컴퓨터를 설계할 때의 장점이 아닌 것은?

① 소비전력의 증가
② 제품의 소형화
③ 시스템 신뢰성 향상
④ 부품의 수량 감소

🔍 마이크로프로세서를 이용하여 회로를 설계하면 소비전력의 감소, 제품의 소형화, 시스템의 신뢰성 향상, 부품의 수량 감소 등의 장점이 있다.

06 마이크로프로세서의 구성요소가 아닌 것은?

① 캐시메모리　　② 제어장치
③ 레지스터　　　④ 제어버스

🔍 마이크로프로세서는 중앙처리장치의 기능을 집적화한 것으로서, 제어장치(명령어 해석 및 실행), 레지스터, 연산장치(ALU), 제어버스 등의 기본 구성을 갖는다.

07 주 프로그램 내에서 같은 프로그램의 반복을 피하기 위한 방법은?

① 스택　　　　　② 인터럽트
③ 서브루틴　　　④ 푸시(PUSH)와 팝(POP)

🔍 서브루틴(Subroutine) : 프로그램 가운데 하나 이상의 장소에서 필요할 때마다 되풀이 해서 사용할 수 있는 부분적 프로그램. 실행 후에는 메인 루틴이 호출한 장소로 되돌아간다. 되돌아 갈 복귀 주소를 저장해 놓아야 하는데 이때 사용되는 것이 스택(stack)이다. 독립적으로 쓰는 일은 없고 메인 루틴과 결합하여 기능을 수행한다.

08 명령어 내의 주소부에 실제 데이터가 저장된 장소의 주소를 가진 기억장소의 주소를 표현한 방식은?

① 즉시 주소지정방식
② 직접 주소지정방식
③ 암시적 주소지정방식
④ 간접 주소지정방식

🔍 간접 주소 지정 방식(Indirect Addressing Mode) : 명령어 내의 주소부에 실제 데이터가 저장된 장소의 주소를 가진 기억장소의 주소를 표현한 방식

09 명령어 형식에서 오퍼랜드부의 역할이라고 할 수 없는 것은?

① 레지스터 지정
② 명령어 종류 지정
③ 기억장치의 어드레스 지정
④ 데이터 자체의 표현

🔍 오퍼랜드는 레지스터 지정, 기억장치의 어드레스 지정, 데이터 자체의 표현의 역할을 한다.

10 마이크로프로세서의 순서제어 명령어로 나열된 것은?

① 로테이트 명령, 콜 명령, 리턴 명령
② 시프트 명령, 점프 명령, 콜 명령
③ 블록 서치 명령, 점프 명령, 리턴 명령
④ 점프 명령, 콜 명령, 리턴 명령

🔍 마이크로프로세서의 순서제어 관한 명령에는 점프 명령, 콜 명령, 리턴 명령이 있다.

11 다음 중 범용 레지스터에서 이용하며, 가장 일반적인 주소지정방식은?

① 0-주소지정방식
② 1-주소지정방식
③ 2-주소지정방식
④ 3-주소지정방식

🔍 2-주소 명령어 : 오퍼랜드의 수가 2개인 명령어 형식, 범용 레지스터에 사용하며 가장 일반적인 주소지정방식

12 명령부의 오퍼랜드 자체가 실제 그 데이터인 번지지정방식은?

① 즉시 주소지정방식
② 직접 주소지정방식
③ 암시적 주소지정방식
④ 간접 주소지정방식

🔍 즉시 주소 지정 방식(Immediate Addressing Mode) : 명령 속의 오퍼랜드 정보를 그대로 오퍼랜드로 사용하는 방식

13 서브루틴 호출 시 데이터나 주소의 임시 저장이 가능한 것은?

① 스택
② 번지 해독기
③ 프로그램 카운터
④ 메모리 주소 레지스터

🔍 스택 : 서브루틴 호출 시 데이터나 주소의 임의 저장이 가능하다.

14 마이크로프로세서에서 누산기의 용도는?

① 명령을 저장
② 명령을 해독
③ 명령의 주소를 저장
④ 연산 결과를 일시적으로 저장

🔍 누산기(Accumulator) : 연산에 관계되는 상태와 인터럽트 신호를 기억(저장)한다.

15 마이크로프로세서의 CPU 모듈 동작 순서를 바르게 나열한 것은?

① 명령어 인출 → 데이터 인출 → 명령어 해석 → 데이터 처리
② 데이터 인출 → 명령어 인출 → 명령어 해석 → 데이터 처리
③ 명령어 인출 → 명령어 해석 → 데이터 인출 → 데이터 처리
④ 데이터 처리 → 데이터 인출 → 명령어 해석 → 명령어 인출

🔍 마이크로프로세서의 CPU 모듈 동작 순서는 명령어 인출 → 명령어 해석 → 데이터 인출 → 데이터 처리의 과정으로 이루어진다.

정답 14 ④ 15 ③

CHAPTER

03

Craftsman **Electronic CAD**

전자 CAD 이론

제도규약

1. 한국 산업규격(KS)의 개요

① 한국 산업표준(KS)은 국내 산업 전 분야의 제품 및 시험 · 제작 방법 등에 대하여규정하는 국가 표준으로서, 각 분야 전문위원회의 심의를 거쳐 제 · 개정되며, 이는 기술표준원장이 관보를 통하여 고시하고 있다.

② KS 표준은 그 구성에 있어 전 내용이 21개 부문(기본, 기계, 전기 등), 2만 3천여 종, 20만여 쪽에 이르는 방대한 양이며, 내용은 생산 현장, 건설 현장 및 시험 · 연구 분야 등 산업 전반에 걸쳐서 광범위하게 활용되고 있다.

③ KS 표준은 품질의 안정성 향상, 원가 절감 및 작업 능률의 향상을 통한 생산성제고, 제품 상호 간의 호환성 등의 보장과 신제품 · 신기술 개발에 중요한 지침서로 활용되고 있어, 기업의 경쟁력 향상에 큰 역할을 하고 있다.

2. 표준화(Standardization)

(1) 개요

① 표준화란 일상적이고 반복적으로 일어나거나 일어날 수 있는 문제를 주어진 여건 하에서 최선의 상태로 해결하기 위한 일련의 활동으로 정의한다.

② 이러한 활동에 필요한 합리적 기준이 바로 표준(standards)을 의미하며, 표준은 합의에 의해 작성되고 인정된 기관에 의해 승인되며, 공통적이고 반복적인 사용을 위해 제공되는 규칙, 가이드 또는 특성을 제공하는 문서로 정의하고 있다.

③ 이러한 표준은 과학, 기술 및 경험에 대한 총괄적인 발견 사항들에 근거하여야 하며, 공동체 이익의 최적화 촉진을 목적으로 하는 것을 원칙으로 하고 있다.

(2) 표준화의 유형

종류	설명
사내표준	기업 또는 공장에서 심의하고 규정하여 기업 또는 공장 내부에서 적용되는 표준
단체표준	생산자 모임인 협회, 조합, 학회 등 각종 단체가 생산업체와 수요자의 의견을 참작해 자발적으로 제정하는 규정을 말한다.
국가표준	• 한 나라의 영토 내에서 적용되는 표준을 이해 관계자의 합의를 얻어 제정하고 관계자가 사용하는 것 • 우리나라의 경우 한국산업규격(Korean Industrial Standards : KS)과 한국정보통신국가표준(Korean Information and Communication Standard : KICS)가 있다.

종류	설명
국제표준	다수의 국가가 각국의 이해관계를 회의 형식으로 조정하여 국제적으로 적용되도록 제정한 표준으로 공업/농업에 대해서는 국제표준화기구(ISO)가 제정하는 ISO 규격과 전기 관련 국제전기표준회의(IEC)가 제정하는 IEC 규격이 대표적 예이다.

(3) 표준화의 기능

① 표준화는 사회, 경제적인 효율성을 향상시키는 중요한 수단이다.
② 표준화는 산업발전기반이 된다.
③ 표준화는 교역증대와 무역 자유화의 기반이 된다.

3. 한국 산업규격(KS)의 부분별 분류

(1) 대분류

한국 산업표준은 기본부문(A)부터 정보부문(X)까지 21개 부문으로 구성되며 크게 세 가지 국면으로 분류할 수 있다.

① 제품표준 : 제품의 향상, 치수, 품질 등을 규정한 것
② 방법표준 : 시험, 분석, 검사 및 측정방법, 작업표준 등을 규정한 것
③ 전달표준 : 용어, 기술, 단위, 수열 등을 규정한 것

(2) 한국 산업표준의 분류체계

대분류	중분류
기본부문(A)	기본일반 / 방사선(능)관리 / 가이드 / 인간공학 / 신인성관리 / 문화 / 사회시스템 / 기타
기계부문(B)	기계일반 / 기계요소 / 공구 / 공작기계 / 측정계산용기계기구 · 물리기계 / 일반기계 / 산업기계 / 농업기계 / 열사용기기 · 가스기기 / 계량 · 측정 / 산업자동화 / 기타
전기전자부문(C)	전기전자일반 / 측정 · 시험용 기계기구 / 전기 · 전자재료 / 전선 케이블 · 전로용품 / 전기 · 기계기구 / 전기응용 기계기구 / 전기 · 전자 · 통신부품 / 전구 · 조명기구 / 배선 · 전기기기 / 반도체 · 디스플레이 / 기타
금속부문(D)	금속일반 / 원재료 / 강재 / 주강 · 주철 / 신동품 / 주물 / 신재 / 2차제품 / 가공방법 / 분석 / 기타
광산부문(E)	광산일반 / 채광 / 보안 / 광산물 / 운반 / 기타
건설부문(F)	건설일반 / 시험 · 검사 · 측량 / 재료 · 부재 / 시공 / 기타
일용품부문(G)	일용품 일반 / 가구 · 실내장식품 / 문구 · 사무용품 / 가정용품 / 레저 · 스포츠용품 / 악기류 / 기타
식료부문(H)	식품일반 / 농산물가공품 / 축산물가공품 / 수산물가공품 / 기타
환경부문(I)	환경일반 / 환경평가 / 대기 / 수질 / 토양 / 폐기물 / 소음진동 / 악취 / 해양환경 / 기타
생물부문(J)	생물일반 / 생물공정 / 생물화학 · 생물연료 / 산업미생물 / 생물검정 · 정보 / 기타
섬유부문(K)	섬유일반 / 피복 / 실 · 편직물 · 직물 / 편,직물 제조기 / 산업용 섬유제품 / 기타
요업부문(L)	요업일반 / 유리 / 내화물 / 도자 · 점토제품 / 시멘트 / 연마재 / 기계구조 요업 / 전기전자 요업 / 원소재 / 기타

대분류	중분류
화학부문(M)	화학일반 / 산업약품 / 고무 · 가죽 / 유지 · 광유 / 플라스틱 · 사진재료 / 염료 · 폭약 / 안료 · 도료잉크 / 종이 · 펄프 / 시약 / 화장품 / 기타
의료부문(P)	의료일반 / 일반의료기기 / 의료용설비,기기 / 의료용 재료 / 의료용기 · 위생용품 / 재활보조기구 · 관련기기 · 고령친화용품 / 전자의료기기 / 기타
품질경영부문(Q)	품질경영 일반 / 공장관리 / 관능검사 / 시스템인증 / 적합성평가 / 통계적기법 응용 / 기타
수송기계부문(R)	수송기계일반 / 시험검사방법 / 공통부품 / 자전거 / 기관 · 부품 / 차체 · 안전 / 전기전자장치 · 계기 / 수리기기 / 철도 / 이륜자동차 / 기타
서비스부문(S)	서비스일반 / 산업서비스 / 소비자서비스 / 기타
물류부문(T)	물류일반 / 포장 / 보관 · 하역 / 운송 / 물류정보 / 기타
조선부문(V)	조선일반 / 선체 / 기관 / 전기기기 / 항해용기기 · 계기 / 기타
항공우주부문(W)	항공우주 일반 / 표준부품 / 항공기체 · 재료 / 항공추진기관 / 항공전자장비 / 지상지원장비 / 기타
정보부문(X)	정보일반 / 정보기술(IT) 응용 / 문자세트 · 부호화 · 자동인식 / 소프트웨어 · 컴퓨터그래픽스 / 네트워킹 · IT상호접속 / 정보상호기기 · 데이터 저장매체 / 전자문서 · 전자상거래 / 기타

(3) 여러 나라의 공업규격

국가명 및 기구명	규격기호
대한민국 산업규격	KS(Korean Industrial Standards)
독일 표준규격	DIN(Deutsches Institute fur Normung)
미국 공업규격	ANSI(American National Standard Institutes)
영국 공업규격	BS(British Standards)
일본 공업규격	JIS(Japanese Industrial Standards)
국제 표준화기구	ISO(International Organization for Standardization)

4. 전자제도의 개요

전자제도란 전자기기, 통신기기 및 전자장치에 관한 모든 분야에 있어서 기본이 되는 전자부품이나 완성된 제품의 회로를 제도하는 것을 말한다.

(1) 제도 용구의 종류

① 컴퍼스 : 원 또는 원호를 그릴 때 사용하는 제도 기구
② 운형자 : 컴퍼스로 그리기 어려운 원호나 곡선을 그릴 때 사용되는 제도 기구
③ T자 : 평행선을 긋거나, 삼각자와 함께 사용하여 수직선, 수평선 및 사선을 그릴 때 사용한다.
④ 삼각자 : $45° \times 45° \times 90°$와 $30° \times 60° \times 90°$의 모양으로 된 2개를 1세트로 사용한다.
⑤ 형판 : 기본 도형이나 문자, 숫자 등을 뚫어 놓아 원하는 모양을 그릴 때 사용한다.
⑥ 디바이더 : 치수를 옮기거나, 선, 원주 등을 분할하거나 연장할 때 사용한다.

(2) 제도의 단위

제도에서 치수의 기입은 KS0113에 정해진 규칙에 따르며, 길이는 모두 mm(밀리미터) 단위로 기입하되 단위 기호는 기입하지 않는다.

(3) 전자캐드로 작성된 도면의 편집과 관련된 기능

① ZOOM : 화면의 확대, 축소 기능
② SAVE : 저장
③ DELETE : 삭제
④ EDIT : 편집

STEP 02 도면의 표시방법

1. 도면의 개요

도면 또는 설계도는 어떤 기능과 구조, 배치를 그린 그림이며, 많은 전기, 전자, 기계 및 토목 건축물의 설계 결과를 기록한 것을 가리킨다.

(1) 도면의 사용 목적에 따른 분류

도면 분류	사용 목적
견적두	주문한 사람에게 물품의 내용 및 가격 등을 설명하기 위해 견적서에 첨부하는 두면
제작도	설계자의 의도를 작업자에게 정확히 전달시켜 요구하는 물품을 만들게 하기 위하여 사용되는 도면
주문도	주문하는 사람이 주문할 제품의 대체적인 크기나 모양, 기능의 개요, 정밀도 등을 주문서에 첨부하기 위해 작성된 도면
승인도	주문받은 사람이 주문한 사람과 검토를 거쳐서 승인을 받아 계획 및 제작을 하는 데 기초가 되는 도면

(2) 도면 내용에 따른 분류

도면 내용	사용 목적
조립도	• 제품의 전체적인 순서와 상태를 나타내는 도면 • 복잡한 구조를 알기 쉽게 하고, 각 단위 또는 부품의 관련이 나타나도록 그린 도면
부품도	기계를 구성하는 각 부품을 개별적으로 상세하게 나타낸 도면
공정도	작업 현장에서 분업적으로 실시하고 있는 어느 한 공정에 대하여 필요한 사항을 나타낸 것
부분조립도	복잡한 기계 등의 조립 상태를 한 장의 조립도로 나타낼 수 없을 때나 어느 부품의 조립된 상태를 나타낼 때 부분별로 자세한 조립 상태를 나타낸 도면
전자회로도	여러 개의 전자 제품이 상호 접속된 상태를 나타내는 도면
상세도	• 제품의 어떤 한 부분을 확대하여 더욱 자세하고 상세하게 나타낸 도면 • 건축물이나 구성재의 일부에 대하여 그 형태, 구조 또는 조립, 결합 등의 상세함을 나타낸 제작도로서 비교적 큰 척도(배척)로 나타내는 도면

(3) 도면 성격에 따른 분류

　① 원도 : 제도 용지에 직접 연필로 작성한 도면, 컴퓨터가 작성한 최초 도면

　② 트레이스도 : 원도 위에 트레이싱지를 놓고 그린 도면

　③ 복사도 : 트레이스도를 원본으로 복사한 도면

　④ 스케치도 : 제품이나 장치 등을 그리거나 도안할 때 필요한 사항을 제도 기구를 사용하지 않고 프리핸드로 그린 도면

(4) 도면의 관리 방법

　① 트레이스는 접어서 보관하면 안 된다.

　② 제품의 종류 및 형식에 따라 알기 쉽게 분류한다.

　③ 도면은 필요할 때마다 쉽게 찾아볼 수 있도록 잘 정리하여 보관한다.

　④ 마이크로필름을 사용하여 도면의 복원력을 높일 수 있다.

> **참고** 마이크로필름의 특징
> • 종이에 비해 보존성이 우수하다.
> • 재료비를 절감시킬 수 있다.
> • 통일된 크기로 복사가 용이하다.
> • 복사 시간이 짧고, 복원력이 높다.

(5) 도면의 구비조건

　① 대상물의 도형과 함께 필요로 하는 크기, 모양, 자세, 위치의 정보를 포함하여야 한다.

　② 가능한 한 넓은 기술 분야에 걸쳐 적합성, 보편성을 가져야 한다.

　③ 복사 및 도면의 보존, 검색, 이용이 확실히 되도록 내용과 양식을 구비하여야 한다.

　④ 무역 및 기술의 국제 교류의 입장에서 국제성을 가져야 한다.

2. 도면의 크기와 양식

(1) 도면의 크기

도면의 크기는 제도가 완성된 치수로서 KS A 5201 A0~A4까지를 사용하고, 특히 긴 도면을 필요로 할 때는 길이 방향으로 연장하여 사용한다.

도면 분류		A0	A1	A2	A3	A4
도면의 윤곽선	A×B	841×1189	594×841	420×594	297×420	210×297
	C(최소)	20	20	10	10	10
	철하지 않을 때	20	20	10	10	10
	철할 때	25	25	25	25	25

(2) 윤곽선(Border line)

도면에는 윤곽선을 그려서 도면이 파손되거나 오염 방지를 위해 KS A 0106에 규정하고 있다. 윤곽선은 0.5mm 이상의 굵은 실선으로 긋는다.

(3) 표제란(Title pannel)

표제란은 도면의 오른쪽 아래 구석에 위치한다. 표제란의 크기와 형식에 대한 규정은 없으나 도번, 도명, 척도, 기관명, 작성년월일, 제도자 등을 기입하며, 도면을 접어서 보관할 때는 그 접은 크기가 A4가 되도록 하는 것이 원칙이다. 이때에 표제란이 앞에 나오도록 한다.

(4) 중심마크

도면의 마이크로 사진 촬영, 복사 등의 편의를 위하여 도면 윤곽선 바깥 4개소의 중앙에 굵기 0.5mm의 직선으로 그린다.

(5) 비교눈금

도면에서 축소나 확대, 복사의 작업과 이들의 복사도면을 취급할 때 편의를 위한 표시

(6) 척도

도면에서의 크기와 물체의 실제 크기의 비

① 축척 : 실물보다 작게 축소해서 그리는 것
② 현척(실척) : 실물과 같은 크기로 그리는 것
③ 배척 : 실물보다 크게 확대해서 그리는 것
④ NS(Not to Scale) : 도면과 실물의 치수가 비례 척도가 아님을 뜻함

전자부품

1. 전자부품의 기호

명칭	기호	명칭	기호
고정저항		가변저항	
서미스터		콘덴서	
전해콘덴서		가변콘덴서	
퓨즈(Fuse)		초크코일	
크리스탈		다이오드	
LED		제너다이오드	
쇼트키 다이오드		가변용량 다이오드	
N형 MOSFET		P형 MOSFET	
SCR		TRIAC	
NPN TR		PNP TR	
UJT		포토커플러	
스위치		다이액	
안테나		전원트랜스	
스피커		건전지	

2. 논리소자의 기호

명칭	기호	명칭	기호
논리곱(AND Gate)		부정 논리곱(NAND Gate)	
논리합(OR Gate)		부정 논리(NOR Gate)	
부정(NOT Gate)		배타적 논리합 (EXCLUSIVE OR Gate)	

STEP 02 전자부품의 식별 방법

1. 반도체 형명에 따른 분류 방법

소자의 종류	반도체 제품	용도표시	등록번호	개량순서
0 : 표준 TR 1 : 다이오드 2 : TR, 1 게이트 FET 3 : 2 게이트 FET	Semi- conductor	A : PNP형 고주파 TR B : NPN형 고주파 TR C : NPN형 고주파 TR D : NPN형 저주파 TR J : P 채널 FET K : N 채널 FET F : SCR(P 게이트) G : SCR(N 게이트) M : TRIAC N : 단접합 TR(UJT)	11번부터 차례로	A, B, C... 순으로

참고 반도체 분류 예

소자의 종류	반도체 제품	용도 표시	등록번호	개량순서
2	S	C	1815	Y
2	S	A	735	
2	S	A	562	B

2 S C 1815 Y

개량표시
등록순서번호
C : NPN형의 고주파용
Semiconductor(반도체)
2 : 트랜지스터

Craft man Electronic CAD

157

2. 반도체 집적화회로(IC) 패키지 형태 및 특징

(1) 반도체 집적화회로(IC) 패키지 형태

종류	형태	종류	형태
SVP(Surface Vertical-Mount Package)		SOP(Small Outline Package)	
TSOP(Thin Small Outline Package)		SOJ(Small Outline L-lead Package)	
QFP(Quad Flat Package)		QFJ(Quad Flat J-lead Package)	
LCC(Leadless Chip Carrier)		LCC SOJ(Leaded Chip Carrier SOJ)	
BGA(Ball Grid Array)		SIP(Single Inline Package)	
ZIP(Zig-zag Inline Package)		DIP(Dual Inline Package)	
PGA(Pin Grid Array)			

(2) 반도체 집적화회로(IC) 패키지별 특징

① SOP(Small Outline Package) : SMT(Surface Mount Type) 형태의 패키지로서 Package 두께에 따라 TSOP, Plastic Dimension에 따라 SSOP로 구분하며 가장 널리 쓰이는 Plastic Package이다.

② QFP(Quad Flat Package) : 부품의 핀이 4면으로 돌출된 표면실장형(SMD)의 집적회로 패키지로 소켓이나 구멍의 실장에는 사용할 수 없다.

③ TQFP(Thin Quad Flat Package) : 공간이 제약된 응용제품을 설계하는데 사용되는 집적회로 패키지의 한 종류, 두께는 1.0~1.4mm이다.

④ SIP(Single In-line Package) : 한쪽 측면에만 Lead가 있는 패키지 소자

⑤ DIP(Dual In-line Package) : 핀의 배열이 두 줄로 평행하게 배열되어 있는 부품을 지칭하는 용어로 우수한 열 특성을 가지고 있다.

(3) 집적회로(IC)의 종류 중 집적도(소자 수)에 따른 분류

    ① SSI(Small Scale IC, 소규모 집적회로) : 100개 이하

    ② MSI(Medium Scale IC, 중간 규모 집적회로) : 100~1000개

    ③ LSI(Large Scale IC, 고밀도 집적회로) : 1,000~10,000개

    ④ VLSI(Very Large Scale IC, 초고밀도 집적회로) : 10,000~1,000,000개

    ⑤ ULSI(Ultra Large Scale IC, 초초고밀도 집적회로) : 1,000,000개 이상

STEP 03 전자부품의 판독법

1. 부품의 정격과 공칭

    ① 부품의 정격전력, 정격전압, 저항 값 및 허용오차의 범위를 색 또는 문자로 표시한다.

    ② 정격 : 부품을 적정한 상태로 동작시키는 데 필요한 기본적 조건이며 인가전압, 전류, 전력, 주파수, 사용 장소의 온도, 습도 또는 이들의 조건을 말한다.

    ③ 공칭 : 정격에 들어가지 않는 임피던스, 출력, 모터의 회전수 등을 말한다.

2. 색과 문자에 의한 정격 및 허용 오차의 표시법

(1) 색에 의한 표시

색상	숫자	배수	허용오차(%)	색상	숫자	배수	허용오차(%)
검정색	0	10^0	–	보라색	7	10^7	–
갈색	1	10^1	±1%	회색	8	10^8	–
빨강색	2	10^2	±2%	흰색	9	10^9	–
주황색	3	10^3	±5%	금색	–	–	±5%
노랑색	4	10^4	–	은색	–	–	±10%
초록색	5	10^5	–	무색	–	–	–
파랑색	6	10^6	–				

    1) 4색 띠 저항값 판독 방법

❶ 제 1색띠(유효숫자)
❷ 제 2색띠(유효숫자)
❸ 제 3색띠(배수)
❹ 제 4색띠

예	제1 색띠	제2 색띠	제3 색띠	제4 색띠
	노랑색(4)	보라색(7)	빨강색(10^2)	금색(±5%)

$47 \times 10^2 = 4700\Omega = 4.7k\Omega$, 오차 ±5%

2) 5색 띠 저항값 판독 방법

❶ 제 1색띠(유효숫자)
❷ 제 2색띠(유효숫자)
❸ 제 3색띠(유효숫자)
❹ 제 4색띠(배수)
❹ 제 5색띠(오차)

예	제1 색띠	제2 색띠	제3 색띠	제4 색띠	제5 색띠
	빨강색(2)	초록색(5)	검정색(0)	주황색(10^3)	갈색(±1%)
	$250 \times 10^3 = 250000\Omega = 250k\Omega$, 오차 ±1%				

(2) 문자에 의한 정격 및 허용 오차의 표시

① 정격전압 : 숫자와 문자의 조합으로 표시하며, 단위는 [V]이다. 표시가 없는 것은 일반적으로 50[V]를 나타낸다.

	A	B	C	D	E	F	G	H	J	K
0	1	1.25	1.6	2.0	2.5	3.15	4.0	5.0	6.3	8.0
1	10	12.5	16	20	25	31.5	40	50	63	80
2	100	125	160	200	250	315	400	500	630	800
3	1,000	1,250	1,600	2,000	2,500	3,150	4,000	5,000	6300	8,000

② 허용오차 : 한 개의 문자로 나타내고 저항값과 정전 용량에 대한 허용오차를 표시하는 문자 기호

문자	B	C	D	F	G	J	K	M	N
허용 오차	±0.1	±0.25	±0.5	±1	±2	±5	±10	±20	±30

③ 문자에 의한 콘덴서의 용량 읽기 : 일반적으로 3 자릿수의 수치 표현으로 되면 단위는 [pF]을 기준으로 한다.

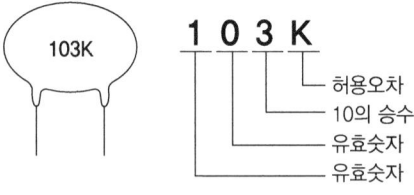

103K

1 0 3 K
— 허용오차
— 10의 승수
— 유효숫자
— 유효숫자

예-1) $105J = 10 \times 10^5 [pF] = 10^6 \times 10^{-12} = 1 \times 10^{-6} = 1[\mu F]$

(※ $pF = 10^{-12}F$, $\mu F = 10^{-6}F$)

J는 허용오차 ±5이므로 $105J = 1[\mu F] \pm 5[\%]$

예-2) $224K = 22 \times 10^4 [pF] = 0.22 \times 10^6 \times 10^{-12} = 0.22 \times 10^{-6} = 0.22[\mu F]$

K는 허용오차 ±10이므로 $224K = 0.22[\mu F] \pm 10[\%]$

STEP 04 저항

도체의 전기적인 흐름을 방해하는 작용을 하는 소자

(1) 저항의 종류

종류	특징
탄소피막 저항기	저항값이 다양하고, 가격이 저렴하여 일반적으로 사용하나 안정도가 낮다.
솔리드 저항기	저항체의 분말을 결합제와 혼합하여 성형시킨 다음 단자를 설치한 저항기로서, 피막 저항기보다 성능은 떨어지지만, 가격이 싸므로 각 전기 부품에 많이 사용되고 있다.
권선 저항기	저항값이 낮은 저항기로서 대전력용 및 표준저항기 등과 같이 정밀도 저항기로 사용된다.
모듈 저항기	저항을 모듈화한 것으로, 일반적으로 면적 점유율이 좋아 고밀도 실장이 용이하다.
금속피막 저항기	안정도가 높아 정밀 저항에 많이 사용된다.

(2) 저항의 병렬 접속

① 전자회로를 설계하는 과정에서 $10[\Omega]/5[W]$저항을 기판에 실장하여야 하는데, 부피가 커서 $1[W]$ 저항을 이용하여 구성할 경우 저항을 병렬로 접속한다.

② 이 때의 병렬 접속은 R/n이므로 $50/5 = 10[\Omega]$이 된다. 그러므로 $50[\Omega]$의 저항 5개를 병렬 접속하면 된다.

참고 전자부품은 크게 능동부품(Active Component)과 수동부품(Passive Component)로 나눌 수 있다.

능동부품 (Active Component)	트랜지스터(TR), 전계효과 트랜지스터(FET), 단접합 트랜지스터(UJT), IC, 연산증폭기(OPAMP) 등을 말하며 능동소자는 증폭, 발진, 신호 변환 등의 기능을 갖는다.
수동부품 (Passive Component)	전기 신호의 중계, 제어등을 행하는 기구부품으로 저항기, 커넥터, 소켓, 스위치 등이 수동소자에 속한다.

Craftsman Electronic CAD

회로도면의 설계

1. 회로도면 및 각종 도면의 작성 방법

(1) 회로도

1) 개요

① 회로소자가 연결되어 있는 상태를 나타낸 도면이며 트랜지스터, 저항 등의 회로소자를 일정한 기호로 나타내고, 회로 소자끼리 선으로 연결한다.

② 실제의 회로를 보는 것보다도 회로도를 보는 편이 회로의 결선상태와 기능을 더 잘 알 수 있기 때문에, 보통 회로의 설계, 계산 등은 회로도에 의해 이루어진다.

③ 전자캐드에서 회로도를 그리는 작업 과정은 도면의 작성과 풋프린트(Footprint)의 입력, ERC(Electronic Rule Check)의 과정을 통하여 무결점 상태에서 네트리스(Netlist) 파일을 생성하는 것이 최종 목적이다.

2) 회로도면의 설계 순서

① 회로도면의 디자인(Schemaric Design)

② 부품의 참조번호 지정(Annotation)

[회로도면의 예]

③ 도면의 오류 검사 (Design Rules Check)

④ 속성의 갱신

⑤ 설계도면의 저장

⑥ 네트리스트의 생성

3) 회로도 작성 시 고려사항

① 신호의 흐름은 왼쪽에서 오른쪽으로, 위에서 아래로 작성한다.

② 기호와 접속선의 굵기는 같게 하며, 0.3~0.5mm로 한다.

③ 주회로와 보조회로가 있는 경우에는 주회로를 중심으로 설계한다.

④ 보조회로는 주회로의 바깥쪽에, 전원회로는 맨 아래에 작성한다.

⑤ 도면은 IC, TR, 특수 반도체, 표시장치 등의 주요 능동소자를 중심으로 작성한다.

⑥ 선의 교차가 적고 부품이 도면 전체에 안배되도록 그린다.

⑦ 정해진 기호(Symbol)와 문자로 그린다.

⑧ 대각선과 곡선은 가능한 한 직선으로 그린다.

⑨ 선과 선이 전기적으로 접속되는 지점에 Junction으로 접속점을 표시한다.

⑩ 회로도 작성 시 물리적인 관련이나 연결이 있는 부품 사이에는 파선으로 나타낸다.

4) 전원회로 설계 시 고려사항

① 전원 트랜스는 1차 및 2차의 전압과 전류를 표시해 주어야 한다.

② 평활 콘덴서가 전해 콘덴서의 경우 도면에 반드시 극성을 표시해야 한다.

③ 다이오드는 대부분 용량 대신에 형 명칭을 사용한다.

④ 전원 트랜스는 " • " 표시로 동위상을 나타낸다.

(2) 계통도(블록도)

전자회로에서 부분 상호간에 전달되는 신호의 계통을 알기 쉽게 나타낸 선도로 계통도, 블록도라고 한다.

참고 **계통도 작성 시 유의사항**
- 블록은 정사각형, 삼각형, 직사각형이 사용된다.
- 신호의 흐름은 왼쪽에서 오른쪽으로, 위에서 아래로 그린다.
- 화살표는 신호가 전달되는 방향을 나타낸다.
- 삼각형은 증폭기 또는 연산 증폭기에 사용한다.

(3) 배선도

회로도와 접속도에 앞서 각 소자들을 실제 배치된 모양으로 도면 위에 나타낸것으로 제작자와 보수자에게 필요한 도면으로 회로도를 대신 할 수 있다.

(4) 접속도

장치와 장치 사이의 접속 상태나 기능을 알아보기 쉽게 하기 위해 기호나 실제 모양을 배치하고
이들 사이를 연결한 도면

(5) 연속선 접속도

회로 접속 상태가 명확하고 회로 추적이 용이하므로 착오에 의한 오배선을 방지할 수 있는 기
본적인 도면

STEP 02 회로도면의 설계방법

1. 설계도면의 종류

도면의 구조는 일반적으로 도면을 어떻게 나누어 작성하느냐에 따라 단일도면, 평면도면, 계층도
면으로 구분된다.

(1) 단일구조 도면

한 페이지 내에 회로도면을 작성할 수 있을 때 사용된다.

(2) 평면구조(Flat Design) 도면

평면 설계는 회로도면이 크지 않은 설계에 적합하며, 한 회로도면의 출력 라인들은 오프 페이
지 커넥터(off-page connector)라는 객체를 통하여 동일한 회로도의 다른 페이지의 입력라인으
로 연결한다.

[단일 도면]

[평면 도면]

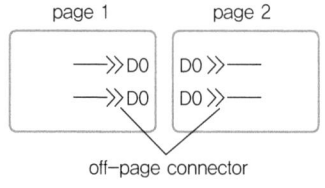
[PAGE간 연결객체]

(3) 계층구조(Hierarchical Design) 도면

계층구조 설계는 한 회로도 내에 다른 회로도를 대표하는 심벌을 포함
하고 있는 계층을 구성하는 것이다. 계층구조 설계에는 계층구조 블록,
계층구조 포트, 계층구조 핀 등을 사용하여 상위 회로도와 하위 회로도
를 상호 연결하여 사용하고, 같은 레벨(평면구조)의 회로도면 사이에는
오프 페이지 커넥터(off-page connector)로 연결한다.

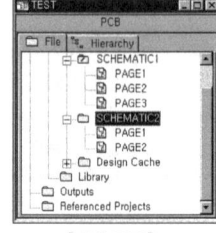
[계층도면]

종류	설명
단순한 계층구조 (Simple Hierarchies)	• 계층구조 블록과 참조하는 회로도 사이에 일대일로 대응하는 단순한 구조 • 단순한 계층구조에서 각 계층구조 블록은 하나의 회로도로 표시
복잡한 계층구조 (Complex Hierarchies)	• 계층구조 블록과 참조하는 회로도 사이에 다대일로 대응되는 구조 • 하나의 계층구조 블록이 참조하는 회로도에 여러 번 반복 사용

[단순한 계층구조]　　　　　　　　　[복잡한 계층구조]

인쇄회로 기판 제작공정

STEP 01 인쇄회로기판의 종류 및 특성

1. 인쇄회로기판(PCB)의 개요

① PCB란 Printed Circuit Board의 약어로 인쇄회로기판을 말한다.

② 여러 종류의 많은 부품을 폐놀수지 혹은 에폭시 수지 등으로 된 재질의 평평한 배선들을 절연평판의 표면에 밀집 단축하여 고정시킨 회로 기판이다.

③ 회로의 구현을 위해 부품을 고정시키고 부품 간에 연결되는 배선에 의해 안정된 회로를 구현하는데 사용된다.

2. 인쇄회로기판(PCB)의 특징

(1) 장점

① 대량 생산의 효과가 높다.

② 제품의 균일성과 신뢰성이 높다.

③ 제품의 소형, 경량화에 기여한다.

④ 회로의 특성이 안정화된다.

⑤ 잡음, 온도 등이 안정 상태를 유지한다.

⑥ 오 배선의 우려가 없고, 생산 단가가 저렴하다.

⑦ 조립, 배선, 검사의 공정 단계가 감소한다.

⑧ 제조의 표준화와 자동화가 이루어진다.

⑨ 기기의 단위(unit)가 가능하다.

(2) 단점

① 설계에 의하여 제작된 PCB는 설계의 변경이 어렵다.

② 다른 회로에 사용하기가 어렵다.

③ 소형, 다품종 생산에는 제조 단가가 높아진다.

3. 인쇄회로기판이 갖추어야 할 특성

① 온도 상승에 대하여 변화가 적어야 한다.

② 납땜 시 가열 등에 의해서는 안정되어야 한다.

③ 기계적 강도를 갖추고, 가공이 용이해야 한다.

④ 공정 중 약물 처리에 대해 특성이 변하지 않아야 한다.

4. 인쇄회로기판(PCB)의 구성

(1) 동박 적층판(CCL : Copper Clad Laminate)

① 동박 적층판은 구리(cu)를 입히 얇은 적층판으로 동박/절연층/동박
으로 이루어진다.

② 동박은 무게(두께)의 단위인 온스(oz)를 사용한다. 35㎛ 두께의 동박을 가로(1ft)×세로(1ft) 크기로 잘라내었을 때의 무게가 1온스가 되는 것을 기준으로 동박의 종류를 나타낸다.

③ 절연층은 종이(Paper), 유리섬유(Gless Cloth) 및 유리 부직포 등의 보강기재와 수지(Epoxy resin)를 합쳐 경화시킨 것을 사용한다.

(2) 원판의 분할 수율

인쇄회로기판의 제작공정에 사용되는 원판을 낭비없이 분할하여 사용하는데, 이를 수율이라 하며 가급적 원판에서 낭비되는 부분이 적도록 분할한다.

예 원판의 크기가 1020×1220일 때 404×507의 규격으로 분할하면 최대 6장의 분할된 PCB가 나온다. (타겟 가이드(여백)는 무시)

5. 인쇄회로기판 패턴의 전기적 특성

(1) 저항

인쇄회로기판 패턴에 따른 저항(R) 계산

$$R = \frac{\rho \times L}{W \times t}$$

여기서, ρ : 도체의 고유저항, L : 패턴 길이[mm], W : 패턴 폭[mm], t : 동박 두께

(2) 임피던스(Impedance)

Transmission Line(전기적인 에너지를 한 지점에서 다른 지점으로 전달하는데 사용되는 도체)을 통해 에너지가 흐르는 것을 방해하는 저항을 말한다. 임피던스는 Z로 표시하며, 직류회로 및 교류회로에서 발생하는 저항의 합을 말한다.

(3) 임피던스 관리 요소

① 회로의 패턴 폭(W)

② 절연층 두께(H)

③ 패턴(동박)의 두께(T)

④ 자재의 유전율(Er)

(4) 인쇄회로기판의 임피던스에 영향을 주는 물리적 요소

① 패턴의 폭을 줄이면 : 임피던스는 증가하고, 폭을 넓히면 감소한다.

② 패턴의 두께가 얇아지면 : 임피던스는 증가하고, 두께가 두꺼워지면 감소한다.

③ 패턴 간의 간격이 넓어지면 : 임피던스는 커지고, 간격이 좁아지면 임피던스는 작아진다.

④ 전체 부품의 두께(유전체)가 얇아지면 : 임피던스는 작아지고, 두꺼워지면 높아진다.

(5) 임피던스의 측정

① 임피던스의 측정은 TDR(Time Domain Reflectometer)로 측정할 수 있다. TDR 기기는 매우 빠른 전기적인 스텝파를 조절된 임피던스 케이블을 통하여 지정된 시료(coupon)에 인가한다.

② 임피던스 값에 변화가 있을 때(부정합)마다 펄스의 일부가 TDR 기기로 반향되어 되돌아오고, TDR 기기는 이 반향된 펄스를 표시한다.

③ 송출된 펄스와 반향되어 받은 펄스와의 시간 차이는 기기로부터 부정합까지의 거리가 된다. 반향의 폭은 부정합의 값에 비례한다.

④ 이와 같이 TDR 기기는 임피던스(반향의 폭) 대 거리(송출과 반향되어 받은 시간 차)의 그래프를 테스트 시료의 길이 위에 그려주는 것이다.

6. 인쇄회로기판의 종류

(1) 인쇄회로기판의 재질에 따른 분류

현재 많이 사용되는 PCB 재질은 대부분 동(Cu) 적층판을 구성하는 기본 재료와 수지의 조합에 따라 다음과 같이 분류할 수 있다.

명칭	NEMA* 기호	재질 구성		용도	특성
		기본 재료	수지		
종이페놀수지	XXXPC FR-2	종이	페놀	일반용 PCB	• 전기적, 기계적 특성이 떨어짐 • 저가(低價) • 가공성이 우수
종이에폭시수지	FR-3	종이	에폭시	일반용 PCB	• 전기적, 기계적 특성이 떨어짐 • 유리 에폭시수지보다 저가 • 가공성이 우수
유리에폭시수지	FR-4 FR-5 G-2 G-11	유리-천	에폭시	산업용 PCB	• 전기적, 기계적 특성이 떨어짐 • 내습성이 우수 • 가공성이 떨어짐
종이유리복합수지	CEM1	유리-천+종이	에폭시	일반용 PCB	• 종이페놀, 에폭시보다 전기, 기계적 특성이 양호 • 고 COST
유리포 부직포 복합수지	CEM3	유리-천+섬유 분말	에폭시	산업용 PCB	• 전기적, 기계적 특성우수 • 유리 에폭시 수지보다 저가
유리 폴리이미드 수지	–	유리-천	폴리이미드	산업용 PCB	• 전기적, 기계적 특성우수 • 고 내열성 • 가공성 취약

*NEMA : National Electronical Manufactures Association

1) 종이페놀 인쇄회로기판(PP 재질)

크라프트지에 페놀수지를 함침한 후 적층한 기판으로 환경이 비교적 좋고 배선 밀도가 적은 경우에 사용한다.

2) 에폭시 수지 기판(Epoxy Resin, GE 재질)
유리섬유에 에폭시수지를 합성하고 적층하여 만든 기판

3) 컴퍼지트 기판(Compogite Base Material, CPE 재질)
두 가지 이상의 재질을 합성하고 적층한 기판. 일반적으로 유리에 셀룰로오스를 합성하여 만든 기판

4) 플렉서블 기판(Flexible Base material)
유연성을 갖는 PCB로 절연기판이 얇은 폴리에스테르나 폴리이미드 필름에 동박을 입힌 기판

5) 금속
① 기본 금속재가 이 알루미늄 등으로 이루어져 있으며, 방열 특성이 특히 우수하다.
② Metal Base 기판은 단면만 가능하지만 Metal Core 기판을 사용하여 양면 실장도 가능하다.
③ 고주파와 방열에 대응하는 용도로 주로 사용된다.

6) 테프론(Teflon)
① 테프론을 절연체로 사용한 기판으로, 신호 손실을 줄일 수 있어서 작은 power로도 기기를 운용할 수 있게 해주며, 고주파 PCB 설계가 가능하다.
② 회로와 그라운드 사이의 두께가 균일하여 임피던스 조절이 용이하고, 전기적 안정성과 열악한 환경에서의 신뢰성, 내열성 또한 뛰어나다.
③ 고주파를 사용하는 기기 특히 무선통신 분야의 PCB에 많이 사용된다.

7) 세라믹(Ceramic)
① 뛰어난 방열 및 내전압 특성을 가진 세라믹을 사용한 기판
② Metal PCB를 대체할 수 있는 재질로 고방열성, 고온에서의 물리적 특성이 변하지 않는 내열성 등이 특히 우수하다.(단, 세라믹 특성상 충격에 약해 얇게 만들 경우 잘 깨진다.)

(2) 적층 형태에 따른 분류

분류	특성
단면 PCB (Single Side PCB)	• 회로가 단면에만 형성된 PCB • 실장밀도가 낮고, 제조방법이 간단하다. • 사용제품 : TV, VTR, 오디오, 냉장고 등 가전용 대량생산 품목
양면 PCB (Double Side PCB)	• 회로가 상/하 양면으로 형성된 PCB • 단면 PCB에 비해 고밀도 부품실장이 가능하다. • 사용제품 : 프린터, FAX 등 저기능 OA기기와 저가 산업용 기기
다층 PCB (Mult Layer Board)	• 내층과 외층 회로를 가진 입체 구조의 PCB • 입체 배선에 의한 고밀도 부품 실장이 가능하다. • 사용제품 : 대형 컴퓨터, PC, 통신장비, 소형 가전기기

STEP 02 PCB 설계기준 및 순서

1. 전자 CAD

(1) 전자 CAD 종류

① OrCAD(미국 Cadence사 제품) : OrCAD Capture(회로설계), Allegro PCB Editor(PCB설계), Pspice A/D(아날로그/디지털 시뮬레이션)

② PADS(미국 MentorGraphics사 제품) : Power Logic(회로설계), Power PCB(PCB설계)

③ PCADS(미국 ACCEL사 제품)

④ CADSTAR(영국의 Zuken사 제품)

⑤ Altium Designer

(2) CAD 도입의 장점

① 도면의 품질이 좋아진다.

② 설계 과정에서 능률이 향상된다.

③ 수치 결과에 대한 정확성이 증가한다.

④ 보관 및 보안성

⑤ 설계의 표준화로 원가 절감

2. 회로설계 순서

(1) 설계환경 설정

설계환경은 글자체, 제목 블록, 페이지 크기, 그리드 참조, 계층구조 등을 지정한다.

① 그리드(Grid) : CAD 프로그램의 이용 설계 시 정확한 부품의 위치 및 배선결선을 위해 화면 상의 점 혹은 선으로 나타내어진 가상의 좌표

② 프리퍼런스(Preference) : 설계의 설정을 하는 기능

(2) 회로도 그리기

회로도 작성 도구를 사용하여 회로도면을 그리고, 부품 배치 및 배선 작업을 통해 회로도를 작성한다.

① Junction : 선과 선의 전기적으로 접속되는 접속점을 표시한다.

② Bus entry : 버스 선에서 핀과 객체로의 인출선을 배치한다.

③ No connect : 사용치 않는 핀을 표시한다.

④ Alias : 네트에 이름을 부여한다.

※ 새로운 부품을 생성하고자 할 경우 부품의 이름, 부품의 핀 배치, 부품의 참조값, 부품의 심볼(디자인), 부품의 값 등이 필요하다.

(3) 부품 참조 갱신

회로도를 작성한 후에는 각 부품 참조가 유일할 수 있도록 부품 참조를 갱신한다.

※ 어노테이트(Annotate) : 부품의 참조번호를 갱신하는 기능

(4) 부품 속성 변경

각 부품 및 네트의 속성을 변경한다.

(5) 설계 규칙 검증

설계가 기초 설계와 전기 규칙에 일치하는지 여부를 Design Rules Check를 통해 검증한다.

① DRC(Design Rules Check) : 설계 규칙의 위배 유/무에 대한 검사 결과 데이터 파일
② ERC(Electrical Rules Check) : 전기적인 연결 상태를 검증하는 것

(6) PCB Footprint 입력

(7) 설계 도면의 저장

(8) Netlist 생성

Netlist : PCB상에서 상호 연결되어 있는 신호, 모듈, 핀의 명칭으로 회로 도면상의 연결 정보

4. PCB 설계의 순서

순서	설명
1. 설계의 시작	회로설계에서 생성한 Netlist를 읽어들여 설계를 시작한다.
2. 설계환경 설정	설계창의 크기, 단위, 레이어(Layer), 그리드(Grid) 등의 설계환경을 설정한다.
3. Board Outline 설정	PCB 기판의 외곽선을 그린다.
4. 부품의 배치	자동배치 또는 수동배치를 이용하여 부품을 배치한다.
5. 배선(Routing)	• 자동배선 또는 수동배선을 이용하여 배선을 한다. • 전원선, 신호선, GND 등을 고려하여 배선을 굵기를 설정하고, Copper 영역이 필요하면 Copper 작업을 실행한다. ※ Routing : 부품의 배치가 완료된 후 PIN간의 배선 작업을 의미
6. 설계오류 검사 (Design Rule Check)	부품의 배치, 배선의 연결 등의 상태를 확인하여 오류가 있는지 확인한다.
7. Gerber Data 및 Drill Data 생성	

※ 전자 CAD는 회로도면 및 인쇄회로기판(PCB)의 설계에 빈번히 사용되는 회로소자의 도 기호와 PCB용 Footprint 및 문자 등을 제공하여 작업의 효율을크게 향상시키는 라이브러리(Library)를 포함한다.

5. PCB 설계용 CAD 프로그램의 일반적인 배선 알고리즘

① 스트립 접속법 : 기판상에서 종/횡의 버스를 결선하는 방법
② 고속 라인법 : 배선 작업을 신속하게 하기 위해 기판 판면의 층을 세로 방향으로, 또한 방향을 가로 방향으로 접속하는 방법
③ 기하학적 탐사법 : 라인법이나 스트립법에서 접속되지 않는 부분은 포괄적인 기하학적 탐사에 의해 배선함

단면, 양면 인쇄회로기판 제작과정(D/S 프로세서)

사양 → 재단 → 드릴 → 무전해 → D/F → 2차 도금

출하 ← 육안검사 ← B.B.T ← 라우터 ← 표면처리 ← PSR

다층 인쇄회로기판 제작과정(MLB 프로세서)

사양 → 내층재단 → 내층D/F → AOI검사 → Oxidation → Lay-up

2차도금 ← D/F ← 무전해 ← 드릴 ← R/T ← H/P

PSR → 표면처리 → 라우터 → B.B.T → 육안검사 → 출하

1. 사양관리

고객으로부터 접수 받은 가버 데이터(Gerber Data)를 편집하여 각 공정의 프로그램 및 필름을 출력, 제조 공정에 배포하는 공정

(1) 사양공정 Process

① 고객 Gerber Data 접수

② Data Editing(CAM/편집)

③ 공정능력검토

④ 작업 Film 출력

[필름 출력]

2. 내층 I(재단, 내층 노광/현상/부식/박리)

(1) 내층자재 재단

제품 사양에 따라 Core CCL(내층 원자재)를 사내 작업 표준 치수로 절단하는 공정으로 407×510(6/J)와 510×610mm(4/J)가 주로 많이 사용되며, Sawing Machine으로 재단을 한다.

Prepreg
Copper foil
Tin core

[내층 자재 재단]

(2) 내층 노광

Core CCL상에 Lamination된 Dry Film 위에 Working Film(Negative(음각용) Film)을 정합하여 맞춘 후, 정해진 Intensity(노광량)와 Time(노광 시간)의 빛 에너지를 공급하여 회로가 될 부분의 Dry Film을 Monomer(단량체)에서 Polymer(중합체)로 반응시켜 필요한 Pattern Image를 재현해 내는 공정

UV(자외선)

[내층노광]

(3) 내층현상

① 노광에서 Polymer(광경화 중합체)로 변하지 않은 Dry Film 부분 즉, 빛을 받지 않은 부분인 Monomer(미경화 단량체) 부분을 Chemical(Na_2O_3)을 이용해 벗겨내는 공정

[내층현상]

② Chemical의 농도, 온도, Conveyor의 속도 그리고 스프레이의 압력 및 소포제 사용량의 적정도가 현상품질에 영향을 미친다.

(4) 내층부식 및 박리

① 부식은 Core CCL상의 동박 중 Dry Film으로 덮여진 부분 이외 즉, 회로 패턴이 아닌 부분의 노출된 동박을 약품(Acid-Etchant, 산성 부식액, $CuCl_2$ $FeCl_2$(염화제이철))으로 제거하는 공정

부식 후

박리 후

② DFR 박리는 부식 방지막 역할이 종료된 동박 회로상의 Dry Film Resist를 1~5%의 NaOH나 KOH로 벗겨내는 공정으로 투입 → 팽윤(부풀림)/용해 → 박리 → 세정 → 건조의 절차를 거친다.

3. 내층 II(본딩, 적층, 성형)

(1) Bonding (본딩)

적층(Lay up) 작업을 위해 1차로 내층 회로가 형성된 얇은 내층 원판을 층간접착제와 하나로 맞붙이는 작업

(2) Lay-Up (적층)

회로가 만들어진 내층기판과 Prepreg(Bonding Material, 접착제) 그리고 외층이 가공될 동박을 설계사양에 맞게 정합을 유지하도록 겹쳐서 차곡차곡 쌓는 공정으로 Mass Lamination(6층 이상의 경우는 리벳 사용) 방법과 Pin Lamination 방법이 있다.

(3) Press Lamination (성형)

① 흑화 처리가 완료된 내층과 층간 절연물 그리고 외층용 동박 등을 하나로 접착시키는 작업으로, 고온 진공상태에서 일정 시간 가압한 후 실온까지 냉각하여 완료하는 공정

② 프레스의 진공도, 평행도와 압력, 열전달 방법과 효율 그리고 특히 사용되는 Prepreg의 Glass Weave Type, Resin Flow Rate, Resin Content, Gel Time, Tg Point, Volatile Content 등이 품질에 영향을 미친다.

레이어 2, 3
Prepreg
레이어 4, 5

[Bonding(본딩)]

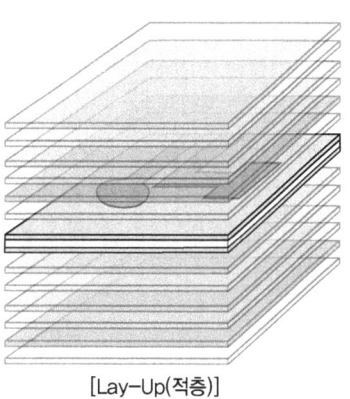

[Lay-Up(적층)]

4. 드릴 I(재단, 면취, Stack)

(1) 외층 자재 재단

제품 사양에 따라 외층 원자재(CCL)를 사내 작업표준 치수로 절단하는 공정으로 407mm × 510mm(6/J)와 510mm × 610mm(4/J)가 주로 많이 사용되며, Sawing-Machine으로 재단을 한다.

[외층 자재 재단]

> **참고** 패널 결함 사항
>
> 재단 공정에서는 특히 다음과 같은 부적합을 주의 깊게 관찰해야 한다.
> - Foreign Material (이물질)
> - Warp (휨)
> - PIT (피트)
> - DENT (덴트)
> - Scratch (스크라치, 긁힘)
> - 찍힘

(2) 면취(모서리 다듬기)

절단기로 원자재를 절단하면 패널의 외곽 모서리에 동박(Copper Foil), 유리섬유(GlassFiber) 또는 에폭시 레진(Epoxy Resin)의 잔사나 잔류물이 남기 때문에 이를 다듬어 제거하기 위해 필요한 공정이다.

(3) Stack

재단과 면취 작업이 완료된 패널 상에 드릴 가공을 하기 위하여 각 패널을 동시에 가공할 수량만큼 함께 쌓고 핀을 박아 고정하는 공정

5. 드릴 II(구멍가공, 드릴비트)

(1) 구멍가공(Drill)

고객의 Hole 정보를 기초로 편집(Edit)한 X-Y 좌표를 이용하여 CNC(Computer Numerical-Control) 방식으로 작업 패널에 구멍을 가공하는 공정이다.

작업을 위해서는 다음과 같은 준비물들이 필요하다.

구멍가공 준비사항
- X-Y 좌표 Data
- 드릴비트(Drill Bit)
- Aluminum Entry Foil
- Bakelite Back-up Board
- 드릴링 제한요소(Drill Parameter) – 속도(RPM), 드릴날의 굵기(SFM), 칩로드(Chip Load)

(2) 드릴비트(Drill Bit)

현재 PCB 드릴비트는 PCB 제조의 요구 특성에 가장 적절한 초경합금이 사용되고 있다. 초경합금의 주성분은 텅스텐 카바이드(WC, Tungsten Carbide)와 코발트(Co, Cobalt)이며 필요에 따라 Tic, Ta, Nb 등이 첨가된 것도 있다.

 드릴비트 결함
- Critical Defects (치명 결함) : Chips, Layback
- Major Defects (중 결함) : Overlap, Offset
- Minor Defects (경 결함) : Gap, Negative, Flair, Hook

6. Photo(스크러빙, 라미네이션, 노광, 현상)

(1) 스크러빙(Scrubbing, 정면)

도금된 동박 상에 발생된 산화막이나 지문 등을 제거하고, Dry Film이 잘 접착되도록 동박 면을 거칠게 해주는 공정이다.

(2) 라미네이션(Lamination)

접착이 용이하도록 처리된 패널 상에 Dry Film(Photo Sensitive DryFilm-Resist, 감광성사진 인쇄막)을 정해진 열과 압력으로 압착 도포하는 공정이다.

(3) 노광

작업 패널의 라미네이션된 Dry Film 위에 필름을 정합하고 정해진 강도(Intensity)와 노광시간(Time)의 빛에너지를 공급하여 단량체(Monomer)를 중합체(Polymer)로 반응시켜 필요한 패턴 이미지를 재현해 내는 공정이다.

[스크러빙]

[라미네이션]

[노광]

(4) 현상

노광에서 광경화 중합체(Polymer)로 변하지 않은 부분 즉, 빛을 받지 않은 부분인 미경화 단량체(Monomer) 부분을 Chemical(Na_2O_3)을 이용해 벗겨내는 공정이다.

7. 도금 Ⅰ(무전해 동 도금)

(1) 무전해 동도금(Electroless Copper Plating)

① 무전해(=무전기분해) 동도금 공정 화학 또는 촉매(Catalyst) 도금이라고 하며 Hole 내벽에 전도체인 동을 입혀서 전도성을 부여하기 때문에 PTH(Plated Through Hole) 도금 또는 패널 전체에 도금이 됨으로 무전해 Panel Plating이라고도 한다.

② 도금되는 동 두께는 $0.5 \sim 1.0 \mu m$이며, 사용되는 촉매는 파라듐(Pd)이 주로 사용된다.

③ 무전해 동도금은 금속 석출법(Metal Deposition)으로 화학적 산화/환원반응을 이용하여 비전도체의 표면에 금속 이온을 코팅하는 기술이다.

④ 무전해 동도금 공정은 비금속으로 된 관통 Hole(Through-Hole) 내벽에 전도성 물질을 코팅하는 방법으로, 도금되는 두께(용도 : Panel or Pattern 동 도금)에 따라 다음과 같이 나눈다.

- Light Copper : $0.25 \sim 0.5 \mu m$
- Medium Copper : $0.80 \sim 1.2 \mu m$
- Heavy Copper : $1.50 \sim 2.5 \mu m$

8. 도금 Ⅱ(전해 동도금, 부식)

(1) 전해 동도금(Electro Copper Plating)

앞 공정에서 영상처리가 완료된 후 고객의 요구에 따른 전기적 특성 용량에 적합하도록 회로 Pattern 및 Hole 내벽에 규정된 두께의 동을 전기석출법(Electro-Deposition)을 사용하여 선택적으로 2차 도금하는 공정으로 석출량은 전류밀도와 석출시간으로 결정된다.

(2) 전해 땜납 도금(Electro Solder Plating)

회로(Pattern) 및 Hole 내벽에 도금된 동위에 전기 석출법(Electro Deposition)을 사용하여 땜납을 추가 석출 도금함으로써 다음 부식공정에서 부식방지막(Etching Resist)의 역할을 하도록 차 공정을 준비하는 공정이다.(통상 도금두께 = $7 \sim 10 \mu m$)

(3) 외층 부식(Etching)

도체 패턴을 만들기 위하여 절연기판상의 도체의 불필요 부분을 화학적 또는 전기적화학적으로 제거하는 것 이때 사용하는 에칭액은 염화제이철($FeCl_3$)이다.

※ 에칭방법에는 사진부식법, 실크 스크린법, 오프셋 인쇄법을 사용한다.

9. PSR(Photo Imageable Solder Resist)

(1) PSR 인쇄

물리, 화학적 환경 하에서 내구성을 갖는 불변성 화합물인 PermanentInk(불변성 잉크)를 도금된 동박 회로상에 코팅함으로써, 회로를 보호하고 동시에 땜납 도포(HASL)과 부품 실장 시 실시하는 Wave Soldering 공정에서 회로와 회로 사이에 땜납 걸침(Solder Bridge) 현상이 발생하는 것을 방지하기 위해 실시하는 공정이다.

※ PSR ink : Photo Imageable Solder Resist Mask ink

(2) PSR 공정

① Via Hole 메꿈

② 건조

③ 정면

④ PSR Coating (PSR 잉크도포, 인쇄)

⑤ Pre-Cure (초벌, 예비건조)

⑥ PSR 노광

⑦ PSR 현상

⑧ Post-Cure (완전경화)

⑨ UV Curing (자외선 경화)

[PSR Ink Coating]

[PSR 노광작업]

[PSR Ink 현상 후]

10. Marking 인쇄 (Legend Symbol Printing)

고객의 요구나 고객이 필요한 자료를 공급했을 때 고객사명(Logo), 최종 제품 코드, 부품번호나 부품의 위치(좌표), 부품의 종류, 정격 용량 등 PCB상에 표기되어야 할 Symbol(기호)이나 Lettering(식자)를 불변성 잉크로 기판상에 인쇄하는 공정이다.

11. 표면처리(HASL, Gold Plating, Preflux)

(1) 땜납 도포(HASL)

① 고온의 땜납 용융 Tank에 기판을 침적한 후 고온, 고압의 열풍으로 불어줌으로써 땜납방지막(Solder Mask)가 코팅되지 않은 부위(주로, Hole 주변과 내벽및 부품 실장용 패드)에 균일한 두

께로 땜납을 입혀주는 공정이다.

② 땜납 도포는 동으로 노출된 부위의 회로를 보호하고, 부품 실장 시 납땜이 잘 되도록 해주기 위함이다.

(2) Gold Plating (금 도금)

① 전기적 접속 부위나 빈번한 착탈로 높은 전기적 특성이 요구되는 부위에 고객의 요구에 따라 커넥터에 삽입되는 PCB의 접속 부위(Contact Finger Area)에만 부분적으로 실시하는 도금이다.

② 전기적 석출방법으로 니켈과 금을 도금해 주는 공정으로 단자 금도금과 접점 금도금 또는 전면 금도금 등으로 구분된다.

Ni 두금두께 : 4~7μm   Au 두금두께 : 0.3μm 이상

[니켈 도금]   [금(Au)도금]

(3) OSP(Organic Solderable Preservatives = Preflux, 프리프럭스)

① 열로부터 동의 산화를 방지하기 위해 실시하는 내열 표면 처리의 일종으로, 현재까지는 HASL 방식이 주로 사용되고 있으나, 고밀도 SMT용 PCB의 경우는 Solder Bridge, Solder Wetting, Unevenness 등의 문제로 인해 유기용제나 수용성 Type의 Preflux 코팅방식이 사용되기 시작했다.

② PCB의 Through Hole, Land 등의 동에만 방청제를 화학 반응시켜 0.2~0.5μ 정도의 얇고 균일한 보호피막을 형성하는 공정이다.

> **참고** 수용성 Type Preflux의 장점
> • 환경오염의 원인인 유기용제를 사용하지 않는다.
> • 동에만 선택적으로 보호피막을 형성한다.
> • 보호피막이 얇아 무잔사 Post Flux, 수용성 Post Flux 등에 모두 적용이 가능하다.
> • 보호피막을 0.2~0.5μm의 균일한 두께를 형성할 수 있다.

12. 외형 가공(금형/라우팅/브이컷)

(1) 금형 가공(Die Stamping Press)

① 1세트(상하 두 판)의 금형(Stamping Die, 철주조물을 수차 담금질한 형틀에 가공할 PCB의 외형과 홀/홈따기 모양을 깎아 넣은 틀)를 70, 110, 150ton의 가압 펀칭용 프레스에 장착하여 순간적인 타발로 원하는 PCB의 외형을 가공하는 공정이다.

② Glass Epoxy PCB용 금형은 마모를 최소화 할 수 있는 재질이어야 하며, 가공 후 마모에 따른 치수 변화에 특별한 주의를 해야 한다.

(2) Routing(라우팅)

① PCB 생산의 품질 및 생산성 향상을 위해 사용한 작업패널을 고객이 요구한 최종 제품 사이즈와 모양으로 만들기 위해 외형을 가공하는 공정이다.

② 드릴 공정과 유사하게 CNC Router M/C과 Router bit 및 Program data를 사용하여 작업이 이루어진다.

(3) V-CUT 가공

여러 등분으로 배열된 제품을 부품 조립 후 1개씩 자르기 위해 PCB 외각을 V자 홈 형태로 가공하는 작업

14. 검사(BBT/육안검사/포장)

(1) BBT(Bare Board Test, 전기 성능 검사)

① PCB 가공이 완료된 후 전기적 결함(회로의 단락, 절연간격 불량 등) 및 기본적인 전기적 성능을 멀티 테스터로 시험하는 공정이다.

② Test Fixture(Jig)가 별도로 준비되어야 하며, 테스트 장비의 종류는 Dedicated Type(전용기)과 Universal Type(범용기)이 있다.

(2) CAT(Computer Aided Engineering)

제조가 완료된 PCB를 전기적, 광학적으로 검사하기 위한 과정

(3) Final Inspection (육안 검사)

전기적 성능시험이 완료된 후 기판상에 발생한 기타 결함 즉 제품의 크기, 가공된 홀 품질, 홀 크기, 위치, 형상과 재질, 사용 자재, 회로 구성 형태 등 고객의 구매 규격에 대한 적합성을 중심으로 PCB 제조 기술상, 관리 기술상 또는 기술 에러 등을 CMM(좌표측정기), 기타 계측기(Vernier Calipers, Dial Gauge, Pin Gauge, Angle Block Gauge) 측정 외에 외관결함 등을 확대경 검사 및 육안검사로 확인한다.

(4) Packing(포장)

① 고객에게 제품을 납품하기 위해 낱개 및 단위로 포장하는 공정

② 낱개 PCB를 단위별로 진공포장 후 완충제와 함께 다시 박스 포장을 하며, 장거리 운송이나 고객의 요구 시 Banding M/C을 이용한 포장도 한다.

③ 고객별의 요청에 따라 박스에 필요한 표기를 하고, 출하 검사 시 작성된 검사성적서(COC)를 첨부하기도 한다.

(04) PCB 설계 시 고려사항

1. 부품의 배치 방법

① 버스 라인의 흐름에 주의하여 IC를 배치한다.
② 커넥터 주변은 배선을 위한 충분한 공간을 확보한다.
③ 극성 있는 부품은 삽입오류를 방지하기 위해 취급 방향을 통일한다.
④ 배선이 많은 부품들은 기판의 중앙에 배치한다.
⑤ 무게중심을 고려하여 적절한 분산 배치를 한다.
⑥ 아날로그/디지털 부품은 분리 배치한다.
⑦ 고밀도 배치, 고밀도 배선 설계 시 비아(Via)를 생성시킬 공간을 확보한다.
⑧ 열을 많이 발생하는 부품들은 서로 이격, 통풍이 잘 되는 곳에 위치한다.
⑨ 케이스의 높낮이, 기판내의 절삭 정보에 주의하여 배치한다.

2. 인쇄회로기판 설계 시 고려사항

① 기판 구성 시 부품의 배치는 일반적인 회로도를 중심으로 배치함을 원칙으로 한다.
② 부품의 부피와 간격을 확인하여 적절한 부착 위치를 설정한다.
③ 취급하는 전력 용량, 주파수 대역 및 신호 형태별로 기판을 나누거나 커넥터를 분리하여 설계한다.
④ 패턴은 가급적 짧고 굵게 해야 한다.
⑤ 양면 이상에서는 각 층이 서로 교차되도록 배선을 한다.

3. 전자기기 패널 설계 시 유의 사항

① 전원선이나 퓨즈박스 등은 배면에 배치한다.
② 패널 부품은 크기를 고려하여 균형 있게 배치한다.
③ 조작 시 서로 연관이 있는 요소끼리 근접 배치한다.
④ 조작 빈도가 높은 부품은 패널의 중앙이나 오른쪽에 위치한다.
⑤ 장치의 외부와 연결되는 커넥터는 PCB 외곽쪽에 배치한다.

4. 발열부품에 대한 설계 시 고려사항

① 인쇄회로 기판의 내열 온도를 고려하여 고 발열 부품은 기판과 일정한 간격을 유지하여 배치하는 것이 중요하다. 일반적으로 내열 온도는 85℃ 이하에서 사용하는 것이 바람직하다.
② 실장면적은 부품을 인쇄회로기판에 밀착하여 배치하는 경우에 납땜 시 온도 영향을 작게 설계하는 것이 중요하다.

③ 부품배치는 부품의 내열성을 고려해서 배치해야 하고 온도 분포가 균일하게 되어야 한다.

④ 부품의 내열성을 고려한 배치는 부품 주변의 공기 흐름을 고려한 후에 열에 약한 부품(IC, Tr, 콘덴서)은 가능한 공기 유입 부분에 배치하고, 열에 강한 부품(저항, 트랜스)은 출구 쪽에 배치한다.

⑤ 동일한 레벨의 내열성 부품을 배치할 때는 열에 약한 부품(소비 전력이 크거나, 방열 특성이 좋지 않은 것)을 유리한 위치에 배열한다.

5. 노이즈 저감을 위한 설계

(1) De-coupling capacitor의 적절한 사용

IC 주변 De-coupling capacitor는 최대한 가깝게 배치를 하며, 전원은 캐퍼시터를 거쳐서 신호가 전달되도록 배치한다. De-coupling capacitor 사용 시 via lead inductance를 최소로 하기 위해서는 pad에서 via까지의 배선을 최대한 짧게 해주고 여러 개의 via를 사용한다.

(2) 직각 배선 금지

꺾이는 부분을 직각으로 배선하면 꺾이는 부분에서 반사가 일어날 수 있다. 45도 배선이나 arc 배선을 한다.

(3) 민감한 신호 최소화

Clock, 고속신호 등 민감한 신호들은 노이즈에 민감하므로 가능한 짧게 하여 주변의 영향을 최소화한다.

(4) 인접층끼리는 배선을 서로 직각이 되게 설계

배선을 할 때 인접 층과는 격자 구조로 설계를 하여 cross되는 면적을 최소화 하여 설계를 한다.

(5) Via 밀집 시 GND 및 전원 path의 확보

① via가 밀집된 공간에서 전원 패스(path)가 막히게 되면 신호의 return path가 길어져 노이즈의 원인이 될 수 있으므로 전원 패스가 충분히 확보되도록 설계한다.

② 아날로그 회로 설계 시 Hum이나 노이즈 등을 최소화하기 위해 접지(GND) 라인을 신중하게 설계해야 한다.

6. PCB 설계와 관련된 용어

(1) Via : 패드와 패드를 연결하면서 트랙의 층을 변경할 때 생기는 원형 동박

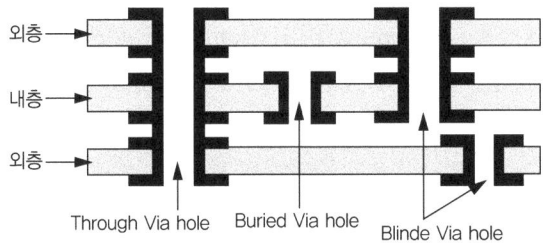

① Buried Via hole : 내층과 내층을 연결하는 홀
② Blinde Via hole : 내층과 외층을 연결하는 홀
③ Through Via hole : 외층과 외/내층의 연결을 관통하는 홀

(2) Pad : PCB Artwork에서 부품을 꽂는 부분의 동박면

(3) Hole : PCB Artwork에서 부품을 꽂는 부분의 구멍

    ① 액세스 홀(Access Hole) : 다층 프린트 배선판의 내층에 도통 홀과 전기적 접속이 되도록 도통 홀을 감싸는 부분에 도체 패턴을 형성한 홀

    ② 클리어런스 홀(Clearance Hole) : 다층 프린트 배선에서 도금관통 구멍과 전기적 접속을 하지 않도록 하기 위하여 도금 관통구멍을 감싸는 부분에 도체 패턴의 도전재료가 없도록 한 영역

    ③ 랜드리스 홀(Landless Hole) : 랜드가 없는 도금된 도통 홀

    ④ 위치결정 홀(Location Hole) : 정확한 위치를 결정하기 위하여 프린트 배선판 또는 패널에 붙인 홀

(4) 랜드

    ① 부품의 단자 또는 도체 상호간을 접속하기 위해 구멍 주위에 만든 도체 부분

    ② $d_1 - d_2 \geq 1.6mm$일 때 랜드의 최소 도체 너비[w] 계산식

$$w \geq \frac{d_1 - d_2}{2} \times \frac{1}{2}$$

    예 $d_1 = 3.0mm, d_2 = 1.0mm$일 때 랜드의 최소 도체 너비[w]는?

$$w \geq \frac{3-1}{2} \times \frac{1}{2} = 0.5mm$$

(5) 리드 : 부품의 단자를 말한다.

(6) 패턴 : 부품의 단자 또는 도체 상호간을 접속하기 위하여 배선된 선을 말한다.

(7) 납마스크 : 부품의 접속을 위하여 납이 묻어야 할 부분을 말한다.

(8) 팬아웃(Fanout) : SMD(Surface Mount Device) 타입의 패드를 Plane층, Inner 및 Bottom 면에 연결할 때 패드에서 일정 거리의 트랙을 끌고 나온 후 비아를 사용하여 다른 레이어r에 연결하여 주는 것

(9) PCB 설계 단위

    ① mil : inch를 단위로 사용하는 것으로, 부품의 리드 피치나 PCB의 패턴 간격 등에 주로 사용하는 단위이다.

    ② $1\ inch = 2.54cm = 25.4mm = 1000mil$

    예 PCB 도면의 외곽 사이즈가 1000×2000[mil]일 때, 이를 [mm]로 환산하면?

        1000mil=1 inch=25.4[mm], 2000mil = 2 inch = 2×25.4[mm] = 50.8[mm]

1. PCB 특성에 따른 발주 시 고려사항

(1) Gerber Data Format 확인

최근은 Aperture File을 포함하고 있는 RS274-X를 주로 사용한다.

(2) PCB 재질 및 두께 확인

(3) 동박의 두께(oz) 확인

※ 인쇄회로기판(PCB)의 제작 시 사용하는 동박의 두께는 일반적으로 $35 \sim 104\mu m$를 가장 많이 사용한다.

종류(oz)	두께
1/3 oz	$12\mu m(0.012mm)$
0.5 oz 또는 1/2 oz	$18\mu m(0.018mm)$
1 oz	$35\mu m(0.035mm)$
2 oz	$70\mu m(0.070mm)$
3 oz	$105\mu m(0.105mm)$

(4) PCB 표면처리 확인(동박코팅, 도금 등)

(5) V-cut 여부 및 Array 확인

(6) 인증 마크 인쇄 여부 확인

(7) 제조 수량 및 납기 확인

2. 부품의 실장방법

기판에 실장 할 부품의 형태가 관통형 부품, 표면실장형(SMD) 부품, 또는 두 가지 혼합형을 사용할 것인가를 결정해야 한다.

관통형(Through Hole)	부품면과 동박면을 도통하기 위한 것
표면실장형(SMD)	Surface Mount Devices의 약자로 동박 표면에 실장하는 것

(1) 표면 실장의 장점

① 부품이 작고 가볍다.

② 더 적은 구멍으로 보드를 가공할 수 있다.

③ 간단하게 자동으로 조립할 수 있다.

④ 부품은 정확하게 자동으로 배치해서 오류가 적게 발생된다. (녹은 땜납의 표면 장력은 부품핀을 땜납 패드로 당겨서 정확한 위치에 배열시킨다.)

⑤ 부품은 인쇄 회로 기판의 양면에 부착시킬 수 있다.

⑥ 부품핀의 저항과 임피던스가 감소된다. (부품의 성능과 동작 주파수가 증가된다.)

⑦ 흔들리거나 진동 상태에서 기계적인 성능이 우수하다.

⑧ 일반적으로 표면 실장 부품은 Through Hole 부품보다 가격이 싸다.

⑨ 표면 실장 기술은 스루홀 기술보다 불필요한 RF 신호 효과가 적게 발생하고, 부품 특성의 유연성이 크게 향상된다.

(2) 표면 실장의 단점

① 제조 공정이 스루홀 기판에 비해 정교한 기술이 필요하기 때문에 제품을 생산하기 위한 초기 비용이 비싸고 초기 설정 시간도 오래 걸린다.

② 표면 실장 소자의 크기와 핀 간격이 매우 작아서 수작업 하기가 매우 힘들기 때문에, 소자 수준의 부품 수리가 어렵다.

(3) SMD 부품 패키지

① SOP(Small-Outline Package)

② TQFP(Thin Quad Flat Package)

③ QFP(Quad Flat Package)

④ PLCC(Plastic Leaded Chip Carrier)

STEP 06 데이터 파일의 종류와 취급

1. 회로도면 설계 시 데이터 파일

설계는 프로젝트 관리자에 의해 관리되고, 하나 또는 그 이상의 회로도로 구성되어 있다. 프로젝트 관리자는 프로젝트에 필요한 모든 자료를 수집하여 나타낸다. 이러한 자료에는 회로도 폴더, 회로도 페이지, 부품 라이브러리, 부품, VHDL파일, BOM 및 네트리스와 같은 출력 리포트들이 포함된다.

2. PCB 설계 시 데이터 파일

(1) Gerber Data

PCB를 제작하기 위한 파일로서 PCB 설계의 모든 정보가 들어 있고 PCB 설계의 최종 목적 파일로 필름의 생성을 위한 각 레이어 및 드릴 데이터 등을 추출하는 파일이다.

SilkTop.art	부품이 Top면에 실장 되었을 때 Top면에 Reference와 부품 외곽선, 보드명칭 등을 실크스크린 형태로 인쇄해 주는 레이어
Smask_top.art	기판의 Top면을 코팅하여 주는 레이어(납땜을 하지 않는 부분에 납이 묻지 않도록 기판 표면에 레지스트리 용액을 마스킹하는 레이어)
Top.art	Top면에 동박으로 남겨지는 레이어(배선, Shape 등의 동박 영역)
VCC.art	전체 동박면 형태로 남겨지는 레이어

GND.art	전체 동박면 형태로 남겨지는 레이어
Bottom.art	Bottom면에 동박으로 남겨지는 레이어
Smask_bot.art	기판의 Bottom면을 코팅하여 주는 레이어
SilkBot.art	부품이 Bottom면에 실장 되었을 때 Bottom면에 Reference와 부품 외곽선 등을 실크스크린 형태로 인쇄해 주는 레이어
drill_draw.art	Drill Chart와 가공되는 보드 외곽선을 인쇄해 주는 레이어

※ NC-Drill(*.drl) - Drill Hole 등의 가공 데이터의 정확한 X, Y 좌표값 정보

(2) DXF 파일 : 다른 CAD 프로그램 사이에 호환을 위한 도면 파일

(3) HPGL : HPGL Plotter 파일 형식으로 PCB 제작을 위한 출력용 파일

(07) PCB 특성 및 시험방법

1. PCB 특성

휨(Bow, Wrap)	PCB 기판이 열 등에 의하여 변형되는 것으로 특히 활이 휘어지는 것과 같이 4면의 끝이 동일한 평면상에 있도록 균일하게 휘어지는 것, PCB판이 평형을 유지하지 못하고 구부러진 상태
비틀림(Twist)	판의 원통모양, 구면모양 등의 만곡으로서 직사각형인 경우에는 그 구석이 다른 3구석이 만드는 평면상에 없는 것
돌기(Bump)	금속의 표면상에 발생한 凸 상태
결각(Indentation)	금속의 표면상에 발생한 凹 상태

2. 전기적 특성

(1) 내전압(Dielectric Strength)

기판의 절연 파괴될 때의 전압으로서 동박 회로간에 인가할 수 있는 전압의 양을 구하는 것이다.

(2) 절연저항(Insulation Resistance)

기판의 절연성을 구하는 것으로서 KS 및 JIS 규격에는 일정한 거리간의 절연 저항치를 측정하도록 규정하고 있으며 고주파 회로 및 Power PCB의 설계에서는 기판의 절연 저항치가 중요하다.

(3) 표면 저항 및 최적(두께)저항율(Surface resistance & Volume Resistance)

기판의 두께 방향으로 절연저항을 측정하는 것을 최적저항, 표면전극간의 절연저항을 측정하는 것을 표면 저항이라 한다.

(4) 절연율 및 절연손실계수

① 절연율(Dielectric constant) : 유전율이 커지면 고주파의 전류가 흐르기 쉬우므로 고주파 절연이 노화된다.

$$\text{절연율(F/m)} = \frac{\text{절연속도} \times \text{밀도(c/m}^2)}{\text{전류의 힘(v/m)}}$$

② 절연손실계수(Dissipation factor)가 커지면 기판의 내부발열이 커진다.

3. 기계적 특성

(1) 휨 강도(Fiexural strength)

기판을 구부려서 파괴되는 하중을 구하는 시험으로써 기판의 강도를 비교 측정할 수 있다.

(2) 인장강도

기판을 양끝에서 서로 잡아당겨 파괴되는 하중을 구하는 시험으로써 기판의 인장강도를 측정한다.

(3) 휨율 및 비틀림율

기판이 휘거나 비틀림을 측정하는 것으로 기판이 받아들인 치수 그대로 측정하여 휨율 및 비틀림율을 계산한다.

(4) 펀칭(Punching) 가공성

인쇄회로기판의 가공에 있어서 펀칭 가공성은 중요하다. 제품의 외관, 프레스의 능력, 재질 선정의 기준 등이 중요한 시험이다. 각 온도별의 프레스 펀칭 후 층간의 분리, 크랙, 편성, 가루의 떨어지는 상태 등을 시험한다.

(5) 동박의 분리 강도

Soldering에서의 내열성과 함께 중요한 특성시험으로써 동박의 밀도성을 구하는 것이다. 실제 부품의 중량 및 밀도와 동박회로의 폭, 길이와의 관계를 산출하는 기본적 항목이다.

4. 내열성

(1) 내열성

PCB 제조 공정 중에는 여러 조건에서 가열 공정을 거치므로 이러한 열 조건에서 견딜 수 있는가. 또는 실제 사용 중에 발열 온도로 인한 변색 정도, 기판의 부풀음 한계온도 등을 시험하며 KS 규격에서는 50×50mm의 시험판을 시험하도록 정하고 또한 UL규격은 UL인증에 대한 설명에서 기술키로 한다.

(2) 납땜 내열성

① 인쇄회로기판의 납땜조건을 결정하는데 중요한 항목으로 동박적층판은 고열을 가하면 기판과 동박 사이 또는 기판 층간에 부풀음의 공간이 발생한다.

② KS 규격에서는 260℃의 땜납 위에 적층판 시험판을 띄우고 부풀음이 발생하기까지의 시간을 측정하도록 정하고 있다.

5. 화학적 특성

(1) 내약품성

PCB 제조 공정 중 여러가지 약품이나 용제가 사용된다. 이러한 약품이나 용제에 대하여 어느 정도 기판이 변화하는가를 시험하는 것으로써 KS규격에서는 트리크로로 에칠렌내성, 청화소다내성 및 기타 내약품성을 시험 규정하고 있다.

(2) 흡수율

PCB 제조공정 중 또는 실제 사용 시 보관중인 기판이 흡착하면 전기적 특성에 악영향을 미친다. 흡착성을 비교하는 것으로 KS규격에서는 시험판을 50℃ 24시간 건조한 후, 23℃의 열유수 중에 24시간 침적하며 그 급수율을 구한다.

SECTION 05 CAD 일반

STEP 01 CAD 시스템

1. CAD 개요

① CAD(Computer Aided Design, 컴퓨터 지원 설계) 소프트웨어는 건축가, 엔지니어, 제도사들에 의해 사용되며, 2차원 도면이나 3차원 모델을 만드는 데에도 사용될 수 있다. 가장 정교하고 복잡한 형태의 CAD는 실세계의 특성을 가지는 객체를 3차원 모델링하는 것이다.

② CAD 시스템은 CAD를 사용하는 고성능 PC로 태블릿과 스캐너 등을 입력장치로 사용한다.

③ CAD 출력은 설계도면으로 출력되기도 하지만, CAM 시스템의 입력으로도 사용된다.

④ CAD는 컴퓨터에 쓰이는 인쇄회로기판이나 장치들과 같은 제품 설계 시 많이 사용되는데, 일반적인 설계 외에 건축이나 전기 및 기계 설계 등 용도에 맞는 전문 CAD 소프트웨어를 사용한다.

2. 기능에 따른 CAD 프로그램

(1) 범용 CAD

분야에 관계없이 범용적으로 쓸 수 있으며, 사용자가 편리한 인터페이스를 조정할 수 있는 CAD 프로그램(예 AutoCAD, AutoCAD LT, IntelliCAD, FelixCAD, UniCAD 등)

(2) AEC(Architectural Engineering Construction)

건축 분야를 전문적으로 사용하는 CAD 프로그램(예 AutoCAD ADT, CAD Overlay, ArchiCAD 등)

(3) EDA(Electronic Design Automation)

전자회로 등을 설계하기 위하여 만들어진 CAD 프로그램(예 OrCAD, PCAD 등)

(4) GIS(Geographical Information System)

지리 관련 지도 제작 등을 만들기 위한 CAD 프로그램(예 AutoCAD MAP, OpenGIS, Autodesk World, Autoesk Ma 등)

(5) CNS/FMS

도로 등의 토목 설계 전용 CAD 프로그램(예 Autodesk Civil/Survay, Eagle Point, Quick-Road 등)

(6) MDA(Mechanical Design Automation)

기계관련 설계 전용 CAD 프로그램(MDT, Autodesk Inventor, SolidWorks, Solid Edge 등)

(7) CAM(Computer Aided Manufacturing)

기계관련으로 도면 자체가 목적이 아닌 가공을 목적으로 만들어지는 프로그램으로 CAD와 개념이 비슷하며, 밀접한 관계를 갖는다.(예 MASTER CAM 등)

(8) 서드파티

범용 CAD 사용 시 어떠한 특정 분야에 대하여 특별히 많은 기능을 주는 CAD 프로그램으로
CAD용 유틸리티(**예** 진캐드, CIM CAD, 건CAD, 참한글 등)

(9) CGP(Computer Graphics)

컴퓨터 그래픽 전용 프로그램으로 보통 CG라고 함. CAD와도 데이터 호환 등 밀접한 관계를 맺
고 있으며, 도면 출력이 아닌 이미지출력을 목적으로 만들어진 프로그램(**예** 3DS MAX, 3DS VIZ,
Bryce 3D, Poser, Soft Image, Light Wave3D, Maya)

(10) PACS(Picture Archiving and Communication System)

의학에서 CT나 MRI에서 만들어진 이미지를 데이터 구조로 만들어주며, 가상 수술 등을 위한 의
학 전용 CAD 프로그램(**예** DICOM 등)

(11) 변형 CAD

일반적으로 단순한 CAD 기능뿐만이 아닌 다른 특정한 부가 기능을 갖고 있는 것, 예를 들면
CAD의 기능과 Office의 기능을 합한 것이나, CAD의 기능과 CG의 기능을 합한 기능을 보유한
프로그램처럼 단순히 CAD만을 위한 프로그램이 아니면서 CAD의 기능을 고스란히 보유하고 있
는 프로그램(**예** Rino 3D, SmartSketch, Visio 등)

(12) 특수목적 CAD

보석세공을 위한 설계나 의류설계 등 특정 분야에만 적용하기 위해 만들어진 CAD 프로그램
(**예** JewelCAD 등)

(13) CASE

소프트웨어 공학 및 프로그램 설계를 위한 프로그램(**예** Rose, Together, Visio Architect 등)

2. 데이터 저장 장치의 종류와 특징

자기 매체 또는 광학 매체에 데이터를 기록하거나 저장할 때 사용하는 전자 장치이다.

하드디스크 드라이브	주로 컴퓨터 본체 안에 하드디스크를 설치하여 데이터를 읽고 쓰는 장치이다.
외장형 하드디스크 드라이브	컴퓨터 외부로 케이블로 연결할 수 있는 독립된 장치로 외장형 하드디스크에서 데이터를 읽고 쓰는데 사용한다.
플로피디스크	컴퓨터에 케이블로 연결하는 독립된 장치로 자기 디스크가 있는 디스켓에서 데이터를 읽고 쓰는 데 사용한다.
메모리 카드리더	컴퓨터에 케이블이나 USB 커넥터를 통해 연결하는 독립된 장치. 메모리 카드 의 데이터를 읽거나 데이터를 기록한다.
USB 메모리	플래시 메모리를 탈착 가능한 소형 케이스로 데이터의 이동, 저장 및 운반이 용이하다.
카세트 드라이브	카세트 테이프에서 데이터를 읽고 기록하는 장치
DVD 리코더	콤팩트디스크에 데이터를 기록하는 장치로 레이저를 이용하여 기록 또는 재기록할 수 있다.

3. 입 · 출력 인터페이스 파일의 종류와 특징

GKS	• Graphical Kernal System • 2차원 그래픽 시스템을 위한 표준 규격
IGES	• 서로 다른 CAD/CAM 시스템 사이에서 도형정보를 옮기거나 공동 사용할 수 있도록 하기 위한 데이터 베이스의 표준 표시방식이다. • 미국에서 시작하여 ISO 표준규격으로 제정
DXF	• Drawing eXchange Format • 기계 또는 기구 쪽 CAD 시스템과의 ASCII 텍스트 형태의 인터페이스 파일 형식으로 블록의 정의, 선의 종류, 도면층의 정보, 문자의 유형, 치수의 유형, 좌표계 등의 모든 도면 요수를 갖는다. 그러므로 다른 프로그램 사이에 데이터를 입출력 할 수 있도록 도와준다.
STEP	• STandard for the Exchange of Product model data • 개별적인 생산 및 설계 시스템 간에 데이터 공유를 통한 유기적 연결을 위해 국제 표준기구에서 정한 생산 정보 모델에 대한 자료 교환을 위한 표준
STL	• Stereo Lithography • 이 규격은 쾌속 조형의 표준입력파일 포맷으로 많이 사용되고 있으며, STL 파일은 내부처리 구조가 다른 CAD/CAM 시스템에서 쉽게 정보를 교환할 수 있는 장점을 가지고 있으나, 모델링된 곡면은 정확히 삼각형 다면체로 옮길 수 없는 점과 이를 정확히 변환시키려면 용량이 많이 차지하는 단점도 있다.
CGI	• Computer Graphic Interface • 그래픽 기능과 하드웨어 드라이브 간에 공유되어 각종 하드웨어를 제어할 수 있도록 하는 표준 규격
CGM	• Computer Graphic Metafile • 다른 시스템에서 바로 이 파일을 이용하여 수정 편집이 가능하도록 한 표준
NAPLPS	• North Amerian Presentation Level Protocol Syntax • 미국의 AT&T가 채택한 하드웨어 기준의 표준규격으로 문자와 도형으로 나타난 영상 자료를 전송할 때 필요한 코드 체계를 제정한 것

STEP 02 CAD 시스템의 입 · 출력 장치

1. 디스플레이 장치

컴퓨터에서의 출력정보를 문자, 도형, 기호 등의 영상으로 표시하는 장치이다.

(1) 음극선관(CRT)

① CRT(Cathode Ray Tube)는 음극선관을 말하며 일명 브라운관이라고도 한다.

② 전기신호를 전자빔의 작용에 의해 영상이나 도형, 문자 등의 광학적인 영상으로 변환하여 표시하는 특수 진공관이다. 이들은 전자총에서 나온 전자가 브라운관 유리에 칠해진 형광물질을 자극해 다양한 화면을 만들어내는 원리를 이용한다.

(2) LCD(Liquid Crystal Display, 액정표시장치)

① 인가전압에 따른 액정 투과도의 변화를 이용하여 각종 장치에서 발생하는 여러가지 전기적인 정보를 시각정보로 변화시켜 전달하는 전기소자이다.

② 자기발광성이 없어 후광이 필요하지만 소비전력이 적고 휴대용으로도 사용하는 평판 디스플레이이다.

(3) PDP(Plasma Display Panel)

① 기체 방전(플라스마) 현상을 이용한 평판 표시장치로 주로 TV로 사용된다. 제작 공정상 40인치 이상으로 크게 만들기에는 유리하지만 LCD에 비해 상대적으로 낮은 해상도로 컴퓨터 모니터로는 사용하지 않는다.

② PDP는 2장의 얇은 유리판 사이에 작은 셀을 다수 배치하고 그 상하에 장착된 전극(+와 -) 사이에서 가스(네온과 아르곤) 방전을 일으켜 거기서 발생하는 자외선으로 자기 발광시켜 컬러 화상을 재현한다.

2. 그래픽 입력장치

컴퓨터에 데이터, 그림, 도형 등의 입력을 위해 사용되는 장치

(1) 키보드(keyboard)

컴퓨터의 자판. 일정한 규칙에 따라 키(글쇠)가 배열되어 있는 컴퓨터의 입력 전용 장치로 키를 누르면 그에 대응한 신호가 컴퓨터에 입력된다. 키보드는 인쇄 가능한 표준 문자 세트와 각 나라의 언어, 특수 문자 등 다양한 비표준 문자 또는 확장 문자 세트, 비 문자 키를 포함하고 있다.

(2) 마우스(Mouse)

① GUI(Graphic User Interface)환경에서 사용되는 응용 프로그램에서의 기본 입력 장치로 화면상의 커서나 문서, PSR 인쇄 그림의 일부 또는 전부를 복사 및 이동시킬 때 사용한다.

② 클릭이나 드래그, 더블클릭 등의 동작이 가능하며, 버튼의 종류에 따라 1~3 버튼식, 접속 방법에 따라 시리얼과 PS/2 · USB식, 동작방법에 따라 기계식(볼식) · 광학식 · 광학기계식으로 나뉜다.

(3) 디지타이저(Digitizer)

도면으로부터 좌표를 읽어 들이는 데 사용하며, 자기장이 분포되어 있는 평판에 위치 검출기를 위치시켜 도면의 위치에 대응하는 X, Y 좌표를 입력하거나 원하는 명령어를 선택한다.

(4) 스캐너(Scanner)

① 사진 또는 그림과 같이 종이 위의 도형의 정보를 그래픽 형태로 읽어들여 컴퓨터에 전달하는 입력 장치로 영상처리나 전자출판에 필수적인 도구이다.

② 주사하고자 하는 도면지 위에 밝은 광선을 투사하고, 도면지로부터 반사돼 온 빛으로 된 도형 정보는 광센서에 아날로그 정보로 입력돼 증폭 과정을 거쳐, 아날로그 신호가 디지털 신호로 변환된다. 디지털 신호로 변환된 데이터는 화상 정보로서 컴퓨터에 전송되고 저장되며, 그래픽 소프트웨어나 스캐너용 프로그램에 의해 원래의 도형으로 재생되어 디스플레이 모니터나 프린터에 출력된다.

(5) 라이트 펜(Light pen)

모니터 장치에 부속된 일종의 수동 입력 및 교환 장치로서 감광 소자를 내장한 펜 모양의 도구로 모니터에 지시를 하면 그 내용을 컴퓨터가 인식하게 하는 장치이다.

3. 그래픽 출력 장치

(1) 프린터(Printer)

컴퓨터에서 처리된 정보를 사람이 눈으로 볼 수 있는 형태로 인쇄하는 출력장치이다. 인쇄 방식에 따라 충격식과 비충격식으로 나뉘고, 출력 단위에 따라 시리얼 프린터, 라인 프린터, 페이지 프린터 등이 있다. 비충격식이 충격식보다 소음이 적고 속도가 빨라서 많이 사용되고 있다.

충격식 프린터	• 도트 매트릭스 프린터 • 라인 프린터 • 활자식 프린터
비충격식 프린터	• 레이저 빔 프린터 • 잉크제트 프린터 • 감열방식 프린터 • 열전사 프린터

참고 레이저 빔 프린터와 같은 고속 프린터의 속도를 표시할 때 사용하는 단위는 PPM(Page Per Minute)이다.

(2) 포토 플로터(Photo Plotter)

① PCB 설계 후 곧바로 PCB를 제작할 수 있는 필름 출력이 가능한 장치

② EDA툴에서 가장 많이 사용하는 출력장치로 고정밀도의 기계 장치와 광학 장치를 조합하여 어퍼처 파일(Aperture File)의 데이터를 필름에 감광시키기 위한 출력장치로 최근에는 기존의 포토 플로터가 수 시간에 걸쳐 그릴 수 있는 패턴을 단 수분 안에 처리할 수 있는 레이저 포터 플로터(Laser Photo Plotter)가 기계 광학적 포토 플로터를 대치하여 대중화되고 있다.

4. CAD용 컴퓨터의 데이터 버퍼

입출력 데이터 등의 정보를 전송할 때 일시적인 데이터 저장 장소로 사용되는 기억장소로 출력작업이 이루어지는 동안에도 다른 작업을 행할 수 있다.

STEP 03 CAD 시스템에 의한 도형처리

1. CAD 시스템 좌표계

구분	기준점	입력방법	설명
절대좌표	원점(0,0)	X, Y	원점으로부터 X, Y축 방향으로 이동
상대극좌표	먼저 지정된 좌표	@거리〈방향	최종좌표(점)에서 거리와 각도를 이용하여 이동되어 지정된 X, Y축의 이동좌표
상대좌표	먼저 지정된 좌표	거리〈방향	최종좌표(점)에서 이동되어 지정된 X, Y축의 이동좌표
극좌표	원점(0,0)	@X, Y	원점으로부터 거리와 각도를 이용하여 이동한 거리의 좌표

2. 도형의 작성 및 편집

도형	작성 및 편집
Line	시작점과 다음 점으로 연결되는 점의 연결, Line은 특정 위치를 연결하여 화면에 나타나게 해주는 역할을 하는 개체라 할 수 있다.
Ellipse	타원의 경우 필요한 것은 타원의 중심을 기준으로 장축 또는 단축의 길이와 각도가 필요하고, 이에 따른 나머지 축의 길이를 연결하는 선형 곡선으로 나타나게 된다. 이 경우 장축과 단축의 길이가 같게 되면 원이 된다.
Arc	Arc의 경우 타원을 그리는 방법에 시작점과 끝점이 추가로 이루어진다. Ellipse와 마찬가지로 장축과 단축의 길이가 같을 경우 Arc가 된다.
Spline	Spline 자유곡선은 2D Nurbs라고도 한다. 특정한 치수로 표현이 불가능하다는 특징을 갖고 있다. Ellipse의 경우도 넓은 의미에서는 Spline이라 할 수 있지만, 결과적으로 Ellipse의 경우 수치화가 가능하기 때문에 Spline에서 제외되었다.
Solid	Solid는 면을 갖는 개체를 말한다. CAD 프로그램 상에서 윈도우즈 폰트를 사용할 경우 면이 채워지는 것이나, 치수를 기입할 때 화살표 등이 이에 속한다.

3. 형상 모델링

(1) 개요

① 3D 그래픽을 이용하면 실세계에 존재하지 않는 물체를 입체적으로 표현하는 것이 가능하다. 3차원 물체의 생성 과정은 물체의 기하학적인 형상을 모델링(Modeling), 3차원 물체를 2차원 평면에 투영(Projection), 생성된 3차원 물체에 색상과 명암 추가(Rendering)의 세 단계를 거친다.

② 모델링은 실세계나 상상 속에 존재하는 물체를 3차원 좌표계를 사용하여 그 모양을 표현해 내는 과정이다.

(2) 종류 및 특징

1) 와이어 프레임(Wire Frame) 모델

물체의 골격만을 표현하는 기법으로 가장 기본적인 모델링이다. 물체의 무게감이나 부피감, 실제감 등을 느끼기 어렵다.

2) 솔리드(Solid) 모델

상업적으로 가장 많이 사용되고 있는 가장 고급스러운 모델링이다. 덩어리감으로 입체를 생성하며, 물체의 성격과 부피 등의 물리적 성질까지 알 수 있다.

3) 다각형 표면(Polygon Surface) 모델

기본적으로 형성된 와이어 프레임 위에 삼각형이나 사각형 같은 면을 입히는 방식으로 속은 비어 있고 겉면만 생성된 3차원 모델이다.

4) 3차원 스캔에 의한 모델

실제 사람의 얼굴이나 물체를 스캐닝하여 모델링하는 방법으로, 3차원 디지타이저와 3차원 레이저 스캐너가 있어야 한다.

5) 프랙탈 모델

선 표시에서 면으로 변화하는 상태를 자연스럽게 조작할 수 있는 새로운 질감 묘사 모델링 방식이다. 해안선이나 혹성의 표면, 산, 구름 등 표현하기 어려운 복잡한 자연 경관이나 형상 및 도면 등의 불규칙적인 성질을 가진 것들의 표현을 가능하게 하였다. Bryce 3D가 대표적인 프로그램이다.

6) 파티클 모델

일반적인 모델링 기법으로는 만들기 어려운 연기나 불, 수증기, 먼지 등의 미세한 부분을 작은 입자들을 이용하여 표현하는 모델링 방법이다.

7) 파라메트릭 모델

캐드 시스템에 많이 사용되는 기법으로 공식에 의해 직선, 곡선, 표면 등의 그래픽 데이터를 처리하는 방식이다. 자동차, 항공기 등의 면처리에 많이 사용된다.

출제예상문제

[1. 제도규약 예상문제]

01 다음 중 컴퍼스로 그리기 어려운 원호나 곡선을 그릴 때 사용되는 제도 기구는?

① T자　　　　　② 삼각자
③ 운형자　　　　④ 축적자

🔍 운형자 : 컴퍼스로 그리기 어려운 원호나 곡선을 그릴 때 사용되는 제도 기구

02 도면을 작성할 때 실물보다 작게 그리는 척도는?

① 실척　　　　　② 현척
③ 축척　　　　　④ 배척

🔍 ・척도 : 도면에서의 크기와 물체의 실제 크기의 비
・축척 : 실물보다 작게 축소해서 그리는 것
・현척(실척) : 실물과 같은 크기로 그리는 것
・배척 : 실물보다 크게 확대해서 그리는 것
・NS(Not to Scale) : 도면과 실물의 치수가 비례 척도가 아님을 뜻함

03 여러 나라의 공업규격 중에서 국제표준화 기구의 규격을 나타내는 것은?

① ISO　　　　　② ANSI
③ JIS　　　　　④ DIN

🔍 ISO(International Organization for Standardization) : 국제 표준화기구

04 KS의 부문별 기호에서 기본적인 내용에 관계되는 분류 기호는?

① KS A　　　　② KS B
③ KS C　　　　④ KS D

🔍 KS A : 기본, KS B : 기계, KS C : 전기, KS D : 금속

05 축적 1/25의 도면에서 도면상 길이가 2[mm]일 때, 실제 길이는?

① 1.25[mm]　　　② 2[mm]
③ 12.5[mm]　　　④ 50[mm]

🔍 축적 1/25이므로 2mm×25 = 50mm

06 KS C의 중분류에 속하지 않는 것은?

① 정보기기, 데이터 저장매체
② 통신 전자기기 및 부품
③ 전기일반
④ 진공관 및 전구

🔍 정보기기, 데이터 저장매체는 KS 정보부문(X)에 속한다.

07 A4 용지의 크기를 올바르게 나타낸 것은?

① 841×1189[mm]　② 594×841[mm]
③ 420×594[mm]　④ 210×297[mm]

🔍 ・A0 : 841×1189　・A1 : 594×841
・A2 : 420×594　　・A3 : 297×420
・A4 : 210×297

08 제도 용지에 직접 연필로 작성한 도면이나 컴퓨터로 작성한 최초의 도면을 무엇이라 하는가?

① 스케치도　　　② 복사도
③ 트레이스도　　④ 원도

🔍 원도 : 제도 용지에 직접 연필로 작성한 도면, 컴퓨터가 작성한 최초 도면

09 제도의 목적을 달성하기 위한 도면의 요건으로 옳지 않은 것은?

① 대상물의 도형과 함께 필요로 하는 크기, 모양, 자세, 위치의 정보를 포함하여야 한다.

정답 [1. 제도규약] 01 ③　02 ③　03 ①　04 ①　05 ④　06 ①　07 ④　08 ④　09 ②

② 도면의 정보를 명확하게 하기 위하여 복잡하고 어렵게 표현하여야 한다.

③ 가능한 한 넓은 기술 분야에 걸쳐 정합성, 보편성을 가져야 한다.

④ 복사 및 도면의 보존, 검색, 이용이 확실히 되도록 내용과 양식을 구비하여야 한다.

🔍 도면의 구비조건
- 대상물의 도형과 함께 필요로 하는 크기, 모양, 자세, 위치의 정보를 포함하여야 한다.
- 가능한 한 넓은 기술 분야에 걸쳐 적합성, 보편성을 가져야 한다.
- 복사 및 도면의 보존, 검색, 이용이 확실히 되도록 내용과 양식을 구비하여야 한다.
- 무역 및 기술의 국제 교류의 입장에서 국제성을 가져야 한다.

10 도면의 종류 중 사용목적에 따른 분류에 해당되지 않는 것은?

① 계획도　　　　　② 제작도
③ 견적도　　　　　④ 조립도

🔍 도면의 사용 목적에 따른 분류 : 견적도, 제작도, 주문도, 승인도, 계획도, 설명도 등

11 다음 중 설계자의 의도를 작업자에게 전달시켜 요구하는 물품을 정확하게 만들기 위해 사용되는 도면은?

① 공정도　　　　　② 설명도
③ 승인도　　　　　④ 제작도

🔍 제작도 : 설계자의 의도를 작업자에게 정확히 전달시켜 요구하는 물품을 만들게 하기 위하여 사용되는 도면

12 일반적으로 도면 관리시 도면 번호를 기입하는 부분은?

① 부품란　　　　　② 윤곽선
③ 표제란　　　　　④ 드로잉 뒷면

🔍 표제란 : 표제란은 도면의 오른쪽 아래 구석에 위치한다. 표제란에는 도면 번호, 도명, 척도, 기관명, 작성 연월일, 제도자 등을 기입하며, 도면을 접어서 보관 할 때는 그 접은 크기가 A4가 되도록 하는 것이 원칙이다. 이때 표제란이 앞에 나오도록 한다.

13 다음 중 도면의 효율적 관리를 위해 마이크로필름을 이용하는 이유가 아닌 것은?

① 종이에 비해 보존성이 좋다.
② 재료비를 절감시킬 수 있다.
③ 통일된 크기로 복사할 수 있다.
④ 복사 시간이 짧지만 복원력이 낮다.

🔍 마이크로필름의 특징
- 종이에 비해 보존성이 우수하다.
- 재료비를 절감시킬 수 있다.
- 통일된 크기로 복사가 용이하다.
- 복사 시간이 짧고, 복원력이 높다.

14 표준화 유형 중 기업 또는 공장에서 심의하고 규정하여 기업 또는 공장 내부에서 적용되는 표준은?

① 단체표준　　　　　② 사내표준
③ 국가표준　　　　　④ 국제표준

🔍 표준화(Standardization)의 유형
- 사내표준 : 기업 또는 공장에서 심의하고 규정하여 기업 또는 공장 내부에서 적용되는 표준
- 단체표준 : 생산자 모임인 협회, 조합, 학회 등 각종 단체가 생산업체와 수요자의 의견을 참작해 자발적으로 제정하는 규정
- 국가표준 : 한 나라의 영토 내에서 적용되는 표준을 이해 관계자의 합의를 얻어 제정하고 관계자가 사용하는 것
- 국제표준 : 다수의 국가가 각 국의 이해관계를 조정하여 국제적으로 적용되도록 제정한 표준으로 공업/농업에 대해서는 국제표준화기구(ISO)가 제정하는 ISO 규격과 전기 관련 국제전기표준회의(IEC)가 제정하는 IEC 규격이 대표적임

15 도면을 관리하기 위해 도면 번호에 포함되지 않는 사항은?

① 부품의 종류 및 형식
② 조립도 번호
③ 도면의 크기
④ 작성 일자

🔍 도면을 관리하기 위한 도면 번호에는 작성일자는 포함되지 않는다.

[2. 전자부품 예상문제]

01 쌍방향 다이오드(다이액)의 기호는?

🔍 ① 제너다이오드　　　② 트랜지스터
　 ③ 쌍방향 다이오드(다이액)　④ UJT

02 그림과 같은 부품 기호에 대한 명칭은?

① 다이오드
② 저항
③ 수정진동자
④ 코일

🔍 ① 다이오드 ▸｜◂　② 저항 〜〜〜
　 ④ 코일 〜〜〜

03 다음 중에서 수동 부품(소자)인 것은?

① 트랜지스터　　　② 전자관
③ 다이오드　　　　④ 콘덴서

🔍 능동부품과 수동부품

능동 부품	• 트랜지스터(TR), 전계효과 트랜지스터(FET), 단접 합 트랜지스터(UJT), IC, 연산증폭기(OPAMP) 등 • 활용 예 : 증폭, 발진, 신호 변환 등
수동 부품	• 전기 신호의 중계, 제어 등 • 활용 예 : 저항기, 콘덴서, 커넥터, 소켓, 스위치 등

04 다음 중 표면실장형 부품 패키지 형태가 아닌 것은?

① SMD　　　② DIP
③ SOP　　　④ TQFP

🔍 표면실장 부품 패키지
　 • SOP(Small-Outline Package)
　 • TQFP(Thin Quad Flat Package)
　 • QFP(Quad Flat Package)
　 • PLCC(Plastic Leaded Chip Carrier)

05 다음 콘덴서의 정전용량값과 허용오차는?

① 정전용량 : 0.001[μF], 허용오차 : ±0.1[%]
② 정전용량 : 0.001[μF], 허용오차 : ±1[%]
③ 정전용량 : 0.0001[μF], 허용오차 : ±10[%]
④ 정전용량 : 0.0001[μF], 허용오차 : ±20[%]

🔍
　 허용오차　콘덴서의 기준 단위는 [pF] = 10^{-12}
　 10의 승수　$10 \times 10^{1} \times 10^{-12} = 0.0001[\mu F]$
　 유효숫자　허용오차 K는 ±10[%] 이다.
　 유효숫자

06 다음 그림의 논리 게이트 명칭은?

① AND gate
② OR gate
③ NAND gate
④ NOR gate

🔍 논리 게이트

AND	OR	NAND	NOR
⎓⎓	⎓⎓	⎓⎓	⎓⎓

07 다음 중 극성을 갖는 콘덴서는?

① 전해 콘덴서
② 세라믹 콘덴서
③ 마일러 콘덴서
④ 반고정 세라믹 콘덴서

🔍 전해 콘덴서 : 극성을 가지고 있으며 안정적인 대용량 전원 공
　 급을 위해 사용되는 소자

08 12[kΩ] ±5% 저항값의 색깔 표시로 적합한 것은?

① 흑색, 갈색, 황색, 은색
② 자색, 적색, 녹색, 회색

③ 황색, 녹색, 주황색, 백색

④ 갈색, 적색, 주황색, 금색

🔍 저항값의 색깔 표시

제1색띠	제2색띠	제3색띠	제4색띠
갈색(1)	적색(2)	주황색(10^3)	금색(±5%)

$12 \times 10^3 = 12000\Omega = 12k\Omega$, 오차 ±5%

09 다음 중 탄소막이 있어, 도체의 전기적인 흐름을 방해하는 작용을 하는 소자는?

① 트랜지스터

② 저항

③ 탄탈 콘덴서

④ 트랜스포머

🔍 저항 : 도체의 전기적인 흐름을 방해하는 작용을 하는 소자

10 그림과 같이 4색으로 표시되어 있을 때 저항값은?

황색 녹색 주황색 금색

① 25[kΩ]

② 35[kΩ]

③ 45[kΩ]

④ 65[kΩ]

🔍 저항값의 색깔 표시

제1색띠	제1색띠	제1색띠	제1색띠
황색(4)	녹색(5)	주황색(10^3)	금색(±5%)

$45 \times 10^3 = 45000\Omega = 45k\Omega$, 오차 ±5%

11 능동소자 중 pnpn 4층 구조로 3개의 pn 접합이 애노드(A), 캐소드(K), 게이트(G) 등 3개의 전극으로 구성되어 있으며, 조광 장치나 전동차의 전력조절 등에 사용되는 소자는?

① 다이오드

② 트랜지스터

③ SCR

④ FET

🔍 SCR : PNPN 4층 구조로 3개의 PN접합이 애노드(A), 캐소드(K), 게이트(G) 등 3개의 전극으로 구성되어 있으며, 조광장치나 전동차의 전력조절 등에 사용되는 소자이다.

12 2SA562B 트랜지스터의 명칭에서 A의 용도는?

① PNP형 고주파용 TR

② PNP형 저주파용 TR

③ NPN형 고주파용 TR

④ NPN형 저주파용 TR

🔍 2 S A 562 B
- 개량표시
- 등록순서번호
- A : PNP형의 고주파용
- Semiconductor(반도체)
- 2 : 트랜지스터

13 한쪽 방향으로만 전류를 통과시켜 교류를 직류로 바꾸는 소자는?

① 다이오드

② 트랜지스터

③ 전해콘덴서

④ 전기장 효과 트랜지스터

🔍 다이오드 : 전류를 한 방향으로만 흐르게 하고, 그 역방향으로 흐르지 못하게 하는 성질을 가진 반도체 소자

14 다음 기호의 명칭은?

① 가변저항기

② 가변콘덴서

③ 고정 저항

④ 스위치

🔍 ② 가변콘덴서   ③ 고정 저항

④ 스위치

15 저항값이 낮은 저항기로서 대전력용 및 표준저항기 등과 같이 고정밀도 저항기로 사용되는 저항기는?

① 탄소피막 저항기

② 솔리드 저항기

③ 권선 저항기

④ 모듈 저항기

🔍 권선 저항기 : 저항 값이 낮은 저항기로서 대전력용 및 표준저항기 등과 같이 정밀도 저항기로 사용된다.

정답 09 ② 10 ③ 11 ③ 12 ③ 13 ① 14 ① 15 ③

[3. 회로도면의 설계 예상문제]

01 회로도 작성 시 고려사항 중 옳지 않은 것은?

① 주회로와 보조회로가 있는 경우에는 보조회로를 중심으로 설계한다.
② 회로도는 주요 능동소자를 중심으로 그린다.
③ 대칭으로 동작하는 회로는 접지를 기준으로 대칭되게 그린다.
④ 선의 교차가 적고 부품이 회로도 전체에 안배되도록 그린다.

🔍 회로도 작성 시 고려사항
• 주회로와 보조회로가 있는 경우에는 주회로를 중심으로 설계한다.
• 회로도는 주요 능동소자를 중심으로 그린다.
• 대칭으로 동작하는 회로는 접지를 기준으로 대칭되게 그린다.
• 선의 교차가 적고 부품이 도면 전체에 안배되도록 그린다.

02 블록선도에 사용되지 않는 도형은?

① 원형   ② 직사각형
③ 정사각형   ④ 삼각형

🔍 블록선도에 사용되는 블록은 정사각형, 삼각형, 직사각형이 사용된다.

03 전자회로설계에서 전체적인 동작이나 기능의 계통도로 그린 것은?

① 상세도   ② 접속도
③ 블록도   ④ 기초도

🔍 계통도(블록도) : 전자회로에서 부분 상호간에 전달되는 신호의 계통을 알기 쉽게 나타낸 선도로서 계통도, 블록도라고 한다.

04 다음 중 회로도면의 설계 순서로 옳은 것은?

① 부품의 참조번호 지정 → 회로도면 디자인 → 도면의 오류검사 → 설계도면의 저장
② 회로도면 디자인 → 부품의 참조번호 지정 → 도면의 오류검사 → 설계도면의 저장
③ 부품의 참조번호 지정 → 도면의 오류검사 → 회로도면 디자인 → 설계도면의 저장
④ 회로도면 디자인 → 도면의 오류검사 → 부품의 참조번호 지정 → 설계도면의 저장

🔍 회로도면의 설계 순서
1. 회로도면의 디자인   2. 부품의 참조번호 지정
3. 도면의 오류검사   4. 설계도면의 저장

05 전자 회로도를 작성한 일반적인 규칙의 설명으로 틀린 것은?

① 선의 교차는 가능한 한 적게 한다.
② 정해진 기호(symbol)와 문자로 그린다.
③ 대각선과 곡선은 가능한 한 직선으로 그린다.
④ 물리적으로 연결된 것은 실선으로 그린다.

🔍 회로도 작성 시 고려사항
• 선의 교차가 적고 부품이 도면 전체에 안배되도록 그린다.
• 정해진 기호(Symbol)와 문자로 그린다.
• 대각선과 곡선은 가능한 한 직선으로 그린다.
• 회로도 작성 시 물리적인 관련이나 연결이 있는 부품 사이에는 파선으로 나타낸다.

06 다음 중 회로도 그리기 작업 중에 하는 일이 아닌 것은?

① Footprint 입력
② Gerber 데이터 출력
③ Netlist 파일의 생성
④ ERC(Electronic Rule Check0

🔍 Gerber Data : PCB를 제작하기 위한 파일로서 PCB설계의 모든 정보가 들어 있고 PCB설계의 최종 목적 파일로 필름의 생성을 위한 각 레이어 및 드릴 데이터 등을 추출하는 파일이다.

07 회로도 작성 시 물리적인 관련이나 연결이 있는 부품 사이에 나타내는 선은?

① 실선   ② 파선
③ 치수선   ④ 일점쇄선

🔍 회로도 작성 시 물리적인 관련이나 연결이 있는 부품 사이는 파선으로 나타낸다.

08 회로를 그릴 때에 불러서 쓰기 위해 도 기호들을 만들어 저장해 두는 파일은?

① 라이브러리   ② 시스템

③ 배치   ④ 편집

🔍 전자 CAD는 회로도면 및 인쇄회로기판(PCB)의 설계에 빈번히 사용되는 회로소자의 도기호와 PCB용 Footprint 및 문자 등을 제공하여 작업의 효율을 크게 향상시키는 라이브러리(Library)를 포함한다.

09 다음 그림과 같이 표현하는 도면 표시 방법은?

① 회로도   ② 계통도
③ 배선도   ④ 접속도

🔍 계통도(블록도) : 전자회로에서 부분 상호간에 전달되는 신호의 계통을 알기 쉽게 나타낸 선도로서 계통도, 블록도라고 한다.

10 회로도가 하나의 도면으로 작성하기에 클 경우 도면의 일부를 하위 페이지로 작성하는 도면의 구조는?

① 평면구조   ② 다면구조
③ 계층구조   ④ 단일구조

🔍 계층구조(Hierarchical Design) : 회로도가 하나의 도면으로 작성하기에 클 경우 도면의 일부를 하위 페이지로 작성하는 도면 구조

[4. 인쇄회로 기판 제작공정 예상문제]

01 인쇄회로기판(PCB) 설계용 CAD에서 일반적인 배선 알고리즘이 아닌 것은?

① 스트립 접속법
② 고속 라인법
③ 인공지능 탐사법
④ 기하학적 탐사법

🔍 PCB 설계용 CAD 프로그램의 일반적인 배선 알고리즘 : 스트립 접속법, 고속 라인법, 기하학적 탐사법 등이 사용되고 있다.

02 패드와 패드를 연결하면서 트랙의 층을 변경할 때 생기는 원형 동박의 명칭을 무엇이라고 하는가?

① 드릴   ② 랜드
③ 솔더마스크   ④ 비아

🔍 비아(Via)는 패드와 패드를 연결하면서 트랙의 층을 변경할 때 생기는 원형 동박을 말한다.

• Buried Via hole : 내층과 내층을 연결하는 hole
• Blind Via hole : 내층과 외층을 연결하는 hole
• Through Via hole : 외층과 외·내층의 연결을 관통하는 hole

03 PCB 설계 시 전자부품의 피치가 100[mil]이었다면, 이를 mm로 환산하면?

① 0.254[mm]   ② 2.54[mm]
③ 0.0254[mm]   ④ 0.00254[mm]

🔍 • 1mil : 1/1000[inch]를 단위로 사용하는 것으로 부품의 리드의 피치나 PCB의 패턴의 간격 등에 주로 사용하는 단위이다.
• 1inch = 2.54cm = 25.4mm = 1000mil
∴10으로 나누면 2.54[mm] = 100mil

04 다음 중 전자통신기기의 패널을 설계·제도할 때 유의할 점으로 옳은 것은?

① 전원 코드는 전면에 배치한다.
② 조작상 서로 연관이 있는 요소끼리 근접 배치한다.
③ 조작 빈도가 낮은 부품은 패널의 중앙이나 오른쪽에 배치한다.
④ 장치에 외부 접속기가 있을 경우 반드시 패널의 위에 배치한다.

🔍 • 전원선이나 퓨즈박스 등은 배면에 배치한다.
• 패널 부품은 크기를 고려하여 균형 있게 배치한다.
• 조작 시 서로 연관이 있는 요소끼리 근접 배치한다.
• 조작 빈도가 높은 부품은 패널의 중앙이나 오른쪽에 위치한다.
• 장치의 외부와 연결되는 커넥터는 PCB 외곽 쪽에 배치한다.

05 PCB 설계 시 부품배치 방법으로 옳지 않은 것은?

① 버스 라인의 흐름에 주의하여 IC를 배치한다.
② 배선이 많은 부품들은 기판의 외곽으로 배치한다.
③ 커넥터 주변은 배선을 위한 충분한 공간을 확보한다.
④ 극성이 있는 부품은 삽입오류를 방지하기 위해 취급 방향을 통일한다.

🔍 PCB 설계 시 부품의 배치 방법
• 버스 라인의 흐름에 주의하여 IC를 배치한다.
• 커넥터 주변은 배선을 위한 충분한 공간을 확보한다.
• 극성 있는 부품은 삽입오류를 방지하기 위해 취급 방향을 통일한다.
• 배선이 많은 부품들은 기판의 중앙에 배치한다.

06 다음 중 인쇄회로기판의 특징이 아닌 것은?

① 대량 생산의 효과가 높다.
② 제품의 소형, 경량화에도 기여한다.
③ 소량, 다품종 생산에는 제조 단가가 낮아진다.
④ 제조의 표준화와 자동화를 기할 수 있다.

🔍 인쇄회로기판(PCB)의 장점
• 대량 생산의 효과가 높다.
• 제품의 소형, 경량화에 기여한다.
• 제조의 표준화와 자동화가 이루어진다.

07 인쇄회로기판의 패턴을 설계할 때 유의해야 할 사항으로 옳지 않은 것은?

① 패턴은 굵고 짧게 한다.
② 배선은 길게 하는 것이 좋다.
③ 패턴 사이의 간격을 차폐한다.
④ 커넥터를 분리 설계한다.

🔍 패턴 설계 시 유의사항
• 패턴은 가급적 굵고 짧게 한다.
• 배선은 가급적 짧게 하는 것이 다른 배선이나 부품의 영향을 적게 받는다.
• 패턴 사이의 간격을 차폐한다.
• 커넥터를 분리 설계한다.

08 인쇄회로기판의 임피던스에 대한 설명으로 옳지 않은 것은?

① 회로의 폭과 층간 두께의 영향을 가장 많이 받는다.

② 임피던스의 단위는 옴[Ω]이다.
③ 고속의 신호전송을 위해서는 유전상수가 작은 재료를 사용한다.
④ 전송 신호의 손실을 최소화하기 위해 유전 손실이 높은 재료를 사용한다.

🔍 임피던스의 단위는 옴[Ω]이며, 회로의 폭과 층간 두께의 영향을 가장 많이 받으며, 고속의 신호전송을 위해서는 유전상수가 작은 재료를 사용하며, 전송 신호의 손실을 최소화하기 위해 유전 손실이 낮은 재료를 사용한다.

09 PCB의 제조를 위한 필름 제조와 마스터포터 툴을 생성하는 세계적 표준의 파일 형식은?

① 네트리스트 파일
② 거버 파일
③ 라이브러리 파일
④ DXF 파일

🔍 Gerber File : PCB를 제작하기 위한 파일로서 PCB설계의 모든 정보가 들어 있고 PCB 설계의 최종 목적 파일로 필름의 생성을 위한 각 레이어 및 드릴 데이터 등을 추출하는 파일이다.

10 회로도의 설계 과정에서 부품 간의 선 연결 정보를 생성하는 파일은?

① 네트리스트(Netlist) 파일
② 거버(Gerber) 파일
③ DRC(Design Rule Check) 파일
④ DRC(Electric Rule Check) 파일

🔍 Netlist : PCB상에서 상호 연결되어 있는 신호, 모듈, 핀의 명칭으로 회로 도면상의 연결정보

11 Through hole에 대한 설명으로 옳은 것은?

① 층 간의 상호 절연을 위한 것이다.
② 홀의 한쪽이 층 내부에 묻혀 있다.
③ 신호의 접지를 위한 홀이다.
④ 부품면과 동박면을 도통하기 위한 것이다.

🔍 Through hole : 부품면과 동박면을 도통하기 위한 것

정답 **05** ② **06** ③ **07** ② **08** ④ **09** ② **10** ① **11** ④

12 다음 중 PCB 설계 후 곧바로 PCB를 제작 할 수 있는 필름 출력이 가능한 장치는?

① X-Y플로터
② PHOTO 플로터
③ Gerber Editor
④ Ink jet 프린터

🔍 포토 플로터(Photo Plotter) : PCB 설계 후 곧바로 PCB를 제작 할 수 있는 필름 출력이 가능한 장치

13 인쇄회로기판(PCB) 설계 시 고주파 부품 및 노이즈에 대한 대책으로 옳지 않은 것은?

① 아날로그, 디지털 혼재 회로에서 접지선은 분리한다.
② 전원용 라인필터는 연결부위에 가깝게 배치한다.
③ 고주파 부품은 일반회로 부분과 분리하여 배치하도록 하고, 가능하면 차폐를 실시하여 영향을 최소화하도록 한다.
④ 부품의 리드는 가급적 길게 하여 안테나 역할을 하도록 한다.

🔍 인쇄회로기판(PCB) 설계 시 고주파 부품 및 노이즈에 대한 대책
• 아날로그, 디지털 혼재 회로에서 접지선은 분리한다.
• 전원용 라인필터는 연결부위에 가깝게 배치한다.
• 고주파 부품은 일반회로 부분과 분리하여 배치하도록 하고, 가능하면 차폐를 실시하여 영향을 최소화하도록 한다.
• 부품은 세워서 배치하지 않으며, 가급적 부품의 다리를 짧게 배선한다.

14 인쇄회로기판의 설계 요소 중 패턴 설계 시 유의할 점으로 옳지 않은 것은?

① 패턴 사이의 간격은 차폐를 행한다.
② 일점 어스 방식으로 설계한다.
③ 패턴은 가늘고 길게 한다.
④ 배선을 짧게 한다.

🔍 PCB 패턴 설계 시 유의사항
• 패턴 사이의 간격은 차폐를 행한다.
• 일점 어스 방식으로 설계한다.
• 패턴은 가능한 한 짧고 굵게 한다.
• 취급하는 전력 용량, 주파수 대역 및 신호 형태별로 기판을 나누거나 커넥터를 분리하여 설계한다.

15 유연성을 갖는 PCB로 절연기판의 얇은 필름으로 만들어진 것은?

① 페놀 단면 PCB
② 에폭시 PCB
③ 플렉시블 PCB
④ 메탈 PCB

🔍 플렉서블 기판(Flexible Base material) : 유연성을 갖는 PCB로 절연기판이 얇은 폴리에스테르나 폴리이미드 필름에 동박을 입힌 기판

16 PCB 제조 공정에서 소정의 배선 패턴만 남기고 다른 부분의 패턴을 제거하는 공정은?

① 천공
② 노광
③ 에칭
④ 도금

🔍 에칭 : PCB 제조 공정에서 소정의 배선 패턴만 남기고 다른 부분의 패턴을 제거하는 공정

17 PCB 제조 공정에서 구리를 제거하기 위한 에칭액은?

① 염화나트륨
② 염화제이철
③ 크롬황산
④ 수산화나트륨

🔍 도체 패턴을 만들기 위하여 절연기판상의 도체의 불필요 부분을 화학적 또는 전기적화학적으로 제거해야 하는 데 이때 사용하는 에칭액은 염화제이철($FeCl_3$)이다.

18 인쇄회로기판의 고밀도화를 촉진하는 요인이 아닌 것은?

① via 홀의 소형화
② 전자회로의 단순화
③ 부품의 SMT화
④ 인쇄회로 기판의 다층화

🔍 인쇄회로기판의 고밀도화를 촉진하는 요인
• via 홀의 소형화
• 부품의 SMT화
• 인쇄회로기판의 다층화
• 제품의 소형화 등

19 회로를 CAD로 작성한 후 전기적인 연결 상태를 검증하는 것은?

① ERC(Electrical Rule Check)
② LRC(Line Rule Check)
③ CRC(Circuit Rule Check)
④ SRC(Schematic Rule Check)

🔍 ERC(Electrical Rules Check) : 전기적인 연결 상태를 검증하는 것

20 인쇄회로기판이 갖추어야 할 특성과 거리가 먼 것은?

① 온도 상승에 대하여 변화가 적어야 한다.
② 납땜 시 가열 등에 의해서는 안정되어야 한다.
③ 기계적 강도를 갖추고, 가공이 용이해야 한다.
④ 공정 약물 처리에 대해 특성이 변화해야 한다.

🔍 인쇄회로기판이 갖추어야 할 특성
• 온도 상승에 대하여 변화가 적어야 한다.
• 납땜 시 가열 등에 의해서는 안정되어야 한다.
• 기계적 강도를 갖추고, 가공이 용이해야 한다.
• 공정 중 약물 처리에 대해 특성이 변하지 않아야 한다.

21 PCB를 가공할 때에는 부품 부착용 구멍(hole)을 만들며, 이 구멍은 부품과 배선과의 접속이 가능하도록 원형이나 사각형 등의 모양으로 부품이나 단자의 납땜 장소로 사용되는 것은?

① 랜드(Land)
② 스루 홀(through hole)
③ 액세스 홀(access hole)
④ 트랙(track)

🔍 랜드(Land) : PCB를 가공할 때에는 부품 부착용 구멍을 만들며, 이 구멍은 부품과 배선과의 접속이 가능하도록 원형이나 사각형 등의 모양으로 부품이나 단자의 납땜 장소로 사용되는 것

22 부품 배치도와 작성 방법에 대한 설명으로 옳지 않은 것은?

① 균형 있게 배치한다.
② IC의 경우 1번 핀을 표시한다.
③ 부품 상호간 신호가 유기되도록 한다.
④ 조정이 필요한 부품은 조작이 용이하도록 배치하여야 한다.

🔍 부품의 배치도 작성 방법
• 균형있게 배치한다.
• IC의 경우 1번 핀을 표시하여 오 삽입을 방지한다.
• 부품 상호간에 신호가 유기되지 않도록 한다.
• 조정이 필요한 부품은 조작이 용이하도록 배치하여야 한다.

23 인쇄회로기판을 사용하여 전자기기를 제작하였을 때 얻어지는 일반적인 특징 설명 중 옳지 않은 것은?

① 오배선의 우려가 많다.
② 대량 생산의 효과가 높다.
③ 회로의 특성이 안정화된다.
④ 제품의 균일성과 신뢰성이 높다.

🔍 인쇄회로기판(PCB)을 사용하여 전자기기를 제작하였을 때의 일반적인 특징
• 오배선의 우려가 없다.
• 대량 생산의 효과가 높다.
• 회로의 특성이 안정화된다.
• 제품의 균일성과 신뢰성이 높다.

24 PCB 아트워크 작업에서 포토 플로터를 작동시키는 명령의 사실상의 표준포맷으로, 대부분의 인쇄 기판 CAD의 최종 목적으로 출력하는 파일은?

① 필름 형식(film format)
② 배선 형식(router foramt)
③ 거버 형식(gerber foramt)
④ 레이어 형식(layer format)

🔍 거버형식(Gerber Format) : PCB 아트워크 작업에서 포토 플로터를 작동시키는 명령의 사실상의 표준포맷으로, 대부분의 인쇄 기판 CAD의 최종 목적으로 출력하는 파일

25 PCB 제작공정 중 도금공정이 아닌 것은?

① PSR 인쇄
② 전해 동 도금
③ 전해 땜납 도금
④ 외층부식

🔍 도금공정 : 전해 동 도금, 전해 땜납 도금, 외층부식(Etching)

정답 **19** ① **20** ④ **21** ① **22** ③ **23** ① **24** ③ **25** ①

26 고밀도의 배선이나 차폐가 필요한 경우에 사용하는 형태의 PCB는?

① 단면 PCB
② 양면 PCB
③ 다층면 PCB
④ 바이폴러 PCB

🔍 다층 PCB(Mult Layer Board) : 내층과 외층 회로를 가진 입체 구조의 PCB 입체 배선에 의한 고밀도 부품 실장이 가능하다.

27 인쇄회로기판의 설계 시 발열 부품에 대한 대책으로 틀린 것은?

① 일반적으로 내열 온도는 85℃ 이하에서 사용하는 것이 바람직하다.
② 발열 부품은 한 곳에 집중 배치하여, 부분적 영향을 받도록 하는 것이 유리하다.
③ 공기의 흐름을 파악하여, 열에 약한 부품은 공기의 유입 부분에, 열에 강한 부품은 출구쪽에 배치한다.
④ 실장 면적은 부품을 PCB에 밀착하여 배치하는 경우에 납땜 시 온도의 영향을 작게 설계하는 것이 요구된다.

🔍 발열부품에 대한 설계 시 고려사항
 • 일반적으로 내열 온도는 85℃ 이하에서 사용하는 것이 바람직하다.
 • 실장면적은 부품을 인쇄회로기판에 밀착하여 배치하는 경우에 납땜 시 온도 영향을 작게 설계하는 것이 중요하다.
 • 부품배치는 부품의 내열성을 고려해서 배치해야 하고 온도 분포가 균일하게 되어야 한다.
 • 공기 흐름을 고려한 후에 열에 약한 부품(IC, Tr, 콘덴서)은 가능한 공기 유입 부분에 배치하고, 열에 강한 부품(저항, 트랜스)은 출구쪽에 배치한다.

28 다음 기판 재질 중에서 내열성이 좋고, 다층기판 제작에 용이하며, 플렉시블(Flexible : 휨이나 절곡)한 기판 제작에 많이 사용되는 것은?

① 페놀(Phenol) 수지
② 에폭시(Epoxy) 수지
③ 폴리이미드 필름
④ 테플론(Teflon)

🔍 플렉서블 기판(Flexible Base material) : 유연성을 갖는 PCB로 절연기판이 얇은 폴리에스테르나 폴리이미드 필름에 동박을 입힌 기판

29 부품의 배치가 완료된 이후 핀(PIN) 간의 배선 작업을 의미하는 것은?

① 웨이퍼
② 블로킹
③ 에칭
④ 라우팅

🔍 라우팅(Routing) : 부품의 배치가 완료된 후 PIN 간의 배선 작업을 의미

30 인쇄회로기판 설계 시 랜드를 설계하려고 한다. D=3.0mm, d=1.0mm일 때 랜드의 최소 도체 너비[w]는?

① 0.5[mm]
② 1[mm]
③ 1.5[mm]
④ 2[mm]

🔍 $d_1 - d_2 \geq 1.6mm$일 때 랜드의 최소 도체 너비[w] 계산식
$w \geq \dfrac{d_1 - d_2}{2} \times \dfrac{1}{2}$에 D=3.0[mm], d=1.0[mm]를 대입하면
$w \geq \dfrac{3-1}{2} \times \dfrac{1}{2} = 0.5[mm]$

[5. CAD 일반 예상문제]

01 CAD용 컴퓨터의 데이터 버퍼에 대한 설명으로 옳은 것은?

① 출력작업이 이루어지는 동안에도 다른 작업을 행할 수 있다.
② 주변장치와 8bit 병렬 데이터 통신을 하기 위한 인터페이스이다.
③ 사용자 정의 형상을 컴퓨터가 이해할 수 있는 수치로 나타낸다.
④ 36핀 커넥터로 되어 있다.

🔍 CAD용 컴퓨터의 데이터 버퍼 : 입출력 데이터 등의 정보를 전송할 때 일시적인 데이터 저장 장소로 사용되는 기억장소로 출력작업이 이루어지는 동안에도 다른 작업을 행할 수 있다.

02 다음 중 도면으로부터 좌표를 읽어 들이는 데 사용하며, 자기장이 분포되어 있는 평판에 위치 검출기를 위치시켜 도면의 위치에 대응하는 X, Y 좌표를 입력하거나 원하는 명령어를 선택하는 입력장치는?

① 디지타이저
② 이미지 스캐너
③ 마우스
④ 포토 플로터

🔍 디지타이저(Digitizer) : 도면으로부터 좌표를 읽어 들이는 데 사용하며, 자기장이 분포되어 있는 평판에 위치 검출기를 위치시켜 도면의 위치에 대응하는 X, Y 좌표를 입력하거나 원하는 명령어를 선택하는 입력장치

03 다음 중 출력장치로 볼 수 없는 것은?

① 마우스
② 플로터
③ 프린터
④ 모니터

🔍 • CAD 시스템의 입력장치 : 키보드, 마우스, 디지타이저, 이미지 스캐너, 라이트펜 등
• CAD 시스템의 출력장치 : 모니터, 프린터, 플로터, 포토 플로터 등

04 다음 중 전자 CAD용 프로그램(EDA 툴)이 아닌 것은?

① OrCAD
② CADSTAR
③ AutoCAD
④ Altium Designer

🔍 AutoCAD는 기계 또는 건축, 토목 등에 사용하는 메커니컬 CAD이다.

05 다음 중 전자제도(CAD)에 대한 특징으로 옳지 않은 것은?

① 설계 과정에서 능률이 높아진다.
② 한번 저장한 도면은 수정하기가 어렵다.
③ 설계 요소의 표준화로 도면작성시간이 단축된다.
④ 컴퓨터의 정확한 계산으로 인하여 수치 결과에 대한 정확성이 증가한다.

🔍 CAD 도입의 장점
• 설계 과정에서 능률이 향상된다.
• 설계의 변경이 용이하다.
• 설계의 표준화로 도면작성시간이 단축된다.
• 수치 결과에 대한 정확성이 증가한다.

06 CAD시스템에서 사용되는 입력장치로만 나열된 것은?

① 키보드, 마우스, 스캐너
② 디지타이저, 스캐너, 플로터
③ 터치스크린, 프린터, 마우스
④ 스캐너, 프린터, 플로터

🔍 • CAD 시스템의 입력장치 : 키보드, 마우스, 디지타이저, 이미지 스캐너, 라이트펜 등
• CAD 시스템의 출력장치 : 모니터, 프린터, 플로터, 포터 플로터 등

07 다음 중 서로 다른 CAD 프로그램 사이에 도면 파일을 교환하는 규격으로 옳은 것은?

① DXF
② STEP
③ IGES
④ OHP

🔍 DXF(drawing exchange format) : 도면 교환 형식이라는 뜻으로, 서로 다른 컴퓨터 지원 설계(CAD) 프로그램 간에 설계 도면 파일을 교환하는 데 업계 표준적으로 사용되는 파일 형식

08 다음 중 전자캐드 용어 중 옳지 않은 것은?

① CAM : Computer Aided Manufacturing
② CAD : Computer Aided Design
③ CAE : Computer Aided Epoxy
④ DRC : Design Rule Check

🔍 CAE : Computer Aided Engineering(컴퓨터 지원공학)

09 다음 프린터 종류 중 비충격 프린터는?

① 활자 프린터
② 도트 프린터
③ 펜 스트로크 프린터
④ 레이저 빔 프린터

🔍 비충격식 프린터의 종류
• 레이저 빔 프린터   • 잉크제트 프린터
• 감열방식 프린터   • 열전사 프린터

10 다음 중 설계파일의 저장장치와 관련이 없는 것은?

① CD-RW ② 스캐너
③ 하드디스크 ④ 플로피디스크

🔍 스캐너는 사진 또는 그림과 같이 종이 위의 도형의 정보를 그래픽 형태로 읽어 들여 컴퓨터에 전달하는 입력 장치이다.

11 사진이나 그림, 문서, 도표 등을 컴퓨터에 디지털화하여 입력하는 장치는?

① 터치스크린 ② 스캐너
③ 키보드 ④ 플로터

🔍 스캐너(Scanner) : 사진 또는 그림과 같이 종이 위의 도형의 정보를 그래픽 형태로 읽어 들여 컴퓨터에 전달하는 입력 장치

12 전자 CAD 패키지에 포함되어 있지 않은 프로그램은?

① 인쇄회로기판 설계용 프로그램
② 회로 시뮬레이션용 프로그램
③ 회로설계(Schematic)용 프로그램
④ 부품 가공 데이터 작성용 프로그램

🔍 전자 CAD 패키지는 인쇄회로기판 설계용 프로그램, 회로 시뮬레이션용 프로그램, 회로 설계(Schematic)용 프로그램 등으로 구성된다.

13 다음 중 CAD의 특징으로 볼 수 없는 것은?

① 작성된 도면의 정보를 기계에 직접 적용 시킬 수 있다.
② 직선과 곡선의 처리, 도형과 그림의 이동, 회전 등이 자유롭다.
③ 3차원 도형을 임의의 방향으로 표현할 수 있고, 숨은선의 처리가 용이하다.
④ 자주 쓰는 도형, 부품 등을 매크로에 정의하여 쓸 수 있으나, 하나의 도면을 다시 재생할 수는 없다.

🔍 CAD는 자주 쓰는 도형, 부품 등을 매크로 정의하여 쓸 수 있으며, 하나의 도면을 다시 재생하여 작업을 할 수 있다.

14 모니터의 신호 방식에 따른 분류에 속하지 않는 것은?

① 아날로그(analog) 방식
② 디지털(digital) 방식
③ 멀티싱크(multi sync) 방식
④ 오프라인(off-line) 방식

🔍 모니터의 신호 방식에 따른 분류 : 아날로그 방식, 디지털 방식, 멀티싱크 방식

15 레이저 빔 프린터와 같은 고속 프린터의 속도를 표시할 때 사용하는 단위는?

① CPS ② LPM
③ PPM ④ BPS

🔍 레이저 빔 프린터와 같은 고속 프린터의 속도를 표시할 때 사용하는 단위는 PPM(Page Per Minute)이다.

16 CAD 시스템에서 사용되는 좌표 중 거리와 각도로 위치를 나타내는 좌표는?

① 극 좌표계
② 상대 좌표계
③ 절대 좌표계
④ 사용자 좌표계

🔍 좌표계 : 원점으로부터 거리와 각도를 이용하여 이동한 거리의 좌표

17 다음 중 캐드 시스템의 그래픽 작업 과정으로 가장 옳지 않은 것은?

① 자동 제도(automatic drafting)
② 기술적 분석(engineering analysis)
③ 기하학적 모델링(geometric modeling)
④ 자동 생산(automatic manufacturing)

🔍 자동생산(Automatic Manufacturing)은 그래픽 작업 과정이 아닌 생산과정이다.

정답 10 ② 11 ② 12 ④ 13 ④ 14 ④ 15 ③ 16 ① 17 ④

18 CAD에서 부품을 복사 및 붙여 넣거나 편집하는 기능이 있는 메뉴는?

① File 메뉴
② Edit 메뉴
③ Help 메뉴
④ Option 메뉴

전자캐드로 작성된 도면의 편집과 관련된 기능
• ZOOM : 화면의 확대, 축소 기능
• SAVE : 저장
• DELETE : 삭제
• EDIT : 편집

19 CAD용 소프트웨어의 구성이라고 볼 수 없는 것은?

① 그래픽 패키지
② 응용 프로그램
③ 응용 데이터베이스
④ MGA(Mono-chrom Graphic Adapter)

MGA(Mono-chrome Graphic Adapter)는 하드웨어 장치

20 CAD 시스템의 좌표계가 아닌 것은?

① 역학 좌표   ② 절대 좌표
③ 상대 좌표   ④ 극 좌표

CAD 시스템 좌표계 : 절대 좌표, 상대 좌표, 극 좌표, 상대 극 좌표 등

CHAPTER

04

Craftsman Electronic CAD

°최근
기출문제

01 멀티바이브레이터의 비안정, 단안정, 쌍안정
이라고 말하는 것은 무엇으로 결정하는가?

① 전원의 크기
② 바이어스 전압의 크기
③ 저항의 크기
④ 결합회로의 구성

해설 펄스를 생성하는 멀티바이브레이터는 결합회로의 구성에 따라 단안정, 비안정, 쌍안정 멀티바이브레이터로 구분된다.

02 정현파의 파고율은 얼마인가?

① $\sqrt{2}$
② $\dfrac{2}{\pi}$
③ $\dfrac{\pi}{2\sqrt{2}}$
④ $\dfrac{\pi}{2}$

해설 평균값 = 최대값 $\times \dfrac{2}{\pi}$, 최대값 = 실효값 $\times \sqrt{2}$

03 다음 사이리스터 중 단방향성 소자는?

① TRIAC
② DIAC
③ SSS
④ SCR

해설 사이리스터(thyristor)
• 단방향성 소자 : Shockley 다이오드, SCR, SCS, GTO 등
• 쌍방향성 소자 : DIAC, TRIAC, SSS 등

04 도체에 전압이 가해졌을 때 흐르는 전류의
크기는 가해진 전압에 비례한다는 법칙은?

① 줄의 법칙
② 옴의 법칙
③ 중첩의 법칙
④ 키르히호프의 전류의 법칙

해설 옴(Ohm 법칙) : 도체에 흐르는 전류(I)는 전압(V)에 비례하고 저항(R)에 반비례 한다.
∴ $I = \dfrac{V}{R}[A]$, $V = IR[V]$, $R = \dfrac{V}{I}[\Omega]$

05 저역통과 RC 회로에서 시정수가 의미하는
것은?

① 응답의 상승 속도를 표시한다.
② 응답의 위치를 결정해 준다.
③ 입력의 진폭 크기를 표시한다.
④ 입력의 주기를 결정해 준다.

해설 저역통과 RC 회로에서 시정수 τ = RC는 응답상승 속도를 표시한다.

06 다음 중 이상적인 연산증폭기의 특징으로
적합하지 않은 것은?

① 입력임피던스가 무한대이다.
② 출력임피던스가 무한대이다.
③ 주파수 대역폭이 무한대이다.
④ 오픈 루프 이득이 무한대이다.

이상적인 연산증폭(op-amp)기의 능성

- $A_V = \infty$(전압이득은 무한대이다.)
- $R_i = \infty$(입력 저항값은 무한대이다.)
- $R = 0$(출력 저항은 0이다.)
- $BW = \infty$(대역폭은 무한대이다.), 지연응답은 0이다.
- offset = 0(오프셋 0이다.), 특성변동 및 잡음없다.
- 잡음이 없으며 입력이 0일 때 출력도 0일 것
- 동위상신호제거비(CMRR)

$$= \frac{A_d \,(\text{차동 이득})}{A_c \,(\text{동위상 이득})} = \infty일 것$$

07 다음 중 FET에 대한 설명으로 적합하지 않은 것은?

① 입력임피던스가 매우 높다.
② 전압제어형 트랜지스터이다.
③ BJT 보다 잡음특성이 양호하다.
④ 베이스, 드레인, 게이트 전극이 있다.

해설 전계효과트랜지스터(FET) : 다수 반송자의 흐름에 따라 변화하는 단일 극성 소자이며 게이트(Gate)의 역전압에 따라서 드레인(drain)에서 소스(source)로 흐르는 전류를 제어하는 전압제어 소자이다.

08 쌍안정 멀티바이브레이터의 결합저항에 병렬로 접속한 콘덴서의 목적은?

① 증폭도를 높이기 위한 것이다.
② 스위칭 속도를 높이는 동작을 한다.
③ 트랜지스터의 이미터 전위를 일정하게 한다.
④ 트랜지스터의 베이스 전위를 일정하게 한다.

해설 결합소자 중 저항과 병렬로 구성된 콘덴서(C)의 목적은 스위칭 속도를 높이는 동작을 한다.

09 고정 바이어스 회로를 사용한 트랜지스터의 β가 50이다. 안정도 S 는 얼마인가?

① 49　　② 50
③ 51　　④ 52

해설 고정 바이어스 안정도 $S = 1 + \beta$
∴$S = 1 + 50 = 51$

10 수정 진동자의 직렬공진주파수를 fo, 병렬공진주파수를 fs라 할 때 수정진동자가 안정한 발진을 하기 위한 리액턴스 성분의 주파수 f 의 범위는?

① fo 〈 f 〈 fs　　② fo 〈 fs 〈 f
③ fs 〈 f 〈 fo　　④ f = fs = fo

해설 수정 진동자는 압전효과(piezo effect)를 이용한 것으로 수정 결정에 압력 또는 비튼 힘이 작용함으로써 결정이 상대하는 두개의 면에 전압이 발생하는 현상으로서 이것을 대신하여 전압을 가하여 압력을 가한 것과 같은 효과에 따라 진동하며 수정 자체의 고유진동수의 안정된 주파수값을 얻을 수 있다. 리액턴스가 유도성이 되는 범위는 fo 〈 f 〈 fs 인 주파수 범위가 좁아 발진 주파수가 매우 안정하기 때문에 많이 사용된다.

11 다음 중 저주파 증폭기의 핵심 능동소자로 알맞은 것은?

① 저항　　② 콘덴서
③ 코일　　④ 트랜지스터

해설
- 능동부품(Active Component) : 트랜지스터(TR), 전계효과 트랜지스터(FET), 단접합 트랜지스터(UJT), IC, 연산증폭기(OPAMP) 등을 말하며, 능동소자는 증폭, 발진, 신호 변환 등의 기능을 갖는다.
- 수동부품(Passive Component) : 전기 신호의 중계, 제어 등을 행하는 기구부품으로 저항기, 커넥터, 소켓, 스위치 등이 수동소자에 속한다.

12 다음 회로에서 $R_1 = R_f$일 때 적합한 명칭은?

① 적분기

② 감산기

③ 부호변환기

④ 전류증폭기

> OP–AMP, R을 이용한 회로로서 보통 입력 저항 R_i 와 출력 궤환저항 R_f 조건에 따라 반전 증폭기로 많이 사용되나, 문제의 조건에는 $R_i = R_f$, 출력은 $-V_i$이므로 부호 변환기 회로이다.

13 일반적으로 크로스 오버 일그러짐은 증폭기를 어느 급으로 사용했을 때 생기는가?

① A급 증폭기

② B급 증폭기

③ 증폭기

④ AB급 증폭기

> B급 증폭기는 하나의 npn 트랜지스터와 하나의 pnp 트랜지스터로 구성되어 두 개의 트랜지스터가 동작할 때 발생되는 전위장벽으로 인하여 크로스오버 왜곡이 발생한다.

14 반송파전력이 100[W]이고, 변조도 60[%]로 진폭변조 시키면 피변조파의 전력은 몇 [W]인가?

① 50[W] ② 100[W]

③ 118[W] ④ 136[W]

> $P_m = P_C + P_U + P_L$
> $= P_C + P_C \dfrac{m^2}{4} + P_C \dfrac{m^2}{4} [W]$

$= P_C \left(1 + \dfrac{m^2}{4} + \dfrac{m^2}{4}\right) = P_C \left(1 + \dfrac{m^2}{2}\right)[W]$

$= P_C \left(1 + \dfrac{m^2}{2}\right)[W]$

$\therefore P_m = 100\left(1 + \dfrac{0.6^2}{2}\right) = 118[W]$

15 연산증폭기에서 차동 출력을 0[V]가 되도록 하기 위하여 입력단자 사이에 걸어주는 것은?

① 입력 오프셋 전압

② 출력 오프셋 전압

③ 입력 오프셋 전류

④ 입력 오프셋 전류 드리프트

> • 입력 오프셋 전압 : 차동 출력을 0[V]로 만들기 위한 입력 직류전압
> • 출력 오프셋 전압 : OP–AMP에서 두 입력 단자를 접지 되었을 때 두 출력 단자 사이에 나타나는 직류전압의 차

16 다음 ( ) 안에 들어갈 내용으로 알맞은 것은?

> D 플립플롭은 1개의 S–R 플립플롭과 1개의 ( ) 게이트로 구성할 수 있다.

① AND ② OR

③ NOT ④ NAND

> D 플립플롭은 1개의 S–R 플립플롭과 1개의 NOT 게이트로 구성할 수 있다.

17 후입선출(LIFO) 동작을 수행하는 자료구조는?

① RAM ② ROM

③ STACK ④ QUEUE

■ 스택(Stack) : 스택은 데이터 입·출력이 한쪽으로만 접근 할 수 있는 자료 구조이다. 스택에서 가장 나중에 들어간 데이터가 제일 먼저 나오게 된다. 그래서 스택을 LIFO(Last In First Out) 구조라고 한다.

18 중앙처리장치(CPU)를 구성하는 주요 요소로 올바르게 짝지어진 것은?

① 연산장치와 보조기억장치
② 입·출력장치와 보조기억장치
③ 연산장치와 제어장치
④ 제어장치와 입·출력장치

■ CPU(중앙처리장치)의 구성 : 프로그램 명령어를 실행하는 일을 담당하는 중앙처리장치는 제어장치, 연산장치, 레지스터들의 세 부분으로 구성된다.

19 명령어는 전사계산기의 동작을 수행시키기 위한 비트들의 집합으로 나누어진다. 각 명령은 어떻게 구성되는가?

① 오퍼레이션코드와 실행프로그램
② 오퍼랜드와 목적프로그램
③ 오퍼레이션코드와 소스코드
④ 오퍼레이션코드와 오퍼랜드

■ 명령어는 명령부(명령코드부, OP code)와 처리부(피연산자부, operand)로 구성되어 있다.

20 순서도를 작성하는 방법으로 틀린 것은?

① 처리순서의 방향은 아래에서 위로, 오른쪽에서 왼쪽 화살표로 표시한다.
② 논리적 타당성을 확보할 수 있도록 작성한다.

③ 처리과정을 간단명료하게 표시한다.
④ 순서도가 길거나 복잡할 경우 기능별로 분할한 후 연결 기호를 사용하여 연결한다.

■ 순서도의 작성방법
• 위에서 아래로 내려가면서 작성한다.
• 논리적 타당성을 확보할 수 있도록 작성한다.
• 기호 내부에는 실행 내용을 간단, 명료하게 표시한다.
• 과정이 길어 연속적인 표현이 어려울 때는 나누어 작성하고 연결 기호를 사용한다.

21 컴퓨터 기억용량의 1K 바이트는 몇 바이트인가?

① 1000
② 1001
③ 1024
④ 1212

■ Kbyte = 2^{10} = 1024byte

22 데이터 처리 과정 및 프로그램 결과가 출력되는, 전반적인 처리과정의 흐름을 일정한 기호를 사용하여 나타낸 것을 무엇이라 하는가?

① 순서도
② 수식도
③ 로그
④ 분석도

■ 순서도(Flowchart) : 컴퓨터로 처리해야 할 작업 과정을 약속된 기호를 사용하여 순서대로 일관성 있게 그림으로 나타낸 것

23 다음 스위치 회로를 불 대수로 표현하면?

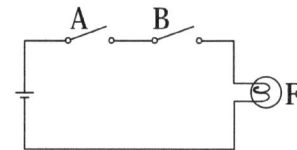

① $F = A + B$
② $F = A \cdot \overline{B}$
③ $F = A \cdot B$
④ $F = \overline{A} \cdot B$

해설 A, B 모두 스위치가 닫힐 때 F가 점등된다. 즉, 입력 A, B 모두 1일 때 출력 F가 1이 되는 논리식으로 AND(논리곱)로 나타낼 수 있다.

24 다음 중 일반적으로 가장 적은 bit로 표현 가능한 데이터는?

① 영상 데이터
② 문자 데이터
③ 숫자 데이터
④ 논리 데이터

해설 논리데이터는 0과 1로 표현되는 1bit의 데이터이다.

25 10진수 0.375를 2진수로 변환하면?

① $(0.11)_2$
② $(0.011)_2$
③ $(0.110)_2$
④ $(0.111)_2$

해설 소수점의 자리를 2로 곱하여 소수점의 자리가 0이 될 때까지 곱한다.
$0.375 \times 2 = \underline{0}.75, 0.75 \times 2 = \underline{1}.5, 0.5 \times 2 = \underline{1}.0$
∴ $(0.375)_{10} = (0.011)_2$

26 논리식 $F = \overline{A}BC + A\overline{B}\overline{C} + ABC + AB\overline{C}$를 카르노맵에 의해 간소화 시킨 식은?

① $F = AB + B C$
② $F = A + A C$

③ $F = A B + B C$
④ $F = BC + A C$

해설 $F = \overline{A}BC + A\overline{B}\overline{C} + ABC + AB\overline{C}$
$= BC(\overline{A} + A) + A\overline{C}(\overline{B} + C)$
$= BC + A\overline{C}$ ∵ $\overline{A} + A = 1, \overline{B} + B = 1$

27 상태 레지스터 중 2진 연산의 수행 결과 나타난 자리올림 또는 내림 상태를 판별하는 것은?

① Z(zero) 비트
② C(carry) 비트
③ S(sign) 비트
④ P(parity) 비트

해설 Carry 비트 : 상태 레지스터 중 2진 연산의 수행 결과 나타난 자리올림 또는 내림 상태를 판별하는 것

28 데이터 처리를 위하여 연산 능력과 제어 능력을 가지도록 하나의 칩 안에 연산 장치와 제어 장치를 집적시킨 것은?

① 컴퓨터
② 레지스터
③ 누산기
④ 마이크로프로세서

해설 마이크로프로세서 : 데이터 처리를 위하여 연산 능력과 제어 능력을 가지도록 하나의 칩 안에 연산장치와 제어장치를 집적시킨 것

29 PCB를 가공할 때에는 부품 부착용 구멍(hole)을 만들며, 이 구멍은 부품과 배선과의 접속이 가능하도록 원형이나 사각형 등의 모양으로 부품이나 단자의 납땜 장소로 사용되는 것은?

① 랜드(land)
② 스루 홀(through hole)

③ 애세스 홀(access hole)

④ 트랙(track)

해설 랜드(Land) : PCB를 가공할 때에는 부품 부착용 구멍을 만들며, 이 구멍은 부품과 배선과의 접속이 가능하도록 원형이나 사각형 등의 모양으로 부품이나 단자의 납땜 장소로 사용되는 것

30 인쇄회로기판이 갖추어야 할 특성과 거리가 먼 것은?

① 온도 상승에 대하여 변화가 적어야 한다.

② 납땜 시 가열 등에 의해서는 안정되어야 한다.

③ 기계적 강도를 갖추고, 가공이 용이해야 한다.

④ 공정 중 약물 처리에 대해 특성이 변화하여야 한다.

해설 공정 중 약물 처리에 대해 특성이 변하지 않아야 한다.

31 회전각도와 저항값 변화율에 따라 A형, B형, C형으로 구분되며, 포텐쇼미터(Potentiometer)라고 하는 소자는?

① 탄소피막 저항

② 금속피막 저항

③ 가변저항

④ 권선저항

해설 가변저항기 : 회전각도와 저항값 변화율에 따라 A형, B형, C형으로 구분되며, 포텐셔미터라고도 한다.

32 A4 용지의 크기를 올바르게 나타낸 것은?

① 841×1189[mm]

② 504×841[mm]

③ 420×594[mm]

④ 210×297[mm]

해설 A0 : 841×1189, A1 : 594×841, A2 : 420×594, A3 : 297×420, A4 : 210×297

33 회로를 CAD로 작성한 후 전기적인 연결 상태를 검증하는 것은?

① ERC(Electrical Rule Check)

② LRC(Line Rule Check)

③ CRC(Circuit Rule Check)

④ SRC(Schematic Rule Check)

해설 ERC(Electrical Rules Check) : 전기적인 연결 상태를 검증하는 것

34 인쇄회로기핀의 고밀도화를 촉진하는 요인이 아닌 것은?

① via 홀의 소형화

② 전자회로의 단순화

③ 부품의 SMT화

④ 인쇄회로기판의 다층화

해설 인쇄회로기판의 고밀도화를 촉진하는 요인
• via 홀의 소형화
• 부품의 SMT화
• 인쇄회로기판의 다층화
• 제품의 소형화 등

35 PCB 제조 공정에서 소정의 배선 패턴만 남기고 다른 부분의 패턴을 제거하는 공정은?

① 천공

② 노광

③ 에칭

④ 도금

해설 에칭 : PCB 제조 공정에서 소정의 배선 패턴만 남기고 다른 부분의 패턴을 제거하는 공정

36 PCB 제조 공정에서 구리를 제거하기 위한 에칭액은?

① 염화나트륨

② 염화제이철

③ 크롬황산

④ 수산화나트륨

📖 해설 도체 패턴을 만들기 위하여 절연기판상의 도체의 불필요 부분을 화학적 또는 전기적으로 제거해야 하는 데 이때 사용하는 에칭액은 염화제이철 ($FeCl_3$)이다.

37 다음 중 부품의 특성을 표시해야 하는 내용으로 가장 거리가 먼 것은?

① 부품 값

② 허용 오차

③ 정격 전압

④ 부품의 분류

📖 해설 전자, 통신용 부품의 정격과 특성의 표시는 부품의 정격전력, 정격전압, 저항값 및 허용오차의 범위를 색 또는 문자로 표시한다.

38 제도 용지에 직접 연필로 작성한 도면이나 컴퓨터로 작성한 최초의 도면을 무엇이라 하는가?

① 스케치도

② 복사도

③ 트레이스도

④ 원도

📖 해설
- 원도 : 제도 용지에 직접 연필로 작성한 도면, 컴퓨터가 작성한 최초 도면
- 트레이스도 : 원도 위에 트레이싱지를 놓고 그린 도면
- 복사도 : 트레이스도를 원본으로 복사한 도면
- 스케치도 : 제품이나 장치 등을 그리거나 도안할 때 필요한 사항을 제도 기구를 사용하지 않고 프리핸드로 그린 도면

39 PCB 상에서 상호 연결되어 있는 신호, 모듈, 핀의 명칭으로 회로 도면상의 연결 정보를 무엇이라 하는가?

① Netlist

② Footprint

③ Partlist

④ Libraries

📖 해설 Netlist : PCB상에서 상호 연결되어 있는 신호, 모듈, 핀의 명칭으로 회로 도면상의 연결정보

40 단면인쇄회로기판 설계 시 출력 데이터 파일의 내용이 아닌 것은?

① Drill Data

② Top Silk Screen

③ Solder Side Pattern

④ Inner Layer Pattern

📖 해설 Inner Layer Pattern은 단면 인쇄회로기판이 아닌 다층기판의 데이터 파일이다.

41 유연성을 갖는 PCB로 절연기판이 얇은 필름으로 만들어진 것은?

① 페놀 단면 PCB

② 에폭시 PCB

③ 플렉시블 PCB

④ 메탈 PCB

📖 해설 플렉시블 기판(Flexible Base material) : 유연성을 갖는 PCB로 절연기판이 얇은 폴리에스테르나 폴리이미드 필름에 동박을 입힌 기판

42 패턴 설계 시 유의사항으로 옳지 않은 것은?

① 패턴은 가급적 굵고 짧게 해야 한다.

② 패턴 사이의 간격을 최대한 붙여 놓는다.

③ 배선은 가급적 짧게 하는 것이 다른 배선이나 부품의 영향을 적게 받는다.

① 전력용량, 주파수 대역 및 신호 형태별로 기판을 나누거나 커넥터를 분리하여 설계한다.

배선 사이의 간격은 최대한 이격거리를 유지하여 배선하고, 패턴 사이의 간격을 떼어 놓거나 차폐를 행한다.

43 인쇄회로기판(PCB)을 제조 할 때 사용되는 제조 공정이 아닌 것은?

① 사진 부식법   ② 실크 스크린법
③ 오프셋 인쇄법   ④ 대역 용융법

인쇄회로기판(PCB)의 제조 방법에는 사진 부식법, 실크 스크린법, 오프셋 인쇄법 등이 있다.

44 다음 기호의 명칭으로 옳은 것은?

① NPN type transistor
② PNP type transistor
③ Photo type transistor
④ Diode type transistor

PNP TR	NPN TR

45 일반적으로 회로도를 설계할 때 고려해야 할 사항으로 거리가 먼 것은?

① 대각선과 곡선은 가급적 피한다.

② 주 회로와 보조 회로가 있는 경우에는 주 회로를 중심으로 그린다.

③ 수동 소자를 중심으로 그리고, 능동 소자는 회로의 외곽에 그린다.

④ 신호의 흐름은 도면의 왼쪽에서 오른쪽으로, 위에서 아래로 그린다.

회로도 작성 시 고려사항
• 신호의 흐름은 왼쪽에서 오른쪽으로, 위에서 아래로 작성한다.
• 주회로와 보조회로가 있는 경우에는 주회로를 중심으로 설계한다.
• 대각선과 곡선은 가능한 한 직선으로 그린다.
• 도면은 IC, 트랜지스터, 특수 반도체, 표시장치 등의 주요 능동소자를 중심으로 그린다.

46 전자회로설계에서 전체적인 동작이나 기능의 계통도로 그린 것은?

① 상세도   ② 접속도
③ 블록도   ④ 기초도

전자회로에서 부분 상호간에 전달되는 신호의 계통을 알기 쉽게 나타낸 선도로서 계통도, 블록선도라고 한다.

47 인쇄회로기판의 설계 요소 중 패턴 설계시 유의할 점으로 옳지 않은 것은?

① 패턴 사이의 간격은 차폐를 행한다.
② 일정 어스 방식으로 설계한다.
③ 패턴은 가늘고 길게 한다.
④ 배선은 짧게 한다.

PCB 패턴 설계 시 유의사항
• 패턴 사이의 간격은 차폐를 행한다.
• 일점 어스 방식으로 설계한다.
• 패턴은 가능한 한 짧고 굵게 한다.
• 취급하는 전력 용량, 주파수 대역 및 신호 형태별로 기판을 나누거나 커넥터를 분리하여 설계한다.

48 전자 회로도나 블록도(Block diagram)와 같이 기호 (Symbol)와 글자로만 도면이 이루어질 경우, 치수의 의미가 없거나 도면과 실물의 치수가 비례하지 않을 때 척도 난의 표기로 옳은 것은?

① 실척
② NC
③ NS
④ 배척

📖 도면에서의 크기와 물체의 실제 크기의 비
 • 축척 : 실물보다 작게 축소해서 그리는 것
 • 현척(실척) : 실물과 같은 크기로 그리는 것
 • 배척 : 실물보다 크게 확대해서 그리는 것
 • NS(Not to Scale) : 도면과 실물의 치수가 비례 척도가 아님을 뜻함

49 인쇄회로기판(PCB) 설계 시 고주파 부품 및 노이즈(noise)에 대한 대책으로 옳지 않은 것은?

① 아날로그, 디지털 혼재 회로에서 접지선은 분리한다.
② 전원용 라인필터는 연결부위에 가깝게 배치한다.
③ 고주파 부품은 일반회로 부분과 분리하여 배치하도록 하고, 가능하면 차폐를 실시하여 영향을 최소화 하도록 한다.
④ 부품의 리드는 가급적 길게 하여 안테나 역할을 하도록 한다.

📖 부품은 세워서 배치하지 않으며, 가급적 부품의 다리를 짧게 배선한다.

50 다음 콘덴서의 정전용량 값과 허용오차는?

101K

① 정전용량 : 0.001[μF], 허용오차 : ±0.1[%]
② 정전용량 : 0.001[μF], 허용오차 : ±1[%]
③ 정전용량 : 0.0001[μF], 허용오차 : ±10[%]
④ 정전용량 : 0.0001[μF], 허용오차 : ±20[%]

📖

101K

허용오차
10의 승수
유효숫자
유효숫자

 • 콘덴서의 기준 단위는 [pF] = 10^{-12}
 • $10 \times 10^1 \times 10^{-12} = 0.0001[μF]$
 • 허용오차 K는 ±10[%]이다.

51 인쇄회로기판 가공에 사용되는 용어 중 부품의 단자 또는 도체 상호간을 접속하기 위하여 구멍 주위에 만든 특정한 도체 부분을 무엇이라 하는가?

① 랜드(Land)
② 마운트(Mount)
③ 패턴(Pattern)
④ 홀(Hole)

📖 랜드(Land) : 부품의 단자 또는 도체 상호간을 접속하기 위해 구멍 주위에 만든 특정한 도체 부분

52 전자 CAD 패키지에 포함되어 있지 않은 프로그램은?

① 인쇄회로기판 설계용 프로그램

② 회로 시뮬레이션용 프로그램

③ 회로설계(Schematic)용 프로그램

④ 부품 가공 데이터 작성용 프로그램

전자CAD 패키지는 인쇄회로기판 설계용 프로그램, 회로 시뮬레이션용 프로그램, 회로설계 (Schematic)용 프로그램 등으로 구성된다.

53 다음 중 PCB 설계 후 곧바로 PCB를 제작할 수 있는 필름 출력이 가능한 장치는?

① X-Y 플로터

② Photo 플로터

③ Gerber Editor

④ Ink jet 프린터

포토 플로터(Photo Plotter) : PCB 설계 후 곧바로 PCB를 제작할 수 있는 필름 출력이 가능한 장치

54 사진이나 그림, 문서, 도표 등을 컴퓨터에 디지털화하여 입력하는 장치는?

① 터치스크린 　　② 스캐너

③ 키보드 　　　　④ 플로터

스캐너(Scanner) : 사진 또는 그림과 같이 종이 위의 도형의 정보를 그래픽 형태로 읽어 들여 컴퓨터에 전달하는 입력 장치

55 다음 중 표면실장형 부품 패키지 형태가 아닌 것은?

① SMD 　　　　② DIP

③ SOP 　　　　④ TQFP

표면실장 부품 패키지
- SOP(Small-Outline Package)
- TQFP(Thin Quad Flat Package)
- QFP(Quad Flat Package)
- PLCC(Plastic Leaded Chip Carrier)

56 수정 진동자를 나타내는 도 기호(symbols)는?

① 　　　②

③ 　　　④ ⊠

① 다이오드, ② 수정 진동자, ③ 전해콘덴서, ④ 변조기, 복조기

57 Through hole에 대한 설명으로 옳은 것은?

① 층간의 상호 절연을 위한 것이다.

② 홀의 한쪽이 층 내부에 묻혀 있다.

③ 신호의 접지를 위한 홀이다.

④ 부품면과 동박면을 도통하기 위한 것이다.

Through Hole : 부품면과 동박면을 도통하기 위한 것

58 다음 중 설계파일의 저장장치와 관련이 없는 것은?

① CD-RW

② 스캐너

③ 하드디스크

④ 플로피디스크

스캐너는 사진 또는 그림과 같이 종이 위의 도형의 정보를 그래픽 형태로 읽어 들여 컴퓨터에 전달하는 입력 장치이다.

59 다음 전자 소자 중 수동 소자는?

① 다이오드
② 트랜지스터
③ 용량기
④ 집적회로

- 능동부품(Active Component) : 트랜지스터(TR), 전계효과 트랜지스터(FET), 단접합 트랜지스터(UJT), IC, 연산증폭기(OPAMP) 등을 말하며, 능동소자는 증폭, 발진, 신호 변환 등의 기능을 갖는다.
- 수동부품(Passive Component) : 전기 신호의 중계, 제어 등을 행하는 기구부품으로 저항기, 콘덴서(용량기), 커넥터, 소켓, 스위치 등이 수동소자에 속한다.

60 다음 프린터 종류 중 비 충격(non–impact) 프린터는?

① 활자 프린터
② 도트 프린터
③ 스트로크 프린터
④ 레이저 빔 프린터

비충격식 프린터
- 레이저 빔 프린터
- 잉크제트 프린터
- 감열방식 프린터
- 열전사 프린터

ANSWER									2014년 1회
01	02	03	04	05	06	07	08	09	10
④	①	④	②	①	②	④	②	③	①
11	12	13	14	15	16	17	18	19	20
④	③	②	③	①	③	③	③	④	①
21	22	23	24	25	26	27	28	29	30
③	①	③	④	②	④	②	④	①	④
31	32	33	34	35	36	37	38	39	40
③	④	①	②	③	②	④	④	①	④
41	42	43	44	45	46	47	48	49	50
③	②	④	①	③	③	③	③	④	③
51	52	53	54	55	56	57	58	59	60
①	④	②	②	②	②	④	②	③	④

01 최대값이 Im[A]인 전파정류 정현파의 평균 값은?

① $\sqrt{2}\,I_m[A]$

② $\dfrac{I_m}{\pi}[A]$

③ $\dfrac{2I_m}{\pi}[A]$

④ $\dfrac{I_m}{2}[A]$

📖 교류회로의 평균값이란 정현파 교류전압의 파형은 + 파형과 − 파형이 서로 대칭이므로, 1주기 값을 평균하면 0이 된다. 따라서 평균값 계산은 반주기 동안의 교류전압 또는 교류전류의 평균값은 다음과 같다.

구분	평균치	실효치
정현파	$\dfrac{2I_m}{\pi} = 0.637I_m[A]$	$\dfrac{I_m}{\sqrt{2}}$
전파정류	$\dfrac{2I_m}{\pi} = 0.637I_m[A]$	$\dfrac{I_m}{\sqrt{2}}$
반파정류	$\dfrac{I_m}{\pi}[A]$	$\dfrac{I_m}{2}$

02 굵기가 균일한 전선의 단면적이 S[m²]이고, 길이가 ℓ[m]인 도체의 저항은 몇 [Ω]인가?(단, ρ는 도체의 고유저항이다.)

① $R = \rho\dfrac{S}{l}[\Omega]$

② $R = \rho\dfrac{l}{S}[\Omega]$

③ $R = l\dfrac{S}{\rho}[\Omega]$

④ $R = lS\rho[\Omega]$

📖 전기저항 R은 길이 ℓ에 비례하고 단면적(A)에 반비례한다.

$$\therefore R = \rho\dfrac{l}{A}[\Omega]$$

03 주파수가 100[MHz]인 반송파를 3[kHz]의 신호파로 FM 변조했을 때 최대 주파수 편이가 ±15[kHz]이면 변조 지수는?

① 3

② 5

③ 10

④ 15

📖 변조지수 $mf = \dfrac{\Delta f_c}{f_s} = \dfrac{15 \times 10^3}{3 \times 10^3} = 5$

04 반도체소자 중 정전압회로에서 전압조절(VR)과 같은 동작 특성을 갖는 것은?

① 서미스터

② 바리스터

③ 제너다이오드

④ 트랜지스터

📖 제너 다이오드는 내부 임계전압 범위에 따른 순방향 전압을 유지하고 그 이상 혹은 이하의 전압이 걸리면 제너브레이크다운(제너 항복)으로 역으로 급격한 전류를 흘리며 순방향 전류흐름을 차단하므로 기준전압 이상의 전압변동에 따른 전압안정 및 회로를 보호할 수 있다.

05 PN 접합 다이오드에 가한 역방향 전압이 증가할 때 옳은 것은?

① 저항이 감소한다.
② 공핍층의 폭이 감소한다.
③ 공핍층 정전용량이 감소한다.
④ 다수캐리어의 전류가 증가한다.

🔑 pn 접합에 역바이어스를 증가시키면 내부 공핍층(공간 전하영역)이 증가하게 되면서 반송자(정공, 전자)의 흐름이 없고, 전류가 흐를 수 없게 된다.

06 트랜지스터의 컬렉터 역포화 전류가 주위온도의 변화로 12[μA]에서 112[μA]로 증가되었을 때 컬렉터 전류의 변화가 0.71[mA]이었다면 이 회로의 안정도계수는?

① 1.2
② 6.3
③ 7.1
④ 9.7

🔑 안정계수 $S = \dfrac{\Delta IC}{\Delta I_{CO}} = 1 + \beta$

$\therefore S = \dfrac{0.71 \times 10^{-3}}{(112 \times 10^{-6}) - (12 \times 10^{-6})} = 7.1$

07 시미트 트리거 회로의 입력에 정현파를 넣었을 경우 출력파형은?

① 톱니파
② 삼각파
③ 정현파
④ 구형파

🔑 슈미트 트리거 회로는 정현파 신호 입력을 받아서 구형파 출력을 만드는 회로로서 TTL에 사용한다.

08 펄스의 주기 등은 일정하고 그 진폭을 입력 신호 전압에 따라 변화시키는 변조방식은?

① PAM
② PFM
③ PCM
④ PWM

🔑 **펄스변조방식**
• 펄스 진폭변조(PAM) : 펄스 신호레벨에 따라서 펄스 진폭을 변화시킨다.
• 펄스 폭변조(PWM) : 펄스 신호레벨에 따라서 펄스 폭을 변화시킨다.
• 펄스 위치변조(PPM) : 펄스 신호레벨에 따라서 펄스 위치를 변화시킨다.
• 펄스 부호변조(PCM) : 펄스 신호레벨에 따라서 펄스열 부호(2진수)을 변화시킨다.(디지털 방식)

09 720[kHz]인 반송파를 3[kHz]의 변조신호로 진폭 변조했을 때 주파수 대역폭 B는 몇 [kHz]인가?

① 3[kHz]
② 6[KHz]
③ 8[kHz]
④ 10[kHz]

🔑 f_H(상측파대) = $f_c + f_S$ = 720 + 3 = 723[kHz]
f_L(하측파대) = $f_c - f_S$ = 720 - 3 = 717[kHz]
$\therefore BW = f_H - f_L$ = 723 - 717 = 6[kHz]

10 크로스오버 일그러짐은 어디에서 생기는 증폭방식인가?

① A급
② B급
③ C급
④ AB급

🔑 B급 전력증폭기는 하나의 npn 트랜지스터와 하나의 pnp 트랜지스터로 구성되어 두 개의 트랜지스터가 동작할 때 발생되는 전위장벽으로 인하여 크로스오버 왜곡이 발생한다.

11 그림의 회로에서 결합계수가 k일 때 상호인덕턴스 M은?

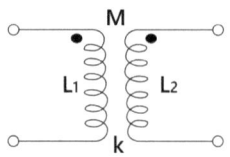

① $M = k\sqrt{L_1 L_2}$
② $M = kL_1 L_2$

⓪ $M = \dfrac{k}{\sqrt{L_1 L_2}}$　　① $M = \dfrac{k}{L_1 L_2}$

🔖 두 코일간의 유도결합의 정도를 나타내는 양으로서 다음과 같이 정의되는 결합계수(Coefficient of coupling) k를 쓴다.

$$k = \dfrac{M}{\sqrt{L_1 L_2}}$$

∴ $M = k\sqrt{L_1 L_2}$ 이다.

12 10[V]의 전압이 100[V]로 증폭되었다면 증폭도는?

① 20[dB]　　　　② 30[dB]
③ 40[dB]　　　　④ 50[dB]

🔖 이득(Gain) = $20 \log_{10} \dfrac{v_0}{v_i}[dB]$

∴ $G = 20 \log_{10} \dfrac{100}{10} = 20[dB]$

13 RC결합 저주파증폭회로의 이득이, 높은 주파수에서 감소되는 이유는?

① 증폭기 소자의 특성이 변화하기 때문에
② 결합 커패시턴스의 영향 때문에
③ 부성저항이 생기기 때문에
④ 출력회로의 병렬 커패시턴스 때문에

🔖 • RC결합 저주파 증폭회로에서는 출력회로 내의 병렬 커패시터 때문에 고주파에서 이득이 감소한다.
　• 출력간의 임피던스 정합(매칭)이 어렵고 손실은 많으나 주파수 특성이 평탄하여 저주파 증폭회로에 주로 사용된다.

14 이상형 CR 발진회로의 CR을 3단 계단형으로 조합할 경우, 컬렉터 측과 베이스 측의 총 위상 편차는 몇 도인가?

① 90°　　　　② 120°

③ 180°　　　　④ 360°

🔖 이상형 CR발진회로로 콜렉터에서 3단 CR로 구성하여 입력 베이스에 양되먹임 되어 위상이 180°와 트랜지스터의 역위상 180°가 가산된 360° 정현파 출력을 얻는 발진기로서 발진 조건 및 주파수는 다음과 같다.
　• 발진을 지속하기 위해서는 AV ≥ −29로 한다.
　• $A_v = -\dfrac{R_f}{R_1} \geq -29$,

$$f_0 = \dfrac{1}{2\pi\sqrt{6}\,CR}$$ (C직렬회로)이다.

15 다음과 같은 회로의 명칭은?

① 부호 변환기
② 전류 증폭기
③ 적분기
④ 미분기

🔖 • 미분기(HPF) : 입력에 콘덴서, 궤환에 저항으로 구성
　• 적분기(LPF) : 입력에 저항, 궤환에 콘덴서로 구성

16 N형 반도체의 다수 반송자는?

① 정공　　　　② 도너
③ 전자　　　　④ 억셉터

🔖 N형 반도체 : 순수한 진성반도체인 게르마늄(Ge), 실리콘(Si) 등에 5족의 불순물 원자인 안티몬(Sb), 비소(As), 인(P) 등을 넣으면 공유결합을 하고 한 개의 과잉 전자(−)를 발생시킨다. 이렇게 과잉 전자를 제공한 불순물을 도너(donor)라 하며, 다수 반송자는 전자(−)에 해당한다.

17 컴퓨터 회로에서 Bus Line을 사용하는 가장 큰 목적은?

① 정확한 전송
② 속도 향상
③ 레지스터 수의 축소
④ 결합선 수의 축소

> **해설** 컴퓨터 회로에서 버스 라인은 결합선 수의 축소를 위하여 사용한다.

18 가상기억장치(virtual memory)에서 주기억장치의 내용을 보조기억장치로 전송하는 것을 무엇이라 하는가?

① 로드(Load)
② 스토어(Store)
③ 롤아웃(Roll-out)
④ 롤인(Roll-in)

> **해설** 롤아웃(roll-out) : 다중 프로그램 구조를 갖는 컴퓨터 시스템에서 우선 순위가 높은 작업(job)이 들어오면, 우선 순위가 낮은 작업은 주기억장치로부터 외부의 보조기억장치로 전송된다. 그 대신에 보조기억장치에서 주기억장치로 우선 순위가 높은 프로그램이 전송되어 와서 실행된다. 여기서 우선 순위가 낮은 작업이 주기억장치에서 외부의 보조기억장치로 전송되는 것을 롤아웃이라고 한다.

19 마이크로컴퓨터에서 오퍼랜드가 존재하는 기억장치의 어드레스를 명령 속에 포함시켜 지정하는 주소 지정방식은?

① 직접 어드레스 지정방식
② 이미디어트 어드레스 지정방식
③ 간접 어드레스 지정방식
④ 레지스터 어드레스 지정방식

> **해설** 직접 주소 지정 방식(Direct Addressing Mode) : 명령어의 오퍼랜드에 실제 데이터가 들어 있는 주소를 직접 갖고 있는 방식

20 다음 중 8421 코드는?

① BCD 코드
② Gray 코드
③ Biquinary 코드
④ Excess-3 코드

> **해설** BCD 코드(Binary Coded Decimal, 2진화 10진수) : 10진수 1자리를 2진수 4자리(bit)로 표현하는 가중치 코드, 8421 코드라고도 한다.

21 기억장치의 성능을 평가할 때 가장 큰 비중을 두는 것은?

① 기억장치의 용량과 모양
② 기억장치의 크기와 모양
③ 주기억장치의 용량과 접근속도
④ 기억장치의 모양과 접근속도

> **해설** 기억장치의 성능을 평가할 때 가장 큰 비중을 두는 것은 기억장치의 용량과 접근 속도이다.

22 다음 논리회로에서 출력이 0 이 되려면, 입력 조건은?

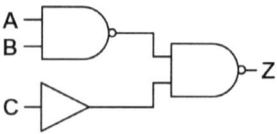

① A = 1, B = 1, C = 1
② A = 1, B = 1, C = 0
③ A = 0, B = 0, C = 0
④ A = 0, B = 1, C = 1

$Z = \overline{\overline{(A \cdot B)} \cdot \overline{C}} = (A \cdot B) + \overline{C}$ 이므로 이 식에 보기를 대입하면 ①, ②, ③의 경우는 결과가 1이 되고, ④의 경우만 결과가 0이 된다.

23 비가중치 코드이며 연산에는 부적합하지만 어떤 코드로 부터 그 다음의 코드로 증가하는데 하나의 비트만 바꾸면 되므로 데이터의 전송, 입 · 출력 장치 등에 많이 사용되는 코드는?

① BCD 코드

② Gray 코드

③ ASCII 코드

④ Excess-3 코드

그레이 코드(Gray Code) : 비가중치 코드이며 연산에는 부적합하지만 어떤 코드로부터 그 다음의 코드로 증가하는데 하나의 비트만 바꾸면 되므로 데이터의 전송, 입 · 출력 장치 능에 많이 사용한다.

24 단항(Unary) 연산을 행하는 것은?

① OR

② AND

③ SHIFT

④ 4칙 연산

· 단항연산 : MOVE, Shift, Rotate, Complement
· 이항연산 : 사칙연산, OR, AND, EX-OR

25 데이터 전송 속도의 단위는?

① bit ② byte

③ baud ④ binary

Baud : 매 초당 몇 번의 신호 변화가 있었는지 혹은 매 초당 몇 번의 다른 상태로 변화가 있었는지를 나타내는 신호 속도의 단위이다.

26 명령어의 기본적인 구성요소 2가지를 옳게 짝지은 것은?

① 기억장치와 연산장치

② 오퍼레이션 코드와 오퍼랜드

③ 입력장치와 출력장치

④ 제어장치와 논리장치

명령어는 명령부(명령코드부, OP code)와 처리부(피연산자부, operand)로 구성되어 있다.

27 누산기(accumulator)에 대한 설명으로 올바른 것은?

① 상태 신호를 발생시킨다.

② 제어 신호를 발생시킨다.

③ 주어진 명령어를 해독한다.

④ 연산의 결과를 일시적으로 기억한다.

누산기(Accumulator) : 연산에 관계되는 상태와 인터럽트 신호를 기억한다.

28 데이터의 입 · 출력 전송이 중앙처리장치의 간섭없이 직접 메모리 장치와 입 · 출력 장치사이에서 이루어지는 인터페이스는?

① DMA

② FIFO

③ 핸드쉐이킹

④ I/O 인터페이스

DMA(Direct Memory Access) : 데이터의 입 · 출력 전송이 중앙처리장치의 간섭없이 직접 메모리 장치와 입 · 출력 장치 사이에서 이루어지는 인터페이스

29 인쇄회로기판의 임피던스에 대한 설명으로 옳지 않은 것은?

① 회로의 폭과 층간 두께의 영향을 가장 많이 받는다.
② 임피던스의 단위는 옴[Ω]이다.
③ 고속의 신호전송을 위해서는 유전상수가 작은 재료를 사용한다.
④ 전송 신호의 손실을 최소화하기 위해 유전손실이 높은 재료를 사용한다.

해설 임피던스의 단위는 옴[Ω]이며, 회로의 폭과 층간 두께의 영향을 가장 많이 받으며, 고속의 신호전송을 위해서는 유전상수가 작은 재료를 사용하며, 전송 신호의 손실을 최소화하기 위해 유전 손실이 낮은 재료를 사용한다.

30 KS C의 중분류에 속하지 않는 것은?

① 정보기기, 데이터 저장매체
② 통신 전자기기 및 부품
③ 전기일반
④ 진공관 및 전구

해설
• KS 전기전자부문(C) : 전기전자일반/측정, 시험용 기계기구/전기, 전자재료/전선, 케이블, 전로용품/전기, 기계기구/전기응용 기계기구/전기, 전자, 통신부품/전구, 조명기구/배선, 전기기기/반도체, 디스플레이/기타
• 정보기기, 데이터 저장매체는 KS 정보부문(X)에 속한다.

31 회로도의 설계과정에서 부품간의 선 연결정보를 생성하는 파일은?

① 거버(Gerber) 파일
② 네트리스트(Netlist) 파일
③ DRC(Design Rule Check) 파일
④ ERC(Electric Rule Check) 파일

해설 Netlist : PCB상에서 상호 연결되어 있는 신호, 모듈, 핀의 명칭으로 회로 도면상의 연결 정보

32 전자제도에서 정격과 특성을 표시할 때는 KS C 0806의 규정에 의하여 표시된다. 다음은 전자제도에서 색과 숫자의 관계를 표시하였다. 올바르지 못한 것은?

① 검정색 = 0   ② 주황색 = 3
③ 녹색 = 5   ④ 흰색 = 7

해설

검정색	갈색	적색	주황색	황색	초록색	청색	보라색	회색	흰색
0	1	2	3	4	5	6	7	8	9

33 다음 전자캐드 용어 중 옳지 않은 것은?

① CAM : Computer Aided Manufacturing
② CAD : Computer Aided Design
③ CAE : Computer Aided Epoxy
④ DRC : Design Rule Check

해설 CAE : Computer Aieded Engineering(컴퓨터 지원공학)

34 다음 중 전자부품의 명칭과 기호가 정확하게 표시한 것은?

① : 코일
② : 콘덴서
③ : 저항
④ : IC

코일	저항	가변콘덴서	전해콘덴서
⌇⌇⌇	⌇⌇⌇	⊣⊦	⊣⊦

35 세라콘덴서의 표면에 1030이 표시되어 있을 때 이 콘덴서의 정전용량은 몇 [μF] 인가?

① 0.1[μF]　　　　② 0.01[μF]
③ 0.001[μF]　　　④ 1[μF]

1 0 3
└─ 10의 승수
└── 유효숫자
└─── 유효숫자

• 콘덴서의 기준 단위는 [pF] = 10^{-12}
• $10 \times 10^3 \times 10^{-12} = 0.01$[μF]

36 다음 중 전자기기 패널을 설계 제도할 때 유의할 사항이 아닌 것은?

① 전원코드는 배치에서 제외 할 수 있다.
② 패널부품은 크기를 고려하여 균형 있게 배치한다.
③ 조작 시 서로 연관이 있는 요소끼리 근접 배치한다.
④ 조작빈도가 높은 부품은 패널의 중앙이나 오른쪽에 위치한다.

전원선이나 퓨즈박스 등은 배면에 배치한다.

37 다음 중에서 수동 부품(소자)인 것은?

① 트랜지스터　　　② 전자관
③ 다이오드　　　　④ 콘덴서

• 능동부품(Active Component) : 트랜지스터 (TR), 전계효과 트랜지스터(FET), 단접합 트랜지스터(UJT), IC, 연산증폭기(OPAMP) 등을 말하

며 능동소자는 증폭 발진 신호 변환 등의 기능을 갖는다.
• 수동부품(Passive Component) : 전기 신호의 중계, 제어 등을 행하는 기구부품으로 저항기, 커넥터, 소켓, 스위치 등이 수동소자에 속한다.

38 전자회로를 설계하는 과정에서 10[Ω]/5[W] 저항을 기판에 실장(배치)하여야 하는데, 10[Ω]/5[W] 저항의 부피가 커서 1[W] 저항을 이용한 구성방법으로 옳은 것은?

① 50[Ω] 5개 직렬접속
② 100[Ω] 5개 직렬접속
③ 50[Ω] 5개 병렬접속
④ 100[Ω] 5개 병렬접속

병렬 접속은 R/n이므로 50/5 = 10[Ω]이 된다. 그러므로 50[Ω]의 저항 5개를 병렬로 접속하면 된다.

39 인쇄회로 기판의 패턴을 설계할 때 유의해야 할 사항으로 옳지 않은 것은?

① 패턴은 굵고 짧게 한다.
② 배선은 길게 하는 것이 좋다.
③ 패턴사이의 간격을 차폐 한다.
④ 커넥터를 분리 설계 한다.

배선은 가급적 짧게 하는 것이 다른 배선이나 부품의 영향을 적게 받는다.

40 20mil을 [mm] 단위로 환산한 값으로 적합한 것은?

① 0.127[mm]　　　② 0.254[mm]
③ 0.381[mm]　　　④ 0.508[mm]

1 inch = 2.54[cm] = 25.4[mm] = 1000[mil]
25.4[mm] = 1000[mil], 50으로 나누면 0.508[mm] = 20[mil]

41 다음 중 SMD(Surface Mount Device)타입의 패드를 Plane 층, Inner 및 Bottom면에 연결할 때, 패드에서 일정 거리의 트랙을 끌고 나온 후 비아를 사용하여 타 Layer에 연결하여 주는 것은?

① 레이어
② 팬인
③ 팬아웃
④ 랜드

해설 팬아웃(Fanout) : SMD(Surface Mount Device) 타입의 패드를 Plane층, Inner 및 Bottom면에 연결할 때, 패드에서 일정 거리의 트랙을 끌고 나온 후 비아를 사용하여 타 Layer에 연결하여 주는 것

42 CAD시스템에서 사용되는 입력장치로만 나열된 것은?

① 키보드, 마우스, 스캐너
② 디지타이저, 스캐너, 플로터
③ 터치스크린, 프린터, 마우스
④ 스캐너, 프린터, 플로터

해설
• 입력장치 : 키보드, 마우스, 디지타이저, 이미지 스캐너, 라이트 펜 등
• 출력장치 : 모니터, 프린터, 플로터, 포토 플로터 등

43 다음 중 서로 다른 CAD 프로그램 사이에 도면 파일을 교환하는 규격으로 옳은 것은?

① DXF   ② STEP
③ IGES   ④ OHP

해설 DXF(Drawing Exchange Format) : 서로 다른 컴퓨터 지원 설계(CAD) 프로그램 간에 설계 도면 파일을 교환하는 데 업계 표준으로 사용되는 파일 형식

44 다음 중 전자제도(CAD)에 대한 특징으로 옳지 않은 것은?

① 설계과정에서 능률이 높아진다.
② 한번 저장한 도면은 수정하기가 어렵다.
③ 설계요소의 표준화로 도면 작성 시간이 단축된다.
④ 컴퓨터의 정확한 계산으로 인하여 수치 결과에 대한 정확성이 증가한다.

해설 설계의 변경이 용이하다.

45 반도체 소자의 형명 중 "2SC1815Y"는 어떤 소자인가?

① 단접합 트랜지스터
② 터널다이오드
③ 전해콘덴서
④ 트랜지스터

해설

2 S C 1815 Y
개량표시
등록순서번호
C : NPN형의 고주파용
Semiconductor(반도체)
2 : 트랜지스터

46 PCB의 제조를 위한 필름 제조와 마스터 포토 툴을 생성하는 세계적 표준의 파일 형식은?

① 네트리스트 파일
② 거버 파일
③ 라이브러리 파일
④ DXF 파일

해설 Gerber File : PCB를 제작하기 위한 파일로서 PCB 설계의 모든 정보가 들어 있고 PCB 설계의 최종 목적 파일로 필름의 생성을 위한 각 레이어 및 드릴 데이터 등을 추출하는 파일이다.

47 전자캐드 시스템의 입력장치 중 X, Y 좌표를 입력하거나 원하는 명령어를 선택할 수 있는 입력장치는?

① 스캐너
② 디지타이저
③ 마우스
④ 트랙볼

🔖 디지타이저(Digitizer) : 도면으로부터 좌표를 읽어 들이는 데 사용하며, 자기장이 분포되어 있는 평판에 위치 검출기를 위치시켜 도면의 위치에 대응하는 X, Y 좌표를 입력하거나 원하는 명령어를 선택하는 입력장치

48 다음 중 컴퍼스로 그리기 어려운 원호나 곡선을 그릴 때 사용되는 제도용구는?

① 디바이디
② T자
③ 운형자
④ 형판

🔖 운형자 : 컴퍼스로 그리기 어려운 원호나 곡선을 그릴 때 사용되는 제도 기구

49 다음 중 전자회로, 인쇄회로 기판(PCB)등을 설계하기 위하여 만들어진 CAD 프로그램과 밀접한 것은?

① CAE
② EDA
③ FMS
④ PACS

🔖 EDA(Electronic Design Automation) : 전자회로 등을 설계하기 위하여 만들어진 CAD 프로그램으로 OrCAD, PCAD 등이 있다.

50 KS의 부문별 기호에서 기본적인 내용에 관계되는 분류기호는?

① KS A
② KS B
③ KS C
④ KS D

🔖 KSA : 기본, KSB : 기계, KSC : 전기, KSD : 금속

51 전자 회로도 작성 시 유의사항 중 옳지 않은 것은?

① 대각선과 곡선은 가급적 피한다.
② 도면 기호와 접속선의 굵기는 원칙적으로 같게 한다.
③ 선의 교차가 적고 부품이 도면 전체에 고루 분포 되도록 그린다.
④ 신호의 흐름은 도면의 오른쪽에서 왼쪽으로, 아래에서 위로 그린다.

🔖 회로도 작성 시 고려사항
  • 신호의 흐름은 왼쪽에서 오른쪽으로, 위에서 아래로 작성한다.
  • 기호와 접속선의 굵기는 같게 하며, 0.3~0.5mm로 한다.
  • 선의 교차가 적고 부품이 도면 전체에 안배되도록 그린다.
  • 대각선과 곡선은 가능한 한 직선으로 그린다.

52 블록선도에 사용되지 않는 도형은?

① 원형
② 직사각형
③ 정사각형
④ 삼각형

🔖 블록선도 작성 시 유의사항
  • 블록은 정사각형, 삼각형, 직사각형이 사용된다.
  • 신호의 흐름은 왼쪽에서 오른쪽으로, 위에서 아래로 그린다.
  • 화살표는 신호가 전달되는 방향을 나타낸다.
  • 삼각형은 증폭기 또는 연산 증폭기에 사용한다.

53 다음 특수 반도체 소자의 기호 명칭은?

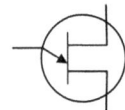

① 다이액(DIAC)
② 트랜지스터(TR)
③ 트라이액(TRIAC)
④ 단일 접합 트랜지스터(UJT)

해설

다이액	트랜지스터	트라이액	UJT

54 인쇄회로기판에 배치될 부품의 위치와 형태 등에 대한 부품 배치도의 설명으로 옳지 않은 것은?

① 부품은 균형 있게 배치한다.
② 부품 상호 간에 신호가 유도되지 않도록 한다.
③ 인쇄회로기판의 점퍼선은 부품으로 간주하지 않으며 표시하지 않는다.
④ 부품의 종류, 기호, 용량, 외형도, 핀의 위치, 극성 등을 표시하여야 한다.

해설 회로도에는 없는 점퍼선은 부품으로 간주하여 부품 배치도에 표시해야 한다.

55 척도에서 실물의 크기보다 작게 그리는 것은?

① 현척
② 축척
③ 배척
④ 실척

해설 척도
• 축척 : 실물보다 작게 축소해서 그리는 것
• 현척(실척) : 실물과 같은 크기로 그리는 것
• 배척 : 실물보다 크게 확대해서 그리는 것
• NS(Not to Scale) : 도면과 실물의 치수가 비례 척도가 아님을 뜻함

56 다음 회로의 명칭은?

① OR GATE
② AND GATE
③ NAND GATE
④ EX-OR GATE

해설

OR	AND	NAND	EX-OR

57 다음 중 인쇄기판의 제조 공법으로 부적합한 것은?

① 정전 부식법
② 사진 부식법
③ 실크 스크린법
④ 오프셋 인쇄법

해설 인쇄회로기판(PCB)의 제조 방법에는 사진 부식법, 실크 스크린법, 오프셋 인쇄법 등을 사용한다.

58 축척 1/25의 도면에서 도면상 길이가 2[mm]일 때, 실제 길이는?

① 1.25[mm]
② 2[mm]
③ 12.5[mm]
④ 50[mm]

해설 축척은 실물보다 작게 축소해서 그리는 것으로 1/25로 축소한 결과가 2[mm]이므로, 실제의 크기는 25 × 2[mm] = 50[mm]이다.

59 그림과 같은 부품 기호에 대한 명칭은?

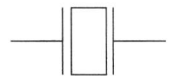

① 다이오드
② 저항
③ 수정진동자
④ 코일

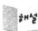

다이오드	저항	수정진동자	코일
▶►	⋀⋀⋁	⊣▯⊢	⌒⌒⌒

60 PCB 인쇄 기판 제조 공정에 사용되는 에칭 방법이 아닌 것은?

① 납 마스크법
② 사진 부식법
③ 실크 스크린법
④ 오프셋 인쇄법

에칭 방법에는 사진 부식법, 실크 스크린법, 오프셋 인쇄법이 있다.

ANSWER									2014년 2회
01	02	03	04	05	06	07	08	09	10
③	②	②	③	③	③	④	①	②	②
11	12	13	14	15	16	17	18	19	20
①	①	④	③	④	③	④	③	①	①
21	22	23	24	25	26	27	28	29	30
③	④	②	③	③	②	④	①	④	①
31	32	33	34	35	36	37	38	39	40
②	④	③	①	②	①	④	③	②	④
41	42	43	44	45	46	47	48	49	50
③	①	①	②	④	②	②	③	②	①
51	52	53	54	55	56	57	58	59	60
④	①	①	③	②	③	①	④	③	①

01 T 플립플롭의 설명으로 옳지 않은 것은?

① 클록 펄스가 가해질 때마다 출력상태가 반전한다.

② 출력파형의 주파수는 입력주파수의 1/2이 되기 때문에 2 분주회로 및 계수회로에 사용된다.

③ JK 플립플롭의 두 입력을 묶어서 하나의 입력으로 만든 것이다.

④ 어떤 데이터의 일시적인 보존이나 디지털신호의 지연 작용 등의 목적으로 사용되는 회로이다.

해설 T 플립플롭은 JK 플립플롭의 두 입력단자를 묶어서 만든 토글(toggle) 전용 플립플롭으로 현재 상태 Q에 무관하게 입력 T=1이면 매 클럭(CLK)마다 출력이 반전(toggle)되는 플립플롭이다. 입력 T=0 이면 보존상태로 이전 출력이 그대로 유지된다.

02 그림은 연산회로의 일종이다. 출력을 바르게 표시한 것은?

① $V_O = \dfrac{1}{CR} \displaystyle\int_0^t v\,dt$

② $V_O = -\dfrac{1}{CR} \displaystyle\int_0^t v\,dt$

③ $V_O = -RC\dfrac{dv}{dt}$

④ $V_O = RC\dfrac{dv}{dt}$

해설
• 미분기(HPF) : 입력에 콘덴서, 궤환에 저항으로 구성

$$V_O = -RC\dfrac{dv_i}{dt}$$

• 적분기(LPF) : 입력에 저항, 궤환에 콘덴서으로 구성

$$V_O = -\dfrac{1}{RC} \displaystyle\int_0^t v_i\,dt$$

03 트랜지스터가 정상 동작(전류 증폭)을 하는 영역은?

① 포화 영역(saturation region)

② 항복 영역(breakdown region)

③ 활성 영역(active region)

④ 차단 영역(cutoff region)

해설

동작영역	EB 접합	CB 접합	용도
포화상태	순 bias	순 bias	펄스, 스위칭
활성영역	순 bias	역 bias	증폭작용
차단영역	역 bias	역 bias	펄스, 스위칭
역활성영역	역 bias	순 bias	사용하지 않음

04 다음과 같은 연산증폭기의 출력 eo는?

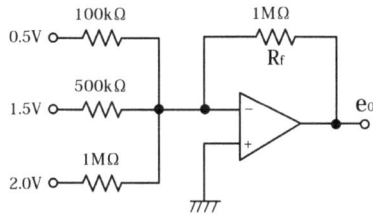

① $-6[V]$　　② $-10[V]$

③ $-15[V]$　　④ $-20[v]$

🖉 op–amp, R 이용한 가산기 회로

$e_0 = -\dfrac{R_f}{R}ei$ 이므로

$$= -\left(\dfrac{R_f}{R_1}e_1 + \dfrac{R_f}{R_2}e_2 + \dfrac{R_f}{R_3}e_3\right) ---- ⓐ$$

위 식 ⓐ에서

$$e_0 = -\left(\dfrac{1 \times 10^6}{100 \times 10^3} \times 0.5 + \dfrac{1 \times 10^6}{500 \times 10^3}\right.$$

$$\left. \times 1.5 + \dfrac{1 \times 10^6}{1 \times 10^6} \times 2.0\right)$$

$$\therefore = -(5 + 3 + 2) = -10[V]$$

05 4[Ω]의 저항과 8[mH]의 인덕턴스가 직렬로 접속된 회로에 60[Hz], 100[V]의 교류 전압을 가하면 전류는 약 몇 [A]인가?

① 20[A]

② 25[A]

③ 30[A]

④ 35[A]

🖉 $Z = R + X_L$

$$= R + jwL = \sqrt{R^2 + (wL)^2}$$

$$= \sqrt{R^2 + wL^2} = \sqrt{4^2 + (2 \times 3.14 \times 60)^2}$$

$$= \sqrt{4^2 + 3^2} = \sqrt{25} = 5[\Omega]$$

$$\therefore I = \dfrac{V}{Z} = \dfrac{100}{5} = 20[A]$$

06 다음 중 억셉터(acceptor)에 속하지 않는 것은?

① 붕소(B)

② 인듐(In)

③ 게르마늄(Ge)

④ 알루미늄(Al)

🖉 • P형 반도체를 만드는 불순물(acceptor) : 인듐 (In), 갈륨(Ga), 붕소(B), 알루미늄(Al) 등
• N형 반도체를 만드는 불순물(donor) : 안티몬 (Sb), 비소(As), 인(P) 등

07 PN 접합 다이오드의 기본 작용은?

① 증폭작용　　② 발진작용

③ 발광작용　　④ 정류작용

🖉 PN 접합 다이오드는 애노드(anode)에서 캐소드 (cathode)방향으로 전류가 흐르는 단방향성이고 정류작용을 기본으로 하여 정류회로에 많이 사용 된다.

08 다음과 같은 연산증폭기의 기능으로 가장 적합한 것은?(단, $R_i = R_f$ 이고 연산증폭기는 이상적이다.)

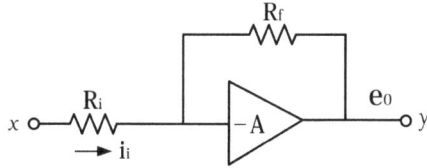

① 적분기　　② 미분기

③ 배수기　　④ 부호변환기

🖉 $e_0 = -\dfrac{R_f}{R}ei$ 이므로

이때 저항 R = Rf에 따라 반전된 ei 출력(−ei)을 얻으므로 부호변환 회로이다.

09 이상적인 연산증폭기에 대한 설명으로 옳지 않은 것은?

① 대역폭은 일정하다.
② 출력저항은 0이다.
③ 전압이득은 무한대이다.
④ 입력저항은 무한대이다.

해설 이상적인 연산증폭(op-amp)의 특징
- 전압이득, 입력저항값, 대역폭은 무한대이다.
- 출력저항과 지연응답, 오프셋은 0이다.
- 특성변동 및 잡음이 없다.
- 동위상신호제거비(CMRR)은 무한대이어야 한다.

10 A급 저주파 증폭기의 최대 효율은 몇 [%] 인가?

① 25[%]　　　② 50[%]
③ 78.5[%]　　④ 100[%]

해설 저주파 증폭기
- A급 : 일그러짐(왜율)이 가장 작고 원음에 가깝게 재생 하므로 직선성이 좋으며, 효율은 50[%]로 가장 적다.(입력 신호가 없을 때도 콜렉터 전류가 흐른다.)
- B급 : 일그러짐이 두 번째로 크며, 효율은 78.5% 정도로 높다.(입력 신호가 없을 때 콜렉터 전류는 흐르지 않는다.)
- AB급 : B급에서 발생하는 일그러짐인 +상측파와 −하측파가 교차하는 교차점에서 일그러짐(크로스 오버 왜곡)을 개선하는 특징이 있으며 가청주파대역 에서는 들을 수 없다.
- C급 : 일그러짐이 가장 크지만 효율은 78.5%~100% 정도로 높다.

11 J-K Flip-Flop에서 입력이 J=1, K=1일 때 Clock pulse가 계속 들어오면 출력의 상태는?

① Toggle　　　② Set

③ Reset　　　④ 동작불능

해설 RS-F/F(RS 플립플롭)의 Set와 Reset 입력이 모두 1인 경우 출력은 불확실한 상태로서 이러한 상태를 개선시킨 JK-F/F(JK 플립플롭)으로 JK 입력 모두 1일 때에 출력은 반전(Toggle)출력으로 가 된다.

12 직렬형 정전압 회로의 특징에 대한 설명으로 틀린 것은?

① 경부하 시 효율이 병렬에 비하여 훨씬 크다.
② 과부하 시 전류가 제한된다.
③ 출력전압의 안정 범위가 비교적 넓게 설계된다.
④ 증폭단을 증가시킴으로써 출력저항 및 전압 안정계수를 매우 작게 할 수 있다.

해설 정전압 회로
- 직렬 정전압 안정화 회로 : 제어용 TR과 부하저항 RL이 직렬로 구성되며, 전압제어용 회로로서 경부하 시 효율은 높다. 기준전압을 설정하는 제너 다이오드 전압에 따라 전압 범위를 설정할 수 있어 전압 설정범위가 크다.
- 병렬 정전압 안정화 회로 : 부하저항과 병렬로 구성되어 있으며 소비전력이 크므로 효율이 직렬형 보다 낮고 전류제어용 이다.

13 정류회로의 직류전압이 300[V]이고, 리플전압이 3[V] 이었다. 이 회로의 리플률은 몇 [%] 인가?

① 1[%]　　　② 2[%]
③ 3[%]　　　④ 5[%]

해설 맥동률 : 정류된 직류전압 속의 교류성분

$r = \dfrac{\Delta v(출력파형 속의 교류성분의 실효값)}{V_d(직류출력값)} \times 100\%$

$= \dfrac{3}{300} \times 100 = 1[\%]$

14 변조도 "m > 1"일 때 과변조(over modulation) 전파를 수신하면 어떤 현상이 생기는가?

① 검파기가 과부하 된다.
② 음성파 전력이 커진다.
③ 음성파 전력이 작아진다.
④ 음성파가 많이 일그러진다.

🔖 변조(Modulation)
- 100%변조 : m = 1인 경우, 포락선 최소점이 0[V]일 때이다.
- 부족변조 : m < 1인 경우이다.
- 과변조 : m > 1인 경우이며 일그러짐이 발생한다.

15 자체 인덕턴스 0.2[H]의 코일에 흐르는 전류를 0.5초 동안에 10[A]의 비율로 변화시키면 코일에 유도되는 기전력은?

① 2[V]   ② 3[V]
③ 4[V]   ④ 5[V]

🔖 $v = L\frac{\Delta I}{\Delta i} = 0.2 \times \frac{10}{0.5} = 4[V]$

16 이미터 접지 증폭회로에서 바이어스 안정지수 S는 얼마인가?(단, 고정 바이어스임)

① β   ② 1 + β
③ 1 - β   ④ 1 - α

🔖 • 트랜지스터 이미터 접지시 전류 증폭률(β)
$= \frac{\Delta I_C}{\Delta I_B}, \ \beta = \frac{\alpha}{1-\alpha}$
• 트랜지스터 베이스 접지시 전류 증폭률(α)
$= \frac{\Delta I_C}{\Delta I_E}, \ \alpha = \frac{\beta}{1+\beta}$
• 고정 바이어스 안정도 S = 1 + β
• 안정계수 $S = \frac{\Delta IC}{\Delta I_{CO}} = 1 + \beta$, S는 작을수록 좋다.

17 다음 그림은 순서도의 기호를 나타낸 것이다. 무엇을 나타내는 기호인가?

① 처리   ② 판단
③ 터미널   ④ 준비

🔖

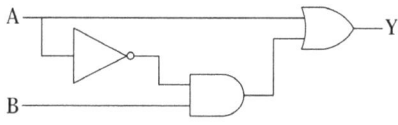

처리	판단	터미널	준비

18 정적인 기억소자 SRAM은 무슨 회로로 구성되어 있는가?

① COUNTER
② MOSFET
③ ENCODER
④ FLIPFLOP

🔖 SRAM(static random access memory) : 플립플롭 방식의 메모리 장치를 가지고 있는 RAM의 하나이다. 전원이 공급되는 동안만 저장된 내용을 기억하고 있다.

19 다음 회로의 출력 결과로 맞는 것은?(단, A, B는 입력, Y는 출력이다.)

① $Y = \overline{A} + \overline{B}$ ② $Y = A + (\overline{A} + B)$
③ $Y = \overline{A + B}$ ④ $Y = A + B$

🔖 $Y = \overline{A} \cdot B + A = A + B$

20 마이크로프로세서의 내부 구성요소 중 산술 연산과 논리연산 동작을 수행하는 것은?

① PC   ② MAR

③ IR   ④ ALU

해설 연산장치(ALU) : 덧셈, 뺄셈, 곱셈, 나눗셈의 산술 연산만이 아니라 AND, OR, NOT, XOR와 같은 논리연산을 하는 장치로 제어장치의 지시에 따라 연산을 수행하며 누산기, 가산기, 데이터 레지스터, 상태 레지스터로 구성된다.

21 프로그램에서 자주 반복하여 사용되는 부분을 별도로 작성한 후 그 루틴이 필요할 때마다 호출하여 사용하는 것으로, 개방된 서브루틴이라고도 하는 것은?

① 매크로   ② 레지스터

③ 어셈블러   ④ 인터럽트

해설 매크로(Macro) : 프로그램에서 자주 반복하여 사용되는 부분을 별도로 작성한 후 그 루틴이 필요할 때 마다 호출하여 사용하는 것으로, 개방된 서브루틴이라고도 한다.

22 16진수 D27을 2진수로 변환하면?

㉮ 110101110010   ㉯ 110100100111

㉰ 011111010010   ㉱ 011100101101

해설 $(D27)_{16}$을 2진수 4비트로 표현한다.

16진수	D	2	7
2진수	1101	0010	0111

23 컴퓨터에서 보수(complement)를 사용하는 가장 큰 이유는?

① 가산과 승산을 간단히 하기 위해

② 감산을 가산의 방법으로 처리하기 위해

③ 가산의 결과를 정확히 하기 위해

④ 감산의 결과를 정확히 하기 위해

해설 컴퓨터에서 보수(complement)를 사용하는 가장 큰 이유는 감산을 가산의 방법으로 처리하기 위해서이다.

24 컴퓨터 시스템에서 자료를 처리하는 최소 단위는?

① 바이트(byte)

② 비트(bit)

③ 워드(word)

④ 니블(Nibble)

해설
• 비트(bit) : 0과 1로 표현되는 데이터의 최소 단위이며 논리 데이터로 표현
• 바이트(byte) : 1개의 문자나 수를 기억하는 데이터 단위로서 8개의 비트로 구성
• 워드(word) : 몇 개의 바이트의 모임으로, 하나의 기억 장소에 기억되는 데이터 범위를 의미
• 항목(field) : 정보의 전달을 위한 최소한의 문자의 집단

25 다음 중 "0"에서부터 "9"까지의 10진수를 4비트의 2진수로 표현하는 코드는?

① 아스키 코드   ② 3-초과 코드

③ 그레이 코드   ④ BCD 코드

해설 BCD 코드(Binary Coded Decimal, 2진화 10진수) : 10진수 1자리를 2진수 4자리(bit)로 표현하는 가중치 코드, 8421 코드라고도 한다.

26 다음 중 컴퓨터를 구성하는 기본 소자의 발전 과정을 순서대로 옳게 나열한 것은?

① Tube → TR → IC

② Tube → IC → TR

③ TR → IC → Tubo

④ IC → TR → Tube

📘해설

세대 구분	제1 세대	제2 세대	제3 세대	제4 세대
회로 구성 소자	진공관 (Tube)	TR, DIODE	IC	LSI, VLSI

27 다음 ( ) 안에 들어갈 용어로 알맞은 것은?

> 마이크로프로세서에서 버스 요구 사이클
> (bus request cycle)은 주변장치가 CPU로
> 부터 버스 사용을 허락받아 CPU의 간섭
> 없이 독자적으로 메모리와 데이터를 주고
> 받는 방식인 ( ) 동작에 필요하다.

① interrupt   ② polling

③ DMA   ④ MAR

📘해설 DMA(Direct Memory Access) : 데이터의 입·출
력 전송이 중앙처리장치의 간섭 없이 직접 메모리
장치와 입, 출력 장치 사이에서 이루어지는 인터
페이스

28 다음 중 인간 중심 언어인 고급 언어가 아닌
것은?

① BASIC   ② COBOL

③ FORTRAN   ④ ASSEMBLY

📘해설 • 저급 언어 : 컴퓨터 이해하기 쉽게 작성된 프로
그래밍 언어로, 일반적으로 기계어와 어셈블리
어를 일컫는다.
• 고급 언어 : 사람이 알기 쉽도록 써진 프로그래
밍 언어로서, 저급 프로그래밍 언어보다 가독성
이 높고 다루기 간단하다는 장점이 있다. BA-
SIC, FORTRAN, COBOL, ALGOL, C, PL/I, C++,
JAVA 등이 있다.

29 다음 중 인쇄회로기판의 특징이 아닌 것은?

① 대량 생산의 효과가 높다.

② 제품의 소형, 경량화에도 기여한다.

③ 소량, 다품종 생산에는 제조 단가가 낮
아진다.

④ 제조의 표준화와 자동화를 기할 수 있다.

📘해설 인쇄회로기판(PCB)의 단점
• 설계에 의하여 제작된 PCB는 설계의 변경이 어
렵다.
• 다른 회로에 사용하기가 어렵다.
• 소형, 다품종 생산에는 제조 단가가 높아진다.

30 다음 중 컴퍼스로 그리기 어려운 원호나 곡
선을 그릴 때 사용되는 제도 기구는?

① T자

② 삼각자

③ 운형자

④ 축척자

📘해설 운형자 : 컴퍼스로 그리기 어려운 원호나 곡선을
그릴 때 사용되는 제도 기구

31 PCB 설계 시 부품배치 방법으로 옳지 않은
것은?

① 버스 라인의 흐름에 주의하여 IC를 배
치한다.

② 배선이 많은 부품들은 기판의 외곽으
로 배치한다.

③ 커넥터 주변은 배선을 위한 충분한 공
간을 확보한다.

④ 극성 있는 부품은 삽입오류를 방지하기
위해 취급방향을 통일한다.

📘해설 배선이 많은 부품들은 기판의 중앙에 배치한다.

32 회로도의 작성방법으로 옳지 않은 것은?

① 정해진 도 기호를 명확하면서도 간결하게 그려야 한다.

② 신호의 흐름은 도면의 오른쪽에서 왼쪽으로 한다.

③ 전체적인 배치와 균형이 유지되게 그려야 한다.

④ 신호의 흐름은 위에서 아래로 흐르게 한다.

해설 회로도 작성 시 고려사항
- 신호의 흐름은 왼쪽에서 오른쪽으로, 위에서 아래로 작성한다.
- 정해진 기호(Symbol)와 문자로 그린다.
- 주회로와 보조회로가 있는 경우에는 주회로를 중심으로 설계한다.
- 선의 교차가 적고 부품이 도면 전체에 안배되도록 그린다.

33 다음 중 반도체 집적회로의 외형 패키지가 아닌 것은?

① PLCC 패키지　　② SSUP 패키지

③ DIP 패키지　　④ TQFP 패키지

해설 반도체 집적화회로(IC) 패키지
- SOP(Small Outline Package)
- QFP(Quad Flat Package)
- TQFP(Thin Quad Flat Package)
- PLCC(Plastic Lead Chip Carrier)
- DIP(Dual In-line Package)

34 전자부품은 크게 능동부(active component)과 수동 부품(passive component)으로 나눌 수 있는데 다음 중 능동 부품이 아닌 것은?

① 다이오드(diode)　② 트랜지스터(TR)

③ 집적회로(IC)　　④ 저항기(R)

해설
- 능동부품(Active Component) : 트랜지스터(TR), 전계효과 트랜지스터(FET), 단접합 트랜지스터(UJT), IC, 연산증폭기(OPAMP) 등을 말하며, 능동소자는 증폭, 발진, 신호 변환 등의 기능을 갖는다.
- 수동부품(Passive Component) : 전기 신호의 중계, 제어 등을 행하는 기구부품으로 저항기, 커넥터, 소켓, 스위치 등이 수동소자에 속한다.

35 제조가 완료된 PCB를 전기적, 광학적으로 검사하기 위한 과정은?

① CAD　　　　② CAM

③ CAE　　　　④ CAT

해설 CAT(Computer Aided Testing) : 제조가 완료된 PCB를 전기적, 광학적으로 검사하기 위한 과정

36 다음 집적회로의 종류 중 집적도(소자 수)가 가장 많은 것은?

① LSI　　　　② SSI

③ MSI　　　　④ VLSI

해설 집적도(소자 수)에 따른 IC 분류
- SSI(Small Scale IC, 소규모 집적회로) : 100개 이하
- MSI(Medium Scale IC, 중간 규모 집적회로) : 100~1000개
- LSI(Large Scale IC, 고밀도 집적회로) : 1,000~10,000개
- VLSI(Very Large Scale IC, 초고밀도 집적회로) : 10,000~1,000,000개
- ULSI(Ultra Large Scale IC, 초초고밀도 집적회로) : 1,000,000개 이상

37 도면을 내용에 따라 분류했을 때 여러 개의 전자 제품이 상호 접속된 상태를 나타내는 도면은?

① 부품도　　　　② 공정도

③ 부분조립도 ④ 전기회로도

🗨 전자회로도 : 여러 개의 전자 제품이 상호 접속된
상태를 나타내는 도면

38 제도 용지에서 A3 용지의 규격으로 옳은 것은?(단, 단위는 mm)

① 210 × 297

② 297 × 420

③ 420 × 594

④ 594 × 841

🗨 A1 : 594×841, A2 : 420×594, A3 : 297×420,
A4 : 210×297

39 다음 중 전자 CAD용 프로그램(EDA 툴)이 아닌 것은?

① OrCAD

② CADSTAR

③ AutoCAD

④ Altium Designer

🗨 AutoCAD는 기계 또는 건축, 토목 등에 사용하는
매커니컬 CAD이다.

40 세라믹 콘덴서의 외부에 103의 숫자가 적혀 있다. 이 콘덴서의 용량은?

① 1[μF] ② 0.1[μF]

③ 0.01[μF] ④ 0.001[μF]

🗨

• 콘덴서의 기준 단위는 [pF] = 10^{-12}
• $10 \times 10^3 \times 10^{-12} = 0.01$[μF]

41 다음 중 새로운 부품을 생성하고자 할 때, 반드시 거쳐야 하는 과정이 아닌 것은?

① 부품의 정의 ② 부품 디자인

③ 부품의 핀 배치 ④ 부품의 크기 변경

🗨 새로운 부품을 생성하고자 할 경우 부품의 이름,
부품의 핀 배치, 부품의 참조값, 부품의 심볼(디자
인), 부품의 값 등이 필요하다.

42 수정(Crystal) 진동자의 기호로 맞는 것은?

🗨 ① 저항, ② 콘덴서, ③ 트랜지스터, ④ 수정(Crys-
tal) 진동자

43 다음 중 전자통신기기의 패널을 설계 · 제도할 때 유의할 점으로 옳은 것은?

① 전원 코드는 전면에 배치한다.

② 조작상 서로 연관이 있는 요소끼리 근접 배치한다.

③ 조작 빈도가 낮은 부품은 패널의 중앙이나 오른쪽에 배치한다.

④ 장치에 외부 접속기가 있을 경우 반드시 패널의 위에 배치한다.

🗨 전자기기 패널 설계 시 유의 사항
• 전원선이나 퓨즈박스 등은 배면에 배치한다.
• 조작 시 서로 연관이 있는 요소끼리 근접 배치
한다.
• 조작 빈도가 높은 부품은 패널의 중앙이나 오른
쪽에 위치한다.
• 장치의 외부와 연결되는 커넥터는 PCB 외곽 쪽
에 배치한다.

44 다음 중 출력장치로 볼 수 없는 것은?

① 마우스　　　　② 플로터
③ 프린터　　　　④ 모니터

해설
• 입력장치 : 키보드, 마우스, 디지타이저, 이미지 스캐너, 라이트 펜 등
• 출력장치 : 모니터, 프린터, 플로터 등

45 제도에서 사용하는 길이의 단위로 옳은 것은?

① mm(밀리미터)　　② cm(센티미터)
③ m(미터)　　④ km(킬로미터)

해설 제도의 단위 : 제도에서 치수의 기입은 KS 0113에 정해진 규칙에 따르며, 길이는 모두 mm(밀리미터) 단위로 기입하되 단위 기호는 기입하지 않는다.

46 인쇄회로기판(PCB) 설계용 CAD에서 일반적인 배선 알고리즘이 아닌 것은?

① 스트립 접속법　　② 고속 라인법
③ 인공지능 탐사법　④ 기하학적 탐사법

해설 PCB 설계용 CAD 프로그램의 일반적인 배선 알고리즘 : 스트립 접속법, 고속 라인법, 기하학적 탐사법 등이 사용되고 있다.

47 다음 중 PCB 레이아웃 설계 과정이 아닌 것은?

① 회로도면 설계
② 부품배치
③ Spice 시뮬레이션
④ Post Processing

해설 Spice 시뮬레이션은 회로 설계의 검증 프로그램이며, PCB 레이아웃 설계의 필수 과정은 아니다.

48 다음 기호의 명칭으로 옳은 것은?

① SCR　　　　② Triac
③ UJT　　　　④ Zener Diode

SCR	TRIAC	UJT	ZENER DIODE
⏊	⏊	⏊	⏊

49 다음 중 검출용 기구가 아닌 것은?

① 근접 스위치　　② 실렉트 스위치
③ 광전 스위치　　④ 압력 스위치

해설
• 근접 스위치 : 기계적인 접촉 대신, 비접촉 동작으로 같은 스위칭 작용을 하게 한 센서
• 광전 스위치 : 빛의 변화를 일으키는 물체가 있다면 금속 뿐 아니라 고체 · 액체 · 기체 모든 것이 가능한 검출기. 산업용 로봇이나 자동화 기기의 제어용 센서로 이용
• 압력 스위치 : 액체 또는 기압의 압력이 설정치 이상 또는 이하에 달하면 전기접점을 개폐하는 스위치
• 실렉트 스위치 : 복수의 효과나 입력 중에서 하나를 선택하는 스위치

50 도면을 작성할 때 실물보다 작게 그리는 척도는?

① 실척　　　　② 현척
③ 축척　　　　④ 배척

해설 척도
• 축척 : 실물보다 작게 축소해서 그리는 것
• 현척(실척) : 실물과 같은 크기로 그리는 것
• 배척 : 실물보다 크게 확대해서 그리는 것
• NS(Not to Scale) : 도면과 실물의 치수가 비례 척도가 아님을 뜻함

51 인쇄회로기판 설계 시 랜드를 설계하려고 한다. D=3.0[mm], d=1.0[mm]일 때 랜드의 최소 도체 너비[W]는?

① 0.5[mm] ② 1[mm]
③ 1.5[mm] ④ 2[mm]

해설 $d_1 - d_2 \geq$ 1.6mm일 때 랜드의 최소 도체 너비 [W] 계산식

$$w \geq \frac{d_1 - d_2}{2} \times \frac{1}{2}$$ 에

D = 3.0[mm], d = 1.0[mm]를 대입하면

$$w \geq \frac{3-1}{2} \times \frac{1}{2} = 0.5[mm]$$

52 다음 중 도면으로부터 좌표를 읽어 들이는 데 사용하며, 자기장이 분포되어 있는 평판에 위치 검출기를 위치시켜 도면의 위치에 대응하는 X, Y 좌표를 입력하거나 원하는 명령어를 선택하는 입력장치는?

① 디지타이저 ② 이미지 스캐너
③ 마우스 ④ 포토 플로터

해설 디지타이저(Digitizer) : 도면으로부터 좌표를 읽어들이는 데 사용하며, 자기장이 분포되어 있는 평판에 위치 검출기를 위치시켜 도면의 위치에 대응하는 X, Y 좌표를 입력하거나 원하는 명령어를 선택하는 입력장치

53 다음 그림과 같이 표현하는 도면 표시방법은?

① 회로도 ② 계통도
③ 배선도 ④ 접속도

해설 계통도 : 선사회로에서 부문 상호간에 선날뇌는 신호의 계통을 알기 쉽게 나타낸 선도로서 계통도 또는 블록선도라고 한다.

54 회로도 작성 시 고려사항 중 옳지 않은 것은?

① 주회로와 보조회로가 있는 경우에는 보조회로를 중심으로 설계한다.
② 회로도는 주요 능동소자를 중심으로 그린다.
③ 대칭으로 동작하는 회로는 접지를 기준으로 대칭되게 그린다.
④ 선의 교차가 적고 부품이 회로도 전체에 안배되도록 그린다.

해설 회로도 작성 시 고려사항
• 주회로와 보조회로가 있는 경우에는 주회로를 중심으로 설계한다.
• 회로노는 수요 능동소사를 중심으로 그린다.
• 대칭으로 동작하는 회로는 접지를 기준으로 대칭되게 그린다.
• 선의 교차가 적고 부품이 도면 전체에 안배되도록 그린다.

55 PCB 설계 시 전자부품의 피치가 100[mil]이었다면, 이를 mm로 환산하면?

① 0.254[mm] ② 2.54[mm]
③ 0.0254[mm] ④ 0.00254[mm]

해설 1 inch = 2.54[cm] = 25.4[mm] = 1000mil
∴100[mil] = 2.54[mm]

56 여러 나라의 공업규격 중에서 국제표준화 기구의 규격을 나타내는 것은?

① ISO ② ANSI
③ JIS ④ DIN

해설 ISO(International Organization for Standardization) : 국제 표준화기구

57 PCB Artwork에서 부품을 꽂는 부분의 동박 면은?

① hole ② point
③ pad ④ line

해설 Pad : PCB Artwork에서 부품을 꽂는 부분의 동박면

58 CAD용 컴퓨터의 데이터 버퍼에 대한 설명으로 옳은 것은?

① 출력작업이 이루어지는 동안에도 다른 작업을 행할 수 있다.
② 주변장치와 8BIT 병렬 데이터 통신을 하기 위한 인터페이스다.
③ 사용자 정의 형상을 컴퓨터가 이해할 수 있는 수치로 나타낸다.
④ 36핀 커넥터로 되어 있다.

해설 CAD용 컴퓨터의 데이터 버퍼 : 입출력 데이터 등의 정보를 전송할 때 일시적인 데이터 저장 장소로 사용되는 기억장소로 출력작업이 이루어지는 동안에도 다른 작업을 행할 수 있다.

59 쌍방향성 다이오드(다이액)의 기호는?

① ②
③ ④

해설 ① 제너다이오드, ② 트랜지스터, ③ 쌍방향 다이오드(다이액), ④ FET

60 패드와 패드를 연결하면서 트랙의 층을 변경할 때 생기는 원형 동박의 명칭을 무엇이라고 하는가?

① 드릴 ② 랜드
③ 솔더 마스크 ④ 비아

해설 Via : 패드와 패드를 연결하면서 트랙의 층을 변경할 때 생기는 원형 동박

Through Hole Via   Buried Via   Blind Via

• Buried Via hole : 내층과 내층을 연결하는 hole
• Blind Via hole : 내층과 외층을 연결하는 hole
• Through Via hole : 외층과 외·내층의 연결을 관통하는 hole

ANSWER									2014년 3회
01	02	03	04	05	06	07	08	09	10
④	③	③	②	①	③	④	④	①	②
11	12	13	14	15	16	17	18	19	20
①	②	①	④	③	②	②	④	④	④
21	22	23	24	25	26	27	28	29	30
①	②	②	④	②	①	④	②	③	③
31	32	33	34	35	36	37	38	39	40
②	②	②	④	④	④	④	④	③	③
41	42	43	44	45	46	47	48	49	50
④	④	④	①	①	③	③	④	②	③
51	52	53	54	55	56	57	58	59	60
①	①	②	①	②	①	③	③	③	④

01 다이오드-트랜지스터 논리회로(DTL)의 특징이 아닌 것은?

① 소비전력이 적다.
② 잡음여유도가 크다.
③ 응답속도가 비교적 빠르다.
④ 저속도 및 중속도에서 동작이 안정하다.

📖 DTL(Diode Transistor Logic)는 논리구조로는 NAND게이트 이며 출력 분기수인 팬-아웃 (fan-out) RTL 다음으로 작다. 소비전력이 작으며, 저속도 및 중속도에서 동작이 안정하니 잡음여유 도가 크다.

02 전동기에서 전기자에 흐르는 전류와 자속, 회전방향의 힘을 나타내는 법칙은?

① 렌츠의 법칙
② 플레밍 왼손 법칙
③ 플레밍 오른손 법칙
④ 앙페르의 오른손 법칙

📖 • 플레밍의 오른손법칙 : 자장(S극과 N극) 내에 도체를 놓고 운동시키면 기전력 e가 전류 방향 으로 발생한다.(발전기의 원리)
• 플레밍의 왼손법칙 : 자장(S극과 N극) 내에 도 체를 놓고 전류를 흘리면 힘 F가 작용하여 도체 가 움직이게 되는데 이와 같이 자장과 전류 사 이에 작용하는 힘을 전자력이라 한다.(전동기의 원리)

03 이미터 접지회로에서 I_B = 10[μA], I_C = 1[mA] 일 때 전류증폭률 β는 얼마인가?

① 10
② 50
③ 100
④ 120

📖 • 트랜지스터 이미터 접지시 전류 증폭률(β)
$$= \frac{\Delta I_C}{\Delta I_B}, \quad \beta = \frac{\alpha}{1-\alpha}$$
∴ 전류증폭률(β) $= \frac{1 \times 10^{-3}}{10 \times 10^{-6}} = 100$

04 5[μF]의 콘덴서에 1[kV]의 전압을 가할 때 축적되는 에너지 [J]는?

① 1.5[J]
② 2.5[J]
③ 5.5[J]
④ 10[J]

📖 C 만의 회로 $W = \frac{1}{2}V^2 C[J]$
∴ $W = 0.5(1 \times 10^3)^2 \times (5 \times 10^{-6}) = 2.5[J]$

05 펄스 증폭회로의 설명으로 틀린 것은?

① 저역특성이 양호하면 새그가 감소한다.
② 결합콘덴서를 크게 하면 새그가 감소한다.
③ 고역특성이 양호하면 입상의 기울기가 개선된다.
④ 고역보상이 지나치면 언더슈트가 발생한다.

해설
- 펄스 증폭회로에서는 결합콘덴서를 크게 하므로 저주파 특성이 양호하며 펄스에서 나타나는 새그가 감소한다.
- 고역특성이 양호하면, 입상의 기울기가 개선되고 고역보상이 지나치면 오버슈트가 발생한다.

06 이상적인 연산증폭기의 주파수 대역폭으로 가장 적합한 것은?

① 0~100 [kHz]

② 100~1000 [kHz]

③ 1000~2000 [kHz]

④ 무한대(∞)

해설 이상적인 연산증폭(op-amp)의 특징
- 전압이득, 입력저항값, 대역폭은 무한대이다.
- 출력저항과 지연응답, 오프셋은 0이다.
- 특성변동 및 잡음이 없다.
- 동위상신호제거비(CMRR)은 무한대이어야 한다.

07 9[μF]의 같은 콘덴서 3개를 병렬로 접속하면 콘덴서의 합성용량은?

① 3[μF]

② 9[μF]

③ 27[μF]

④ 81[μF]

해설 병렬접속시 콘덴서의 합성용량(C_t) = $C_1 + C_2 +$ ..... $+ C_n$

∴$C_t = 9 \times 3 = 27[μF]$

08 자체 인덕턴스가 10[H]인 코일에 1[A]의 전류가 흐를 때 저장되는 에너지는?

① 1[J]

② 5[J]

③ 10[J]

④ 20[J]

해설 L만의 회로 $W = \frac{1}{2} I^2 L [J]$

∴ $W = 0.5(1)^2 \times (10) = 5[J]$

09 N형 반도체를 만드는 불순물은?

① 붕소(B)

② 인듐(In)

③ 갈륨(Ga)

④ 비소(As)

해설
- P형 반도체를 만드는 불순물(acceptor) : 인듐(In), 갈륨(Ga), 붕소(B), 알루미늄(Al) 등
- N형 반도체를 만드는 불순물(donor) : 안티몬(Sb), 비소(As), 인(P) 등

10 연산 증폭기의 설명으로 틀린 것은?

① 직렬 차동 증폭기를 사용하여 구성한다.

② 연산의 정확도를 높이기 위해 낮은 증폭도가 필요하다.

③ 차동 증폭기에서 TR 특성의 불일치로 출력에 드리프트가 생긴다.

④ 직류에서 특정 주파수 사이의 되먹임 증폭기를 구성, 일정한 연산을 할 수 있도록 한 직류 증폭기이다.

해설 op-amp 구성
- 연산 증폭기는 입력단에 직렬 차동 증폭기를 사용한다. 입력의 차동 증폭기에서 TR 특성의 불일치가 출력의 드리프트(drift)가 생긴다.
- 직류에서 특정 주파수 사이의 되먹임 증폭기를 구성하고, 일정한 연산을 할 수 있도록 한 직류 증폭기이다.
- 연산의 정확도를 높이기 위해 높은 증폭도가 필요하다.

11 TR을 A급 증폭기(활성영역)로 사용할 때 바이어스 상태를 옳게 표현한 것은?

① B-E : 순방향 Bias, B-C : 순방향 Bias

② B-E : 역방향 Bias, B-C : 역방향 Bias

③ B-E : 순방향 Bias, B-C : 여방향 Bias

④ B-E : 역방향 Bias, B-C : 순방향 Bias

> 해설 • 활성영역 – 입력 BE : 순 Bias, 출력 B–C : 역 Bias
> • 포화영역 – 입력 BE : 순 Bias, 출력 B–C : 순 Bias
> • 차단영역 – 입력 BE : 역 Bias, 출력 B–C : 역 Bias

12 진공관에서 음극 표면의 상태가 고르지 못해 전자의 방사가 시간적으로 일정하지 않아 발생하는 잡음으로 가청 주파수대에서만 일어나는 잡음은?

① 열잡음 　　　② 산탄 잡음
③ 플리커 잡음 　④ 트랜지스터 잡음

> 해설 플리커 잡음(flicker noise)
> • 도전율의 변화에 의해 생기는 잡음으로 주파수가 낮은 가청주파수 20hz~20khz대에서 발생된다.
> • 진공관(Vacuum tube)에서 음극 표면의 상태가 고르지 못해 전자의 방사가 시간적으로 일정하지 않아 발생하며, 반도체에서는 표면 상태가 영향을 준다.

13 평활회로의 출력 전압을 일정하게 유지시키는데 필요한 회로는?

① 안정화(정전압)회로
② 브리지정류회로
③ 전파정류회로
④ 정류회로

> 해설 전압변동 되는 평활전압을 TR, Zenner Diode 등을 사용하여 정전압 안정화 회로를 구성 하여 안정된 전압을 얻는다.

14 주파수 변조 방식에 대한 설명으로 가장 적합한 것은?

① 반송파의 주파수를 신호파의 크기에 따라 변화시킨다.
② 신호파의 주파수를 반송파의 크기에 따라 변화시킨다.
③ 반송파와 신호파의 위상을 동시에 변화시킨다.
④ 신호파의 크기에 따라 반송파의 크기를 변화시킨다.

> 해설 • 진폭변조 회로(AM) : 신호파(변조파) 진폭에 따라 반송파의 진폭을 변화시키는 변조방식
> • 주파수변조 회로(FM) : 신호파(변조파)에 따라 반송파의 진폭은 일정하며 주파수만 변화시키는 변조방식
> • 위상변조 회로(PM) : 신호파(변조파)에 따라 반송파의 위상을 변화시키는 변조방식
> • 펄스변조 회로(PCM) : 아날로그 신호를 압축 표본화하고 양자화 신호를 부호화한 디지털 신호

15 다음 회로에서 공진을 하기 위해 필요한 조건은?

① $\omega L = \dfrac{1}{\omega C^3}$ 　　② $\omega L = \dfrac{1}{\omega C}$

③ $\omega L = \omega C$ 　　④ $\dfrac{1}{\omega L} = \omega C^2$

> 해설 공진 효과 : 유도 리액턴스(X_L)는 주파수의 증가와 더불어 증대되나 용량 리액턴스(X_C)는 주파수가 증가함에 따라 감소한다. 이러한 서로 반대되는 특성 때문에 어떠한 LC결합에 대해서도 하나가 증가하면 다른 하나가 감소하므로 $X_L = X_C$가 되는 주파수가 있게 된다. 이와 같이 크기는 같고 부호가 서로 반대인 리액턴스를 갖는 경우를 공진되었다고 하며, 그때의 교류 회로를 공진 회로라 한다. 따라서 LC공진 조건은 $X_L = X_C$, $\omega L = \dfrac{1}{\omega C}$

16 다음 연산증폭기 회로에서 Z = 50[kΩ], Z_f = 500[kΩ] 일 때 전압증폭도(A_{vf})는?

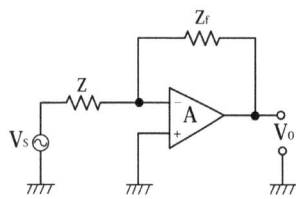

① 0.5
② −0.5
③ 10
④ −10

해설 op−amp 이용한 반전 증폭기로서

$$v_0 = -\frac{Z_f}{Z}V_S = -\frac{500}{50}V_S = -10$$

17 읽기 전용 메모리로서 전원이 끊어져도 기억된 내용이 소멸되지 않는 비휘발성 메모리는?

① ROM
② I/O
③ control Unit
④ register

해설 ROM(Read Only Memory) : 한번 기록한 정보에 대해 오직 읽기만을 허용하도록 설계된 비휘발성 기억장치이며, 시스템 프로그램을 저장하는데 사용한다.

18 마이크로프로세서(Microprocessor)를 이용하여 컴퓨터를 설계할 때의 장점이 아닌 것은?

① 소비전력의 증가
② 제품의 소형화
③ 시스템 신뢰성 향상
④ 부품의 수량 감소

해설 마이크로프로세서를 이용하여 회로를 설계하면 소비전력의 감소, 제품의 소형화, 시스템의 신뢰성 향상, 부품의 수량 감소 등의 장점이 있다.

19 데이터를 중앙처리장치에서 기억장치로 저장하는 마이크로 명령어는?

① $\overline{LOAD}$
② $\overline{STORE}$
③ $\overline{FETCH}$
④ $\overline{TRANSFER}$

해설 Store instruction : 데이터를 주기억 장치에 기억시키는 명령

20 서브루틴의 복귀 주소(Return Address)가 저장되는 곳은?

① Stack
② Program Counter
③ Data Bus
④ I/O Bus

해설 서브루틴(Subroutine) : 프로그램 가운데 하나 이상의 장소에서 필요할 때마다 되풀이해서 사용할 수 있는 부분적 프로그램. 실행 후에는 메인 루틴이 호출한 장소로 되돌아간다. 되돌아 갈 복귀 주소를 저장해 놓아야 하는데 이때 사용되는 것이 스택(stack)이다. 독립적으로 쓰는 일은 없고 메인 루틴과 결합하여 기능을 수행한다.

21 다음 C 프로그램의 실행 결과는?

```
void main()
{
 int a, b, tot;
 a = 200;
 b = 400;
 tot = a + b:
 printf("두 수의 합 =%d\n", tot);
}
```

① tot
② 600
③ 두 수의 합 = 600
④ 두 수의 합 = tot

해설 tot = a(200) + b(400) = 600이므로, 출력문은 "두 수의 합 = 600"

22 마이크로프로세서에서 누산기 (accumulator)의 용도는?

① 연산 결과를 일시적으로 삭제

② 오퍼레이션 코드를 인출

③ 오퍼레이션의 주소를 저장

④ 연산 결과를 일시적으로 저장

해설 누산기(Accumulator) : 연산에 관계되는 상태와 인터럽트 신호를 기억한다.

23 컴퓨터의 주변장치에 해당되는 것은?

① 연산장치　　　② 제어장치

③ 주기억장치　　④ 보조기억장치

해설 보조기억장치 : 컴퓨터의 중앙처리장치가 아닌 외부에서 프로그램이나 데이터를 보관하기 위한 기억장치를 말한다. 주기억장치보다 속도는 느리지만 많은 자료를 영구적으로 보관할 수 있다.

24 자료의 단위가 작은 크기에서 큰 크기순으로 나열된 것은?

① 니블 〈 비트 〈 바이트〈 워드 〈 풀워드

② 비트 〈 니블 〈 바이트 〈 하프워드 〈 풀워드

③ 비트 〈 바이트 〈 하프워드 〈 풀워드 〈 니블

④ 풀워드 〈 더블워드 〈 바이트 〈 니블 〈 비트

해설 • 비트(bit) : 0과 1로 표현되는 데이터의 최소 단위이며 논리 데이터로 표현
• 니블(nibble) : 1바이트의 절반, 즉 4비트를 하나의 단위로 한 것
• 바이트(byte) : 1개의 문자나 수를 기억하는 데이터 단위로서 8개의 비트로 구성
• 워드(word) : 몇 개의 바이트의 모임으로, 하나의 기억 장소에 기억되는 데이터 범위를 의미

25 명령어의 오퍼랜드 부분과 프로그램카운터의 내용이 더해져 실제 데이터의 위치를 찾는 주소지정방식을 무엇이라 하는가?

① 직접주소 지정 방식

② 간접주소 지정 방식

③ 상대주소 지정 방식

④ 레지스터주소 지정 방식

해설 상대주소 지정방식(Relative Addressing Mode) : 프로그램 카운터가 명령의 주소 부분과 더해져서 유효 주소가 결정되는 방법으로, 명령의 주소 부분은 보통 부호를 포함한 수이며, 음수(2의 보수 표현)나 양수 둘 다 될 수 있다.

26 코드 내에 패리티 비트(parity bit)가 있어 전송 시에 오류 검사가 가능한 코드는?

① ASCII 코드

② gray 코드

③ EBCDIC 코드

④ BCD 코드

해설 ASCII 코드(American Standard Code for Information Interchange Code) : 미국의 표준코드, 문자를 표시하기 위한 7비트 코드로서 영어 대문자, 소문자로 구별할 수 있으며, 가장 왼쪽의 한 비트는 코드의 오류 검출용 패리티 비트를 부가하여 8비트로 표시하고 데이터 통신에서 표준코드로 사용하며 개인용 컴퓨터에 사용한다.

27 플립플롭으로 구성되는 레지스터는 어떤 기능을 수행 하는가?

① 기억　　　　　② 연산

③ 입력　　　　　④ 출력

해설 컴퓨터는 저장 기능도 지녀야 하는데, 1비트의 정보를 저장하는 회로를 플립플롭(flip-flop)이라 한다.

28 2진수 (11001)$_2$에서 1의 보수는?

① 00110 ① 00111
③ 10110 ④ 11110

📖 2진수 (11001)$_2$의 1의 보수 : 11001 → 00110

29 도면에서 표제란(Title panel)의 위치로 옳은 것은?

① 오른쪽 아래 ② 오른쪽 위
③ 왼쪽 아래 ④ 왼쪽 위

📖 표제란(Title panel)은 도면의 오른쪽 아래 구석에 위치한다.

30 거버(Gerber) 파일에 관한 설명 중 틀린 것은?

① 거버 형식은 파일 파라미터와 기능 명령의 2가지 요소로만 되어 있다.
② PCB 필름과 마스터 포토 툴을 생성하는데 쓰이는 표준이다.
③ 거버 형식은 단순히 회로의 이미지를 만드는데 필요한 정보를 포함한다.
④ 인터프리터를 이용하여 포토 플로터나 레이저 이미지를 필름이나 다른 미디어에 이미지를 생성하도록 하는 형식이다.

📖 거버 포맷 형식은 여러 개가 있는데 크게 2가지 범주로 나누면 래스터 방식과 벡터 방식이 있다.

31 PC CAD의 도입에 따른 장점이 아닌 것은?

① PCB 재료의 원가 절감을 할 수 있다.
② 회로의 오류 및 오차를 줄일 수 있다.

③ 정확하고 효율적인 작업으로 개발기간이 단축된다.
④ 제품에 대한 신뢰도가 향상되고 불량률이 저하된다.

📖 설계의 표준화로 원가 절감의 효과는 있으나 PCB 재료의 원가 절감 여부는 관련이 없다.

32 다음 중 설계 규칙 검사를 나타내는 용어는?

① Back Annotate ② DRC
③ Netlist ④ Export

📖 DRC(Design Rules Check) : 설계 규칙의 위배 유 · 무에 대한 검사 결과 데이터 파일로서, 각 요소간의 최소 간격, 금지영역 조사, 회로의 오배선, 전원의 극성, 입출력 신호의 접속관계 등을 체크한다.

33 Layout 작업 시 실장밀도를 높이기 위해 고려해야 할 사항이 아닌 것은?

① 도면의 크기
② 사용부품의 치수
③ 배선폭과 배선간격
④ Through Hole의 위치와 치수

📖 Layout 작업 시 실장밀도를 높이기 위해서 고려해야 할 사항은 사용 부품의 치수, 배선폭과 배선간격, Through Hole의 위치와 치수 등이다.

34 A/D변환기 회로와 같이 아날로그와 디지털 부분이 같이 있는 경우 도면에서 회로를 격리하고 접지 등 전원선을 별도로 그리는 것이 일반적인데, 다음 중 어떤 현상을 고려해야 하기 때문인가?

① 유도 현상 ② 발진 현상
③ 스위칭 현상 ④ 증폭 현상

유도현상을 고려하여 A/D 변환기 회로와 같이 아날로그와 디지털 부분이 같이 있는 경우 도면에서 회로를 격리하고 접지 등 전원선을 별도로 그리는 것이 일반적이다.

35 전자캐드(CAD)에 주로 사용되는 출력장치로 적합한 것은?

① 레이저 프린터, 스캐너, 포토 플로터
② 포토 플로터, X-Y 플로터, 타블렛
③ 레이저 프린터, 포토 플로터, X-Y 플로터
④ ZIP 드라이브, 레이저 프린터, 스캐너

해설 CAD 시스템의 출력장치 : 모니터, 프린터, X-Y 플로터, 포토 플로터 등

36 PCB 제조공정은 어떤 방법에 의해 소정의 배선만 남기고, 다른 부분의 패턴을 제거할 것인가 하는 점이 중요하다. 다음 중 대표적으로 사용되는 에칭(패턴제거방법)방법이 아닌 것은?

① 사진 부식법　　② 실크 스크린
③ 플렉시블 인쇄법　④ 오프셋 인쇄법

해설 인쇄회로기판(PCB)의 제조 공정 중 에칭 방법에는 사진 부식법, 실크 스크린법, 오프셋 인쇄법 등을 사용한다.

37 자기장이 분포되어 있어 평판에 버튼커서 또는 스타일러스 펜이라고 불리는 위치 검출기를 이동시켜 도면위치에 대응하는 X, Y 좌표를 입력하는 장치는?

① 트랙볼
② X-Y 플로터

③ 디지타이저
④ 이미지 스캐너

해설 디지타이저(Digitizer) : 도면으로부터 좌표를 읽어 들이는 데 사용하며, 자기장이 분포되어 있는 평판에 위치 검출기를 위치시켜 도면의 위치에 대응하는 X, Y 좌표를 입력하거나 원하는 명령어를 선택하는 입력장치

38 시퀀스 제어용 기호와 설명이 옳게 짝지어진 것은?

① PT : 계기용 변압기
② TS : 과전류 계전기
③ OCR : 텀블러 스위치
④ ACB : 유도 전동기

해설 PT : 계기용 변압기, TS : 전환 스위치, OCR : 과전류 계전기, ACB : 기중 차단기

39 다음 그림은 세라믹/콘덴서이다. 용량 값은?

① $0.01[\mu F]$
② $10[\mu F]$
③ $1000[\mu F]$
④ $0.0001[\mu F]$

해설

* 콘덴서의 기준 단위는 $[pF] = 10^{-12}$
* $10 \times 10^1 \times 10^{-12} = 0.0001[\mu F]$
* 허용오차 K는 $\pm 10[\%]$ 이다.

40 드레인(D) 소스(S) 게이트(G) 3개의 전극으로 구성되어 있으며 n채널과 p채널로 나누는 부품은?

① PUT   ② FET
③ SCR   ④ 트랜지스터

📖 FET(field effect transistor) : 전계 효과 트랜지스터. 트랜지스터의 일종이지만 구조가 다르고 동작 원리도 다르다. 일반 트랜지스터가 전류를 증폭시키는 데 비해 FET는 전압을 증폭시킨다. 드레인, 소스, 게이트 3개의 전극으로 구성되어 있으며 n채널과 p채널 2가지 형태로 되어있다.

41 PCB에서 패턴의 폭이 10[mm], 두께가 2[mm]이고 길이가 3[cm]일 때 패턴의 저항(R)은?(단, 20[℃]에서 구리의 저항률은 1.72×10^{-8}[Ω]이다.)

① 0.258×10^{-6} [Ω]
② 2.58×10^{-8} [Ω]
③ 5.16×10^{-6} [Ω]
④ 5.16×10^{-8} [Ω]

📖 인쇄회로기판 패턴에 따른 저항(R) 계산
$R = \rho \times L / W \times t$
• ρ : 도체의 고유저항 = 1.72×10^{-8}[Ω])
• L : 패턴 길이 = 30[mm]
• W : 패턴 폭 = 10[mm]
• t : 동박 두께 = 2[mm]
$$\therefore R = \frac{1.72 \times 10^{-8} \times 30}{10 \times 2}$$
$$= 2.58 \times 10^{-8}[\Omega]$$

42 다음 중 사용 부품이나 소자를 실물 크기로 기호화 하고, 단자와 단자 사이를 선으로 직접 연결하는 접속 도면을 무엇이라 하는가?

① 연속선 접속도   ② 피드선 접속도
③ 고속도형 접속도   ④ 기선 접속도

📖 연속선 접속도 : 사용 부품이나 소자를 실물 크기로 기호화 하고, 단자와 단자 사이를 선으로 직접 연결하는 접속 도면

43 전자응용기기의 전체적인 동작이나 기능을 나타내는 블록도를 그리고자 할 때의 설명으로 틀린 것은?

① 블록은 직사각형으로 그리며 선의 굵기는 0.3~0.5m 정도로 한다.
② 블록안에는 전자 소자의 명칭이나 기능 등을 간단하게 표시한다.
③ 블록도의 신호는 오른쪽에서 왼쪽 방향으로 흐르도록 한다.
④ 블록도에는 전원 및 보조 회로를 포함하여 그리기도 한다.

📖 블록도 작성 시 유의사항
• 블록은 정사각형, 삼각형, 직사각형이 사용된다.
• 신호의 흐름은 왼쪽에서 오른쪽으로, 위에서 아래로 그린다.
• 블록안에는 전자 소자의 명칭이나 기능 등을 간단하게 표시한다.
• 블록도에는 전원 및 보조 회로를 포함하여 그리기도 한다.

44 전자 CAD를 사용하는 기능이라고 보기 어려운 것은?

① 회로도를 쉽게 수정할 수 있다.
② 효율적인 부품배치 및 배선이 용이하다.
③ 부품을 스캔하여 모델링 할 수 있다.
④ 부품과 선간에 이루어지는 상호간섭과 같은 잡음의 발생을 최소화 할 수 있다.

📖 보기 ③항은 전자 CAD를 사용하는 기능과는 거리가 멀다.

45 출력 장치인 펜 플로터 중 전기, 전자, 통신 분야에서 배선도, 접속도 등의 선도를 그리는 경우에 주로 사용 되는 것은?

① X-Y형
② 드럼(drum)형
③ 잉크젯(Inkjet)형
④ 플레이트 베드(plate bed)형

📖 X-Y형 : 출력 장치인 펜 플로터 중 전기, 전자, 통신 분야에서 배선도, 접속도 등의 선도를 그리는 경우에 주로 사용

46 전자 CAD 프로그램에서 편집 기능 명령과 거리가 먼 것은?

① 이동　　　　② 복사
③ 붙이기　　　④ 호출

📖 전자캐드로 작성된 도면의 편집과 관련된 기능 : 저장, 이동, 복사, 붙이기, 삭제 등

47 다층 PCB 구조에서 층과 층을 통과하여 신호 패턴을 연결하는데, 이 때 층간을 접속하기 위한 것은?

① Pad hole　　② Land hole
③ Pin hole　　④ Via hole

📖 Via Hole : 다층 PCB 구조에서 층과 층을 통과하여 신호 패턴을 연결하는데, 이 때 층간을 접속하기 위한 것

48 도면작성 후 PCB Artwork 또는 시뮬레이션을 하기 위해 부품 간의 연결 정보를 가지고 있는 데이터 파일이 생성 되는데, 이 파일의 명칭은?

① Library　　② Netlist

③ Component　　④ Symbol

📖 Netlist : PCB상에서 상호 연결되어 있는 신호, 모듈, 핀의 명칭으로 회로도면상의 연결 정보

49 고주파를 사용하는 회로도를 설계 시 유의할 점이 아닌 것은?

① 배선의 길이는 될 수 있는 대로 짧아야 한다.
② 회로의 중요 요소에는 바이패스 콘덴서를 붙여야 한다.
③ 배선이 꼬인 것은 코일로 간주되므로 주의해야 한다.
④ 유도될 수 있는 고주파 전송 선로는 다른 신호선과 평행하게 한다.

📖 유도 가능한 고주파 전송선은 다른 신호선과 분리, 격리시킨다.

50 PCB의 설계 시 고주파 부품 및 노이즈에 대한 대책 방법으로 옳은 것은?

① 부품을 세워 사용한다.
② 가급적 표면 실장형 부품(SMD)을 사용한다.
③ 고주파 부품을 일반회로와 혼합하여 설계한다.
④ 아날로그와 디지털 회로는 어스 라인을 통합한다.

📖 PCB 노이즈 대책 방법
　• 아날로그, 디지털 혼재 회로에서는 어스 라인을 분리한다.
　• 고주파 부품을 일반회로와 분리하여 설계한다.
　• 가급적 표면실장형 부품(SMD)을 사용한다.
　• 가능한 한 배선을 굵고 짧게 배선하고, 부품은 세워서 배치하지 않는다.

51 PCB 설계 시 제품의 케이스(CASE)에 의해 제약을 받지 않는 것은?

① 높이 제한
② 부품실장 금지대
③ 패턴의 금지대
④ 패턴의 폭

🔖 제품의 케이스에 의해 제약을 받는 것에는 부품의 높이, 부품실장 금지대, 패턴의 금지대, PCB 크기 등이 있다.

52 CAD 시스템 좌표계가 아닌 것은?

① 역학 좌표
② 절대 좌표
③ 상대 좌표
④ 극 좌표

🔖 CAD 시스템 좌표계 : 절대 좌표, 상대 좌표, 극 좌표, 상대 극좌표 등

53 전기 신호의 중계, 제어 등을 행하는 기구 부품(electro-mechanical component)이 아닌 것은?

① 커넥터
② 소켓
③ 스위치
④ 다이오드

🔖 다이오드는 증폭, 발진, 신호 변환 등의 기능을 갖는 능동소자이다.

54 다음은 반도체 소자의 형명을 나타낸 것이다. 3번째 항의 문자 A는 무엇을 나타내는가?

> (2 S A 562 B)

① NPN형 저주파
② PNP형 저주파
③ PNP형 고주파
④ NPN형 고주파

🔖 2 S A 562 B
┃ ┃ ┃ ┃ ┃ └── 개량표시
┃ ┃ ┃ ┃ └──── 등록순서번호
┃ ┃ ┃ └────── A : PNP형의 고주파용
┃ ┃ └──────── Semiconductor(반도체)
┃ └────────── 2 : 트랜지스터

55 다음 ( ) 안에 알맞은 용어는?

> 전자 CAD 사용자가 다른 schematic 페이지에 심벌을 생성할 수 있다. 이러한 심벌을 ( )이라고 부른다.

① 적층
② 본딩
③ 프리플레그
④ 계층구조블럭

🔖 계층구조 블록은 계층구조 블록에 연결되어 있는 종속 회로도를 의미하며 계층이 낮은 방향으로만 수직 연결된다.

56 다음 5색 저항의 저항 값과 오차가 옳은 것은?

제1색때	제2색띠	제3색띠	제4색띠	제5색띠
갈색	검정색	검정색	적색	갈색

① 10[kΩ], ±5%
② 100[kΩ], ±5%
③ 10[kΩ], ±1%
④ 100[kΩ], ±1%

🔖

제1색띠	제2색띠	제3색띠	제4색띠	제5색띠
갈색 (1)	검정색 (0)	검정색 (0)	적색 (10^2)	갈색 (±1%)

$100 \times 10^2 = 10000\,\Omega = 10\,k\Omega$, 오차 ±1%

57 주문 받은 사람이 주문한 사람과 검토를 거쳐서 승인을 받아 계획 및 제작을 하는데 기초가 되는 도면은?

① 제작도   ② 주문도

③ 승인도   ④ 견적도

🔖 승인도 : 주문받은 사람이 주문한 사람과 검토를 거쳐서 승인을 받아 계획 및 제작을 하는 데 기초가 되는 도면

58 인쇄회로기판 설계 시에 사용하는 단위가 아닌 것은?

① mm   ② grid

③ inch   ④ mils

🔖 mil : $\dfrac{1}{1000}$ inch를 단위로 사용하는 것으로 부품의 리드의 피치나 PCB의 패턴의 간격 등에 주로 사용하는 단위이다.
1 inch = 2.54[cm] = 25.4[mm] = 1000mil

59 인쇄회로기판 설계 시 배선에 흐르는 전류량에 따라 고려할 사항으로 옳은 것은?

① 기판의 재질과 두께

② 배선의 폭과 동박의 두께

③ 동박의 두께와 배선의 모양

④ 배선의 배열과 기판의 두께

🔖 인쇄회로기판 설계 시 배선에 흐르는 전류량에 따라 배선의 폭과 동박의 두께를 고려해야 한다.

60 플렉시블 PCB의 재료로 사용하는 것은?

① 종이페놀 인쇄회로기판

② 유리에폭시 인쇄회로기판

③ 세라믹 인쇄회로기판

④ 폴리이미드 필름 인쇄회로기판

🔖 폴리이미드 필름 : 내열성이 좋고, 다층 기판 제작에 용이하며, 플렉시블(Flexible, 휨이나 절곡)한 기판 제작에 사용된다.

ANSWER									2015년 1회
01	02	03	04	05	06	07	08	09	10
③	②	③	②	④	④	③	②	④	②
11	12	13	14	15	16	17	18	19	20
③	③	①	①	②	④	①	①	②	①
21	22	23	24	25	26	27	28	29	30
③	④	④	④	③	④	①	①	①	①
31	32	33	34	35	36	37	38	39	40
①	②	①	①	③	③	③	①	④	②
41	42	43	44	45	46	47	48	49	50
②	①	③	③	①	④	④	②	④	②
51	52	53	54	55	56	57	58	59	60
④	①	④	③	④	③	③	②	②	④

01 다음 중 증폭회로를 구성하는 수동소자에서 자유전자의 온도에 의하여 발생하는 잡음은?

① 산탄 잡음   ② 열잡음

③ 플리커 잡음   ④ 트랜지스터 잡음

> 해설 열잡음(thermal noise)은 R, L, C, 수동소자에서 자유전자의 불규칙한 운동은 온도에 비례하여 강해진다. 유효 주파수 범위에 걸쳐 거의 일정한 에너지 스펙트럼을 갖는 화이트 노이즈이며 △f[Hz]의 대역 내에 포함되는 잡음 전압의 실효값은
>
> $E_n = \sqrt{4kTRB\Delta f}\ [V]$로 주어진다.

02 수정발진기의 특징 중 가장 큰 장점은?

① 발진이 용이하다.

② 주파수 안정도가 높다.

③ 발진세력이 강하다.

④ 소형이며 잡음이 적다.

> 해설
> • LC발진회로는 보통 1[MHz] 이상에서 발진하는 동조형과 3소자발진기인 콜피츠, 하틀리, 클랩형 발진기로 분류된다.
> • 수정발진기는 수정편을 이용하여 발진을 구동시키며 보통 1[Mz]~10[MHz] 이상에서 발진하며 안정된 발진으로 많이 쓰이고 있으며 피어스–BE형, 피어스–BC형으로 분류한다.

03 입력 전압이 500[mV] 일 때 5[V]가 출력되었다면 전압 증폭도는?

① 9배   ② 10배

③ 90배   ④ 100배

> 해설 전압이득(AV)= $20 \log_{10} \dfrac{V_0}{V_i}[dB]$
>
> $= 20 \log_{10} \dfrac{5}{500 \times 10^{-3}}$
>
> $\therefore 20 \log_{10} \dfrac{5}{500 \times 10^{-3}} = 10$배

04 JK 플립플롭의 J입력과 K입력을 묶어서 1개의 입력 형태로 변경한 것은?

① RS 플립플롭

② D 플립플롭

③ T 플립플롭

④ 시프트 레지스터

> 해설 T 플립플롭은 JK 플립플롭의 두 입력단자를 묶어서 만든 토글(toggle) 전용 플립플롭으로서 현재 상태 Q에 무관하게 입력 T = 1이면 매 클럭(CLK)마다 출력이 반전(toggle)되는 플립플롭이다. 입력 T = 0이면 보존 상태로 이전 출력이 그대로 유지된다.

05 그림과 같은 2단궤환 증폭회로에서 궤환전압 Vf는?

① $V_f = \dfrac{R_2}{R_1 + R_2} V_o$

② $V_f = \dfrac{R_1 \cdot R_2}{R_1 + R_2} V_o$

③ $V_f = \dfrac{R_1}{R_2} V_o$

④ $V_f = \dfrac{R_1}{R_1 + R_2} V_o$

해설
$v_f = v_s$
$v_f = v_0 \beta$
$\therefore v_f = v_0 \dfrac{R_1}{R_1 + R_2}$
$A_v = \dfrac{v_0}{v_s} = \dfrac{R_1 + R_2}{R_1} = 1 + \dfrac{R_2}{R_1}$

06 다음 중 펄스의 시간적 관계의 기본 조작이 아닌 것은?

① 정형   ② 선택
③ 비교   ④ 변이

해설 파형 정형 회로는 임의의 파형에 대하여 어떤 기준 전압 레벨의 이상 또는 이하의 파형만을 잘라 내는 작업을 클리핑(clipping)이라 하며 이러한 회로를 클리핑 회로 또는 클리퍼(clipper)라고 한다.

07 저항 20[Ω]인 도체에 100[V]의 전압을 가할 때, 그 도체에 흐르는 전류는 몇 [A]인가?

① 0.2   ② 0.5
③ 2   ④ 5

해설 $I = \dfrac{V}{R}[A]$ $\therefore I = \dfrac{100}{20} = 5[A]$

08 반도체의 다수캐리어로 옳게 짝지어진 것은?

① P형의 정공, N형의 전자

② P형이 정공, N형이 정공

③ P형의 전자, N형의 전자

④ P형의 전자, N형의 정공

해설
• P형 반도체[억셉터, 정공(+)] : 인듐(In), 갈륨(Ga), 붕소(B), 알루미늄(Al) 등
• N형 반도체[도너, 전자(−)] : 안티몬(Sb), 비소(As), 인(P) 등

09 3단자 레귤레이터의 특징이 아닌 것은?

① 입력 전압이 출력 전압보다 높다.
② 방열이 필요 없다.
③ 회로의 구성이 간단하다.
④ 전력 손실이 높다.

해설 정전압 IC(3단자 레귤레이터) 입력전압이 출력전압 보다 높아야 하며, 내부 회로 구성이 비교적 간단하고 전력 손실이 높다. 열적으로 안정을 위하여 방열판을 부착하여 사용 하도록 권장한다.

10 트랜지스터가 스위치로 ON/OFF 기능을 하고 있다면 어떤 영역을 번갈아 가면서 동작하는가?

① 포화영역과 차단영역
② 활성영역과 포화영역
③ 포화영역과 항복영역
④ 활성영역과 차단영역

해설

동작영역	EB 접합	CB 접합	용도
포화상태	순 bias	순 bias	펄스, 스위칭
활성영역	순 bias	역 bias	증폭작용
차단영역	역 bias	역 bias	펄스, 스위칭
역활성영역	역 bias	순 bias	사용하지 않음

11 그림과 같은 발진기에서 A점과 B점의 파형을 옳게 니디낸 것은?

① A : 펄스, B : 펄스
② A : 톱니파, B : 펄스
③ A : 톱니파, B : 톱니파
④ A : 펄스, B : 톱니파

🖎 UJT 특성은 전류의 증가에 따라 전압이 감소하는 부성 저항(negative resistance)특성을 가지며, 이 특성을 이용하면 발진기로서 매우 유용하게 사용될 수 있다. 이미터 입력에 톱니파 인가 시 출력인 베이스에서는 펄스파를 얻는 UJT 이장 발진기로 이용 된다.

12 전원주파수가 60[Hz] 일 때 3상 전파정류회로의 리플 주파수는?

① 90[Hz]
② 120[Hz]
③ 180[Hz]
④ 360[Hz]

🖎 정류 방식별 맥동주파수(60Hz인 경우)

정류 방식	맥동 주파수
단상 반파 정류회로	1상×60Hz = 60[Hz]
단상 전파 정류회로	1상×120Hz = 120[Hz]
3상 반파 정류회로	3상×60Hz = 180[Hz]
3상 전파 정류회로	3상×120Hz = 360[Hz]

13 어떤 정류회로의 무부하 시 직류 출력전압이 12[V]이고, 전부하 시 직류 출력전압이 10[V]일 때 전압변동률은?

① 5[%]
② 10[%]
③ 20[%]
④ 40[%]

🖎 전압변동률

$$\triangle V = \frac{무부하시\ 전압 - 부하시\ 전압}{부하시\ 전압} \times 100[\%]$$
$$= \frac{12-10}{10} \times 100 = 20[\%]$$

14 그림과 같은 4개의 콘덴서회로의 합성 정전용량은 얼마인가?(단, 각 콘덴서의 값은 4[μF]이다.)

① 4[μF]
② 8[μF]
③ 12[μF]
④ 16[μF]

🖎 병렬 합성용량
$$C_{P1} = C_1 + C_2 = 8[uF]$$
$$C_{P2} = C_3 + C_4 = 8[uF]$$
병렬 구성된 C_{P1}과 C_{P2} 2개가 직렬로 구성됨에 따라서
$$C_{s-p}(직 \cdot 병렬\ 합성\ 용량) = \frac{1}{C_{P1}} + \frac{1}{C_{P2}}$$
$$= \frac{C_{P1} \times C_{P2}}{C_{P1} + C_{P2}} = \frac{64}{16} = 4[uF]$$

15 회로에서 입력단자와 출력단자가 도통되는 상태는?

① $V_J \rangle V_A$, $V_J \langle V_D$

② $V_S \rangle V_A$, $V_S \rangle V_B$

③ $V_S \langle V_A$, $V_S \rangle V_B$

④ $V_S \langle V_A$, $V_S \langle V_B$

🔑 파형 정형회로의 일부인 슬라이서(slicer) 회로로서 + 전압 레벨 일부분과 – 전압 레벨 일부분의 출력전압이 작아지 지도록 한 것으로 다시 증폭해주어야 한다. 보통 증폭기능을 겸한 슬라이서 회로에는 시미트 트리거가 사용된다.

16 UJT를 이용한 기본 발진회로일 때 발진주기 τ는?(단, η는 스탠드 오프비이다.)

① $\tau = RC$

② $\tau = 0.69RC$

③ $\tau = 2.3RC \cdot \log(\frac{1}{1 - \eta})$

④ $\tau = RC \cdot \log(\frac{\eta}{1 - \eta})$

🔑 UJT의 이미터에 구성된 시정수 RC에 따른 발진주기 다음과 같다.

$$\tau = 2.3RC \cdot \log\left(\frac{1}{1 - \eta}\right)$$

17 16진수 (5C)₁₆을 10진수로 변환하면?

① 72　　　　② 86

③ 92　　　　④ 96

🔑 $(5C)_{16} = 5 \times 16^1 + C \times 16^0 = 80 + 12 = 92$

18 전자계산기의 특징이 아닌 것은?

① 기억하는 능력이 크다.

② 창의적 능력이 있다.

③ 계산은 빠르고 정확하다.

④ 논리적 판단 및 비교능력이 있다.

🔑 전자계산기의 특징 : 입력된 데이터를 고속으로 처리하여 필요한 결과를 추출할 수가 있고, 논리적 판단 및 비교능력이 있으며 또한 기억하는 능력이 크다.

19 사칙연산 명령이 내려지는 장치는?

① 입력장치　　　　② 제어장치

③ 기억장치　　　　④ 연산장치

🔑 제어장치(Control Unit) : 프로그램 명령어를 해석하고, 해석된 명령의 의미에 따라 연산장치, 주기억 장치 등에게 동작을 지시하며 어드레스 레지스터, 기억 레지스터, 명령 레지스터, 명령 해독기, 명령 계수기 등으로 구성된다.

20 F = (A, B, C, D) = Σ(0, 1, 4, 5, 13, 15)이다. 간략화 하면?

① $F = A'C' + BC'D + ABD$

② $F = AC + B'CD + ABD$

③ $F = A'C' + ABD$

④ $F = AC + A'B'D$

🔑 4변수 카르노맵

AB \ CD	00	01	11	10
00	0	4	12	8
01	1	5	13	9
11	3	7	15	11
10	2	6	14	10

$$F = \overline{ABCD} + \overline{A}B\overline{C}D + \overline{A}BC\overline{D} + A\overline{B}C\overline{D} + AB\overline{C}D$$
$$+ ABCD$$
$$= \overline{AC}(\overline{B}D + B\overline{D} + \overline{B}\,\overline{D} + BD) + ABD(\overline{C} + C)$$
$$= \overline{AC}(B(\overline{D} + D) + \overline{B}(\overline{D} + D)) + ABD$$
$$= \overline{AC} + ABD$$

21 데이터의 구성 체계에 속하지 않는 것은?

① 비트   ② 섹터

③ 필드   ④ 레코드

해설 자료 구성의 단계 : 비트 〈 바이트 〈 워드 〈 항목
〈 레코드 〈 파일 〈 데이터베이스

22 CPU의 내부 동작에서 실행하고자 하는 명령의 번지를 지정한 후 명령 레지스터에 불러오기까지의 기간은?

① 명령 사이클(Instruction cycle)

② 기계 사이클(Machine cycle)

③ 인출 사이클(Fetch cycle)

④ 실행 사이클(Execution cycle)

해설 인출 사이클(Fetch Cycle) : 명령어를 주기억장치에서 CPU의 명령어 레지스터로 해독하는 단계이다.

23 배타적(Exclusive) OR 게이트를 나타내는 논리식은?

① $Y = A \cdot \overline{B}$

② $Y = \overline{A} \cdot A\overline{B}$

③ $Y = \overline{A}B + \overline{B}$

④ $Y = \overline{A}B + A\overline{B}$

해설 배타적 논리합(Exclusive-OR) : 입력이 모두 같을 때는 출력이 0이 되고, 입력이 서로 다를 때는 출력이 1이 되는 논리회로

24 불 대수의 표현이 올바른 것은?

① $A + 1 = 1$

② $A \cdot 1 = 1$

③ $A \cdot A = 1$

④ $A + A = 1$

해설 • 항등법칙 : $A + 1 = 1$, $A \cdot 1 = A$
• 동일법칙 : $A \cdot A = A$, $A + A = A$

25 연산 결과가 양인지 음인지, 또는 자리올림(carry)이나 오버플로우(overflow)가 발생 했는지를 기억하는 장치는?

① 가산기(adder)

② 누산기(accumulator)

③ 데이터레지스터(data register)

④ 상태레지스터(status register)

해설 상태 레지스터(Status Register) : 컴퓨터의 연산 결과를 나타내는데 사용되며, 연산값의 부호 및 오버플로 발생 유무를 표시한다.

26 불 대수에서 하나의 논리식과 다른 논리식 사이에서 AND는 OR로, OR은 AND로, 0은 1로, 1은 0으로 변환하는 원리는?

① 쌍대의 원리

② 불 대수의 원리

③ 드모르간의 원리

④ 교환법칙의 원리

해설 쌍대의 원리 : 불 대수에서 하나의 논리시과 다른 논리식 사이에서 AND는 OR로, OR은 AND로, 0은 1로, 1은 0으로 변환하는 원리

27 어떤 마이크로프로세서가 1100 0110 0101 1110의 주소 버스를 점하고 있다. 이

상태는 메모리의 몇 page에 출입하고 있는 것인가?

① 37   ② 124
③ B53C   ④ C65E

📖 컴퓨터에서 2진수를 이용하여 표현할 때 너무 많은 자리를 차지하기 때문에, 2진수 4개를 묶어서 16진수로 만들어 표기한다.

2진수	1100	0110	0101	1110
16진수	C	6	5	E

28 마이크로프로세서를 구성하고 있는 버스에 해당하지 않는 것은?

① 데이터 버스   ② 번지 버스
③ 제어 버스   ④ 상태 버스

📖 마이크로프로세서를 구성하고 있는 버스
- 데이터(Data) 버스
- 주소(Address) 버스
- 신호(Signal) 버스
- 제어(Control) 버스

29 25.4[mm]는 몇 [inch]에 해당하는가?

① 1[inch]   ② 10[inch]
③ 100[inch]   ④ 1000[inch]

📖 1inch = 2.54[cm] = 25.4[mm] = 1000mil

30 다음 중 극성을 갖고 있고, 안정적인 대용량 전원 공급을 위해 사용되는 소자는?

① 저항
② 브리지 다이오드
③ 전해 콘덴서
④ 세라믹 콘덴서

📖 전해 콘덴서 : 극성을 가지고 있으며 안정적인 대용량 전원 공급을 위해 사용되는 소자

31 원점으로부터 X, Y축 방향으로 이동된 거리의 좌표를 무엇이라 부르는가?

① 상대좌표   ② 절대좌표
③ 극좌표   ④ 상대극좌표

📖 절대좌표 : 원점으로부터 X, Y축 방향으로 이동된 거리의 좌표

32 실제 치수가 30[mm]의 물건을 2/1의 배척으로 그렸을 때 도면에 기입하는 치수로 옳은 것은?

① 15[mm]   ② 30[mm]
③ 60[mm]   ④ 120[mm]

📖 배척이 2/1이라도 실제의 물건의 길이인 30[mm]로 도면에 표시한다.

33 PCB 설계 시 4층 기판으로 설계할 때 사용하지 않는 층은?

① 납땜면   ② 전원면
③ 접지면   ④ 내부면

📖 PCB 4층 기판의 구성 : TOP 신호(납땜면), 전원면, 접지면, BOTTOM 신호(납땜면)

34 A3 size 도면의 크기 [mm]는?

① 297 × 420   ② 496 × 210
③ 396 × 320   ④ 696 × 520

📖 A1 : 594×841, A2 : 420×594, A3 : 297×420, A4 : 210×297

35 다음 중 전자 CAD의 데이터 파일이 아닌 것은?

① 거버(Gerber)
② 부품리스트(PART LIST)
③ 프린트 기판 재료(Print Board Material)
④ 배선정보(NET LIST)

해설 프린트 기판 재료는 전자 CAD 데이터 파일에 포함되지 않는다.

36 다음 논리 게이트의 명칭으로 옳은 것은?

① OR
② NAND
③ AND
④ NOR

해설

OR	NAND	AND	EX-OR

37 부품을 삽입하지 않고, 다른 층간을 접속하기 위하여 사용되는 도금 도통 홀을 의미하는 것은?

① 비아 홀(Via hole)
② 키 슬롯(Key slot)
③ 외층(External layer)
④ 엑세스 홀(Access hole)

해설 Via : 패드와 패드를 연결하면서 트랙의 층을 변경할 때 생기는 원형 동박

38 노이즈 대책용으로 사용될 콘덴서의 구비조건과 거리가 먼 것은?

① 내압이 낮을 것
② 절연 저항이 클 것
③ 주파수 특성이 양호할 것
④ 자기공진 주파수가 높은 주파수 대역일 것

해설 노이즈 대책용 콘덴서 구비조건
• 내압이 높을 것
• 절연 저항이 클 것
• 주파수 특성이 양호할 것
• 자기공진 주파수가 높은 주파수 대역일 것

39 회로도를 설계할 때 고려해야 할 사항 중 틀린 것은?

① 선의 교차가 적고 부품이 도면 전체에 고루 분포되게 그린다.
② 물리적인 관련이나 연결이 있는 부품 사이에는 실선으로 그린다.
③ 대칭으로 동작하는 회로는 접지를 기준으로 대칭되게 그린다.
④ 주 회로와 보조회로가 있는 경우에는 주 회로를 중심으로 그린다.

해설 회로도 작성 시 물리적인 관련이나 연결이 있는 부품 사이에는 파선으로 나타낸다.

40 일반적으로 전자캐드(CAD)에서 회로도를 그리는 프로그램을 통칭하는 용어는?

① CAM
② Layout
③ Gerber
④ Schematic

해설 Schematic : 일반적으로 전자캐드(CAD)에서 회로도를 그리는 프로그램을 통칭

41 검도의 목적으로 옳지 않은 것은?

① 도면 척도의 적절성

② 표제란에 필요한 내용

③ 조립 가능 여부

④ 판매 가격의 적절성

> 해설 검도의 목적 : 도면 척도의 적절성, 표제란에 필요한 내용, 조립 가능 여부 등

42 기능에 따라 CAD 프로그램을 분류할 때 전자 계열 분류의 약자는?

① AEC   ② EDA

③ MDA   ④ GIS

> 해설 EDA(Electronic Design Automation) : 전자회로 등을 설계하기 위하여 만들어진 CAD 프로그램으로 OrCAD, PCAD 등이 있다.

43 부품의 단자 또는 도체 상호간을 접속하기 위해 구멍 주위에 만든 특정한 도체 부분은?

① 리드   ② 납마스크

③ 패턴   ④ 랜드

> 해설 랜드 : 부품의 단자 또는 도체 상호간을 접속하기 위해 구멍 주위에 만든 특정한 도체 부분

44 전자 및 통신제도의 개요에 대한 설명으로 옳지 않은 것은?

① 기기, 부품 상호간에 전기적 흐름을 잘 이해하여야 한다.

② 수동부품과 능동부품은 상호 간섭 작용이 발생하므로 별도의 회로도 작성이 요구된다.

③ 도면에는 많은 부품 기호가 있기 때문에 부품 동작특성을 알아야 한다.

④ 사용되는 부품의 종류가 다양하므로 부품의 외형, 치수, 특성을 정확히 이해하여야 한다.

> 해설 저항, 콘덴서, 코일과 같은 수동부품은 독자적으로 동작하지 않고 능동부품인 트랜지스터나 집적회로(IC)에 부속되어 전자회로가 동작하므로 별도의 회로도를 작성하지 않는다.

45 다음 중 인쇄회로 기판에서 적층 형태의 종류에 해당되지 않는 것은?

① 다각형 PCB   ② 단면 PCB

③ 양면 PCB   ④ 다층면 PCB

> 해설 PCB 적층 형태에 따라 단면, 양면, 다층면 PCB 등으로 분류한다.

46 DXF 파일의 섹션이 아닌 것은?

① 헤더(Header) 섹션

② 블록(Block) 섹션

③ 테이블(Table) 섹션

④ 글로벌(Global) 섹션

> 해설 DXF파일의 섹션에는 HEADER섹션, TABLE섹션, BLOCK섹션, ENTITY섹션 등이 있다.

47 다음 중 전자 CAD에서 DRC로 할 수 없는 기능은?

① 부품용량의 정확성

② 금지영역 조사

③ 올바르지 못한 배선

④ 각 요소 간의 최소 간격

> 해설 DRC(Design Rules Check) : 설계 규칙의 위배 유·무에 대한 검사 결과 데이터 파일로서, 각 요소간의 최소 간격, 금지영역 조사, 회로의 오배선, 전원의 극성, 입출력 신호의 접속관계 등을 체크한다.

48 전자회로에 사용되는 전자소자 중 수동소자 (부품)가 아닌 것은?

① 고정저항기
② 초크코일
③ 전해콘덴서
④ 트랜지스터

해설
• 능동부품(Active Component) : 트랜지스터(TR), 전계효과 트랜지스터(FET), 단접합 트랜지스터(UJT), IC, 연산증폭기(OPAMP) 등을 말하며, 능동소자는 증폭, 발진, 신호 변환 등의 기능을 갖는다.
• 수동부품(Passive Component) : 전기 신호의 중계, 제어 등을 행하는 기구부품으로 저항기, 콘덴서, 커넥터, 소켓, 스위치 등이 수동소자에 속한다.

49 다음 중 인쇄회로기판의 제작순서가 옳은 것은?

① 사양관리 → CAM작업 → 드릴 → 노광
② 사양관리 → 노광 → CAM작업 → 드릴
③ CAM작업 → 드릴 → 노광 → 사양관리
④ CAM작업 → 사양관리 → 노광 → 드릴

50 기본 회로도 작성요령 중 틀린 것은?

① 접속선은 중단할 수 있다.
② 가능하면 수직·수평선 보다는 사선을 많이 사용하여야 한다.
③ 너무 긴 선이나 외부 사이의 접속선은 가급적 사용하지 않는다.
④ 회로도는 좌에서 우로 읽어 나갈 수 있게 배열하여야 한다.

해설 가능하면 사선보다 수직, 수평선을 많이 사용한다.

51 회로 접속 상태가 명확하고 회로 추적이 용이히므로 착오에 의한 오배선을 방지할 수 있는 기본적인 도면은?

① 기선 접속도
② 피드선 접속도
③ 연속선 접속도
④ 고속도형 접속도

해설 연속선 접속도 : 회로 접속 상태가 명확하고 회로 추적이 용이하므로 착오에 의한 오배선을 방지할 수 있는 기본적인 도면

52 PCB 설계에서 부품의 배치방법으로 틀린 것은?

① 커넥터는 PCB의 외곽 쪽에 배치한다.
② 고전압부와 저전압부는 분리하여 배치한다.
③ 부품은 회로도상의 신호 흐름을 따라서 배치한다.
④ 디지털 회로와 아날로그 회로는 분리하지 않고 배치한다.

해설 디지털 회로와 아날로그 회로는 분리 배치한다.

53 다음 전자 부품 기호의 명칭으로 옳은 것은?

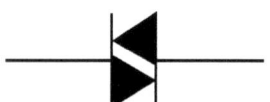

① 트랜지스터(TR)
② 다이액(DIAC)
③ 제너 다이오드(Zener Diode)
④ 전기장 효과 트랜지스터(FET)

트랜지스터	다이액	제너 다이오드	FET

54 컴퓨터로 설계하는 CAD 시스템 도입의 목적이 아닌 것은?

① 시간의 효율적 관리
② 설계비용 절감
③ 활용분야 협의성
④ 도면의 품질 향상

해설 CAD 도입의 장점
  • 도면의 품질이 좋아진다.
  • 설계 과정에서 능률이 향상된다.
  • 수치 결과에 대한 정확성이 증가한다.
  • 보관 및 보안성이 좋다.
  • 설계의 표준화로 원가가 절감된다.

55 CAD 시스템에서 도면화를 위한 표준 장치로서, 출력이 도형 형식일 때 정교한 표현을 위해 사용되는 것은?

① 플로터   ② 모니터
③ 잉크젯 프린터   ④ 레이저 프린터

해설 플로터 : CAD 시스템에서 도면화를 위한 표준 장치로서, 출력이 도형 형식일 때 정교한 표현을 위해 사용되는 것

56 PCB 제조 과정에서 프린트 배선판 상의 특정 영역에 도포하는 내열성 비폭 재료로 납땜 작업 시 이 부분에 땜납이 붙지 않도록 하는 역할을 하는 것은?

① 포토 레지스트(photo resist)

② 에칭 레지스트(etching resist)
③ 솔더 레지스트(solder resist)
④ 도금 레지스트(plating resist)

해설 솔더 레지스트(Solder resist) : PCB 제조 과정에서 프린트 배선판 상의 특정 영역에 하는 내열성 비폭 재료로 납땜 작업할 때 이 부분이 땜납이 붙지 않도록 하는 레지스트

57 제도 도면에 반드시 그려야 할 사항이 아닌 것은?

① 재단마크
② 표제란
③ 중심마크
④ 윤곽선

해설 제도도면에 반드시 그려야 할 사항 : 표제란, 중심마크, 윤곽선, 비교눈금 등

58 블록선도에서 삼각형도형이 사용되는 것은?

① 전원회로
② 변조회로
③ 연산증폭기
④ 복조회로

해설 삼각형은 증폭기 또는 연산 증폭기에 사용한다.

59 전자캐드의 일반적인 특징에 관한 설명으로 틀린 것은?

① 기구의 설계에 적합하다.
② 회로의 설계에 적합하다.
③ 회로의 동작 검증이 용이하다.
④ 인쇄회로기판의 설계에 적합하다.

해설 기구의 설계에 적합한 CAD는 전자CAD가 아닌 매커니컬 CAD이다.

60 다음 마일러 콘덴서의 용량으로 가장 적합한 것은?

① 22000[pF]　　② 224[pF]

③ 0.22[μF]　　④ 22.4[μF]

2 2 4 J
　　　　　허용오차
　　　　10의 승수
　　　유효숫자
　유효숫자

- 콘덴서의 기준 단위는 [pF] = 10^{-12}
- $10 \times 10^4 \times 10^{-12} = 0.22[μF]$
- 허용오차 J는 ±5[%] 이다.

ANSWER									2015년 2회
01	02	03	04	05	06	07	08	09	10
②	②	②	③	④	①	④	①	②	①
11	12	13	14	15	16	17	18	19	20
②	④	③	①	①	③	③	②	②	③
21	22	23	24	25	26	27	28	29	30
②	③	④	①	④	①	④	④	①	③
31	32	33	34	35	36	37	38	39	40
②	②	④	①	③	②	①	①	②	④
41	42	43	44	45	46	47	48	49	50
④	②	④	②	①	④	①	④	①	②
51	52	53	54	55	56	57	58	59	60
③	④	②	③	①	③	①	③	①	③

최근기출문제

01 회로의 전원 V_S가 최대전력을 전달하기 위한 부하 저항 R_L의 값은?

① 25[Ω]
② 50[Ω]
③ 75[Ω]
④ 100[Ω]

최대 전력 전달 조건은 $R_S = R_L$이다.

02 이상적인 다이오드를 사용하여 그림에 나타낸 기능을 수행할 수 있는 클램프회로를 만들 수 있는 것은?(단, V_i = 입력파형, V_o = 출력파형이다.)

①

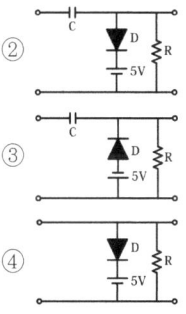

②

③

④

클램프회로로 입력시 C에 +Vm이 충전되며, 다시 −Vm이 입력되므로 다이오드(D)는 역바이어스로 OFF가 되므로 출력전압은 −2Vm 까지 내려가며, 최대값을 +5V로 고정시킨다. 따라서, 보기 ②와 같이 D와 5V가 A → K → + → −

03 평활회로에서 리플율을 줄이는 방법은?

① R과 C를 적게 한다.
② R과 C를 크게 한다.
③ R을 크게, C를 적게 한다.
④ R을 적게, C를 크게 한다.

부하측 RC필터는 R과 C를 크게 할수록 출력 전압의 맥동은 적어진다.

04 슈미트 트리거(schmitt trigger)회로는?

① 톱니파 발생회로 ② 계단파 발생회로
③ 구형파 발생회로 ④ 삼각파 발생회로

슈미트 트리거(schmitt trigger) 회로는 정현파 신호 입력을 받아서 구형파 출력을 만드는 회로로서 TTL에 사용한다.

05 PLL회로에서 전압의 변화를 주파수로 변화하는 회로를 무엇이라 하는가?

① 공진 회로
② 신시싸이저 회로
③ 슈미트 트리거 회로
④ 전압제어 발진기(VCO)

해설 PLL(Phase Lock Loop)
- 출력의 궤환 신호(Feedback signal)를 입력신호와 비교하여 출력신호가 일정한 값이 될 수 있도록 제어하는 궤환 시스템 이다.
- 기본적으로 위상검출기(PD), 저역필터(LPF), 전압제어 발진기(VCO)로 구성되어 있다.

06 실리콘 제어 정류기(SCR)의 게이트는 어떤 형의 반도체인가?

① N형 반도체   ② P형 반도체
③ PN형 반도체   ④ NP형 반도체

해설 실리콘 제어 정류기(SCR)는 PNPN 4층 구조로 A, K, G는 각각 애노드(anode), 캐소드(cathode), 게이트(gate)단자로서 단방향 전류소자이며, 전류는 항상 애노드에서 캐소드로 흐른다.

07 전류와 전압이 비례 관계를 갖는 법칙은?

① 키르히호프의 법칙
② 주울의 법칙
③ 렌츠의 법칙
④ 옴의 법칙

해설 옴의 법칙 : 도체에 흐르는 전류는 전압에 비례하고 저항에 반비례한다.

08 쌍안정 멀티바이브레이터에 관한 설명으로 틀린 것은?

① 부궤환을 하는 2단 비동조 증폭회로로

구성된다.
② 능동소자로 트랜지스터나 IC가 주로 이용된다.
③ 플립플롭회로도 일종의 쌍안정 멀티바이브레이터이다.
④ 입력 틀리거 펄스 2개마다 1개의 출력 펄스가 얻어지는 회로이다.

해설 쌍안정 멀티바이브레이터(Bistable MV)는 2개의 안정 상태를 가지며 2개의 트리거(trigger) 펄스에 의해 하나의 구형파를 발생시킬 수 있다(2 : 1). 이 회로를 플립플롭(Flip–flop)이라고 하며 기억장치 등에 사용된다.

09 다음 중 정현파 발진기가 아닌 것은?

① LC 반결합 발진기
② CR 발진기
③ 멀티바이브레이터
④ 수정 발진기

해설 · 비 정현파 발진기 : 단안정 멀티바이브레이터, 비안정 멀티바이브레이터, 쌍안정 멀티바이브레이터 등이 있다.
· 정현파 발진기 : 이상형 CR발진회로, LC발진회로, 수정 발진기로 분류한다.

10 다음 회로의 설명 중 틀린 것은?

① 음 클램프 회로이다.
② 입력 펄스의 파형이 상승시 다이오드가 동작한다.

③ C가 충전되는 동안 저항(R) 값은 무한대다.

④ 입력 펄스 파형이 하강시 C가 충전된다.

해설 콘덴서 C에 Vm이 충전되며, -Vm이 인가되면 다이오드가 역바이어스 되어 off가 되므로 -2Vm까지 내려간다. 출력파형을 0V 이하로 유지시키는 음(minus) 클램프 회로이다.

11 단측파대(single side band) 통신에 사용되는 변조 회로는?

① 컬렉터 변조회로 ② 베이스 변조회로

③ 주파수 변조회로 ④ 링 변조회로

해설 SSB 통신방식

• 진폭 변조에 의해서 생긴 상하측파대 중 어느 한쪽만을 이용하는 방식이다.

• 변조방식은 평형변조(다이오드 2개 사용) 또는 링 변조기(다이오드 4개 사용)를 통하여 상하측파를 얻고 대역통과필터(BPF)통해 SSB신호를 검출한다.

12 전계효과트랜지스터(FET)에 대한 설명으로 틀인 것은?

① BJT 보다 잡음특성이 양호하다.

② 소수 반송자에 의한 전류 제어형이다.

③ 접합형의 입력저항은 MOS형보다 낮다.

④ BJT 보다 온도 변화에 따른 안정성이 높다.

해설 전계효과트랜지스터(FET)

• 다수 반송자의 흐름에 따라 변화 하는 단일 극성(unipolar)소자이며 게이트(Gate)의 역전압에 따라서 드레인(drain)에서 소스(source)로 흐르는 전류를 제어하는 전압제어 소자이다.

• FET는 트랜지스터(TR)의 단점을 개선 한 것으로 입력 임피던스가 매우 높다.

• TR보다 잡음이 적다. 열 안정성이 좋다.

• 비교적 방사능 현상의 영향을 덜 받는다.

• BJT보다 이득 대역폭 적(積)이 작다.

13 베이스 접지 시 전류증폭률이 0.89인 트랜지스터를 이미터 접지회로에 사용할 때 전류증폭률은?

① 8.1 ② 6.9

③ 0.99 ④ 0.89

해설 • 트랜지스터 이미터 접지시 전류 증폭률(β)

$$= \frac{\Delta I_C}{\Delta I_B}, \quad \beta = \frac{\alpha}{1 - \alpha}$$

• 트랜지스터 베이스 접지시 전류 증폭률(α)

$$= \frac{\Delta I_C}{\Delta I_E}, \quad \alpha = \frac{\beta}{1 + \beta}$$

$$\therefore \beta = \frac{0.89}{1 - 0.89} = \frac{0.89}{0.11} \doteq 8.1$$

14 연산증폭기의 응용회로가 아닌 것은?

① 멀티플렉서 ② 미분기

③ 가산기 ④ 적분기

해설 연산증폭기는 아날로그 량을 미분, 적분, 가산, 감산 등을 할 수 있는 직류 증폭기이다.

15 그림(a)의 회로에서 출력전압 V_2와 입력전압 V_1과의 비와 주파수의 관계를 조사하면 그림(b)와 같은 경우에 저역차단주파수 f_L은?

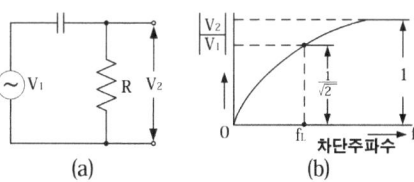

(a) (b)

① $f_L = \dfrac{1}{2\pi RC}$ ② $f_L = \dfrac{1}{2\pi R\sqrt{C}}$

③ $f_L = \dfrac{1}{2\pi R^2 C}$ ④ $f_L = \dfrac{1}{2\pi \sqrt{RC}}$

해설 • 시정수 R C에 의해 $\dfrac{1}{\sqrt{2}} = 3[dB]$에서 차단시킨다.

- 저역차단주파수 $f_L = \dfrac{1}{2\pi RC}$ 이다.

16 전압 증폭도가 30[dB]와 50[dB]인 증폭기를 직렬로 연결시켰을 때 종합이득은?

① 20
② 80
③ 1500
④ 10000

해설 직렬 다단 증폭기의 전체 이득을 dB로 표현하면 각 단의 dB의 합과 같다.
∴30[dB] + 50[dB] = 80[dB]

17 어셈블리어(Assembly Language)의 설명 중 틀린 것은?

① 기호 언어(Symbolic Language)라고도 한다.
② 번역프로그램으로 컴파일러(Compiler)를 사용한다.
③ 기종간에 호환성이 적어 전문가들만 주로 사용한다.
④ 기계어를 단순히 기호화한 기계 중심 언어이다.

해설 어셈블리어(Assembly Language) : 기호 언어(Symbolic Language)라고 하며 기계어의 단점을 극복하고 작성 과정을 편리하도록 개발 하였으며 기계어의 명령부와 번지부를 사람이 이해하기 쉬운 기호와 1:1로 대응시켜 기호화한 프로그램언어이다.

18 16진수 1B7를 10진수로 변환하면?

① 339   ② 340
③ 438   ④ 439

해설 $(1B7)_{16} = 1 \times 16^2 + B \times 16^1 + 7 \times 16^0$
$= 256 + 176 + 7 = 439$

19 논리식 F = A + $\overline{A}$ · B와 같은 기능을 갖는 논리식은?

① A · B   ② A + B
③ A − B   ④ B

해설 $A + \overline{A} \cdot B = A + (\overline{A} \cdot B) = (A + \overline{A}) \cdot (A + B)$
$= 1(A + B) = A + B$

20 반도체 기반 저장장치가 아닌 것은?

① Solid State Drive
② MicroSD
③ Floppy Disk
④ Compact Flash

해설 Floppy Disk : 컴퓨터에서 주로 데이터 입력용이나 파일의 매개체로 사용되는 마이크로(또는 퍼스널) 컴퓨터의 보조기억장치에 쓰이는 기억매체이며, 자기 디스크의 일종으로, 네모진 종이 자켓 속에 연질 플라스틱의 얇은 원반을 봉입한 것이다.

21 2진수 10111을 그레이코드(Gray Code)로 변환하면 그 결과는?

① 11101
② 11110
③ 11100
④ 10110

해설 변환방법 : 처음은 그대로 써내려주고, 나머지는 둘씩 XOR하면 된다.

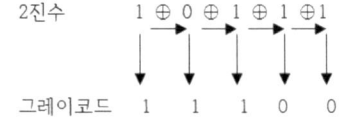

22 R/W, Reset, INT와 같은 신호는 마이크로컴퓨터의 어느 부분에 내장되어 있는가?

① 주변 I/O 버스

② 제어 버스

③ 주소 버스

④ 자료 버스

해설 제어(Control) 버스 : 중앙처리장치와의 데이터 교환을 제어하는 신호의 전송 통로로서 R/W, Reset, INT와 같은 신호가 내장되어 있다.

23 데이터를 스택에 일시 저장하거나 스택으로부터 데이터를 불러내는 명령은?

① STORE/LOAD

② ENQUEUE/DEQUEUE

③ PUSH/POP

④ INPUT/OUTPUT

해설 스택을 조작하는 동작은 데이터를 넣은 PUSH 동작과 데이터를 빼오는 POP동작이 있다. PUSH는 스택의 최상단 데이터 위에 새로운 데이터를 쌓는다는 의 의미이고, POP은 스택의 최상단에 있는 데이터를 빼온다는 의미이다.

24 ALU(Arithmetic and Logical Unit)의 기능은?

① 산술연산 및 논리연산

② 데이터의 기억

③ 명령 내용의 해석 및 실행

④ 연산 결과의 기억될 주소 산출

해설 연산장치(ALU) : 덧셈, 뺄셈, 곱셈, 나눗셈의 산술연산만이 아니라 AND, OR, NOT, XOR와 같은 논리연산을 하는 장치로 제어장치의 지시에 따라 연산을 수행하며 누산기, 가산기, 데이터 레지스터, 상태레지스터로 구성된다.

25 여러 하드디스크 드라이브를 하나의 저장장치처럼 사용하게 하는 기술은?

① CD-ROM   ② SCSI

③ EIDE   ④ RAID

해설 RAID : 적은 용량의 저장장치 여러 대를 배열로 묶어서 대용량 저장장치를 만드는 기술로, 가격이 저렴하고 장애 발생 시 복구 기능이 있어 서버 컴퓨터에서 널리 사용되는 기술이다.

26 기억장치의 계층 구조에서 캐시 메모리(cache memory)가 위치하는 곳은?

① 입력장치와 출력장치 사이

② 주기억장치와 보조기억장치 사이

③ 중앙처리장치와 보조기억장치 사이

④ 중앙처리장치와 주기억장치 사이

해설 캐시 기억장치(Cache Memory) : 프로그램 실행 속도를 중앙처리장치의 속도에 가깝도록 하기 위하여 개발된 고속 버퍼 기억장치로서, 주기억장치보다 속도가 빠르고, 중앙처리장치 내에 위치하고 있으므로 레지스터 기능과 유사하다.

27 C언어에서 사용되는 관계 연산자가 아닌 것은?

① =   ② !=

③ 〉   ④ 〈=

해설 C언어 관계 연산자

기호	연산자 의미	관계식
〉	~보다 크다.	a 〉b
〉=	~보다 크거나 같다.	a 〉= b
〈	~보다 작다.	a 〈b
〈=	~보다 작거나 같다.	a 〈= b
==	같다.	a == b
!=	다르다.	a != b

28 2^n개의 입력 중에 선택 입력 n개를 이용하여 하나의 정보를 출력하는 조합회로는?

① 디코더 ② 인코더
③ 멀티플렉서 ④ 디멀티플렉서

> 멀티플렉서(Multiplexer) : 여러 개의 입력선 중에서 하나를 선택하여 단일 출력선으로 연결하는 조합회로이다.

29 배선 알고리즘에서 하나의 기판상에서 종·횡의 버스를 결선하는 방법을 무엇이라 하는가?

① 저속 접속법 ② 스트립 접속법
③ 고속 라인법 ④ 기하학적 탐사법

> 일반적인 배선 알고리즘
> • 스트립 접속법 : 기판상에서 종·횡의 버스를 결선하는 방법
> • 고속 라인법 : 배선 작업을 신속하게 하기 위해, 기판 판면의 층을 세로 방향으로, 또 다른 한 방향을 가로 방향으로 접속하는 방법
> • 기하학적 탐사법 : 라인법이나 스트립법에서 접속되지 않는 부분은 포괄적인 기하학적 탐사에 의해 배선

30 PCB의 종류가 아닌 것은?

① 폴리 에폭시 인쇄회로기판
② 유리 에폭시 인쇄회로기판
③ 콤퍼지트(Composite)재 인쇄회로기판
④ 종이페놀 인쇄회로기판

> PCB의 재질에 따른 분류
> • 종이페놀 인쇄회로기판(PP 재질)
> • 에폭시 수지 기판(Epoxy Resin ,GE 재질)
> • 콤퍼지트 기판(Composite Base Material, CPE 재질)
> • 플렉시블 기판(Flexible Base material)

31 다음 중 도면을 그리는 척도의 구분에 대한 설명으로 옳은 것은?

① 배척 : 실물보다 크게 그리는 척도이다.
② 실척 : 실물보다 작게 그리는 척도이다.
③ 축척 : 도면과 실물의 치수가 비례하지 않을 때 사용한다.
④ NS(not to scale) : 실물의 크기와 같은 크기로 그리는 척도이다.

> • 축척 : 실물보다 작게 축소해서 그리는 것
> • 현척(실척) : 실물과 같은 크기로 그리는 것
> • 배척 : 실물보다 크게 확대해서 그리는 것
> • NS(Not to Scale) : 도면과 실물의 치수가 비례 척도가 아님을 뜻함

32 PCB 사양 및 규격에 해당되지 않는 것은?

① PCB 두께
② PCB 동박 두께
③ 기판의 재질
④ 부품의 수량

> PCB 사양 및 규격 : 두께, 동박 두께, 기판의 재질 등

33 다음 그림과 같이 전자 제품의 전체적인 동작이나 기능을 간단한 기호나 직사각형과 문자로 그린 도면의 명칭은?

① 배치도 ② 블록도
③ 배선도 ④ 결합도

> 계통도 : 전자회로에서 부분 상호간에 전달되는 신호의 계통을 알기 쉽게 나타낸 선도로서 블록도라고도 한다.

34 PCB 설계 시 보드 규격이 3200×2500[mil] 일 때, 이를 [mm]로 환산하면?

① 76.2×63.5   ② 81.3×63.5

③ 88.9×68.6   ④ 81.3×68.6

해설
- 1000mil = 25.4[mm]
- 3200mil = 3.2×1000mil = 3.2×25.4mm = 81.28[mm]
- 2500mil = 2.5×1000mil = 2.5×25.4mm = 63.5[mm]

35 회로설계 자동화의 순서로 옳게 나열된 것은?

① 회로설계 → 자동배선 → PCB설계

② PCB설계 → 회로설계 → 자동배선

③ 자동배선 → PCB설계 → 회로설계

④ 회로설계 → PCB설계 → 자동배선

해설 회로설계 자동화 순서
회로설계 → PCB설계 → 자동배선

36 다음은 CAD 시스템에 관한 안전 및 유의 사항이다. 잘못된 것은?

① CAD 시스템에 충격을 피하고, 전원 플러그가 빠지지 않도록 유의한다.

② 정전 및 시스템 고장에 대비하여 20~30분 단위로 도면을 저장한다.

③ 외부 디스켓을 사용할 때에는 반드시 바이러스 검색을 한 후에 사용한다.

④ CAD 소프트웨어의 종류에 따라 사용 방법이 일정하기 때문에 사용 설명서를 참조하여 프로그램을 운용한다.

해설 CAD 소프트웨어의 종류에 따라 사용 방법이 서로 다르기 때문에 해당 각 CAD 소프트웨어의 사용 설명서를 참조하여 프로그램을 운용해야 한다.

37 인쇄회로기판 상의 패턴의 전기적 특성 요소 중 임피던스에 대한 설명으로 옳지 않은 것은?

① 중요한 요소는 신호의 반사와 지연이다.

② 회로의 폭과 층간 두께의 영향을 가장 많이 받는다.

③ 고속의 신호 전송을 위해서는 유전상수(Er)가 큰 재료를 사용한다.

④ 전송 신호의 손실을 최소화하기 위해서 유전손실(Dr)이 낮은 재료를 사용한다.

해설 고속 신호 전송을 위해서는 유전상수(Er)가 작은 재료를 사용한다.

38 표준 도형을 등록해 놓고 변동 부분의 수치를 입력하면 도형이 수치에 맞도록 변하게 하는 것은?

① 수치제어 장치

② 파라메트릭 설계

③ 오토 라우팅 설계

④ 자동 제도 시스템

해설 파라메트릭 설계 : 캐드 시스템에 많이 사용되는 기법으로, 공식에 의해 직선, 곡선, 표면 등의 그래픽 데이터를 처리하는 방식이다. 표준 도형을 등록해 놓고 변동 부분의 수치를 입력하면 도형이 수치에 맞도록 변하게 하는 것이다.

39 컴퓨터 시스템과 주변장치 사이에 2진 직렬 데이터 통신을 행하기 위한 인터페이스는?

① LAN 포트   ② 병렬 포트

③ RS-232C 포트   ④ 데이터 버퍼 포트

해설 RS-232C : 컴퓨터 시스템과 주변장치 사이에 2진 직렬 데이터 통신을 행하기 위한 인터페이스

40 다음 중 설계 진행 과정을 눈으로 바로 확인 기능한 장치는?

① 모니터
② 하드 디스크
③ CPU
④ 메모리

📝 디스플레이 장치 : 컴퓨터에서의 출력정보를 문자, 도형, 기호 등의 영상으로 표시하는 장치이다.

41 허용오차의 문자기호에 대한 설명 중 옳지 않은 것은?

① 한국산업표준의 KSC0806에서 정의하고 있다.
② 1개의 영문자와 숫자로 허용오차를 표기한다.
③ F는 ±1%의 허용오차를 나타낸다.
④ K는 ±10%의 허용오차를 나타낸다.

📝 허용오차 : 한 개의 문자로 나타내고 저항값과 정전 용량에 대한 허용오차를 표시하는 문자 기호

42 유리섬유에 열경화성 수지를 침투시켜 반경화 상태로 만든 것으로 MLB에서 동박과 내층기판을 접착하는 원자재로 사용되는 것은?

① 프리플레그
② 동박
③ 유리섬유
④ 에폭시 수지

📝 프리플레그(Prepreg) : 유리섬유에 열경화성 수지를 침투시켜 반경화 상태로 만든 것으로 MLB에서 동박과 내층 기판을 접착하는 원재료로 사용되는 것

43 인쇄회로기판(PCB)의 제조 공정 중 비스루홀 도금 인쇄 배선판을 사용한 제조 공징 순서가 옳은 것은?

① 동장 적층판 → 패턴 → 에칭 → 천공 → 기호인쇄
② 동장 적층판 → 에칭 → 패턴 → 천공 → 기호인쇄
③ 패턴 → 동장 적층판 → 에칭 → 천공 → 기호인쇄
④ 패턴 → 동장 적층판 → 천공 → 에칭 → 기호인쇄

44 새시에 부품을 배치할 때 고려사항 중 옳지 않은 것은?

① 신호가 유도될 수 있는 부품은 가까이 배치한다.
② 조정 요소가 있는 부품은 조작이 쉽도록 배치한다.
③ 유지보수가 쉽도록 배치한다.
④ 견고성과 무게를 고려해 배치한다.

📝 신호가 유도되지 않게 부품간 거리를 충분히 이격시킨다.

45 전자CAD로 회로를 작성할 경우 부품의 종류에 따라 별도의 라이브러리를 가지고 있다. 일반적으로 부품의 군을 분리할 경우 다음 중 다른 하나는?

① TTL IC
② 저항
③ 다이오드
④ 트랜지스터

• 능동부품(Active Component) : 트랜지스터 (TR), 전계효과 트랜지스터(FET), 단접합 트랜지스터(UJT), IC, 연산증폭기(OPAMP) 등을 말하며, 능동소자는 증폭, 발진, 신호 변환 등의 기능을 갖는다.
• 수동부품(Passive Component) : 전기 신호의 중계, 제어 등을 행하는 기구부품으로 저항기, 커넥터, 소켓, 스위치 등이 수동소자에 속한다.

46 PCB 도면을 그래픽 출력장치로 인쇄할 경우 프린트 기판에 천공할 hole 크기 및 수량의 정보를 나타내는 것은?

① component side pattern
② drill data
③ solder side pattern
④ solder mask

Drill Data : 인쇄회로기판의 홀의 size 및 수량 정보를 나타낸다.

47 도면에 치수를 기입할 경우 유의사항으로 옳지 않은 것은?

① 치수는 될 수 있는 대로 주투상도에 기입해야 한다.
② 치수의 중복 기입을 피해야 한다.
③ 치수는 계산할 필요가 없도록 기입한다.
④ 관련되는 치수는 될 수 있으면 생략해서 그린다.

관련되는 치수는 모두 기입한다.

48 세라믹 콘덴서의 표면에 105J로 표기되었을 때 정전 용량의 값은?

① 0.01[μF], ±10[%]
② 0.1[μF], ±10[%]
③ 1[μF], ±5[%]
④ 10[μF], ±5[%]

• 콘덴서의 기준 단위는 [pF] = 10^{-12}
• $10 \times 10^5 \times 10^{-12} = 1[μF]$
• 허용오차 J는 ±5[%]이다.

49 다음 중 솔리드 모델링의 특징이라고 보기 어려운 것은?

① 은선 제거가 가능하다.
② 간섭 체크가 용이하다.
③ 이미지 표현이 가능하다.
④ 물리적 성질 등의 계산이 불가능하다.

솔리드 모델 : 상업적으로 가장 많이 사용되고 있는 가장 고급스러운 모델링이다. 덩어리감으로 입체를 생성하며, 물체의 성격과 부피 등의 물리적 성질까지 알 수 있다.

50 다음 그림의 명칭으로 맞는 것은?

① Through Hole
② thermal reliefs
③ copper pour
④ micro Via

Thermal relief : 패드 주변에 열을 빨리 식도록 하기 위해 일정간격으로 거리를 띄운 것

51 인쇄회로기판에 패턴의 저항을 구하는 식으로 올바른 것은?(단, 페턴의 폭 W(mm), 두께 T(mm), 패턴길이 L(cm), ρ : 고유저항)

① $R = \rho \dfrac{L}{WT} [\Omega]$

② $R = \dfrac{L}{WT} [\Omega]$

③ $R = \dfrac{WL}{\rho T} [\Omega]$

④ $R = \rho \dfrac{W}{LT} [\Omega]$

해설 인쇄회로기판 패턴에 따른 저항

$$R = \rho \frac{L}{WT} [\Omega]$$

52 다음 중 장치 · 물품 등에 사용하는 그림 기호는?

① 설계 표시용   ② 조작 표시용

③ 공정 표시용   ④ 생산 표시용

53 그림과 같이 저항 띠가 표시되어 있을 때 저항 값은?

황색 녹색 주황색 금색

① 25[kΩ]   ② 35[kΩ]

③ 45[kΩ]   ④ 65[kΩ]

해설

제1색띠	제2색띠	제3색띠	제4색띠
황색(4)	녹색(5)	주황색(10^3)	금색(±5%)

$45 \times 10^3 = 45000\,\Omega = 45k\Omega$, 오차 ±5%

54 다음 중 일반적으로 전자 CAD를 이용하여 할 수 없는 기능은?

① 전원을 표시할 수 있다.

② 부품의 심벌을 작도할 수 있다.

③ 기판의 외형을 설계할 수 있다.

④ 전자제품의 케이스 가공용 데이터를 출력할 수 있다.

해설 전자제품의 케이스 가공용 데이터 출력용 CAD는 매커니컬 CAD이다.

55 기업 또는 공장에서 심의 규정하여 기업 또는 공장 내에서 적용하는 규격으로 맞는 것은?

① 사내규격   ② 단체규격

③ 국가규격   ④ 국제규격

해설 사내규격 : 기업 또는 공장에서 심의하고 규정하여 기업 또는 공장 내부에서 적용되는 규격

56 도면의 종류에 대한 설명 중 옳지 않은 것은?

① 배선도 - 각 소자들을 실제 배치된 모양으로 도면 위에 표현한다.

② 회로도 - 전자 통신 장치를 구성하고 있는 부품을 정해진 기호로 표현한다.

③ 계통도 - 전자 응용 기기의 전체적인 동작이나 기능을 가지는 요소들을 조합 표현한다.

④ 접속도 - 여러 소자들을 기호로 표시하고 이들 사이의 접속을 최장 거리로 연결 표현한다.

해설 접속도 : 장치와 장치 사이의 접속 상태나 기능을 알아보기 쉽게 하기 위해 기호나 실제 모양을 배치하고 이들 사이를 연결한 도면

57 여러 나라의 공업규격에 대한 설명 중 옳은 것은?

① ANSI – 스위스 공업규격

② BS – 미국 표준규격

③ DIN – 영국 표준규격

④ ISO – 국제표준화기구

🔖 여러 나라의 공업규격
- 대한민국 산업규격 : KS
- 독일 표준규격 : DIN
- 미국 공업규격 : ANSI
- 영국 공업규격 : BS
- 일본 공업규격 : JIS
- 국제 표준화기구 : ISO

58 논리합(OR) 게이트의 기호는?

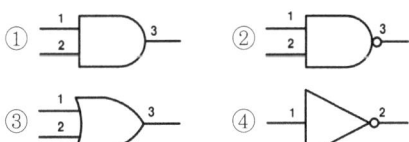

🔖 ① AND 게이트, ② NAND 게이트, ③ OR 게이트, ④ NOT 게이트

59 다음 그림에서 콘덴서 용량과 오차값으로 옳은 것은?

473
D

① 0.047μF ±0.25%

② 0.047μF ±0.5%

③ 0.47μF ±0.25%

④ 0.47μF ±0.5%

🔖
- 콘덴서의 기준 단위는 [pF] = 10^{-12}
- $47 \times 10^3 \times 10^{-12} = 0.047$[μF]
- 허용오차 D는 ±0.5[%]이다.

60 다음 중 CAD 시스템의 출력장치에 해당하는 것은?

① 플로터 ② 트랙볼

③ 디지타이저 ④ 마우스

🔖
- 입력장치 : 키보드, 마우스, 디지타이저, 이미지 스캐너, 라이트 펜, 트랙볼 등
- 출력장치 : 모니터, 프린터, 플로터 등

ANSWER									2015년 3회
01	02	03	04	05	06	07	08	09	10
③	②	②	③	④	②	④	①	③	④
11	12	13	14	15	16	17	18	19	20
④	②	①	①	①	②	②	④	②	③
21	22	23	24	25	26	27	28	29	30
③	②	③	①	④	④	②	③	②	①
31	32	33	34	35	36	37	38	39	40
①	④	②	②	④	④	③	②	③	①
41	42	43	44	45	46	47	48	49	50
②	①	①	①	①	②	④	③	④	②
51	52	53	54	55	56	57	58	59	60
①	②	③	④	①	④	④	③	②	①

01 모놀리식(monolithic) 집적 회로(IC)의 특징으로 적합하지 않은 것은?

① 제조 단가가 저렴하다.
② 높은 신뢰도를 가진다.
③ 대량 생산이 가능하고 소형화, 경량화 등의 특징을 가진다.
④ 높은 정밀도가 요구되는 아날로그 회로에 사용된다.

🔖 **해설** 모놀리식(monolithic) 집적회로 : 1개의 기판 위에 회로의 전 부품을 만들어 하나의 기능을 갖도록 만들어진 IC로 실장 밀도가 매우 높아지며, 또한 대량 생산이 가능하여 신뢰성을 높일 수 있을 뿐 아니라 제조 단가도 낮출 수 있다.

02 다음 회로의 명칭은 무엇인가?

① 피어스 BC형 발진 회로
② 피어스 BE형 발진 회로
③ 하틀리 발진 회로
④ 콜피츠 발진 회로

🔖 **해설** 트랜지스터를 이용한 수정발진회로는 수정(x-tal) 편을 트랜지스터 베이스(B), 이미터(E), 컬렉터(C), 단자의 접속점에 따라 이름을 부여한다. 그림의 회로는 수정 진동자(회로에서 좌측에 있는 기호)가 트랜지스터 베이스(B), 이미터(E) 접속되어 회로 구성되어 있으므로 피어스(Pierce) B-E형 발진기라 부른다.

03 증폭회로에서 되먹임의 특징으로 옳지 않은 것은?(단, 음 되먹임(negative feedback) 증폭회로라 가정한다.)

① 이득의 감소
② 주파수 특성의 개선
③ 잡음 증가
④ 비선형 왜곡의 감소

🔖 **해설** 부궤환 증폭기의 특징
• 이득이 감소한다.(안정도가 증가)
• 이득이 보통 −3[dB] 감소하므로 대역폭(BW)이 넓어져 주파수 특성이 개선된다.
• 일그러짐과 잡음이 감소한다.
• 입력 임피던스는 증가하고 출력 임피던스는 감소한다.

04 빈-브리지 발진회로에 대한 특징으로 틀린 것은?

① 고주파에 대한 임피던스가 매우 낮아 발진 주파수의 파형이 좋다.
② 잡음 및 신호에 대한 왜곡이 작다.
③ 저주파 발진기 등에 많이 사용된다.

① 사용할 수 있는 주파수 범위가 넓다.

📖 빈-브리지 발진회로
• op-amp와 CR을 이용하여 직렬CR과 병렬CR를 브리지형태로 궤환시켜 발진시키는 방식으로 저주파 가변 발진기 등에 많이 사용된다.
• 코일(coil)을 사용하지 않으므로 저주파에서 소형, 경량이다.
• 발진 주파수가 안정하다.
• 서미스터(thermistor)를 이용하여 발진강도를 안정하게 한다.

05 연산증폭기의 입력 오프셋 전압에 대한 설명으로 가장 적합한 것은?

① 차동출력을 0V가 되도록 하기 위하여 입력단자 사이에 걸어주는 전압이다.
② 출력전압이 무한대(∞)가 되도록 하기 위하여 입력단자 사이에 걸어주는 전압이다.
③ 출력전압과 입력전압이 같게 될 때의 증폭기의 입력 전압이다.
④ 두 입력단자가 접지되었을 때 두 출력단자 사이에 나타나는 직류전압의 차이다.

📖 • 입력 오프셋 전압 : 차동 출력을 0[V]로 만들기 위한 입력 직류
• 출력 오프셋 전압 : OP-AMP에서 두 입력 단자를 접지 되었을 때 두 출력 단자 사이에 나타나는 직류전압의 차

06 다음 회로의 명칭은 무엇인가?

① 지련 제어형 정전압 히로
② 병렬 제어형 정전압 회로
③ 직렬형 정전류 회로
④ 병렬형 정전류 회로

📖 트랜지스터 Q가 부하와 병렬로 결합되므로 병렬 제어형이라 한다. 병렬 제어형에서는 Q에 흐르는 전류를 조절함으로서 부하 전압에 대한 조정이 이루어진다.

07 음성 신호를 펄스 부호 변조 방식(PCM)을 통해 송신 측에서 디지털 신호로 변환하는 과정으로 옳은 것은?

① 표본화 → 양자화 → 부호화
② 부호화 → 양자화 → 표본화
③ 양자화 → 부호화 → 표본화
④ 양자화 → 표본화 → 부호화

📖 펄스변조는 아날로그 신호를 압축 표본화하고 양자화 신호를 부호화한 디지털 신호이다.

08 저항기의 색띠가 갈색, 검정, 주황, 은색의 순으로 표시되었을 경우에 저항 값은 얼마인가?

① $27 \sim 3\text{k}\Omega$
② $9 \sim 11\text{k}\Omega$
③ $0.9 \sim 1.1\text{k}\Omega$
④ $18 \sim 22\text{k}\Omega$

📖

제1색띠	제2색띠	제3색띠	제4색띠
갈색(1)	검정(0)	주황(10^3)	은색($\pm 10\%$)
$10 \times 10^3 = 10000\Omega = 10\text{k}\Omega$, 오차 $\pm 10\%$			

09 JK 플립플롭을 이용하여 10진 카운터를 설계할 때, 최소로 필요한 플립플롭의 수는?

① 1개   ② 2개
③ 3개   ④ 4개

해설 $2^{n-1} \leq 10 \leq 2^n$
      $\therefore n = 4$

10 다음 중 1μF를 F로 표시하면 얼마인가?

① $10^{-3}F$ ② $10^{-6}F$
③ $10^{-9}F$ ④ $10^{-12}F$

해설 $1\mu F = 10^{-6}F$, $1nF = 10^{-9}F$, $1pF = 10^{-12}F$

11 실제 펄스 파형에서 이상적인 펄스 파형의 상승하는 부분이 기준 레벨보다 높은 부분을 무엇이라 하는가?

① 새그(sag)
② 링잉(ringing)
③ 오버슈트(overshoot)
④ 지연 시간(delay time)

해설 링잉(Ringing) : 펄스는 짧은 순간에 상승했다 떨어지는 신호에서 10%~90%의 상승시간 중에서 최고점인 100%에서 90%로 떨어지면서 진동을 일으키며 공진하기 때문에 생긴다.

12 어떤 도체에 4A의 전류를 10분간 흘렸을 때 도체를 통과한 전하량 C는 얼마인가?

① 150   ② 300
③ 1200   ④ 2400

해설 1[A]는 1초 동안에 1[C]의 전하, 즉 6.25×10^{18}개의 전자가 이동할 때의 전류의 크기를 나타낸다.
$\therefore Q = I \times t = 4 \times 10 \times 60 = 2400[C]$

13 입력 상태에 따라 출력 상태를 안정하게 유지하는 멀티 바이브레이터는?

① 비안정 멀티 바이브레이터
② 단안정 멀티 바이브레이터
③ 쌍안정 멀티 바이브레이터
④ 모든 형식의 멀티 바이브레이터

해설 쌍안정 멀티바이브레이터 : 2개의 안정 상태를 가지며 2개의 트리거(trigger)펄스에 의해 하나의 구형파를 발생시킬 수 있다. 이 회로를 플립플롭(Flip-flop)이라고 하며 기억장치 등에 사용된다.

14 전원 회로의 구조가 순서대로 옳게 구성된 것은?

① 정류회로 → 변압회로 → 평활회로 → 정전압회로
② 변압회로 → 평활회로 → 정류회로 → 정전압회로
③ 변압회로 → 정류회로 → 평활회로 → 정전압회로
④ 정류회로 → 평활회로 → 변압회로 → 정전압회로

해설 교류 전원 → 강압(변압기) → 정류(다이오드) → 평활(콘덴서) → 전압안정화(제너다이오드)

15 다음과 같은 회로의 명칭은?

① 클램퍼(clamper) 회로
② 슬라이서(slicer) 회로
③ 클리퍼(clipper) 회로

① 리미터(limitor) 회로

🔖 해설
- 클램프(Clamper)회로 : 입력신호의 최대값(상단레벨)을 특정값인 (+), (−) 값으로 고정시켜야 하는 경우 이러한 조작을 하는 회로로 직류성분을 재생하는 목적으로 쓰인다.
- 슬라이서(Slicer) 회로 : 리미터의 특별한 경우로서 입력신호 중에서 폭이 매우 좁게, (+) 일부분 혹은 (−) 일부분 토막을 추출 하는 회로이며. 인가되는 전압의 극성은 서로 동일하다.
- 클리퍼(Clipper)회로 : 입력 파형에 대한 상단 파형을 자르는 피크 클리퍼, 파형의 하단을 자르는 베이스 클리퍼로 구분한다.
- 리미터(limiter) 회로 : 입력신호의 상 · 하단을 제한하는 회로로 진폭 제한기라고도 한다.

16 다음 중 공통 컬렉터 증폭기에 대한 설명으로 적합하지 않은 것은?

① 전압이득은 대략 1이다.
② 입력저항이 높아 버퍼로 많이 사용된다.
③ 입력과 출력의 위상은 동상이다.
④ 입력은 결합 커패시터를 통하여 이미터에 인가한다.

🔖 해설 공통 컬렉터 증폭기
- 전류 이득이 가장 크다.
- 전압 이득은 대략 1에 가깝다.(입력 베이스 전압 변동과 이미터에 있는 부하전압의 전압 변동이 같다.)
- 입력저항이 대단히 크다.
- 출력 저항이 가장 작다.
- 주로 버퍼(buffer)로서 사용된다.
- 전력 증폭기로도 사용된다.

17 원시 언어로 작성한 프로그램을 동일한 내용의 목적 프로그램으로 번역하는 프로그램을 무엇이라 하는가?

① 기계어   ② 파스칼
③ 컴파일러   ④ 소스 프로그램

🔖 해설 컴파일러 : 원시언어로 된 프로그램을 목적언어로 된 프로그램으로 번역하는 프로그램

18 컴퓨터의 중앙처리장치와 주기억 장치 간에 발생하는 속도차를 보완하기 위해 개발된 것은?

① 입 · 출력장치   ② 연산장치
③ 보조기억장치   ④ 캐시기억장치

🔖 해설 캐시 기억장치(Cache Memory) : 프로그램 실행 속도를 중앙처리장치의 속도에 가깝도록 하기 위하여 개발된 고속 버퍼 기억장치로서, 중앙처리장치와 주기억장치 사이에 위치한다.

19 다음 문자 데이터 코드들이 표현할 수 있는 데이터의 개수가 잘못 연결된 것은?(단, 패리티 비트는 제외한다.)

① 2진화10진수(BCD)코드 : 64개
② 아스키(ASCII) 코드 : 128개
③ 확장 2진화 10진(EBCDIC) 코드 : 256개
④ 3−초과(3-Excess) 코드 : 512개

🔖 해설 3초과 코드(Excess-3 Code) : 3초과 코드는 BCD 코드로 표현한 값에 3(=0011)을 더하여 나타낸 코드이다.

20 1024 × 8bit의 용량을 가진 ROM에서 address bus와 data bus의 필요한 선로 수는?

① address bus=8선, data bus=8선
② address bus=8선, data bus=10선
③ address bus=10선, data bus=8선
④ address bus=1024선, data bus=8선

🔖 해설 $1024 = 2^{10}$이므로 address bus=10선, data 8bit data bus = 8선이 필요하다.

21 다음 표준 C언어로 작성한 프로그램의 연산 결과는?

```
#include ←stdio.h→
void main()
{
    printf("%d",10^12);
}
```

① 6 　　　　　　　② 8
③ 24 　　　　　　 ④ 14

해설 연산자 ^ 는 두 개의 비트가 달라야 1이 되는 연산자 즉 XOR 이다.
$10 \text{^} 12 = (1010)_2 \text{^} (1100)_2 = (0110)_2 = 6$

22 지정 어드레스로 분기하고, 분기한 후에 그 명령으로 되돌아오는 명령은?

① 강제 인터럽트 명령
② 조건부 분기 명령
③ 서브루틴 분기 명령
④ 분기 명령

해설 서브루틴(Subroutine) : 프로그램 가운데 하나 이상의 장소에서 필요할 때마다 되풀이해서 사용할 수 있는 부분적 프로그램. 실행 후에는 메인 루틴이 호출한 장소로 되돌아간다. 독립적으로 쓰는 일은 없고 메인 루틴과 결합하여 기능을 수행한다.

23 주기억장치로 사용되는 반도체 기억소자 중에서 읽기, 쓰기를 자유롭게 할 수 있는 것은?

① RAM 　　　　　② ROM
③ EP-ROM 　　　 ④ PAL

해설 RAM(Random Access Memory) : 전원이 공급되지 않으면 기억된 내용이 사라지는 휘발성(소멸성) 메모리로 실행 중인 프로그램이나 데이터를 저장하며, 자유롭게 데이터의 판독과 기록이 가능한 주기억 장치

24 다음 중 10진수 (−7)을 부호화 절대치법에 의힌 이진수 표현으로 옳은 것은?

① 10000111 　　　② 10000110
③ 10000101 　　　④ 10000100

해설 10진수 (−7)을 부호화 절대치법 8bit 2진수로 표현하면 10000111로 표현된다.

25 컴퓨터 내의 입출력 장치들 중에서 입출력 성능이 높은 것에서 낮은 순으로 바르게 나열된 것은?

① 인터페이스−채널−DMA
② DMA−채널−인터페이스
③ 채널−DMA−인터페이스
④ 인터페이스−DMA−채널

해설 입출력 성능 : 채널 〉 DMA 〉 인터페이스

26 디코더(decoder)는 일반적으로 어떤 게이트를 사용하여 만들 수 있는가?

① NAND, NOR 　　② AND, NOT
③ OR, NOR 　　　 ④ NOT, NAND

해설 디코더 : 데이터를 어떤 부호화된 형으로부터 다른 형으로 바꾸기 위한 회로와 장치를 가리키며 AND와 NOT게이트로 구성된다.

27 데이터의 크기를 작은 것부터 큰 순서로 바르게 나열한 것은?

① Bit〈 Word〈 Byte〈 Field
② Bit〈 Byte〈 Field〈 Word
③ Bit〈 Byte〈 Word〈 Field
④ Bit〈 Word〈 Field〈 Byte

해설 자료 구성의 단계 : Bit 〈 Byte 〈 Word 〈 Field

28 마이크로프로세서의 주소 지정 방식 중 짧은 길이의 오퍼랜드로 긴 주소에 접근할 때 사용되는 방식은?

① 직접 주소 지정 방식
② 간접 주소 지정 방식
③ 레지스터 주소 지정 방식
④ 즉치 주소 지정 방식

🔧 간접 주소 지정 방식(Indirect Addressing Mode) : 명령어 내의 주소부에 실제 데이터가 저장된 장소의 주소를 가진 기억장소의 주소를 표현한 방식

29 다음 중 표준규격에 대한 설명으로 틀린 것은?

① SNV는 스위스 규격을 말한다.
② 전기 부문의 KS 분류기호는 KS B이다.
③ 국제규격이란 국제적인 공동이익을 추구하기 위해 여러나라가 협의하여 심의 규정한 규격이다.
④ ISO는 국제적으로 통일된 규격의 제정과 실천의 촉진을 위해 설립된 기구이다.

🔧 전기 부문의 KS 분류기호는 KS C이다.

30 부품 선정 시의 중요사항이 아닌 것은?

① 부품의 단가
② 납품 조건
③ 부품외형의 색상
④ 부품의 신뢰성

🔧 부품 선정 시 부품의 단가, 납품 조건, 신뢰성 등을 중요사항으로 여기며 부품 외형의 색상은 중요사항이 아니다.

31 콘덴서에 "102K"라고 기재되어 있을 때 정전용량 값과 허용오차로 옳은 것은?

① 0.0001[μF], ±10[%]
② 0.001[μF], ±10[%]
③ 0.1[μF], ±0.25[%]
④ 0.0022[μF], ±20[%]

🔧

• 콘덴서의 기준 단위는 [pF] = 10^{-12}
• $10 \times 10^2 \times 10^{-12} = 0.001$[μF]
• 허용오차 K는 ±10[%] 이다.

32 입 · 출력 장치로 모두 이용되고 있는 것은?

① 마우스
② 플로터
③ 터치스크린
④ 디지타이저와 스타일러스 펜

🔧 터치스크린(touch screen) : 키보드를 사용하지 않고 화면(스크린)에 나타난 문자나 특정 위치에 사람의 손 또는 물체가 닿으면, 그 위치를 파악하여 저장된 소프트웨어에 의해 특정 처리를 할 수 있도록, 화면에서 직접 입력 자료를 받을 수 있게 한 화면을 말한다.

33 PCB의 제조 공정 중에서 원하는 부품을 삽입하거나, 회로를 연결하는 비아(Via)를 기계적으로 가공하는 과정은?

① 라미네이트   ② 노광
③ 드릴   ④ 도금

🔧 드릴 가공 : PCB의 제조 공정 중에서 원하는 부품을 삽입하거나, 회로를 연결하는 Via를 기계적으로 가공

34 능동 부품(active component)의 능동적 기능이라고 볼 수 없는 것은?

① 신호의 증폭　　② 신호의 발진
③ 신호의 중계　　④ 신호의 변환

해설 능동부품(Active Component) : 트랜지스터(TR), 전계효과 트랜지스터(FET), 단접합 트랜지스터(UJT), IC, 연산증폭기(OP–AMP) 등을 말하며, 능동소자는 증폭, 발진, 신호 변환 등의 기능을 갖는다.

35 현재 위치를 기준으로 X축과 Y축 방향으로 이동하여 좌표를 지정하는 방법은?

① 극좌표　　② 절대좌표
③ 상대좌표　　④ 원통좌표

해설 상대좌표 : 현재 위치를 기준으로 X축과 Y축 방향으로 이동하여 좌표를 지정하는 방법

36 KS 규격의 부문별 분류에서 전기, 전자에 속하는 것은?

① KSA　　② KSB
③ KSC　　④ KSD

해설 전기 부문의 KS 분류기호는 KS C이다.

37 전자회로 설계 시 작업내용에 따라 분류할 경우 다른 하나는?

① 배선패턴 설계과정
② 부품표 작성과정
③ 부품의 배치과정
④ PCB 검사과정

해설 PCB 검사과정은 전자회로 설계 과정이 아니고 PCB 가공과정 중 일부이다.

38 우리나라에서 규정된 한국 산업규격 중에서 제도 통칙(KS A 0005)에서 규정하고 있지 않은 것은?

① 도면의 크기　　② 제품의 형상
③ 투상법　　④ 작도일반

해설 KS A 0005는 도면의 크기, 투상법, 선, 작도 일반, 단면도, 글자, 치수 등에 대한 것 등을 규정하고 있다.

39 7 세그먼트(FND) 디스플레이가 동작할 때 빛을 내는 것은?

① 발광 다이오드　　② 부저
③ 릴레이　　④ 저항

해설 대부분의 7세그먼트 표시 장치는 발광 다이오드(LED)로 각 획을 표시하지만 음극 방전관이나 진공관, 액정 디스플레이(LCD), 그리고 기계적인 표시 등이 사용되는 경우도 있다.

40 도면의 종류를 사용 목적에 따라 분류 했을 때 속하지 않는 것은?

① 제작도　　② 주문도
③ 견적도　　④ 조립도

해설 • 도면의 사용 목적에 따른 분류 : 견적도, 제작도, 주문도, 승인도 등
• 도면 내용에 따른 분류 : 조립도, 부품도, 회로도, 공정도 등

41 다층 프린트 배선에서 도금 도통 홀과 전기적 접속을 하지 않도록 하기 위해 도금 도통 홀을 감싸는 부분에 도체 패턴의 도전 재료가 없도록 한 영역은?

① Land　　② Access hole

③ Clearance hole   ④ Location hole

📖 **해설** 클리어런스 홀(Clearance hole) : 다층 프린트 배선에서 도금 도통 홀과 전기적 접속을 하지 않도록 하기 위해 도금 도통 홀을 감싸는 부분에 도체 패턴의 도전 재료가 없도록 한 영역

42 개인용 컴퓨터를 이용한 CAD에 대하여 잘못된 설명은?

① 가격이 저렴하므로 투자액이 적다.
② 시스템이 간편하므로 실용화가 쉽다.
③ 설계에서 많은 비율을 차지하는 제도에 유리하다.
④ 상급 시스템을 도입하면 보조 시스템으로서 효과는 없다.

📖 **해설** 상급 시스템을 도입하더라도 보조 시스템으로 사용이 가능하다.

43 다음 삼각자의 조합으로 나타낼 수 없는 각도는?

① $15°$ ② $75°$
③ $90°$ ④ $130°$

📖 **해설** 삼각자는 두개의 type이 있고(45도−45도−90도, 30도−60도−90도), 이 두 가지 삼각자를 서로 조합하면 $15°$, $30°$, $60°$, $75°$, $90°$, $105°$, $120°$, $135°$, $150°$ 등을 나타낼 수 있다. 즉, $15°$의 배수는 모두 나타낼 수 있다.

44 CAD의 종류는 크게 전자회로설계용과 기구설계용이 있다. 이 중에서 전자회로 설계용 CAD는 무엇인가?

① OrCAD   ② IntelliCAD
③ UniCAD   ④ FelixCAD

📖 **해설** EDA(Electronic Design Automation)
• 전자회로 등을 설계하기 위하여 만들어진 CAD 프로그램
• OrCAD, PCAD 등

45 다음 중 전자 또는 통신기기 등의 전체적인 동작이나 기능을 블록으로 그려 도면에 표시한 것은?

① 회로도   ② 접속도
③ 블록선도   ④ 배선도

📖 **해설** 전자회로에서 부분 상호간에 전달되는 신호의 계통을 알기 쉽게 나타낸 선도로서 계통도, 블록선도라고 한다.

46 다음 중 회로도를 그리기 위한 환경 설정과 관계없는 것은?

① 도면의 크기
② 그리드 표시
③ 설계 개체 요소의 색상
④ 라우팅 패턴 굵기

📖 **해설** 라우팅 패턴 굵기는 PCB설계 시 설정한다.

47 회로도 작성 시 고려사항 중 옳은 것은?

① 대각선과 곡선은 가급적 사용하지 않는다.
② 선과 선이 전기적으로 접속되는 곳에는 점선표시를 한다.
③ 주 회로와 보조회로가 있는 경우에는 보조회로를 중심으로 그린다.
④ 신호의 흐름은 우측에서 좌측으로, 위에서 아래로 그린다.

📖 **해설** 주 회로와 보조회로가 있는 경우에는 주 회로를 중심으로 설계한다.

48 다음은 보드 외곽선(Board Outline)그리기의 한 예이다. X, Y 좌표 값을 보기와 같이 입력했을 경우 ㉠, ㉡, ㉢, ㉣에 들어갈 좌표 값은?

```
(가) 명령 : 보드 외곽선 그리기
(나) 첫째 점 : 50, 50
(다) 다음 점 : 150, 50
(라) 다음 점 : 150, 150
(마) 다음 점 : ( ㉠ ), ( ㉡ )
(바) 다음 점 : ( ㉢ ), ( ㉣ )
```

① ㉠ 150 ㉡ 150 ㉢ 150 ㉣ 100
② ㉠ 100 ㉡ 100 ㉢ 100 ㉣ 50
③ ㉠ 50   ㉡ 150 ㉢ 50   ㉣ 50
④ ㉠ 00   ㉡ 150 ㉢ 50   ㉣ 150

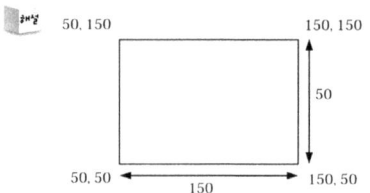

해설
```
50, 150              150, 150
  ┌──────────────────┐
  │                  │  ↕ 50
  │                  │
  └──────────────────┘
50, 50    150      150, 50
```

49 각 층간 절연 재질로 분리 접착되어진 표면 도체층을 포함하여 3층 이상에 도체패턴이 있는 프린트 배선판은?

① 다층 프린트 배선판(Multilayer prin-ted circuit board)
② 양면 프린트 배선판(Double-sided printed circuit board)
③ 프린트 회로(Printed circuit)
④ 마더 보드(Mother board)

해설 다층 프린트 배선판 : 각 층간 절연 재질로 분리 접착되어진 표면 도체층을 포함하여 3층 이상에 도체 패턴이 있는 프린트 배선판으로 입체 배선에 의한 고밀도 부품 실장이 가능하다.

50 인쇄회로기판 설계 시의 고려 사항과 거리가 먼 것은?

① 부품 배치
② 부품 높이와 배열
③ 부품의 가격
④ 부품 부착 간격

해설 인쇄회로기판 설계 시 고려사항
• 기판 구성 시 부품의 배치는 일반적인 회로도를 중심으로 배치함을 원칙으로 한다.
• 부품의 부피와 간격을 확인하여 적절한 부착 위치를 설정한다.
• 부품의 높이와 배열을 고려한다.
• 양면 이상에서는 각 층이 서로 교차되도록 배선을 한다.

51 다음 중 제도용지에 대한 설명으로 틀린 것은?

① 제도 용지의 가로와 세로의 비는 1: $\sqrt{2}$ 이다.
② A1 용지보다 B1 용지가 작다.
③ A1 용지를 반으로 접으면 A2 크기가 된다.
④ B1 용지 두 장을 붙이면 B0 크기가 된다.

해설 A1 : 594×841, B1 : 728 × 1030

52 각종 전자기기, 유무선 통신기기 및 장치의 접속관계를 표시하는 기호는?

① 전기용 기호(KSC0102)
② 옥내배선용 기호(KSC0301)
③ 2값 논리소자 기호(KSX0201)
④ 시퀀스 기호(KSC0103)

해설 KSC0102(전기용 기호) : 각종 전자기기, 유무선 통신기기 및 장치의 접속관계를 표시하는 기호

53 인쇄회로 기판의 패턴 동박에 의한 인덕턴스(L)값이 0.01µH가 발생하였다. 주파수 10MHz에서 기판에 영향을 주는 리액턴스(X)의 값은?

① 62.8[Ω] ② 6.28[Ω]
③ 0.628[Ω] ④ 0.0628[Ω]

리액턴스$(X_L) = 2\pi f L$

$\therefore X_L = 2 \times 3.14 \times 10 \times 10^6 \times 0.10 \times 10^{-6}$
$= 0.628[\Omega]$

54 PCB에서 패턴의 두께가 2[mm], 길이가 4[cm], 패턴의 저항이 $1.72 \times 10^{-5}[\Omega]$일 때 패턴의 폭은 몇 [cm] 인가?(단, 20℃에서 구리의 저항률은 $1.72 \times 10^{-8}[\Omega \cdot m]$ 이다.)

① 1 ② 2
③ 3 ④ 4

$R = \rho \dfrac{L}{WT}$ [ρ : 도체의 고유저항, L : 패턴 길이[mm], W : 패턴 폭[mm], t : 동박 두께]

$W = \rho \dfrac{L}{RT}$

$= 1.72 \times 10^{-8} \times \dfrac{4 \times 10^{-2}}{1.72 \times 10^{-5} \times 2 \times 10^{-3}}$

$= 2[cm]$

55 프린트 배선판의 끝부분에 형성된 프린트 콘텍트를 의미하는 것은?

① Edge board contact
② Printed contact
③ Grid
④ Component side

Edge Board Contacts : 외부 연결물의 Edge Connector와 접속이 가능하도록 PCB의 외곽 부위에 가공해 놓은 Plug-in 형태의 접속 부위

56 다음 중 자동제도의 특징으로 볼 수 없는 것은?

① 완성된 도면의 수정은 불가능하다.
② 인적 자원과 시간을 절약할 수 있으며 신뢰도가 높다.
③ 자동제도를 적용함으로써 제조오차를 줄일 수 있다.
④ 정밀한 도형이나 곡선이 많은 제도에 이용하면 효과적이다.

완성된 도면의 수정이 용이하다.

57 다음 제도용구 중 선, 원주 등을 같은 길이로 분할하는 데 사용되는 것은?

① 축척자 ② 형판
③ 디바이더 ④ 자유곡선자

제도 용구의 종류
• 컴퍼스 : 원 또는 원호를 그릴 때 사용하는 제도 기구
• 운형자 : 컴퍼스로 그리기 어려운 원호나 곡선을 그릴 때 사용되는 제도 기구
• T자 : 평행선을 긋거나, 삼각자와 함께 사용하여 수직선, 수평선 및 사선을 그릴 때 사용한다.
• 삼각자 : 45°×45°×90°와 30°×60°×90°의 모양으로 된 2개를 1세트로 사용한다.
• 형판 : 기본 도형이나 문자, 숫자 등을 뚫어 놓아 원하는 모양을 그릴 때 사용한다.
• 디바이더 : 치수를 옮기거나, 선, 원주 등을 분할하거나 연장할 때 사용한다.

58 PCB DESIGN에서 설계 오류를 검사하는 기능은?

① Netlist ② Zoom
③ Edit ④ DRC

DRC(Design Rules Check) : 설계 규칙의 위배 유·무에 대한 검사 결과 데이터 파일

59 다음 중 집적도에 의한 IC 분류로 옳은 것은?

① MSI : 100 소자 미만

② LSI : 100~1000 소자

③ SSI : 1000~10000 소자

④ VLSI : 10000 소자 이상

해설 집적도(소자 수)에 따른 IC 분류
- SSI(Small Scale IC, 소규모 집적회로) : 100개 이하
- MSI(Medium Scale IC, 중간 규모 집적회로) : 100~1000개
- LSI(Large Scale IC, 고밀도 집적회로) : 1,000~10,000개
- VLSI(Very Large Scale IC, 초고밀도 집적회로) : 10,000~1,000,000개
- ULSI(Ultra Large Scale IC, 초초고밀도 집적회로) : 1,000,000개 이상

60 인쇄회로기판(PCB)의 패턴 설계 시 유의사항에 대한 설명으로 옳은 것은?

① 패턴은 가급적 가늘고 길게 한다.

② 회로의 각 접지점마다 패턴을 설계하는 다점 접지방식으로 패턴 설계를 한다.

③ 개별 회로의 특징이 다를지라도 기판은 하나로 통합하여 설계한다.

④ 패턴 사이의 간격을 늘리거나 차폐를 행한다.

해설 패턴 설계 시 유의사항
- 패턴 사이의 간격은 차폐를 행한다.
- 일점 어스 방식으로 설계한다.
- 패턴을 짧고 굵게 한다.

ANSWER									2015년 4회
01	02	03	04	05	06	07	08	09	10
④	②	③	①	①	②	①	②	④	②
11	12	13	14	15	16	17	18	19	20
③	④	③	③	①	④	③	④	④	③
21	22	23	24	25	26	27	28	29	30
①	③	①	①	③	②	④	②	②	③
31	32	33	34	35	36	37	38	39	40
②	③	③	③	③	③	④	②	①	④
41	42	43	44	45	46	47	48	49	50
③	④	④	①	③	④	①	③	①	③
51	52	53	54	55	56	57	58	59	60
②	①	③	②	①	①	③	④	④	④

01 발진 회로 중에서 각 특성을 비교하였을 때 바르게 연결한 것은?

① RC 발진 회로는 가격이 저가이다.
② LC 발진 회로는 안정성이 양호하다.
③ 수정 발진 회로는 Q값이 작다.
④ 세라믹 발진 회로는 저주파 측정용 발진기 용도로 쓰인다.

해설
• LC 발진기는 보통 1[MHz] 이상에서 사용하며, 주파수특성이 나쁘다.
• 수정 발진기(x-tal)는 10[MHz] 이상에서 많이 사용되며 선택도 Q가 매우 높고 안정도가 매우 좋다.
• RC 발진기는 1[MHz] 이하인 저주파 발진기로 사용된다.

02 그림의 회로에서 출력전압 V_o의 크기는? (단, V는 실효값이다.)

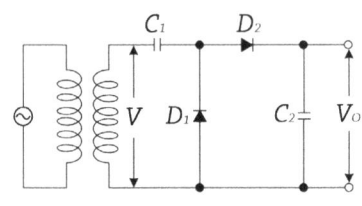

① 2V
② $\sqrt{2}$ V
③ $2\sqrt{2}$ V
④ V^2

해설 반파 배전압회로
$C_1 = V$, $C_2 = 2V$
$\therefore V_o = 2\sqrt{2}\ V$

03 주파수 변조 방식의 특징이 아닌 것은?

① 주파수 변별기를 이용하여 복조한다.
② 점유 주파수 대역폭이 좁다.
③ S/N이 개선된다.
④ 페이딩 영향이 적고 신호 방해가 적다.

해설 주파수 변조 방식은 점유 주파수 대역폭(BW)이 넓다.
$$BW = 2fm\left(1 + \frac{\Delta f}{f_m}\right)$$

04 다음 중 R-S 플립플롭(flip-flop)에서 진리표가 R = 1, S = 1 일 때, 출력은?(단, 클럭 펄스는 1 이다.)

① 0
② 1
③ 불변
④ 불능

해설
• R-S 플립플롭(Flip-Flop)에서 클록펄스(CP) 입력에 0이면 Set와 Reset에 어떤 입력이 인가되어도 동작되지 않으므로 출력은 불변상태가 된다.
• 클록펄스(CP) 입력이 1일 때 Set와 Reset 모두 1이면 출력은 부정(불능)상태가 된다.

S	R	Q(t+1)
0	0	Q(t)
0	1	0
1	0	1
1	1	부정

05 다음 회로는 수정 발진기의 가장 기본적인 회로이다. 발진 회로에 A에 들어갈 부품은?

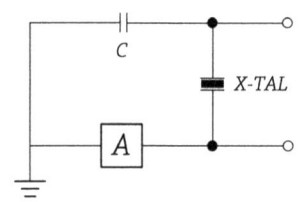

① 저항
② 코일
③ TR
④ 커패시터

> 해설 발진 주파수가 비교적 높고 안정적인 발진을 하기 위한 수정 진동자 양 단자에 부하용량인 커패시터를 달아서 사용한다.

06 그림과 같은 논리회로에 입력되는 값 A, B, C에 따른 출력 Y의 값으로 옳은 것은?

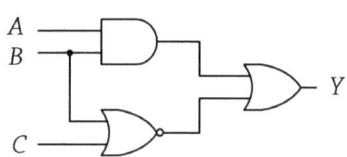

①	입력			출력
	A	B	C	Y
	0	0	0	0

②	입력			출력
	A	B	C	Y
	0	1	1	1

③	입력			출력
	A	B	C	Y
	1	0	0	1

④	입력			출력
	A	B	C	Y
	1	1	1	0

> 해설 AND 출력의 경우 입력 A=1, B=0 일 때 출력이 0 이다. NOR 출력의 경우 입력 B, C 모두 0이면 1 출력이 되므로 Y출력은 AND + NOR 로 1이다.

07 그림과 같은 비안정 멀티바이브레이터의 반복주기 T는 몇 ms인가?(단, $C_1 = C_2 = 0.02\mu F$, $RB_1 = RB_2 = 30k\Omega$ 이다.

① 0.632
② 0.828
③ 1.204
④ 2.484

> 해설 주기(T) = T_1(High) + T_2(Low)
> T = $0.69RB_2 \cdot C_1 + 0.69RB_1 \cdot C_2$ 된다.
> = $0.69(RB_2 \cdot C_1 + RB_1 \cdot C_2)$
> = $0.69(30 \times 10^3 \times 0.02 \times 10^{-6} + 30 \times 10^3$
> $\times 0.02 \times 10^{-6})$
> = $0.69(6 \times 10^{-4} + 6 \times 10^{-4})$
> = 0.69×0.0012
> = $0.000828 = 0.828$[ms]

08 다음 중 변압기 결합 중폭회로에 대한 설명으로 적합하지 않은 것은?

① 다음 단과의 임피던스 정합을 용이하게 시킬 수 있다.

② 직류 바이어스 회로를 교류 신호 회로와 무관하게 설계 할 수 있다.

③ 주파수 특성이 RC 결합 증폭 회로보다 더 좋다.

④ 부피가 크고 값이 비싸다.

🔖 변압기 결합 증폭회로는 주파수 특성이 RC결합보다 나쁘다.

09 구형파의 입력을 가하여 폭이 좁은 트리거 펄스를 얻는데 사용되는 회로는?

① 미분회로　　　② 적분회로

③ 발진회로　　　④ 클리핑회로

🔖 입력 측에 C를 사용 하므로 미분기(HPF)로서 동작하며, 구형파(직사각형파)로부터 폭이 좁은 트리거(trigger) 펄스를 얻는 데 쓰인다.

10 발진기는 부하의 변동으로 인하여 주파수가 변화되는데 이것을 방지하기 위하여 발진기와 부하 사이에 넣는 회로는?

① 동조 증폭기　　　② 직류 증폭기

③ 결합 증폭기　　　④ 완충 증폭기

🔖 완충 증폭기(BUFFER-AMP)는 발진기와 부하 사이에 설치하여 부하 변동에 따른 발진주파수 변동을 방지하기 위해서 주로 사용한다.

11 어떤 사람의 음성 주파수 폭이 100Hz에서 18kHz인 음성을 진폭 변조하면 점유 주파수 대역폭은 얼마나 필요한가?

① 9kHz　　　② 18kHz

③ 27kHz　　　④ 36kHz

🔖 BW = 2fm이므로, 18[kHz] × 2 = 36[kHz]

12 증폭기의 가장 이상적인 잡음 지수는?(단, 증폭기 내에서 잡음발생이 없음을 의미한다.)

① 0　　　② 1

③ 100　　　④ ∞(무한대)

🔖 • 무잡음 상태의 잡음지수 F = 1

• 잡음지수(F)= $\dfrac{S_i/N_i(입력\ 신호전압과\ 잡음전압비)}{S_o/N_o(출력\ 신호전압과\ 잡음전압비)}$

13 다음 중 정류기의 평활회로 구성으로 가장 적합한 것은?

① 저역 통과 여파기

② 고역 통과 여파기

③ 대역 통과 여파기

④ 고역 소거 여파기

🔖 평활회로는 직류출력 속에 포함된 고조파성분을 최소화하기 위해 지역통과 필티(여파기) 역할인 R과 C를 크게 한다.

14 금속표면에 10^8 V/m 정도의 아주 강한 전기장을 가하면 상온에서도 금속의 표면에서 전자가 방출되는데 이 현상을 무엇이라고 하는가?(단, 진공 상태에서 금속에 열을 가하지 않는다.)

① 전계 방출　　　② 열전자 방출

③ 광전자 방출　　　④ 2차 전자 방출

🔖 • 열전자 방출 : 금속을 고온으로 가열하면 전도 전자의 운동 에너지가 커지면, 그 중에는 이탈 준위를 넘어서 금속체 밖으로 뛰어나가는 전자 현상

• 광전자방출 : 금속에 빛을 비추면 그 부분에서 전자가 공간으로 방출되는 현상

• 2차 전자 방출 : 금속면에 가속된 전자를 충돌 시키면 충돌 전자와 가까이 있던 전자가 그 운동 에너지를 받아 일함수를 뛰어 넘을 때 공간으로 전자가 방출되는 현상

15 J-K 플립플롭을 이용하여 D 플립플롭을 만들 때 필요한 논리 게이트(gate)는?

① AND　　　　② NOT
③ NAND　　　④ NOR

해설 D(Delay) F/F은 J-K F/F 또는 RS F/F에서 2개의 입력 R, S가 동시에 1인 경우에도 불확정 출력상태가 되지 않도록 하기 위하여 NOT 게이트 하나를 입력 양단에 부가한 것으로 정보를 일시 유지하는 래치(Latch) 회로나 시프트 레지스터(shift register) 등에 쓰인다.

16 이상적인 펄스 파형에서 최대 진폭 A_{max}의 90% 되는 부분에서 10%가 되는 부분까지 내려가는데 소요되는 시간은?

① 지연시간
② 상승시간
③ 하강시간
④ 오버슈트 시간

해설
- 상승시간(rise time) : 진폭 전압(V)의 10[%]에서 90[%]까지 상승하는데 걸리는 시간
- 지연시간(delay time) : 상승 시각으로부터 진폭의 10[%]까지 이르는 실제의 펄스 시간
- 하강시간(fall time) : 펄스가 이상적 펄스의 진폭 전압(V)의 90[%]되는 부분에서 10[%] 까지 내려가는 데 걸리는 시간
- 오버슈트(overshoot) : 상승 파형에서 이상적 펄스파의 진폭 전압(V)보다 높은 부분의 높이
- 언더슈트(undershoot) : 하강 파형에서 이상적 펄스파의 기준 레벨보다 아랫부분의 높이

17 다음 중 주 기억 장치는?

① RAM　　　② FDD
③ SSD　　　④ HDD

해설
- 주기억장치 : RAM, ROM 등
- 보조기억장치 : FDD, SSD, HDD, CD 등

18 다음의 프로그램 언어 중 인간중심의 고급 언어로서 컴파일러 언어만으로 찍지어진 것은?

① 코볼, 베이직
② 포트란, 코볼
③ 베이직, 어셈블리 언어
④ 기계어, 어셈블리 언어

해설 컴파일러에 의해 번역되는 프로그램 언어 : FORTRAN, COBOL, PASCAL, C 등

19 다음은 중앙처리장치에 있는 레지스터를 설명한 것이다. 명칭에 맞게 기능을 바르게 설명한 것은?

① 명령 레지스터(PC) – 주기억 장치의 번지를 기억한다.
② 기억 레지스터(MAR) – 중앙 처리 장치에서 현재 수행 중인 명령어의 내용을 기억한다.
③ 번지 레지스터(MBR) – 주기억 장치에서 연산에 필요한 자료를 호출하여 저장한다.
④ 상태 레지스터 – CPU의 각종 상태를 표시하며 각 비트별로 할당하여 플래그 상태를 나타낸다.

해설
- 프로그램 카운터(Program Counter) : 기억장치에 기억된 명령이 순서대로 중앙 처리 장치에서 실행될 수 있도록 그 주소를 지정해 주는 레지스터
- MAR(Memory Address Register) : 중앙처리장치 내부에서 기억장치 내의 정보를 호출하기 위해 그 주소를 기억하고 있는 제어용 레지스터
- MBR(Memory Buffer Register) : 메모리를 읽거나, 쓴 데이터를 일시적으로 저장하기 위한 레지스터

20 Von Neumann형 컴퓨터 연산자의 기능이 아닌 것은?

① 제어 기능
② 기억 기능
③ 전달 기능
④ 함수 연산 기능

Von Neumann 컴퓨터 연산기능
 • 함수 연산기능   • 제어기능
 • 입·출력기능   • 전달기능

21 연산될 데이터의 값을 직접 오퍼랜드에 나타내는 주소 지정 방식은?

① 직접 주소 지정 방식
② 상대 주소 지정 방식
③ 간접 주소 지정 방식
④ 레지스터 방식

직접 주소 지정 방식(Direct Addressing Mode) : 명령어의 오퍼랜드에 실제 데이터가 들어 있는 주소를 직접 갖고 있는 방식

22 다음 그림과 같은 형식은 어떤 주소 지정 형식인가?

① 직접데이터 형식   ② 상대주소 형식
③ 간접주소 형식   ④ 직접주소 형식

상대 주소 지정 방식(Relative Addressing Mode) : 프로그램 카운터가 명령의 주소 부분과 더해져서 유효 주소가 결정되는 방법으로, 명령의 주소 부분은 보통 부호를 포함한 수이며, 음수(2의 보수 표현)나 양수 둘 다 될 수 있다.

23 다음 중 스택(stack)을 필요로 하는 명령 형식은?

① 0-주소
② 1-주소
③ 2-주소
④ 3-주소

0-주소 명령어
 • 기억장치 스택을 사용하며 주소 필드는 사용하지 않음
 • 명령어의 길이가 짧아 기억 공간을 적게 차지하나 많은 양의 정보가 스택과 주기억장치를 이동하므로 비효율적

24 다음 프로그래밍 언어 중 가장 단순하게 구성되어 처리 속도가 가장 빠른 것은?

① 기계어
② 베이직
③ 포트란
④ C

기계어 : 컴퓨터가 직접 해독할 수 있는 2진수로 나타내는 언어로 프로그래밍의 기본이 된다. 즉 컴퓨터를 작동시키기 위해 0과 1로 나타낸 컴퓨터 고유 명령 형식이다.

25 반가산기의 합과 자리올림에 대한 논리식으로 옳은 것은?(단, 입력은 A와 B이고, 합은 S, 자리올림은 C 이다.)

① $S = \overline{A}B \cdot AB$, $C = A + B$
② $S = \overline{A}B + A\overline{B}$, $C = AB$
③ $S = \overline{A}B + A\overline{B}$, $C = \overline{AB}$
④ $S = \overline{A}B + AB$, $C = \overline{AB}$

반가산기(Half-adder) : 입력 변수인 두 개의 이진수를 더하여 합과 자리 올림수를 산출하는 회로이고 논리식은 $S = \overline{A}B + A\overline{B}$, $C = AB$이다.

26 마이크로프로세서에서 누산기의 용도는?

① 명령의 해독
② 명령의 저장
③ 연산 결과의 일시 저장
④ 다음 명령의 주소 저장

해설 누산기(Accumulator) : 연산을 한 결과를 일시적으로 저장해 두는 레지스터

27 주 기억 장치에 대한 설명이 아닌 것은?

① 최종 결과 기억
② 데이터 연산
③ 중간 결과 기억
④ 프로그램 기억

해설 주기억장치는 CPU가 직접 참조하는 고속의 메모리로, 프로그램이 실행될 때 보조 기억 장치로부터 프로그램이나 자료를 이동시켜 실행 시킬 수 있는 기억장소이며, 데이터 연산은 주기억장치가 아닌 연산장치에서 이뤄진다.

28 다음 중 가상기억장치를 가장 올바르게 설명한 것은?

① 직접 하드웨어를 확장시켜 기억용량을 증가시킨다.
② 자기테이프 장치를 사용하여 주소공간을 확대한다.
③ 보조기억장치를 사용하여 주소공간을 확대한다.
④ 컴퓨터의 보안성을 확보하기 위한 차폐 시스템이다.

해설 가상기억장치(Virtual Memory) : 제한된 주기억장치의 용량을 초과하여 사용하기 위하여 보조기억장치의 기억공간을 사용자의 주기억장치가 확장된 것과 같이 사용하는 방법이다.

29 다음은 무엇에 대한 설명인가?

"제품이나 장치 등을 그리거나 도안할 때. 필요한 사항을 제도 기구를 사용하지 않고 프리핸드(free hand)로 그린 도면"

① 복사도(copy drawing)
② 스케치도(sketch drawing)
③ 원도(original drawing)
④ 트레이스도(traced drawing)

해설 도면성격에 따른 분류
• 원도 : 제도용지에 직접 연필로 작성한 도면. 컴퓨터가 작성한 최초 도면
• 트레이스도 : 원도 위에 트레이싱지를 놓고 그린 도면
• 복사도 : 트레이스도를 원본으로 복사한 도면
• 스케치도 : 제품이나 장치 등을 그리거나 도안할 때 필요한 사항을 제도 기구를 사용하지 않고 프리핸드로 그린 도면

30 일반적인 고주파회로를 설계할 때 유의사항과 거리가 먼 것은?

① 배선의 길이는 가급적 짧게 한다.
② 배선이 꼬인 것은 코일로 간주한다.
③ 회로의 중요한 요소에는 바이패스 콘덴서를 삽입한다.
④ 유도 가능한 고주파 전송선은 다른 신호선과 평행되게 한다.

해설 고주파 전송선은 다른 신호선과 분리하여 배선하도록 하고, 가능하면 차폐를 실시하여 영향을 최소화하도록 한다.

31 CAD(computer aided design)를 사용하여 얻을 수 있는 특징이 아닌 것은?

① 도면의 품질이 좋아진다.

② 도면 작성 시간이 길어진다.

③ 설계 과정에서 능률이 향상된다.

④ 수치 결과에 대한 정확성이 증가한다.

🔖 CAD 도입 시 설계의 표준화로 도면작성시간이 단축된다.

32 인쇄회로 기판의 패턴 동박에 의한 인덕턴스 값이 0.1μF가 발생하였을 때, 주파수 10MHz에서 기판에 영향을 주는 리액턴스의 값은?

① 62.8Ω

② 6.28Ω

③ 0.628Ω

④ 0.06282Ω

🔖 리액턴스(XL) = $2\pi fL$

∴ $X_L = 2 \times 3.14 \times 10 \times 10^6 \times 0.1 \times 10^{-6} = 6.28[\Omega]$

33 디지털 회로도면의 제도방법으로 틀린 것은?

① 여러 가닥의 배선이 같은 방향으로 이동할 때는 버스 선을 이용한다.

② 아날로그 부분과 전위레벨이 다르므로 도면에서 이들 회로를 격리하여 그린다.

③ 아날로그 부분의 유도현상 영향을 고려하여 전원선을 함께 그린다.

④ D/A 변환기 출력부에 디지털 성분 제거를 위한 저역통과 필터를 접속한다.

🔖 아날로그 부분의 유도현상 영향을 고려하여 전원을 분리하여야 한다.

34 PCB Artwork 기법의 고려사항에 대한 설명으로 틀린 것은?

① 90°(도) 지가 배선은 가급적 피한다.

② GND 패턴은 가급적 강화하여 Noise 제거 효과를 향상시킨다.

③ 비아(via)를 될 수 있으면 적게 하여 작업 공정 수를 적게 한다.

④ 소신호와 대전류의 배선은 최대한 근접하도록 한다.

🔖 소신호와 대전류의 배선은 최대한 이격시킨다.

35 다음 부품 심벌의 이름은?

① 실리콘 제어 정류기(silicon control rectifier)

② NMOS FET(field effect transistor)

③ PNP 트랜지스터(transistor)

④ 트라이액(triac)

PNP TR	NMOS FET	SCR	트라이액

36 블록선도를 그릴 때, 고려 사항으로 옳은 것은?

① 신호의 흐름은 가능하면 왼쪽에서 오른쪽으로 흐르도록 하는 것이 좋다..

② 블록의 크기는 실제 전자기기의 크기와 비례하도록 나타낸다.

③ 블록은 반드시 정사각형이어야 한다.

④ 블록은 대각선과 곡선을 많이 사용한다.

🔖 블록선도 작성 시 유의사항
- 블록은 정사각형, 삼각형, 직사각형이 사용된다.
- 신호의 흐름은 왼쪽에서 오른쪽으로, 위에서 아래로 그린다.
- 화살표는 신호가 전달되는 방향을 나타낸다.
- 삼각형은 증폭기 또는 연산 증폭기에 사용한다.

37 전자기기의 패널(panel)은 장치의 모든 기능을 표현하는 얼굴이다. 설계 제도 시 유의사항으로 틀린 것은?

① 패널 부품은 크기를 고려하여 균형 있게 배치한다.
② 조작 상에서 서로 연관이 있는 요소끼리 근접 배치한다.
③ 전원 코드는 전면에 배치한다.
④ 조작 빈도가 높은 부품은 패널의 중앙이나 오른쪽에 배치한다.

🔖 전원선이나 퓨즈박스 등은 배면에 배치한다.

38 제도 규칙에서 국제 표준과 국가별 표준의 표준 기호 및 표준 명칭으로 틀린 것은?

① 미국 규격 : ANSI
② 국제 인터넷 표준화 기구 : IETF
③ 영국 규격 : BS
④ 국제 표준화 기구 : DIN

🔖 ISO : 국제 표준화기구, DIN : 독일 공업 규격

39 CAD(computer aided design)란 컴퓨터의 그래픽 기능을 응용한 것인데 그래픽의 기본 기능으로 틀린 것은?

① 점의 변환

② 확대 및 축소
③ 회전
④ 평행 이동의 불가능

🔖 그래픽의 기본 기능으로는 화면의 확대 및 축소, 점의 변환, 회전, 평행 이동 등이 있다.

40 도면작성에 대한 결과파일로 PCB프로그램이나 시뮬레이션 프로그램에서 입력 데이터로 사용되는 것은?

① 네트리스트(netlist)
② 거버파일(gerber file)
③ 레이아웃 파일(layout file)
④ 데이터 파일(data file)

🔖 Netlist : PCB상에서 상호 연결되어 있는 신호, 모듈, 핀의 명칭으로 회로 도면상의 연결 정보

41 전자 캐드의 작업 과정 중 가장 나중에 하는 것은?

① 부품 배치   ② 레이어 세팅
③ 거버파일 작성   ④ 네트리스트 작성

🔖 Gerber File : PCB를 제작하기 위한 파일로서 PCB설계의 모든 정보가 들어 있고 PCB 설계의 최종 목적 파일로 필름의 생성을 위한 각 레이어 및 드릴 데이터 등을 추출하는 파일이다.

42 PCB 설계 시 배선으로 인한 인덕턴스 발생을 줄이기 위한 전원 라인 배선 방법으로 가장 좋은 것은?

① 전원 라인은 굵고, 짧게 배선한다.
② 전원 라인은 굵고, 길게 배선한다.
③ 전원 라인은 가늘고, 길게 배선한다.
④ 전원 라인은 가늘고, 짧게 배선한다.

🔖 PCB설계 시 배선으로 인한 인덕턴스 발생을 줄이

기 위해 전원라인은 굵기, 짧게 배선한다.

43 다음 커패시터의 형명(104 50M)에 대한 설명으로 옳은 것은?

① 정전용량: 0.01μF, 정격내압: 50V, 오차: ±20%
② 정전용량: 0.1μF, 정격내압: 50V, 오차: ±20%
③ 정전용량: 0.1μF, 정격내압: 50V, 오차: ±10%
④ 정전용량: 0.001μF, 정격내압: 50V, 오차: ±20%

1 0 4 50 M
└─ 허용오차
└─ 정격내압
└─ 10의 승수
└─ 유효숫자
└─ 유효숫자

• 콘덴서의 기준 단위는 [pF] = 10^{-12}
• $10 \times 10^4 \times 10^{-12} = 0.1[μF]$
• 정격내압 50V
• 허용오차 M은 ±20[%]

44 전기 회로망에서 전압을 분배하거나 전류의 흐름을 방해하는 역할을 하는 소자는?

① 커패시터   ② 수정 진동자
③ 저항기   ④ LED

저항기 : 도체의 전기적인 흐름을 방해하는 작용을 하는 소자

45 전자캐드로 작성된 도면의 요소를 지우는 기능에 해당하는 것은?

① Zoom
② Save
③ Delete
④ Edit

도면의 편집과 관련된 기능
• Zoom : 화면의 확대, 축소 기능
• Save : 저장
• Delete : 삭제
• Edit : 편집

46 제품을 만드는 사람이 주문하는 사람에게 주문품의 내용에 첨부하여 제작비용을 제시하는 도면의 명칭은?

① 주문도
② 승인도
③ 견적도
④ 설명도

견적도 : 주문할 사람에게 물품의 내용 및 가격 등을 설명하기 위해 견적서에 첨부하는 도면

47 LED는 순방향 바이어스에서 통전되면서 전자-정공의 재결합으로 인하여 일부 에너지가 빛으로 방출된다. LED의 심벌로 옳은 것은?

LED : 순방향 바이어스에서 통전되면서 전자-정공의 재결합으로 인하여 에너지가 빛으로 방출된다. 심벌은 ②항이다.

48 인쇄회로기판(PCB)의 장·단점으로 옳은 것은?

① 소량, 다품종 생산에는 제조단가가 저렴하다.

② 오 배선이 존재하나 생산단가가 저렴하다.

③ 조립, 배선, 검사의 공정 단계가 증가한다.

④ 대량생산으로 생산성이 향상된다.

🔖 인쇄회로기판(PCB)의 장·단점
- 대량 생산으로 생산성이 향상된다.
- 소량, 다품종 생산에는 제조단가가 높아진다.
- 오 배선의 우려가 없고 생산단가가 저렴하다.
- 조립, 배선, 검사의 공정 단계가 감소한다.

49 캐드 시스템의 그래픽 작업 과정과 거리가 먼 것은?

① 자동 제도(automatic drafting)

② 기술적 분석(engineering analysis)

③ 기하학적 모델링(geometric model-ing)

④ 자동 생산(automatic manufactur-ing)

🔖 자동생산은 캐드 시스템의 그래픽 작업 과정이 아니고 제품의 생산과정이다.

50 인쇄회로기판(PCB)의 제조공정에서 접착이 용이하도록 처리된 작업 패널 위에 드라이 필름(Photo Sensitive Dry Film Resist : 감광성 사진 인쇄 막)을 일정한 온도와 압력으로 압착 도포하는 공정을 무엇이라 하는가?

① 스크러빙(Scrubbing : 정면)

② 노광(Exposure)

③ 라미네이션(Lamination)

④ 부식(Etching)

🔖 라미네이션(Lamination)은 접착이 용이하도록 처리된 Panel상에 Dry Film을 정해진 열과 압력으로 압착 도포하는 공정을 말한다.

51 능동소자 중 이미터(E), 베이스(B), 컬렉터(C)의 3개의 전극으로 구성되어 있으며, 전류 제어용 등에 사용되는 소자는?

① 다이오드　　② 트랜지스터

③ 변압기　　　④ FET

🔖 트랜지스터 : 이미터(E), 베이스(B), 컬렉터(C)의 3단자를 가진 능동소자이며, 전류 제어용 등에 사용되는 소자이다.

52 물체의 실제 길이와 도면에서 축소 또는 확대 하여 그리는 길이의 비율을 척도라 한다. 다음 중 비례 관계가 아님을 뜻하며, 도면과 실물의 치수가 비례하지 않을 때 사용하는 것은?

① 배척　　　　② NS

③ 현척　　　　④ 축척

🔖 척도
- 축척 : 실물보다 작게 축소해서 그리는 것
- 현척(실척) : 실물과 같은 크기로 그리는 것
- 배척 : 실물보다 크게 확대해서 그리는 것
- NS(Not to Scale) : 도면과 실물의 치수가 비례 척도가 아님을 뜻함

53 도면에 마련하는 양식 중 반드시 그려야 할 사항으로 짝지어진 것은?

① 윤곽선, 중심 마크, 표제란

① 표제란, 부품란, 계단 마크
③ 윤곽선, 비교 눈금, 재단 마크
④ 표제란, 중심 마크, 재단 마크

② 1.2kΩ, ±1%
③ 12Ω, ±0.5%
④ 12kΩ, ±1%

제1색띠	제2색띠	제3색띠	제4색띠	제5색띠
갈색 (1)	적색 (2)	흑색 (0)	갈색 (10^1)	갈색 (±1%)

$120 \times 10^1 = 1200Ω = 1.2kΩ$, 오차 ±1%

54 도면의 효율적 관리를 위해 마이크로필름을 이용하는 이유가 아닌 것은?

① 종이에 비해 보존성이 좋다.
② 재료비를 절감시킬 수 있다.
③ 통일된 크기로 복사 할 수 있다.
④ 복사 시간이 짧지만 복원력이 낮다.

마이크로필름은 복사 시간이 짧고, 복원력이 높다.

55 다음 중 EX-OR 게이트의 기호로 옳은 것은?

① NAND, ② NOT, ③ EX-OR, ④ NOR

56 5색 저항으로 값과 오차가 바르게 된 것은?

갈 적 흑 갈 갈

① 120Ω, ±0.5%

57 표준화된 설계 작업(design rule)을 위해 규정화된 설계기준에 해당하지 않는 것은?

① 배선도체의 폭
② 비아홀(via hole)의 크기
③ 솔더 레지스트(solder resist)의 치수
④ 캐드 프로그램(CAD program)의 버전

캐드 프로그램의 종류, 버전 등은 설계기준과는 무관하다.

58 다음 그림에서 도면의 축소나 확대, 복사작업과 이들의 복사도면의 취급 편의를 위한 것은?

① (ㄱ)   ② (ㄴ)
③ (ㄷ)   ④ (ㄹ)

비교눈금은 도면에서 축소나 확대, 복사의 작업과 이들의 복사도면을 취급할 때 편의를 위한 표시이다.

59 다음 기호는 어느 전자 부품의 기호인가?

$$\longrightarrow\!\!\!\!\!\rlap{/}{\triangleright}\!\!\longrightarrow$$

① 저항   ② FET
③ 다이오드   ④ 트랜지스터

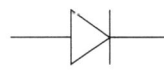

트랜지스터	FET	다이오드	저항

60 직렬포트에 대한 설명으로 틀린 것은?

① 주로 모뎀 접속에 사용된다.
② EIA에서 정한 RS-232C 규격에 따라 36핀 커넥터로 되어 있다.
③ 전송거리는 규격상 15m 이내로 제한된다.
④ 주변장치와 2진 직렬 데이터 통신을 행하기 위한 인터페이스이다.

해설 직렬포트는 EIA에서 정한 RS-232C 규격에 따라 25핀 커넥터로 되어 있다.

01 집적회로(Integrated Circuit)의 장점이 아닌 것은?

① 신뢰성이 높다.
② 대량 생산할 수 있다.
③ 회로를 초소형으로 할 수 있다.
④ 주로 고주파 대전력용으로 사용된다.

📖 집적회로(IC)의 특징
• 대량생산이 가능하며 경제적이다.
• 소형, 경량화 하여 작은 전력으로 구동할 수 있는 회로에 사용된다.
• 신뢰도가 높다.
• 접합된 장치를 만들 수 있다.

02 3단자 레귤레이터 정전압 회로의 특징이 아닌 것은?

① 발진 방지용 커패시터가 필요하다.
② 소비 전류가 적은 전원 회로에 사용한다.
③ 많은 전력이 필요한 경우에는 적합하지 않다.
④ 전력소모가 적어 방열 대책이 필요 없는 장점이 있다.

📖 3단자 레귤레이터는 입력전압이 출력전압보다 높아야 하며, 내부 회로 구성이 비교적 간단하고 전력 손실이 높다. 열적으로 안정을 위하여 방열판을 부착하여 사용 한다.

03 다음 정전압 안정화 회로에서 제너다이오드 Z_D의 역할은?(단, 입력 전압은 출력 전압보다 높다.)

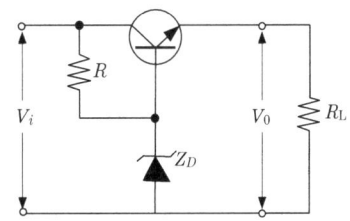

① 정류 작용
② 기준전압 유지 작용
③ 제어 작용
④ 검파 작용

📖 제너 다이오드(Z_D)는 기준전압을 유지하는 역할을 한다.

04 연산증폭기의 연산의 정확도를 높이기 위해 요구되는 사항이 아닌 것은?

① 좋은 차단특성을 가져야 한다.
② 큰 증폭도와 좋은 안정도를 필요로 한다.
③ 많은 양의 부귀환을 안정하게 걸 수 있어야 한다.
④ 높은 주파수의 발진출력을 지속적으로 내야 한다.

해설 연산증폭기의 정확도를 높이기 위한 조건
- 높은 안정도가 필요하다.
- 서억과 ㅗ억의 좋은 자난 특성을 가져야 한다.
- 큰 증폭도가 필요하다.
- 많은 양의 부귀환을 안정하게 걸 수 있어야 한다.

05 전자기파에 대한 설명 중 틀린 것은?

① 전자기파는 수중의 표면에서 일어나는 현상을 관찰하는데 이용된다.
② 전자기파란 주기적으로 세기가 변화하는 전자기장이 공간으로 전파해 나가는 것을 말한다.
③ 전자기파는 우주 공간에서 전파의 전달이 불가능하다.
④ 전자기파는 매질이 없어도 진행할 수 있다.

해설 전자기파의 특징
- 음향파와 같이 매질을 필요로 하지 않는다.
- 전기장, 자기장이 결합되어 에너지를 전달하며 진행하는 파동이다.
- 빛이나 감마선, X-선 등 모든 전자기파 스펙트럼 영역을 포함한다.
- 자연계에서 가장 우세한 복사선원으로는 태양이 있다.

06 B급 푸시풀 증폭기에 대한 설명으로 옳은 것은?

① 효율이 낮은 대신 왜곡이 거의 없다.
② 무선 통신에서 고주파인 반송파 전력 증폭 회로에 사용된다.
③ A급 전력 증폭 회로에 비해 전력 효율이 좋다.
④ 교차 일그러짐 현상이 없다.

해설 B급 푸시풀 증폭기 특징
- 최대 출력의 전원 효율은 78.5[%]로 된다.
- 우수 고조파 성분은 서로 상쇄되어 찌그러짐이 적다.
- 대전력 증폭 회로에 가장 많이 사용되고 있다.
- 출력 트랜스의 직류 자화를 받지 않으므로 자기 포화에 의한 비직선 왜곡을 제거할 수 있다.
- 크로스오버 일그러짐이 발생한다.

07 LC 발진기에서 일어나기 쉬운 이상 현상이 아닌 것은?

① 기생 진동(parasitic oscillator)
② 자왜(磁歪) 현상
③ 블로킹(blocking) 현상
④ 인입 현상(pull-in phenomenon)

해설 LC발진기에서 일어나기 쉬운 현상
- 블로킹 현상
- 인입현상
- 기생진동

08 다음 중 광전 변환 소자가 아닌 것은?

① 포토 트랜지스터
② 태양 전지
③ 홀 발전기
④ CCD(Charge Coupled Device) 센서

해설 홀 발전기 : 홀 효과를 이용한 전자소자를 홀 발전기, 또는 홀 소자라 말한다.

09 적분기 회로를 구성하기 위한 회로는?

① 저역통과 RC 회로
② 고역통과 RC 회로
③ 대역통과 RC 회로
④ 대역소거 RC 회로

적분기(RC LPF) : 입력에 저항, 궤환에 콘덴서로 구성

$$V_0 = -\frac{1}{RC}\int_0^t v_i dt$$

10 정격 전압에서 100W의 전력을 소비하는 전열기에 정격 전압의 60% 전압을 가할 때의 소비 전력은 몇 W 인가?

① 36

② 40

③ 50

④ 60

100[W]일 때 전열기 저항을 R이라 하고 정격 전압 V를 구하면
- $V^2 = PR, V = \sqrt{PR} = \sqrt{100 \times R} = 10\sqrt{R}$
- 60% 전압
  $V_2 = V \times 0.6 = 10\sqrt{R} \times 0.6 = 6\sqrt{R}$
- 6% 전압을 가할 때 소비전력은

$$P = \frac{V_2^2}{R} = \frac{(6\sqrt{R})^2}{R} = 36$$

11 다음과 같은 회로의 명칭은?

① 미분회로

② 적분회로

③ 가산기형 D/A 변환회로

④ 부호 변환회로

디지털 신호를 아날로그 출력을 가산하여 얻는 D/A 변환기이다.

$$V_0 = -\left(V_1\frac{R_f}{R_1} + V_2\frac{R_f}{R_2}\right)$$

12 실제적인 R–L–C 병렬 공진 회로에서 R이 2Ω, L은 400μH, C는 250pF 일 경우에 공진 주파수는 약 몇 kHz인가?

① 200

② 300

③ 450

④ 500

일반적인 병렬공진 주파수

$$f_0 = \frac{1}{2\pi}\sqrt{\frac{1}{LC} - \frac{R^2}{L^2}} \approx \frac{1}{2\pi\sqrt{LC}}\left(\frac{1}{LC} \gg \frac{R^2}{L^2}\right)$$

$$= \frac{1}{2 \times 3.14\sqrt{400 \times 10^{-6} \times 250 \times 10^{-12}}}$$

$$\fallingdotseq 500 \times 10^3$$

$$\therefore 500[kHz]$$

13 단상 전파정류기의 DC 출력전압은 단상 반파정류기 DC 출력 전압의 몇 배인가?

① 2   ② 3

③ 4   ④ 5

전파 정류기의 정류효율은 반파정류회로의 2배이며, 이론적으로 최대 81.2[%]이다.

14 커패시터 중에서 고주파 회로와 바이패스(Bypass) 용도로 많이 사용되며 비교적 가격이 저렴한 커패시터는?

① 세라믹 커패시터

② 마일러 커패시터

③ 탄탈 커패시터

④ 전해 커패시터

세라믹 커패시터는 인덕턴스가 적어 고주파 특성이 양호하여 고주파의 바이패스 용도로 많이 사용된다.

15 다음 중 N형 반도체를 만드는데 사용되는 불순물의 원소는?

① 인듐(In) ② 비소(As)
③ 갈륨(Ga) ④ 알루미늄(Al)

해설

구분	원자가	불순물	다수 반송자	대표적 원소
진성반도체	4가	없음	전자=정공	Ge, Si
P형 반도체	3가	accepter	정공	B, Al, In, Ga
N형 반도체	5가	doner	과잉전자	N, P, As, Sb

16 10진수 0~9를 식별해서 나타내고 기억하는 데에는 몇 비트의 기억 용량이 필요한가?

① 2비트 ② 3비트
③ 4비트 ④ 7비트

해설
• 2비트 : 0~3
• 3비트 : 0~7
• 4비트 : 0~15

17 컴퓨터의 주기억장치와 주변장치 사이에서 데이터를 주고받을 때, 둘 사이의 전송속도 차이를 해결하기 위해 전송할 정보를 임시로 저장하는 고속 기억장치는?

① Address ② Buffer
③ Channel ④ Register

해설 Buffer : 컴퓨터의 주기억장치와 주변장치 사이에서 데이터를 주고받을 때, 둘 사이의 전송속도 차이를 해결하기 위해 전송할 정보를 임시로 저장하는 고속 기억장치

18 데이터베이스를 사용할 때, 데이터베이스에 접근할 수 있는 하부언어로 구조적 질의어라고도 하는 언어는?

① 포트란(FORTRAN)
② C
③ 자바(java)
④ SQL

해설 SQL(Structured Query Language) : 데이터베이스를 사용할 때, 데이터베이스에 접근할 수 있는 데이터베이스 하부 언어를 말한다.

19 레지스터와 유사하게 동작하는 임시저장장소로써 다음 실행할 명령어의 주소를 기억하는 기능을 하는 것은?

① 레지스터 ② 프로그램 카운터
③ 기억장치 ④ 플립플롭

해설 프로그램 카운터(Program Counter) : 기억장치에 기억된 명령이 순서대로 중앙처리장치에서 실행될 수 있도록 그 주소를 지정해 주는 레지스터

20 $(1011010)_2$를 8진수와 16진수로 변환하면?

① $(132)_8$, $(5A)_{16}$
② $(132)_8$, $(5B)_{16}$
③ $(131)_8$, $(5A)_{16}$
④ $(131)_8$, $(50)_{16}$

해설
• 2진수를 3bit의 BCD 코드로 묶은 후 8진수로 변환한다.

1	011	010
1	3	2

$(1011010)_2 = (132)_8$

- 2진수를 4bit이 BCD 코드로 묶은 후 16진수로 변환한다.

101	1010
5	A

$(1011010)_2 = (5A)_{16}$

21 2진수 10101에 대한 2의 보수는?

① 11001   ② 01010

③ 01011   ④ 11000

📖 2의 보수는 주어진 2진수를 모두 부정을 취하여 1
의 보수로 바꾼다. 1의 보수에 1을 더하면 2의 보
수가 된다. 즉 2의 보수는 1의 보수보다 1이 크다.
10101 → 01010(1의 보수) + 1 → 01011(2의
보수)

22 마이크로프로세서에서 가산기를 주축으로 구성된 장치는?

① 제어장치

② 입출력장치

③ 산술논리 연산장치

④ 레지스터

📖 연산장치(ALU, Arithmetic Logical Unit) : 덧셈, 뺄
셈, 곱셈, 나눗셈의 산술 연산만이 아니라 AND,
OR, NOT, XOR와 같은 논리연산을 하는 장치로
제어장치의 지시에 따라 연산을 수행하며 누산
기, 가산기, 데이터 레지스터, 상태레지스터로 구
성된다.

23 다음 중 제어장치의 역할이 아닌 것은?

① 명령을 해독한다.

② 두 수의 크기를 비교한다.

③ 입출력을 제어한다.

④ 시스템 전체를 감시 제어한다.

📖 제어장치(Control Unit) : 프로그램 명령어를 해석
하고, 해석된 명령의 의미에 따라 연산장치, 주기
억 장치 등에게 동작을 지시하며 어드레스 레지스
터, 기억 레지스터, 명령 레지스터, 명령 해독기,
명령 계수기 등으로 구성된다.

24 비수치적 연산에서 하나의 레지스터에 기억된 데이터를 다른 레지스터로 옮기는데 사용되는 연산은?

① OR

② AND

③ SHIFT

④ MOVE

📖 MOVE : 하나의 입력 자료를 갖는 단일 연산으로
전자계산기 내부에서 하나의 레지스터에 기억된
데이터를 다른 레지스터로 옮기는 데 이용된다.

25 순서도(flowchart)의 특징이 아닌 것은?

① 프로그램 코딩(coding)의 기초 자료가
된다.

② 프로그램 코딩 전 기초 자료가 된다.

③ 오류 수정(debugging)이 용이하다.

④ 사용하는 언어에 따라 기호, 형태도 달
라진다.

📖 순서도의 역할
- 프로그램 작성의 직접적인 자료가 된다.
- 업무의 내용과 프로그램을 쉽게 이해할 수 있
고, 다른 사람에게 전달이 쉽다.
- 프로그램의 정확성 여부를 판단하는 자료가 되
며, 오류가 발생 하였을 때 그 원인을 찾아 수정
하기가 쉽다.
- 프로그램의 논리적인 체계 및 처리 내용을 쉽게
파악할 수 있다.

26 주변 장치의 입출력 방법이 아닌 것은?

① 데이지체인 방법   ② 트랩 방법
③ 인터럽트 방법   ④ 폴링 방법

해설 주변 장치의 입출력 방법
- 폴링 : 입출력 장치에서 신호 발생 여부를 반복적으로 확인하는 방법
- 인터럽트 : 프로세서의 외부의 장치들이 프로세서 사용을 요청하기 위해 프로세서에 보내는 신호
- DMA : 프로세서 개입 없이 주변 장치가 메모리에 데이터 읽고 쓸 수 있는 기능
- 데이지체인 : 신호를 전송할 때 데이지체인 신호를 요구하지 않는 장치에서 버스를 통해 신호를 전달시키는 방법

27 CPU와 입출력 사이에 클록 신호에 맞추어 송·수신 하는 전송 제어방식을 무엇이라 하는가?

① 직렬 인터페이스(serial interface)
② 병렬 인터페이스(parallel interface)
③ 동기 인터페이스(synchronous interface)
④ 비동기 인터페이스(asynchronous interface)

해설 동기 인터페이스(synchronous interface) : 중앙처리장치(CPU)와 입출력장치 간에 데이터 전송을 할 때 클록 신호에 맞추어 전송을 하는 방식

28 입출력장치와 CPU 사이에 존재하는 속도차를 줄이기 위해 사용하는 것은?

① bus   ② channel
③ buffer   ④ device

해설 channel : 입출력장치와 CPU 사이에 존재하는 속도차를 줄이기 위해 사용하는 것

29 도면 작성 시 기본 단위로 옳은 것은?

① mm   ② cm
③ m   ④ km

해설 제도의 단위 : 제도에서 치수의 기입은 KS A 0113에 정해진 규칙에 따르며, 길이는 모두 mm(밀리미터) 단위로 기입하되 단위 기호는 기입하지 않는다.

30 다음 그림의 기호를 가진 부품은?

① 트랜지스터   ② 크리스탈
③ 레귤레이터   ④ BUZZER

해설 그림과 같은 7812는 12V 보다 큰 전압을 입력으로 받아 12V의 정전압을 출력으로 내보내는 레귤레이터이다.

31 다음 논리게이트 기호로 맞는 것은?

① AND Gate
② OR Gate
③ NAND Gate
④ NOR Gate

해설

OR	AND	NAND	NOR

32 회로의 개방, 단락 등의 오배선을 검사하여 오류를 화면이나 텍스트 파일로 보여주는 것은?

① CLEAN UP
② SET
③ QUIT
④ ERC

해설 ERC(Electrical Rules Check) : 전기적인 연결 상태를 검증하는 것

33 다음 심볼이 나타내는 부품은?

① 가변용량 다이오드
② 제너 다이오드
③ 발광 다이오드
④ 정류 다이오드

해설

가변용량 다이오드	제너 다이오드	발광 다이오드	정류 다이오드
►►│	►►│	►►│ ／／	►►│

34 반도체 소자 중 전압의 크기에 따라 저항 값이 변하는 성질이 있는 소자는?

① 배리스터
② 서미스터
③ 트랜지스터
④ 다이오드

해설 배리스터(varistor) : 전압-전류 특성이 비직선적인 저항 소자의 총칭. 전압에 따라 현저하게 저항 값이 변화하는 성질이 있다.

35 한국 산업 표준(KS)의 전자제도 통칙에 대한 설명으로 틀린 것은?

① 전자기기나 제품의 제도에는 특수한 방법이나 기호 등을 사용한다.
② 기하학적 도법에 기초를 둔 것으로 기기구조의 표시 방법은 기계제도와 동일하다.
③ 설계된 기기의 모양이나 치수 또는 시설의 배치 회로의 결선 등을 도면으로 정확하게 표시해야 한다.
④ 한국 산업 표준에 규정된 사용 방법을 따르며 도면은 임의로 그려도 된다.

해설 한국 산업 표준에 규정된 사용방법을 따르며 도면은 KS A 5201에 의한 규격에 따라 그려야 한다.

36 국제 표준화 기구의 규격 기호는?

① ANSI
② KS
③ DIN
④ ISO

해설 ISO(International Organization for Standardization) : 국제 표준화기구

37 설계도면에 적용한 축척이 1:5 일 때, 실제 길이가 1cm인 객체는 도면상에 몇 cm로 표현되는가?

① 0.2
② 1
③ 2
④ 5

해설 1[cm] × 1/5[축척] = 0.2[cm]

38 다음 소자 중 3단자 반도체 소자가 아닌 것은?

① SCR   ② Diode

③ FET   ④ UJT

SCR	DIODE	UJT	FET

39 능동 소자에 속하는 것은?

① 저항   ② 코일

③ 트랜지스터   ④ 커패시터

• 능동부품(Active Component) : 트랜지스터 (TR), 전계효과 트랜지스터(FET), 단접합 트랜지스터(UJT), IC, 연산증폭기(OPAMP) 등을 말하며, 능동소자는 증폭, 발진, 신호 변환 등의 기능을 갖는다.
• 수동부품(Passive Component) : 전기 신호의 중계, 제어 등을 행하는 기구부품으로 저항기, 커넥터, 소켓, 스위치 등이 수동소자에 속한다.

40 한국 산업 규격(KS)의 제정 목적으로 틀린 것은?

① 국제경쟁력 강화

② 품질 향상

③ 생산품의 독점

④ 소비자 보호

KS 표준은 품질의 안정성 향상, 원가 절감 및 작업 능률의 향상을 통한 생산성 제고, 제품 상호 간의 호환성 등의 보장과 신제품·신기술 개발에 중요한 지침서로 활용되고 있어, 기업의 경쟁력 향상에 큰 역할을 하고 있다.

41 회로도 작성 시 선과 선이 전기적으로 접속되는 지점에 표시하는 것은?

① Bus entry

② Junction

③ No connect

④ Alias

Junction : 선과 선이 전기적으로 접속되는 접속점을 표시한다.

42 저항의 컬러코드가 좌측부터 적색 – 보라색 – 갈색 – 금색으로 되어 있다. 저항값은 얼마인가?

① 270Ω

② 2.7kΩ

③ 27.0Ω

④ 2.71MΩ

제1색띠	제2색띠	제3색띠	제4색띠
2(적색)	7(보라색)	$K=10^1$(갈색)	금색(±5%)
$27 \times 10^1 = 270\Omega$, 오차 ±5%			

43 포토플로터(Photo Plotter)를 이용하여 직접 그려낸 아트워크 필름은?

① 마스터 필름

② 디아조 필름

③ 폴리에스테르 필름

④ 감광 필름

포토 플로터(Photo Plotter) : PCB 설계 후 곧바로 PCB를 제작할 수 있는 마스터 필름 출력이 가능한 장치

44 PCB에 2000Ω의 저항을 배치하고 기판의 표면에 그 값을 표시한 것 중 가장 적절한 표시 방법은?

① 2000000Ω   ② 2000kΩ
③ 2μΩ   ④ 2kΩ

해설 $2000[\Omega] = 2 \times 10^3 = 2[k\Omega]$

45 절대좌표 A(10, 10)에서 B(20, −20)으로 개체가 이동하였을 때 상대좌표는?

① 10, 20   ② 10, −20
③ 10, 30   ④ 10, −30

해설 x축으로 10 이동, y축으로 −30 이동하였으므로 ix : 10 , iy : −30

46 CAD 프로그램에서 회로도면의 실계 시 징확한 부품의 위치 및 배선결선을 위해 화면상의 점 혹은 선으로 나타내어진 가상의 좌표를 나타내는 것은?

① 어노테이트(Annotate)
② 프리퍼런스(Preference)
③ 폴리라인(Poly Line)
④ 그리드(Grid)

해설 그리드(Grid) : CAD프로그램의 이용 설계 시 정확한 부품의 위치 및 배선 결선을 위해 화면상의 점 혹은 선으로 나타내어진 가상의 좌표

47 PCB 패턴 설계 시 부품 배치에 관한 설명 중 옳은 것은?

① IC 배열은 가능하다면 'ㄱ'형태로 배치하는 것이 좋다.

② 다이오드 및 전체 콘덴서 종류는 + 방향에 ■형 LAND를 사용한다.
③ 전해 콘덴서와 같은 방향성 부품은 오른쪽 방향이 1번 혹은 + 극성이 되게끔 한다.
④ 리드수가 많은 IC 및 커넥터 종류는 가능한 납땜 방향의 수직으로 배열한다.

해설 다이오드, 전해 콘덴서 종류의 + PIN, IC의 1번 PIN은 방향을 구분하기 위해 ■형의 LAND를 사용한다.

48 PCB 기판 제조방법의 하나로 대량생산에 적합하고, 정밀도가 높으며 내산성 잉크와 물이 잘 혼합되지 않는 점을 이용하여 아연판을 부식시켜 배선부분만 잉크를 묻게 하여 제작하는 방법은?

① 사진 부식법   ② 오프셋 인쇄법
③ 실크스크린법   ④ 단층 촬영법

해설 오프셋 인쇄법 : 대량생산에 적합하고, 정밀도가 높으며 내산성 잉크와 물이 잘 혼합되지 않는 점을 이용하여 아연판을 부식시켜 배선부분만 잉크를 묻게 하여 제작하는 방법

49 전기적 접속부위나 빈번한 착탈로 높은 전기적 특성이 요구되는 부위에 부분적으로 실시하는 도금은?

① 아연   ② 은
③ 금   ④ 구리

해설 금 도금(Gold Plating) : 전기적 접속부위나 빈번한 착탈로 높은 전기적 특성이 요구되는 부위에 고객의 요구에 따라 Connector에 삽입되는 PCB의 Contact Finger Area에만 부분적으로 실시하는 도금

50 형상 모델링 중 데이터 구조가 간단하고 처리속도기 기장 빠른 모델링은?

① 와이어프레임 모델링
② 서피스 모델링
③ 솔리드 모델링
④ CSG 모델링

해설 와이어 프레임 모델 : 물체의 골격만을 표현하는 기법으로 가장 기본적인 모델링이다. 물체의 무게감이나 부피감, 실제감 등을 느끼기 어렵다.

51 컴퓨터를 이용하여 회로도를 완성한 다음 설계규칙을 검증하는 과정에 관한 설명으로 틀린 것은?

① 설계 규칙 및 전기적인 규칙에 맞는지 검증하는 단계이다.
② 오류 난 부분의 에러 표시를 도면상에서 보여준다.
③ 오류 메시지는 레포트로 보여주지 않는다.
④ 전기적인 설계 규칙 검증 환경은 설계자가 임의로 선택할 수 있다.

해설 오류 메시지는 레포트로 보여주어 오류가 발생한 부분을 정확히 수정할 수 있게 한다.

52 CAD 시스템의 일부분으로 컴퓨터와 출력장치의 처리속도 차이에 기인하여 데이터 처리의 완충작용을 위해 필요한 장치는?

① 데이터 버퍼
② 직렬 포트
③ RS-232C
④ ROM

해설 CAD용 컴퓨터의 데이터 버퍼 : 입출력 데이터 등의 정보를 전송할 때 일시적인 데이터 저장 장소로 사용되는 기억상소로 출력작업이 이루어지는 동안에도 다른 작업을 행할 수 있다.

53 CAD 시스템 좌표계에서 이전 최종좌표(점)에서 거리와 각도를 이용하여 이동되어진 X, Y축의 좌표값을 찾는 방법은?

① 절대좌표
② 상대좌표
③ 극좌표
④ 상대극좌표

해설 상대극좌표 : 최종좌표(점)에서 거리와 각도를 이용하여 이동되어 지정된 X, Y축의 이동 좌표

54 CAD 시스템에 의한 제품 설계 및 도면 작성의 이점으로 볼 수 없는 것은?

① 도면의 표준화를 통한 품질 향상
② 설계 제약에 따른 도면 수정의 어려움
③ 설계 요소의 표준화로 원가 절감
④ 수치 계산 결과의 정확성 증가

해설 CAD 도입의 장점
• 설계 과정에서 능률이 향상된다.
• 설계의 변경이 용이하다.
• 설계의 표준화로 도면작성시간이 단축된다.
• 수치 결과에 대한 정확성이 증가한다.

55 세라믹 인쇄회로기판에 대한 설명 중 틀린 것은?

① 가격이 저가이고 치수변화가 많다.
② 고절연성 및 고열전도율을 갖는다.
③ 화학적 안정성이 좋다.
④ 낮은 유전체 손실을 갖는다.

🔖 Ceramic 인쇄외로기반
- 뛰어난 방열 및 내전압 특성을 가진 Ceramic을 사용한 기판으로, Metal CB를 대체할 수 있는 재질로 고방열성, 고온에서의 물리적 특성이 변하지 않는 내열성 등이 특히 우수하다.
- 낮은 유전체 손실을 갖는다.
- 단 Ceramic 특성상 충격에 약해 얇게 만들 경우 잘 깨지며 고가이다.

56 CAD 시스템의 입력 장치가 아닌 것은?

① 디지타이저
② 태블릿
③ 플로터
④ 마우스

🔖
- CAD 시스템의 입력장치 : 키보드, 마우스, 디지타이저, 이미지 스캐너, 라이트펜 등
- CAD 시스템의 출력장치 : 모니터, 프린터, 플로터, 포터 플로터 등

57 회로도에 관한 설명으로 가장 옳은 것은?

① 장치를 구성하고 있는 부품을 기호로 표현함으로써, 기술의 보조 및 전달이 쉽도록 한 도면
② 부품의 위치와 형태를 도면화한 것으로 부품의 실제 크기를 고려하여 작성한 도면
③ 장치와 장치사이의 접속 상태나 기능을 알아보기 쉽게 하기 위해서 기호나 실제의 모양을 배치한 도면
④ 신호의 흐름 또는 동작 순서대로 그린 도면

🔖 회로도 : 장치를 구성하고 있는 부품을 기호로 표현함으로써, 기술의 보조 및 전달이 쉽도록 한 도면이다.

58 다음 단면 구조의 PCB 명칭으로 옳은 것은?

① 비스루홀 도금 PCB
② 스루홀 도금 PCB
③ 플렉시블 PCB
④ 다층면 PCB

🔖 플렉시블 기판(Flexible Base material) : 유연성을 갖는 PCB로 절연기판이 얇은 폴리에스테르나 폴리이미드 필름에 동박을 입힌 기판

59 배치도를 그릴 때 고려해야 할 사항으로 적합하지 않은 것은?

① 균형 있게 배치하여야 한다.
② 부품 상호 간 신호가 유도되지 않도록 한다.
③ IC의 6번 핀 위치를 반드시 표시해야 한다.
④ 고압 회로는 부품 간격을 충분히 넓혀 방전이 일어나지 않도록 배치한다.

🔖 부품의 배치도 작성 방법
- 균형있게 배치한다.
- IC의 경우 1번 핀을 표시하여 오 삽입을 방지한다.
- 부품 상호간에 신호가 유기되지 않도록 한다.
- 조정이 필요한 부품은 조작이 용이하도록 배치하여야 한다.

60 고주파 부품에 대한 대책으로 틀린 것은?

① 부품을 세워 사용하지 않는다.

② 표면실장형(SMD) 부품을 사용하지 않는다.

③ 부품의 리드는 가급적 짧게 하여 안테나 역할을 하지 않도록 한다.

④ 고주파 부품은 일반회로 부분과 분리하여 배치한다.

📖해설 인쇄회로기판(PCB) 설계 시 고주파 부품 및 노이즈에 대한 대책
- 아날로그, 디지털 혼재 회로에서 접지선은 분리한다.
- 전원용 라인필터는 연결부위에 가깝게 배치한다.
- 고주파 부품은 일반회로 부분과 분리하여 배치하도록 하고, 가능하면 차폐를 실시하여 영향을 최소화하도록 한다.
- 부품은 세워서 배치하지 않으며, 가급적 부품의 다리를 짧게 배선한다.

ANSWER　　　　　　　　　　2016년 2회

01	02	03	04	05	06	07	08	09	10
④	④	②	④	③	③	②	③	①	①
11	12	13	14	15	16	17	18	19	20
③	④	①	①	②	③	②	④	②	①
21	22	23	24	25	26	27	28	29	30
③	③	②	④	④	②	③	②	①	③
31	32	33	34	35	36	37	38	39	40
③	④	②	①	④	④	①	②	③	③
41	42	43	44	45	46	47	48	49	50
②	①	①	④	④	④	②	②	③	①
51	52	53	54	55	56	57	58	59	60
③	①	④	②	①	③	①	③	③	②

01 위상 천이(이상형) 발진 회로의 발진주파수
는?(단, $R_1 = R_2 = R_3 = R$ 이고, $C_1 = C_2 = C_3 = C$이다.)

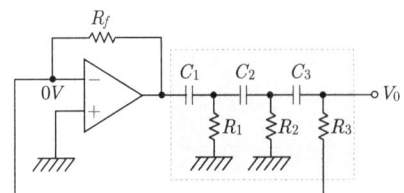

① $f_0 = \dfrac{1}{2\pi\sqrt{6}\,RC}$ ② $f_0 = \dfrac{1}{2\pi\sqrt{6RC}}$

③ $f_0 = \dfrac{1}{2\pi LC}$ ④ $f_0 = \dfrac{\sqrt{6}}{2\pi RC}$

🗔 이상형 RC 발진회로 $f_0 = \dfrac{1}{2\pi\sqrt{6}\,CR}$

02 오실로스코프에 연결하여 파형을 측정하였
을 때 측정 파형이 다음 그림과 같았다. 최
고점간(peak to peak) 전압(V_{p-p})은 몇 V인
가?(단, 프로브는 10:1을 사용하였다.)

Volts/Div : 0.2V

① 0.2   ② 0.4
③ 4   ④ 8

🗔 V_{p-p} = 4[DIV] × 0.2[V] × 10 = 8[V]

03 정현파(사인파) 발진 회로가 아닌 것은?

① RC 발진 회로   ② LC 발진 회로
③ 수정 발진 회로   ④ 블로킹 발진 회로

🗔 사인파 발진회로
　• LC 발진회로
　• RC 발진회로
　• 수정 발진회로

04 주파수 안정도가 가장 높은 발진 회로는?

① 수정 발진 회로   ② 클랩 발진 회로
③ 하틀리 발진 회로   ④ 콜피츠 발진 회로

🗔 수정 발진기의 특징
　• 주파수 안정도가 좋다. (10^{-6} 정도)
　• 수정진동자의 Q가 매우 높다. ($10^{-4} \sim 10^6$)
　• 수정진동자는 기계적으로나 물리적으로 안정
　　하다.
　• 발진조건을 만족하는 유도성 주파수 범위($f_0 <$ f
　　$< f_s$)가 대단히 좁다.

05 정류기의 평활회로는 어떤 종류의 여파기에
속하는가?

① 대역 통과 여파기   ② 고역 통과 여파기
③ 저역 통과 여파기   ④ 대역 소거 여파기

🗔 평활회로는 정류기 출력 전압의 맥동을 감쇠시키
　는 회로로 저역 통과 여파기를 사용한다.

06 동조회로에서 최대 이득을 얻기 위한 조건으로 옳은 것은?(단, 코일의 결합계수 k, 선택도 Q 이다.)

① $k < \dfrac{1}{Q}$

② $k = \dfrac{1}{Q}$

③ $k > \dfrac{1}{Q}$

④ $k = Q$

🔑 동조회로에서 최대이득을 얻기 위한 조건은 $k = \dfrac{1}{Q}$이다.

07 빛의 변화로 전류 또는 전압을 얻을 수 없는 것은?

① 광전 다이오드
② 광전 트랜지스터
③ 황화카드뮴(CdS) 셀
④ 태양전지

🔑 CdS(황화카드뮴 소자)는 빛에 의한 전도성을 이용한 것으로, 입사되는 빛의 양에 따라 저항값이 변화하는 가변저항소자이다.

08 다음 회로의 입력(V_i)에 구형파를 가하면 출력 파형(V_e)은?

① 정현파 ② 구형파
③ 삼각파 ④ 사다리꼴파

🔑 출력 파형이 입력 파형의 적분형이 되는 회로로 구형파를 입력하면 삼각파가 출력된다.

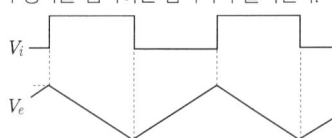

09 다음 회로에 입력 Vi 파형으로 펄스폭이 Δt[sec]인 구형파를 가할 때 출력 Vo 파형은?(단, 회로의 시정수 RC는 입력파형의 펄스폭보다 훨씬 크다고 가정한다.)

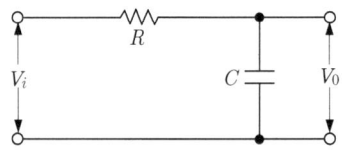

① 정현파 ② 구형파
③ 계단파 ④ 삼각파

🔑 출력 파형이 입력 파형의 적분형이 되는 회로로 구형파를 입력하면 삼각파가 출력된다.

10 LC 발진 회로에서 귀환 회로에 3소자의 연결 형태에 따라 발진 회로를 구분할 수 있다. 다음 발진 회로의 발진 조건은?(단, 항상 Z_1, Z_2, Z_3 소자는 부호가 같다고 가정한다.)

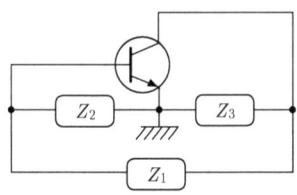

① Z_1 : 용량성, Z_2 : 용량성, Z_3 : 유도성
② Z_1 : 용량성, Z_2 : 유도성, Z_3 : 용량성

③ Z_1 : 유도성, Z_2 : 용량성, Z_3 : 용량성

④ Z_1 : 유도성, Z_2 : 용량성, Z_3 : 유도성

📖 콜피츠 발진(Colpitts oscillation) 회로

Z_1 : 유도성, Z_2 : 용량성, Z_3 : 용량성

11 다음 회로에 대한 설명으로 틀린 것은?

① 회로는 브리지형 게이트 회로이다.

② 스위치 S에 무관하게 입력한 전압이 그대로 출력 측의 전압으로 나타난다.

③ 스위치 S를 닫으면 D1~D4가 도통되므로 단자 1~2에 가해지는 전압은 출력단자에 나타나지 않는다.

④ 스위치 S가 개방되면 단자 3~4 사이의 다이오드 임피던스는 높으므로 입력 전압은 출력에 그대로 나타난다.

📖 • 브리지형 게이트 회로이며 스위치 S를 닫을 때와 개방일 때 출력단자의 전압은 다르게 나타난다.
　• 스위치 S close : D1~D4가 도통되므로 단자 1~2에 가해지는 전압은 출력단자에 나타나지 않는다.
　• 스위치 S open : 단자 3~4 사이의 다이오드 임피던스는 높으므로 입력 전압은 출력에 그대로 나타난다.

12 저항 5Ω, 용량성 리액턴스 4Ω이 병렬로 접속된 회로의 임피던스는 약 몇 Ω인가?

① 0.32

② 0.67

③ 1.49

④ 3.12

📖 $Z = \dfrac{R \cdot X_C}{\sqrt{R^2 + X_C^2}} = \dfrac{5 \cdot 4}{\sqrt{5^2 + 4^2}} = \dfrac{20}{6.4} \fallingdotseq 3.12[\Omega]$

13 다음 연산 증폭기의 전압 증폭도 A_V는?

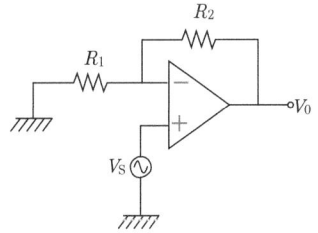

① $\dfrac{R_1 + R_2}{R_1}$

② $\dfrac{R_1}{R_1 + R_2}$

③ $\dfrac{R_1}{R_2}$

④ $\dfrac{R_2}{R_1}$

📖 입력과 동상의 출력전압이 얻어지는 비반전 증폭 회로

증폭도 $A = \dfrac{V_o}{V_i} = 1 + \dfrac{R_2}{R_1} = \dfrac{R_1 + R_2}{R_1}$

14 7 세그먼트 표시장치(seven-segment display)의 용도로 적합한 것은?

① 10진수 표시　　② 신호 전송

③ 레벨 이동　　　④ 잡음 방지

📖 7 세그먼트 : 세그먼트 방식의 숫자 표시 소자로서 최대 7개의 세그먼트로 숫자를 표시하는 방식으로 0~9까지 10진수를 표시 할 수 있다.

15 JK 플립플롭을 이용한 동기식 카운터 회로에서 이렇게 동작하는가?

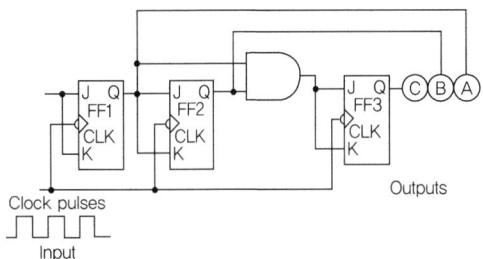

Clock pulses

Input

Outputs

① 10진 증가(down) 카운터
② 3비트 Mod-8 카운터
③ 16진 감소(down) 카운터
④ 10비트 Mod-8 카운터

🔖 3비트 Mod-8 카운터로 동작한다.

16 하나의 집적 회로(integrated circuits, IC) 속에 들어 있는 집적 소자의 개수가 10개 이하 범위에 속하는 집적 회로는?

① VLSI   ② SSI
③ LSI   ④ MSI

🔖 집적도(소자 수)에 따른 IC 분류
  • SSI(Small Scale IC, 소규모 집적회로) : 100개 이하
  • MSI(Medium Scale IC, 중간 규모 집적회로) : 100 ~ 1000개
  • LSI(Large Scale IC, 고밀도 집적회로) : 1,000 ~ 10,000개
  • VLSI(Very Large Scale IC, 초고밀도 집적회로) : 10,000 ~ 1,000,000개
  • ULSI(Ultra Large Scale IC, 초초고밀도 집적회로) : 1,000,000개 이상

17 순서도 사용에 대한 설명 중 틀린 것은?

① 프로그램 코딩의 직접적인 기초 자료가 된다.

② 오류 발생 시 그 원인을 찾아 수정하기 쉽다.
③ 프로그램의 내용과 일 처리 순서를 파악하기 쉽다.
④ 프로그램 언어마다 다르게 표현되므로 공통적으로 사용할 수 없다.

🔖 순서도의 역할
  • 프로그램 작성의 직접적인 자료가 된다.
  • 업무의 내용과 프로그램을 쉽게 이해할 수 있고, 다른 사람에게 전달이 쉽다
  • 프로그램의 정확성 여부를 판단하는 자료가 되며, 오류가 발생 하였을 때 그 원인을 찾아 수정하기가 쉽다.
  • 프로그램의 논리적인 체계 및 처리 내용을 쉽게 파악할 수 있다.

18 주소 지정방식 중 명령어의 피연산자 부분에 데이터의 값을 저장하는 주소지정 방식은?

① 즉시 주소지정 방식
② 절대 주소지정 방식
③ 상대 주소지정 방식
④ 간접 주소지정 방식

🔖 즉시 주소지정 방식(Immediate Addressing Mode) : 명령 속의 오퍼랜드 정보를 그대로 오퍼랜드로 사용하는 방식

19 메모리로부터 읽어낸 데이터나 기억장치에 쓸 데이터를 임시 보관하는 레지스터는?

① 인덱스 레지스터
② 메모리 어드레스 레지스터
③ 메모리 버퍼 레지스터
④ 범용 레지스터

🔖 MBR(memory buffer register) : 메모리 버퍼 레지스터는 기억 장치로부터 불러낸 정보 또는 저장할 정보를 넣어 두는 레지스터이다.

20 컴퓨터에서 2KB의 크기를 byte단위로 표현하면?

① 512 byte
② 1024 byte
③ 2048 byte
④ 4096 byte

해설
• 1Kbyte = 2^{10} = 1024byte
• 2Kbyte = 1024byte × 2 = 2048byte

21 자료전송에 발생하는 에러(error) 검출을 위하여 추가된 bit는?

① 3-초과
② gray
③ parity
④ error

해설 패리티 검사(Parity Check) : 데이터의 저장과 전송의 정확성을 유지하기 위하여 검사 비트를 이용하는 자동오류 검사 방법

22 산술 및 논리 연산의 결과를 일시적으로 기억하는 레지스터는?

① 기억 레지스터(storage register)
② 누산기(accumulator)
③ 인덱스 레지스터(index register)
④ 명령 레지스터(instruction register)

해설 누산기(Accumulator) : 연산에 관계되는 상태와 인터럽트 신호를 기억한다.

23 2진수 (1010)₂의 1의 보수는?

① 0101
② 1010
③ 1011
④ 1101

해설 1010 → 0101(1의 보수)

24 아래 그림과 같이 두 개의 게이트를 상호 접속할 때 결과로 얻어지는 논리게이트는?

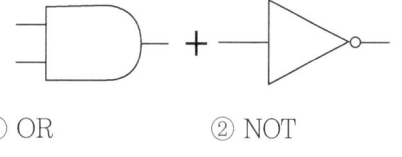

① OR
② NOT
③ NAND
④ NOR

해설
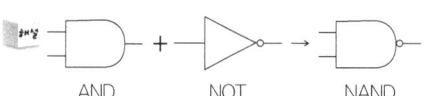
AND   NOT   NAND

25 다음 중 고급언어로 작성된 프로그램을 한꺼번에 번역하여 목적프로그램을 생성하는 프로그램은?

① 어셈블리어
② 컴파일러
③ 인터프리터
④ 로더

해설 컴파일러 : 원시 언어로 작성한 프로그램을 동일한 내용의 목적 프로그램으로 번역하는 프로그램

26 주기억장치(RAM)과 중앙처리장치(CPU)의 속도 차이를 해소하기 위한 기억장치의 명칭은?

① 가상 기억장치
② 캐시 기억장치
③ 자기코어 기억장치
④ 하드디스크 기억장치

해설 캐시 기억장치(Cache Memory) : 프로그램 실행 속도를 중앙처리장치의 속도에 가깝도록 하기 위하여 개발된 고속 버퍼 기억장치로서, 주기억장치보다 속도가 빠르고, 중앙처리장치 내에 위치하고 있으므로 레지스터 기능과 유사하다.

27 중앙처리장치(CPU)의 구성 요소에 해당하지 않는 것은?

① 연산장치   ② 입력장치
③ 제어장치   ④ 레지스터

해설 프로그램 명령어를 실행하는 일을 담당하는 중앙처리장치는 제어장치, 연산장치, 레지스터들의 세 부분으로 구성된다. 그리고 주기억 장치를 비롯한 다른 장치들과는 시스템 버스로 연결되어 있다.

28 다음 중 선입선출(FIFO) 동작을 하는 것은?

① RAM   ② ROM
③ STACK   ④ QUEUE

해설 큐(QUEUE) : 리스트의 한쪽 끝에서만 삽입과 삭제가 일어나는 스택과는 달리 리스트의 한쪽 끝에서는 원소들이 삭제되고 반대쪽 끝에서는 원소들의 삽입만 가능하게 만든 순서화된 리스트. 가장 먼저 리스트에 삽입된 원소가 가장 먼저 삭제되므로 선입선출인 FIFO(first in first out) 리스트라고 한다.

29 다음 중 노트북 컴퓨터에 주로 사용되는 디스플레이 장치로서, 현재는 데스크 탑 형태의 컴퓨터, 전자계산기, 액정 TV 등에 폭넓게 사용되는 장치는?

① 음극선관(CRT)
② 박막액정디스플레이(LCD)
③ 플라즈마디스플레이(PDP)
④ 디지타이저

해설 LCD(Liquid Crystal Display) : 액정표시장치 또는 액정디스플레이라고도 한다. CRT와는 달리 자기 발광성이 없어 후광이 필요하지만 동작 전압이 낮아서 소비전력이 적고 휴대용으로 쓰일 수 있기 때문에 손목시계, 컴퓨터 등에 널리 쓰고 있는 평판 디스플레이이다.

30 다음 기호의 명칭으로 옳은 것은?

① 정류 다이오드
② 제너 다이오드
③ 쇼트키 다이오드
④ 터널 다이오드

정류 다이오드	제너 다이오드	쇼트키 다이오드	터널 다이오드

31 두 개의 입력 값이 모두 참일 때 출력 값이 참이 되는 논리 게이트는 어느 것인가?

① AND   ② NAND
③ XOR   ④ NOT

해설 AND 게이트

A	B	C
0	0	0
0	1	0
1	0	0
1	1	1

32 다음 중 능동소자 부품의 기호는?

①

②

③

④

- 능동부품(Active Component) : 트랜지스터(TR), 전계효과 트랜지스터(FET), 단접합 트랜지스터(UJT), IC, 연산증폭기(OPAMP) 등을 말하며, 능동소자는 증폭, 발진, 신호 변환 등의 기능을 갖는다.
- 수동부품(Passive Component) : 전기 신호의 중계, 제어 등을 행하는 기구부품으로 저항기, 커넥터, 소켓, 스위치 등이 수동소자에 속한다.

33 도면의 크기와 양식에 대한 설명으로 틀린 것은?

① 제도 용지의 크기는 필요에 따라 크기를 선택하여야 한다.
② 종이의 규격에 맞추어야 한다.
③ 어떠한 경우라도 종이의 규격에 따라야 한다.
④ 양식은 KSA0106 규격에 따라 도면을 그려야 한다.

해설 특수한 상황일 경우에는 종이의 규격을 반드시 따를 필요는 없다.

34 산업 규모가 커지고, 제품의 대량 생산화와 더불어 원활한 산업 활동과 국가 간의 교류 및 공동의 이익을 얻기 위하여 표준 규격을 제정하고 있다. 이와 같이 표준 규격을 제정함으로써 나타나는 특징이 아닌 것은?

① 제품의 균일화가 이루어진다.
② 생산의 능률화가 이루어진다.
③ 제품의 세계화가 어려워진다.
④ 제품 상호 간의 호환성이 좋아진다.

해설 표준규격 제정의 특징
- 제품의 균일화가 이루어진다.
- 생산의 능률화가 이루어진다.
- 제품의 세계화가 이루어진다.
- 제품 상호 간의 호환성이 좋아진다.

35 한쪽 측면에만 리드(lead)가 있는 패키지 소자는?

① SIP(Single Inline Package)
② DIP(Dual Inline Package)
③ SOP(Small Outline Package)
④ TQFP(Then Quad Flat Package)

해설 SIP(Single Inline Package) : 한쪽 측면에만 Lead가 있는 패키지 소자

36 두 도체로 된 전극 또는 금속편 사이에 각종 유전 물질을 채운 전자 소자의 명칭은?

① 코일 　　　　② 커패시터
③ 저항 　　　　④ 다이오드

해설 캐패시터 : 두 도체로 된 전극 또는 금속편 사이에 각종 유전 물질을 채운 부품

37 반도체 부품의 패키지 형태로 볼 수 없는 것은?

① SIP 　　　　② DIP
③ SOP 　　　　④ TOP

해설
- SIP(Single In-line Package) : 한쪽 측면에만 Lead가 있는 패키지 소자
- DIP(Dual In-line Package) : 핀의 배열이 두 줄로 평행하게 배열되어 있는 부품을 지칭하는 용어로 우수한 열 특성을 가지고 있다.
- SOP(Small Outline Package) : SMT(Surface Mount Type) 형태의 패키지로서, Package 두께에 따라 TSOP, Plastic Dimension에 따라 SSOP로 구분하며, 가장 널리 쓰이는 Plastic Package이다.

38 국가별 산업 표준 규격을 나타내는 표준 약호(Code)로 틀린 것은?

① 한국 : KS   ② 일본 : JIS

③ 미국 : USA   ④ 독일 : DIN

> 미국 : ANSI(American National Standard Institutes)

39 IPC(Institute for Interconnecting & Packaging Electronic Circuits)에서는 검사기준에 차등을 두기위해 전자제품을 4등급으로 분류하는데 그 분류가 잘못된 것은?

① CLASS 1 – 군수 산업용

② CLASS 2 – 일반산업용

③ CLASS 3 – 고성능산업용

④ CLASS 4 – 고 신뢰등급

> CLASS1 – 기술연구용

40 정격의 특성을 색으로 표시할 때 보라색으로 표시하는 숫자는?

① 1   ② 3

③ 5   ④ 7

0	1	2	3	4	5	6	7	8	0
검정색	갈색	빨강색	주황색	노랑색	초록색	파랑색	보라색	회색	흰색

41 마일러 콘덴서 104K의 용량 값은 얼마인가?

① 0.01[μF], ±10%

② 0.1[μF], ±10%

③ 1[μF], ±10%

④ 10[μF], ±10%

> 104K
>
>   — 허용오차
>   — 10의 승수
>   — 유효숫자
>   — 유효숫자

- 콘덴서의 기준 단위는 [pF] = 10^{-12}
- $10 \times 10^4 \times 10^{-12} = 0.1[\mu F]$
- 허용오차 K는 ±10[%]이다.

42 「컴퓨터 지원 설계」의 약자로 옳은 것은?

① CAD   ② CAM

③ CAE   ④ CNC

> CAD : 컴퓨터 지원 설계(Computer Aided Design)의 약어

43 설계자의 의도를 작업자에게 정확히 전달시켜 요구하는 물품을 만들게 하기 위해 사용되는 도면은?

① 계획도

② 주문도

③ 견적도

④ 제작도

> 제작도 : 설계자의 의도를 작업자에게 정확히 전달시켜 요구하는 물품을 만들게 하기 위하여 사용되는 도면

44 컴퓨터에 그림이나 도형의 위치 관계를 부호화하여 입력하는 장치로서 평면 판과 펜으로 구성되어 있는 장치는?

① 키보드   ② 마우스

③ 디지타이저   ④ 스캐너

📖 디지타이저(Digitizer) : 노면으로부터 좌표를 읽어 들이는 데 사용하며, 자기장이 분포되어 있는 평판에 위치 검출기를 위치시켜 도면의 위치에 대응하는 X, Y 좌표를 입력하거나 원하는 명령어를 선택하는 입력장치

45 PCB 도면을 그래픽 출력장치로 인쇄할 경우 프린트 기판에 부품 정보를 나타내는 도면은?

① solder mask

② top silk screen

③ solder side pattern

④ component side pattern

📖 Top Silk screen : 부품이 Top면에 실장되었을 때 Top면에 Reference와 부품 외곽선, 보드명칭 등을 실크 스크린 형태로 인쇄해 주는 레이어

46 CAD 시스템을 도입하는 목적으로 틀린 것은?

① 복잡한 명령과 실행

② 도면 작성의 자동화

③ 작업 시간의 단축

④ 효율적 관리

📖 CAD 도입의 장점
- 도면의 품질이 좋아진다.
- 설계 과정에서 능률이 향상된다.
- 수치 결과에 대한 정확성이 증가한다.
- 보관 및 보안성이 좋다.
- 설계의 표준화로 원가가 절감된다.

47 인쇄회로 기판 설계 시 전원선의 도체의 너비를 구하는 기준으로 옳은 것은?

① W = 0.008 × 전압

② W = 0.005 × 전압

③ W = 0.08 × 전압

④ W = 0.05 × 전압

📖 전원선의 도체의 너비 W = 0.008 × 전압

48 레이저 빔 프린터와 같은 고속 프린터의 속도를 표시할 때 사용하는 단위는?

① CPS   ② LPM

③ PPM   ④ BPS

📖 레이저 빔 프린터와 같은 고속 프린터의 속도를 표시할 때 사용하는 단위는 PPM을 사용한다.

49 저항 값이 낮은 저항기로 대전력용으로 사용되며 표준 저항기 등의 고정밀 저항기로 사용되는 저항으로 옳은 것은?

① 탄소피막 저항   ② 솔리드 저항

③ 금속피막 저항   ④ 권선 저항

📖 권선 저항기 : 저항 값이 낮은 저항기로서 대전력용 및 표준저항기 등과 같이 정밀도 저항기로 사용된다.

50 리드(Lead)가 없는 반도체 칩을 범프(Bump:돌기)를 사용하여 PCB 기판에 직접 실장하는 방법을 말하는 것은?

① 표면실장기술(SMT)

② 삽입실장기술(TMT)

③ 플립칩(Flip Chip: FC) 실장

④ POB(Package On Board) 기술

📖 플립칩(Flip Chip) : 반도체 칩을 회로 기판에 부착시킬 때 금속 리드(와이어)와 같은 추가적인 연결 구조나 볼 그리드 어레이(BGA)와 같은 중간 매체를 사용하지 않고 칩 아랫면의 전극 패턴을 이용해 그대로 융착시키는 방식

51

PCB 설계 시 사용되는 단위에 관한 것이다. ( ) 안에 알맞은 숫자는?

> 2.54 mm는 ( ) mil이다.

① 1 ② 10
③ 100 ④ 1000

해설 • mil : $\frac{1}{1000}$ inch를 단위로 사용하는 것으로 부품의 리드의 피치나 PCB의 패턴의 간격 등에 주로 사용하는 단위이다.
• 1inch = 2.54[cm] = 25.4[mm] = 1000mil
• 2.54[mm] = 100mil

52

전자 CAD로 작업한 파일을 저장할 수 있는 장치는?

① 스캐너 ② 모니터
③ 마우스 ④ 하드디스크

해설 스캐너, 모니터, 마우스는 입 · 출력 장치이고 하드디스크는 파일을 저장할 수 있는 저장 장치이다.

53

다음의 내용에서 설명하는 명령어는?

> (1) 도면작성에 필요한 종이 크기를 설정한다.
> (2) 도면 작성에 필요한 기본 단위를 설정한다.
> (3) 작품명을 기입한다.

① 도면 열기
② 도면 저장하기
③ 화면 크기 조정
④ 새 도면

해설 새로운 도면을 작성하기 위한 내용이다.

54

다음은 양면 PCB 제조공정의 주요 단계를 순시 없이 늘어놓은 것이다. 제조공정의 순서로 올바른 것은?

> ㉠ 동박 적층판 재단
> ㉡ 검사 및 출하
> ㉢ 비아홀의 형성
> ㉣ 배선 패턴의 형성
> ㉤ 솔더 레지스트 인쇄
> ㉥ 홀 및 외관가공

① ㉠ → ㉣ → ㉢ → ㉤ → ㉥ → ㉡
② ㉠ → ㉢ → ㉣ → ㉤ → ㉥ → ㉡
③ ㉠ → ㉤ → ㉣ → ㉢ → ㉥ → ㉡
④ ㉠ → ㉤ → ㉢ → ㉣ → ㉥ → ㉡

해설 동박 적층판 재단 – 비아홀의 형성 – 배선 패턴의 형성 – 솔더 레지스터 인쇄 – 홀 및 외관가공 – 검사 및 출하

55

PCB 설계 시 배선의 전기적 특성과 노이즈 개선방법으로 틀린 것은?

① 회로블록마다 디커플링 커패시터를 배치한다.
② 기판 내 접지점은 5점 이상의 접지방식을 사용한다.
③ 양면에서는 각층이 서로 교차되도록 배선한다.
④ 주파수 대역 형태별로 기판을 나누어서 배선한다.

해설 PCB 설계 시 배선의 전기적 특성과 노이즈 개선 방법
• 회로블록마다 디커플링 커패시터를 배치한다.
• 기판에서 하나의 접지점을 정하는 1점 접지방식으로 설계한다.

- 안면에서는 가 층이 서로 교차되도록 배선한다.
- 주파수 대역 형태별로 기판을 나누어서 배선한다.

56 CAD용 소프트웨어의 구성이라고 볼 수 없는 것은?

① 그래픽 패키지
② 응용 프로그램
③ 응용 데이터베이스
④ MGA(Mono-chrome Graphic Adapter)

해설 MGA는 그래픽 카드로서 하드웨어에 해당된다.

57 기판 재료 용어를 설명한 것 중 표면에 도체 패턴을 형성할 수 있는 절연 재료를 의미하는 것은?

① 절연 기판(base material)
② 프리프레그(prepreg)
③ 본딩 시트(bonding sheet)
④ 동박 적층판(copper clad laminates)

해설 절연기판 : 표면에 도체 패턴을 형성할 수 있는 절연 재료

58 PCB 제작 시 필름의 치수변화를 최소화하기 위한 조치로서 바르지 못한 것은?

① 필름실의 항온 · 항습 유지
② 수축을 방지하기 위해 구입 즉시 사용
③ 이물질을 최소화하기 위한 class 유지 관리
④ 제조 룸과 공정의 통제 관리

해설 필름실의 항온 · 항습을 유지하여 필름을 보관하면 구입 후 장기간 보관이 가능하기 때문에 구입 즉시 바로 사용할 필요는 없다.

59 CAD로 직선을 그리는 경우 좌표 원점으로부터 거리를 나타내며 (X, Y)로 표시하는 것은?

① 극 좌표
② 절대 좌표
③ 상대 좌표
④ 복소 평면 좌표

해설 절대좌표 : 원점으로부터 X, Y축 방향으로 이동 좌표

60 패턴 설계 시 고려해야할 사항이 아닌 것은?

① 신호 전달 패턴과 전력 전달 패턴은 근접시키지 않는다.
② 패턴은 가능한 최단 거리를 원칙으로 한다.
③ 패턴의 굵기는 흐르는 전류량과 관련이 있다.
④ 패턴과 패턴 사이는 가능한 GND 패턴을 통과시키지 않는다.

해설 패턴과 패턴 사이에 GND 패턴이 있으면 패턴 간 간섭을 줄일 수 있다.

ANSWER									2016년 3회
01	02	03	04	05	06	07	08	09	10
①	④	④	①	③	②	③	③	④	③
11	12	13	14	15	16	17	18	19	20
②	④	①	①	②	②	④	①	③	③
21	22	23	24	25	26	27	28	29	30
③	②	①	③	②	②	②	②	②	④
31	32	33	34	35	36	37	38	39	40
①	④	③	③	①	②	④	③	①	④
41	42	43	44	45	46	47	48	49	50
②	①	③	③	②	①	④	②	④	③
51	52	53	54	55	56	57	58	59	60
③	④	④	②	②	④	①	②	②	④

CHAPTER

05

Craftsman **Electronic CAD**

°CBT 대비
적중모의고사

01 집적회로(IC)의 특징으로 적합하지 않은 것은?

① 경제적
② 소형경량
③ 고 신뢰도
④ 대전력용으로 주로 사용

해설 집적회로(Integrated circuit)는 전력출력이 작아도 되는 소형·경량의 회로에 적합하며, 신뢰성이 특히 중요시된다.

02 A급 증폭기에서 동작점의 설정으로 적합한 것은?

① 정특성 곡선에서 컬렉터 전류의 차단점보다 더욱 부(−)쪽에 설정한다.
② 정특성 곡선에서 컬렉터 전류의 차단점에 설정한다.
③ 정특성 곡선에서 직선부의 중앙부에 설정한다.
④ 정특성 곡선의 만곡부에 설정한다.

해설 A급 증폭기
• 일그러짐(왜율)이 가장 작고 원음에 가깝게 재생 하므로 직선성이 좋다.
• 정특성 곡선에서 동작점은 직선부의 중앙에 설정한다.
• 효율 50[%]로 가장 적다.
• 입력 신호가 없을 때도 컬렉터 전류가 흐른다.

03 시미트 트리거 회로의 출력 파형은?

① 구형파
② 삼각파
③ 정현파
④ 톱니파

해설 시미트 트리거 회로는 정현파 신호 입력을 받아서 구형파 출력을 만드는 회로로서 TTL에 사용한다.

04 부궤환 증폭기의 특징이 아닌 것은?

① 대역폭 증대
② 일그러짐 감소
③ 전력 효율 개선
④ 주파수 특성 개선

해설 부궤환 증폭기의 특징
• 이득이 감소한다.(안정도 증가)
• 이득이 보통 −3[dB] 감소하므로 대역폭(BW)이 넓어져 주파수 특성이 개선된다.
• 일그러짐과 잡음이 감소한다.
• 입력 임피던스는 증가하고 출력 임피던스는 감소한다.

05 BJT와 비교한 FET에 대한 설명으로 틀린 것은?

① 입력임피던스가 높다.
② 이득대역폭 적이 크다.
③ 잡음특성이 양호하다.
④ 온도변화에 따른 안정성이 높다.

전계효과트랜지스터(Field Effect Transistor)는 TR 의 단점을 개선한 것으로 BJT보다 이득대역폭 적 (積)이 작다.

06 전력이 10[kW]인 반송파를 변조도 60[%]로 AM 변조 했을 때 피변조파의 전력은?

① 10[kW] ② 11.8[kW]
③ 13.2[kW] ④ 14.6[kW]

해설 $P_m = P_c\left(1 + \dfrac{m^2}{2}\right)[W]$

$\therefore P_m = 10\left(1 + \dfrac{0.6^2}{2}\right) = 11.8[kW]$

07 어떤 증폭회로에서 입력전압이 10[mV]일 때 출력전압이 1[V]이었다면 전압이득은?

① 10[dB] ② 20[dB]
③ 40[dB] ④ 60[dB]

해설 이득(Gain) $= 20\log_{10}\dfrac{v_0}{v_i}[dB]$이므로

$G = 20\log_{10}\dfrac{1}{10 \times 10^{-3}}$

$\therefore 20\log_{10}10^2 = 40[dB]$

08 어떤 저항에서 0.8[kWh]의 전력량을 소비 시켰을 때 발생하는 열량은?

① 약 350[kcal] ② 약 520[kcal]
③ 약 690[kcal] ④ 약 850[kcal]

해설 1[kcal] = 3.6 × 10⁶[J]
0.8[kcal] = 3.6 × 10⁶[J] × 0.8 = 2.88 × 10⁶[J]
∴ H = 0.24P = 0.24 × 2.88 × 10⁶ ≒ 690[kcal]

09 R–L–C 직렬회로에서 저항이 50[Ω], 유도성 리액턴스가 25[Ω], 용량성 리액턴스가 25[Ω]일 때 합성 임피던스는?

① 0[Ω] ② 25[Ω]
③ 50[Ω] ④ 75[Ω]

해설 임피던스란 주파수성분에 따른 R–L–C의 복합적인 저항성분으로 나타낸다.

따라서, $Z = \sqrt{R^2 + (X_L - X_C)^2}$
$= \sqrt{50^2 + (25 - 25)^2} = \sqrt{50^2} = 50[\Omega]$

10 다음과 같은 연산증폭기 회로의 명칭은?

① 가산기
② 적분기
③ A/D 변환기
④ D/A 변환기

해설 입력 신호 2⁰~2³의 디지털 신호를 아날로그 출력을 가산하여 얻는 D/A 변환기이다.

11 기본파의 전압이 100[V], 제2 고조파의 전압이 4[V], 제3 고조파의 전압이 3[V]일 때 왜율은?

① 5[%] ② 10[%]
③ 25[%] ④ 50[%]

해설 왜율(D) $= \dfrac{\text{고조파의 실효값}}{\text{기본파의 실효값}}$

$= \dfrac{\sqrt{V_2^2 + V_3^2}}{V_1} \times 100$

$= \dfrac{\sqrt{4^2 + 3^2}}{100} \times 100$

$= \dfrac{5}{100} \times 100 = 5$

12 정격전압 220[V], 800[W]의 전열기에 110[V]의 전압을 가하였을 때 소비되는 전력은?

① 800[W]

② 400[W]

③ 200[W]

④ 100[W]

> 해설 전력(P) $= I^2 R = \dfrac{V^2}{R}$[W]에서
>
> $R = \dfrac{V^2}{P} = \dfrac{220^2}{800} = \dfrac{48400}{800} = 60.5[\Omega]$
>
> $P = \dfrac{V^2}{R} = \dfrac{110^2}{60.5} = \dfrac{12100}{60.5} = 200[W]$

13 100[Ω]의 저항 10개를 직렬로 접속할 때 합성저항은 병렬로 접속할 때의 몇 배인가?

① 10배 ② 20배

③ 100배 ④ 1000배

> 해설 • 직렬저항
>
> $R_S = R \times n = 100[\Omega] \times 10 = 1000[\Omega]$
>
> • 병렬저항
>
> $R_P = \dfrac{R}{n} = \dfrac{100[\Omega]}{10} = 10[\Omega]$
>
> $\therefore \dfrac{R_S}{R_P} = \dfrac{1000}{10} = 100[배]$

14 저항 3[kΩ]에 30[V]를 인가할 때 흐르는 전류는?

① 1[mA] ② 5[mA]

③ 10[mA] ④ 20[mA]

> 해설 옴 법칙에 따라
>
> $V = IR, R = \dfrac{V}{I}, I = \dfrac{V}{R}$
>
> $\therefore I = \dfrac{30}{3000} = 0.01[A] = 10[mA]$

15 P형 반도체를 만드는 불순물 원소에 속하지 않는 것은?

① As

② B

③ Al

④ Ga

> 해설 • P형 반도체를 만드는 불순물(acceptor) : 인듐(In), 갈륨(Ga), 붕소(B), 알루미늄(Al) 등
>
> • N형 반도체를 만드는 불순물(donor) : 안티몬(Sb), 비소(As), 인(P) 등

16 다음은 2 X 4 해독기의 진리표이다. X_2의 값은?(단, A, B는 입력이다.)

A	B	X_0	X_1	X_2	X_3
0	0	1	0	0	0
0	1	0	1	0	0
1	0	0	0	1	0
1	1	0	0	0	1

① $\overline{A} \cdot \overline{B}$ ② $\overline{A} \cdot B$

③ $A \cdot \overline{B}$ ④ $A \cdot B$

> 해설 $X_0 = \overline{A} \cdot \overline{B}, X_1 = \overline{A} \cdot B, X_2 = A \cdot \overline{B}, X_3 = A \cdot B$

17 흐름도(flow chart)에 나타내는 것이 아닌 것은?

① 각종 연산 및 처리 기능 표시

② 데이터 입력 및 출력 표시

③ 여러 개의 경로 중 한 경로의 선택 표시

④ 디스플레이 장치 표시

> 해설 디스플레이 장치는 흐름도에 나타내지 않는다.

18 전자계산기의 특징에 속하지 않는 것은?

① 신속한 처리 속도
② 창의성
③ 정확성
④ 신뢰성

🔑 전자계산기의 특징 : 자동성, 기억성, 신속성, 범용성, 정확성, 동시성

19 흐름도(flow chart)를 작성하는 이유가 아닌 것은?

① 코딩하기가 쉽다.
② 논리적인 체계를 쉽게 이해 할 수 있다.
③ 프로그램 흐름을 쉽게 파악하여 수정을 용이하게 한다.
④ 계산기의 내부 동작 상태를 쉽게 알 수 있다.

20 8비트의 부호와 절대값 방법으로 표현된 수 42를 한 비트씩 좌우측으로 산술 시프트 하면?

① 좌측 시프트 : 42, 우측 시프트 : 42
② 좌측 시프트 : 84, 우측 시프트 : 42
③ 좌측 시프트 : 42, 우측 시프트 : 21
④ 좌측 시프트 : 84, 우측 시프트 : 21

🔑 • 42 왼쪽 시프트 : 먼저 2진수로 변환 101010, 한 비트 좌측 시프트하면 10101000이 되므로 84
• 42 오른쪽 시프트 : 먼저 2진수로 변환 101010, 한 비트 우측 시프트하면 10101이 되므로 21

21 다음 언어 중 컴파일러 언어에 해당하는 것은?

① BASIC   ② LISP

③ APL   ④ C

🔑 컴파일러에 의해 번역되는 프로그램 언어로는 FORTRAN, COBOL, PASCAL, C 등이 있다.

22 주소 지정방식 중 명령어의 피연산자 부분에 데이터의 값을 저장하는 방식은?

① 즉시 주소지정 방식
② 절대 주소지정 방식
③ 상대 주소지정 방식
④ 간접 주소지정 방식

🔑 즉시 주소지정 방식(Immediate Addressing Mode)은 명령 속의 오퍼랜드 정보를 그대로 오퍼랜드로 사용하는 방식이다.

23 10진수 0.4375를 2진수로 변환한 것은?

① $(0.0111)_2$
② $(0.1101)_2$
③ $(0.1110)_2$
④ $(0.1011)_2$

🔑 $0.4375 \times 2 = \underline{0}.875$, $0.875 \times 2 = \underline{1}.75$, $0.75 \times 2 = \underline{1}.5$, $0.5 \times 2 = \underline{1}.0$
∴ $(0.4375)_{10} = (0.0111)_2$

24 주기억 장치에 기억된 프로그램을 읽고 해독한 후, 각 장치에 지시신호를 전달함으로써 프로그램에서 지시한 동작이 실행되도록 하는 것은?

① 입력장치   ② 출력장치
③ 연산장치   ④ 제어장치

🔑 제어장치(Control Unit) : 프로그램 명령어를 해독하고, 해석된 명령의 의미에 따라 연산장치, 주기억 장치 등에게 동작을 지시하며 어드레스 레지스터, 기억 레지스터, 명령 레지스터, 명령 해독기, 명령 계수기 등으로 구성된다.

25 메모리 내용을 보존하기 위해 일정 기간마다 재충진이 필요한 기억소자는?

① SRAM
② DRAM
③ 마스크 ROM
④ EPRCM

> DRAM(Dynamic RAM) : 구조는 단순하지만 가격이 저렴하고 집적도가 높아 PC의 메모리로 이용되며, 휘발성으로 재충전시간이 필요하다.

26 다음 기억공간 관리 중 고정 분할 할당과 동적 분할 할당으로 나누어 관리되는 기법은?

① 연속로딩기법
② 분산로딩기법
③ 페이징(paging)
④ 새그먼트(segment)

> 연속 로딩기법 : 기억공간 관리 중 고정 분할 할당과 동적 분할 할당으로 나누어 관리되는 기법

27 다음 그림은 주소 버스(address bus)를 이용한 메모리 전송을 나타낸 것이다. 그림에서 "A"가 나타내는 회로의 이름은?

① 디코더(decoder)
② 인코더(encoder)
③ 멀티플렉서(multiplexer)
④ 카운터(counter)

> 멀티플렉서(multiplexer) : 여러 개의 입력선 중에서 하나를 선택하여 단일 출력선으로 연결하는 조합회로이다.

28 세라믹 콘덴서에서 표면에 숫자 223의 용량은?(단, K는 허용오차 범위)

① 220[μF]
② 22[μF]
③ 0.22[μF]
④ 0.022[μF]

>
> ㅤㅤㅤㅤㅤ 허용오차
> ㅤㅤㅤㅤㅤ 10의 승수
> ㅤㅤㅤㅤㅤ 유효숫자
> ㅤㅤㅤㅤㅤ 유효숫자
>
> • 콘덴서의 기준 단위는 [pF] = 10^{-12}
> • $22 \times 10^3 \times 10^{-12} = 0.022$[$\mu$F]
> • 허용오차 K는 ±10[%]

29 기억 용량의 단위를 잘못 설명한 것은?

① 1 비트 : 0 또는 1
② 1 바이트 : 8개의 서로 다른 0 또는 1
③ 1 킬로 바이트 : 1000 바이트
④ 1 메가 바이트 : 1048576 바이트

> 1Kbyte = 2^{10} = 1024byte

30 다음 중 컴퍼스로 그리기 어려운 원호나 곡선을 그릴 때 사용되는 제도 기구는?

① T자
② 삼각자
③ 운형자
④ 축적자

> 운형자 : 컴퍼스로 그리기 어려운 원호나 곡선을 그릴 때 사용되는 제도 기구

31 다음 콘덴서 중에서 (+), (−)극성이 있어서 회로 연결 시 주의해야 하는 것은?

① 세라믹 콘덴서

② 마이카 콘덴서

③ 마일러 콘덴서

④ 전해 콘덴서

해설 전해 콘덴서 : 극성을 가지고 있으며 안정적인 대용량 전원 공급을 위해 사용되는 소자

32 다음 인쇄회로기판(PC) 중 적층형태에 따른 분류가 아닌 것은?

① 단면 인쇄회로기판

② 양면 인쇄회로기판

③ 스루홀 인쇄회로기판

④ 다층 인쇄회로기판

해설 적층형태에 따라 단면기판, 양면기판, 다층기판 등으로 분류된다.

33 CAD 시스템에서 사용되는 좌표 중 거리와 각도로 위치를 나타내는 좌표계는?

① 절대 좌표계

② 상대 좌표계

③ 극 좌표계

④ 사용자 좌표계

해설 극 좌표계 : 원점으로부터 거리와 각도를 이용하여 이동한 거리의 좌표

34 X−Y 플로터 등에서 처리 속도가 느린 주변 기기와 컴퓨터 시스템의 중간에서 시스템의 효율을 높일 수 있는 것은?

① 중간 증폭

② 데이터 버퍼

③ 마우스

④ 연산 장치

해설 데이터 버퍼는 X−Y 플로터 등에서 처리 속도가 느린 주변 기기와 컴퓨터 시스템의 중간에서 시스템의 효율을 높일 수 있다.

35 제조가 완료된 PCB를 전기적, 광학적으로 검사하기 위한 과정은?

① CAD

② CAM

③ CAE

④ CAT

해설 CAT(Computer Aided Testing) : 제조가 완료된 PCB를 전기적, 광학적으로 검사하기 위한 과정

36 다음 중 SMD(Surface Mount Device)타입의 패드를 Plane층, Inner 및 Bottom면에 연결해줄 때, 패드에서 일정 거리의 트럭을 끌고 나온 후 비아를 사용하여 타 Layer에 연결하여 주는 것은?

① 레이어

② 팬인

③ 팬아웃

④ 랜드

해설 팬아웃(Fanout) : SMD(Surface Mount Device) 타입의 패드를 Plane층, Inner 및 Bottom면에 연결할 때, 패드에서 일정 거리의 트랙을 끌고 나온 후 비아를 사용하여 타 Layer에 연결하여 주는 것

37 인쇄회로기판의 기계적 특성에 속하지 않는 것은?

① 절연 저항

② 굽힘 강도

③ 인장 강도

④ 비틀림률

해설 인쇄회로기판(PCB)의 특성

• 전기적 특성 : 내전압, 절연저항, 표면저항 및 최적(두께)저항률, 절연율 등

• 기계적 특성 : 휨률, 인장강도, 비틀림률, 펀칭 가공성, 굽힘강도 등

38 전자캐드의 특징 설명으로 틀린 것은?

① 회로의 설계에 적합하다.
② 기구의 설계에 적합하다.
③ 회로의 동작 검증이 용이하다.
④ 인쇄회로기판의 설계에 적합하다.

해설 전자 CAD 패키지는 회로 설계용 프로그램(Schematic), 회로의 동작을 검증하는 회로시뮬레이션용 프로그램, 인쇄 기판 설계용 프로그램이다. 참고로 기구 설계에 적합한 것은 매커니컬 CAD이다.

39 다음 중 부품의 특성을 표시해야 하는 내용으로 가장 거리가 먼 것은?

① 부품 값
② 허용 오차
③ 정격 전압
④ 부품의 분류

해설 전자, 통신용 부품의 정격과 특성의 표시는 부품의 정격전력, 정격전압, 부품 값, 허용오차 등이다.

40 자기장이 분포되어 있어 평판에 버튼커서 또는 스타일러스 펜이라고 불리는 위치 검출기를 이동시켜 도면위치에 대응하는 X, Y 좌표를 입력하는 장치는?

① 트랙볼
② X-Y 플로터
③ 디지타이저
④ 이미지 스캐너

해설 디지타이저(Digitizer) : 도면으로부터 좌표를 읽어 들이는 데 사용하며, 자기장이 분포되어 있는 평판에 위치 검출기를 위치시켜 도면의 위치에 대응하는 X, Y 좌표를 입력하거나 원하는 명령어를 선택하는 입력장치

41 그림과 같은 부품 기호에 대한 명칭은?

① 다이오드　　② 저항
③ 수정진동자　④ 코일

해설

다이오드	저항	수정진동자	코일
▶⊢	⌁	⊣□⊢	⌒⌒⌒

42 표제란에 축척이 1/2로 되어 있을 때, 실제 물체의 길이가 50[mm] 경우 도면에 표시되는 길이는?

① 100[mm]　　② 50[mm]
③ 25[mm]　　④ 5[mm]

해설 50[mm] × 1/2[축척] = 25[mm]

43 회로도를 설계하는 과정에서 부품간의 선 연결정보를 생성하는 파일은?

① 거버(Gerber) 파일
② 네트리스트(Netlist) 파일
③ DRC(Design Rule Check) 파일
④ ERC(Electric Rule Check) 파일

해설 Netlist : PCB상에서 상호 연결되어 있는 신호, 모듈, 핀의 명칭으로 회로도면상의 연결 정보

44 그림과 같은 전자부품 기호가 나타내는 것은?

① 스피커　　　② 다이오드
③ 트랜지스터　④ LED

스피커	다이오드	트랜지스터	LED
	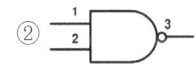		

45 전자회로설계에서 전체적인 동작이나 기능의 계통도로 그린 것은?

① 상세도
② 접속도
③ 블록도
④ 기초도

전자회로설계에서 부품 상호간에 전달되는 신호의 계통을 알기 쉽게 나타낸 것을 계통도, 블록도라고 한다.

46 논리합(OR) 게이트의 기호는?

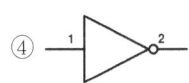

① AND 게이트, ② NAND 게이트, ③ OR 게이트, ④ NOT 게이트

47 부품의 배치가 완료된 이후 핀(pin)간의 배선 작업을 의미하는 것은?

① 웨이퍼　　　② 블로킹
③ 에칭　　　　④ 라우팅

라우팅(Routing) : 부품의 배치가 완료된 후 PIN간의 배선 작업을 의미

48 회로도가 하나의 도면으로 작성하기에 클 경우 도면의 일부를 하위 페이지로 작성하는 도면의 구조는?

① 평면 구조
② 다면 구조
③ 계층 구조
④ 단일 구조

계층구조 설계(Hierarchical Design) : 회로도가 하나의 도면으로 작성하기에 클 경우 도면의 일부를 하위 페이지로 작성한 도면의 구조 설계

49 인쇄회로기판(PCB) 설계시 고주파 부품 및 노이즈(noise)에 대한 대책으로 틀린 것은?

① 아날로그, 디지털 혼재 회로에서 접지선은 분리한다.
② 전원용 라인필터는 연결부위에 가깝게 배치한다.
③ 고주파 부품은 일반회로 부분과 분리하여 배치하도록 하고, 가능하면 차폐를 실시하여 영향을 최소화 하도록 한다.
④ 부품의 리드는 가급적 길게 하여 안테나 역할을 하도록 한다.

PCB 노이즈 방지대책
• 아날로그, 디지털 혼재 회로에서 접지선은 분리한다.
• 고주파 부품은 일반회로 부분과 분리하여 배치한다.
• 전원용 라인필터는 연결 부위에 가깝게 배치한다.
• 부품은 세워서 배치하지 않으며, 가급적 부품의 다리를 짧게 배선한다.

50 다음 중 PCB 설계 후 곧바로 PCB를 제작할 수 있는 필름 출력이 가능한 장치는?

① X-Y 플로터
② Photo 플로터
③ Gerber Editor
④ Ink jet 프린터

💡해설 포토 플로터(Photo Plotter) : PCB 설계 후 곧바로 PCB를 제작할 수 있는 필름 출력이 가능한 장치

51 다음 중 인쇄회로기판의 장점으로 보기 어려운 것은?

① 대량 생산의 효과가 있다.
② 소형, 경량화에도 기여한다.
③ 조립, 배선, 검사의 공정수가 증가한다.
④ 제조의 표준화와 자동화를 기할 수 있다.

💡해설 인쇄회로기판(PCB)의 장점
• 대량 생산의 효과가 높다.
• 제품의 소형, 경량화에 기여한다.
• 조립, 배선, 검사의 공정 단계가 감소한다.
• 제조의 표준화와 자동화가 이루어진다.

52 부품의 구멍을 사용하지 않고 도체 패턴의 표면에 전기적 접속을 하는 부품 탑재 방법이 아닌 것은?

① SMD
② DIP
③ SOP
④ TQFP

💡해설 SMD 부품 패키지
• SOP(Small-Outline Package)
• TQFP(Thin Quad Flat Package)
• QFP(Quad Flat Package)
• PLCC(Plastic Leaded Chip Carrier)

53 부품 배치도의 작성 방법에 대한 설명으로 틀린 것은?

① 균형 있게 배치한다.
② IC의 경우 1번 핀을 표시한다.
③ 부품 상호간 신호가 유도되도록 한다.
④ 조정이 필요한 부품은 조작이 용이하도록 배치하여야 한다.

💡해설 부품의 배치도 작성 방법
• 균형 있게 배치한다.
• IC의 경우 1번 핀을 표시하여 오 삽입을 방지한다.
• 부품 상호간에 신호가 유기되지 않도록 한다.
• 조정이 필요한 부품은 조작이 용이한 위치에 배치하여야 한다.

54 제도 용지에서 A3 용지의 규격으로 옳은 것은?(단, 단위는 mm)

① 210 × 297
② 297 × 420
③ 420 × 594
④ 594 × 841

💡해설 A1 : 594×841, A2 : 420×594, A3 : 297×420, A4 : 210×297

55 Through hole에 대한 설명으로 옳은 것은?

① 층간의 상호 절연을 위한 것이다.
② 홀의 한쪽이 층 내부에 묻혀 있다.
③ 신호의 접지를 위한 홀이다.
④ 부품면과 동박면을 도통하기 위한 것이다.

💡해설 Through Hole : 부품면과 동박면을 도통하기 위한 것

56 전자회로를 설계하는 과정에서 10[Ω]/5[W] 저항을 기판에 실장(배치)하여야 하는데, 10[Ω]/5[W] 저항의 부피가 커서 1[W] 저항을 병렬로 구성하고자 할 경우 필요한 저항은?

① 10[Ω] 5개
② 25[Ω] 2개
③ 50[Ω] 5개
④ 100[Ω] 5개

해설 병렬 접속은 R/n이므로 50/5 = 10[Ω]이 된다. 그러므로 50[Ω]의 저항 5개를 병렬로 접속하면 된다.

57 네트리스트를 생성하기 위한 준비단계로 볼 수 없는 것은?

① DRC 실행 확인
② Annotation 실행 확인
③ 프로젝트 생성의 이상 여부 확인
④ 거버파일 생성 확인

해설 거버(Gerber)파일은 PCB를 제작하기 위한 파일로서 PCB설계의 모든 정보가 들어 있고 PCB 설계의 최종 목적 파일로 필름의 생성을 위한 각 레이어 및 드릴 데이터 등을 추출하는 파일이다.

58 다음 중 설계된 PCB 도면의 외곽 사이즈 (size)가 1000×2000[mil]일 때, 이를 [mm]로 환산하면?

① 0.254×0.508[mm]
② 2.54×5.08[mm]
③ 25.4×50.8[mm]
④ 254×508[mm]

해설 1 inch = 2.54[cm] = 25.4[mm] = 1000mil
∴1000mil=1inch=25.4[mm], 2000mil=50.8[mm]

59 인쇄회로 기판의 패턴을 설계할 때 유의해야 할 사항으로 옳지 않은 것은?

① 패턴은 굵고 짧게 한다.
② 배선은 길게 하는 것이 좋다.
③ 패턴 사이의 간격을 차폐 한다.
④ 커넥터를 분리 설계 한다.

해설 인쇄회로기판 설계 시 배선으로 인한 인덕턴스 발생을 줄이려면 전원 라인을 굵고, 짧게 배선해야 한다.

60 전자 제도에서 작성할 수 있는 도면의 표시 방법이 아닌 것은?

① 회로도   ② 계통도
③ 배선도   ④ 부품가공도

해설 부품도 : 기계를 구성하는 각 부품을 개별적으로 상세하게 나타낸 도면

ANSWER									적중모의고사 1회
01	02	03	04	05	06	07	08	09	10
④	③	①	③	②	②	③	③	③	④
11	12	13	14	15	16	17	18	19	20
①	③	③	③	①	③	④	②	④	④
21	22	23	24	25	26	27	28	29	30
④	①	④	④	②	①	④	②	③	③
31	32	33	34	35	36	37	38	39	40
④	③	④	④	④	③	①	②	④	③
41	42	43	44	45	46	47	48	49	50
③	③	②	①	③	③	④	④	④	②
51	52	53	54	55	56	57	58	59	60
③	②	③	②	④	③	④	③	②	④

CBT 대비 적중모의고사

01 정전용량이 20[μF]인 커패시터의 극판 간격을 $\frac{1}{4}$로 줄였을 때 정전용량은 몇 [μF]인가?

① 20[μF]　　　② 40[μF]
③ 60[μF]　　　④ 80[μF]

해설 정전용량 $C = \dfrac{\varepsilon A}{d}[F]$ (A : 극판면적, d : 극판 간 거리)이므로 4배 증가된다.
∴C = 20 × 4 = 80[μF]

02 다음 회로에서 AB간 전압이 3[V]이면 전원 E의 전압은?(단, R_1 = 2[kΩ], R_2 = 6[kΩ] 이다.)

① 1[V]
② 2[V]
③ 3[V]
④ 4[V]

해설 $I = \dfrac{V}{R} = \dfrac{3}{6 \times 10^3} = 0.5[mA]$

R_1의 전압 V_1=IR_1 = 0.5 × 10⁻³ × 2 × 10³=1[V]
∴합성전압(E)=V_1+3=1+3=4[V]

03 발진회로에서 발진주파수의 변동을 가져오는 요인이 아닌 것은?

① 부하의 변동
② 주위 온도의 변화
③ 전원전압의 변동
④ 완충증폭기의 사용

해설 발진주파수 변동의 원인과 대책
　• 주위 온도변화 : 온도보상 회로 및 항온조를 사용
　• 부하의 변동 : 소결합 차폐 및 완충 증폭기로 결합
　• 전원전압의 변동 : 발진부와 전원부 분리 사용, 정전압 안정화 회로 사용
　• 부품불량 : 접촉의 완전화, 불량부품 교환

04 다음 중 RC 이상형 발진회로에 대한 설명으로 적합하지 않은 것은?

① 정현파 발진기의 일종이다.
② 저주파 발진용으로 주로 사용된다.
③ 전압증폭도는 29 보다 작아야 한다.
④ R, C값을 조정하여 주파수를 조정할 수 있다.

해설 전압증폭도는 29보다 커야 한다.

05 다음 중 멀티바이브레이터에 대한 설명으로 적합하지 않은 것은?

① 구형파 출력을 발생한다.
② 발진주파수가 전압변동에 매우 민감하다.
③ 일반적으로 정궤환을 하는 2단 구성된다.
④ 회로의 안정성에 따라 비안정, 단안정, 쌍안정회로 등으로 구분한다.

풀이 발진주파수는 회로의 시정수로 결정되며, 고차의 고조파가 함유된 파형을 얻는다.

06 전압이득이 20[dB]인 증폭기에 100[mV]의 입력신호를 인가할 때 출력신호는 몇 [V]인가?

① 0.1[V]
② 1[V]
③ 5[V]
④ 10[V]

풀이 이득(Gain) = $20 \log_{10} \dfrac{v_0}{v_i}[dB]$ 이므로

$$G = 20 \log_{10} \frac{v_0}{100 \times 10^{-3}} = \frac{20}{20}$$

$$\therefore v_0 = 1[V]$$

07 100[Ω] 저항 4개를 접속하여 얻을 수 있는 합성저항 중 가장 작은 것은?

① 400[Ω]
② 100[Ω]
③ 25[Ω]
④ 10[Ω]

풀이 병렬연결일 때 합성저항 값이 가장 작다.
그러므로 $\dfrac{R}{n} = \dfrac{100}{4} = 25[\Omega]$

08 500[W]의 전력을 소비하는 전열기를 10시간 동안 연속하여 사용했을 때의 소비된 전력량은 몇 [kWh]인가?

① 1[kWh]
② 5[kWh]
③ 10[kWh]
④ 50[kWh]

풀이 소비전력량(P) = 500 × 10 = 5000[Wh] = 5[kWh]

09 다음 중 반도체의 성질에 대한 설명으로 옳지 않은 것은?

① 저항의 온도계수는 부(−)이다.
② 열전효과가 있다.
③ 전도도는 불순물 양으로 조절할 수 없다.
④ 광기전력 현상이 있다.

풀이 반도체(semiconductor)는 온도 상승에 따라 저항값이 감소하는 부(−)성 저항 특성을 갖으며 불순물을 섞을수록 도전율이 증가한다. 반도체의 특성을 응용한 광기전력, 열기전력도 있다.

10 전압이득이 40[dB]인 저주파 증폭기가 10[%]의 왜율을 가지고 있을 때 이것을 1[%]로 개선하기 위해서 필요한 궤환률 β는 얼마인가?

① 0.01
② 0.09
③ 0.12
④ 0.24

풀이 40[dB] 전압이득은 100배 증폭이므로
부궤환 증폭기의 왜곡(distortion) 감소

$$D_f = \frac{D}{1 - A\beta} \text{에서}$$

$$D = \frac{10}{1 - A\beta} = \frac{10}{1 - (100 \times \beta)}$$

$$1 - (100 \times \beta) = 10$$

$$\therefore \beta = -0.09$$

11 다음 중 집적 회로(IC)의 장점에 대한 설명으로 적합하지 않은 것은?

① 신뢰성이 좋다.
② 대량 생산할 수 있다.
③ 큰 전력을 취급할 수 있다.
④ 회로를 초소형으로 할 수 있다.

해설 집적회로(Integrated circuit)는 전력출력이 작아도 되는 소형·경량의 회로에 적합하며, 신뢰성이 특히 중요시된다.

12 다음 중 충실도가 가장 좋은 저주파 전력증폭기의 증폭방식은?

① A급   ② AB급
③ B급   ④ C급

해설 A급은 일그러짐(왜율)이 가장 작고 원음에 가깝게 재생하므로 직선성이 가장 좋은 증폭방식이다.

13 기전력 1.5[V], 내부저항 0.1[Ω]인 전지 10개를 병렬로 접속한 전원에 저항 1.99[Ω]의 전구를 접속하면 전구에 흐르는 전류는 몇 [A]인가?

① 0.5 [A]   ② 0.75 [A]
③ 2.25 [A]   ④ 5 [A]

해설 $R_t = \dfrac{V_r}{n} + R_L = \dfrac{0.1}{10} + 1.99 = 2[\Omega]$

$i = \dfrac{V}{R_t} = \dfrac{1.5}{2} = 0.75[A]$

14 정현파 교류전압의 최대치와 실효치와의 관계는?

① 최대치 $= \dfrac{1}{\sqrt{2}} \times$ 실효치

② 최대치 $= \sqrt{2} \times$ 실효치

③ 최대치 $- 2 \times$ 실효치

④ 최대치 $= \dfrac{\pi}{\sqrt{2}} \times$ 실효치

해설 정현파(사인파) 교류에서 실효값이란 직류가 하는 일과 동일한 열 효과를 나타내는 교류값을 말하며, 가장 일반적으로 사용되는 값이다. 최대전압은 최대치이므로 최대치 $= \sqrt{2} \times$ 실효치이다.

15 다음 중 이상적인 연산증폭기의 특징에 대한 설명으로 적합하지 않은 것은?

① 입력 임피던스는 무한대이다.
② 오픈 루프 이득이 무한대이다.
③ 입력 오프셋 전압이 무한대이다.
④ 동상신호제거비(CMRR)가 무한대이다.

해설 이상적인 연산증폭(op-amp)기의 특징
• $A_V = \infty$(전압이득은 무한대이다.)
• $R = \infty$(입력 저항값은 무한대이다.)
• $R = 0$(출력 저항은 0이다.)
• $BW = \infty$(대역폭은 무한대이다.), 지연응답은 0이다.
• offset = 0(오프셋 0이다.), 특성변동 및 잡음없다.
• 잡음이 없으며 입력이 0 일때 출력도 0 일 것
• 동위상신호제거비(CMRR)
  $= \dfrac{A_d \text{ (차동 이득)}}{A_c \text{ (동위상 이득)}} = \infty$일 것

16 소프트웨어를 하드웨어화한 것으로 어떤 특정한 목적이나 기능을 갖는 프로그램 등을 하드웨어에 영구적으로 저장하는 것을 무엇이라 하는가?

① 디버깅(Debugging)
② 펌웨어(Firmware)
③ 레지스터(Register)
④ 미들웨어(Middleware)

펌웨어(Firmware) : ROM에 소프트웨어를 서상한 것을 말하는 것으로 하드웨어 교체 없이 소프트웨어 업그레이드만으로 시스템의 성능을 높이기 위한 목적으로 사용되며 하드웨어와 소프트웨어의 중간적 특징을 지닌다.

2-수소 명령어 : 오퍼랜드의 수가 2개인 명령어 형식, 범용 레지스터에 사용하며 가장 일반적인 주소지정방식이다.

OP Code	Operand1	Operand2

17 기억 장치에 기억된 명령이 순서대로 중앙처리장치에서 실행될 수 있도록 그 주소를 지정해 주는 레지스터는?

① 프로그램 카운터(PC)
② 누산기(AC)
③ 명령 레지스터(IR)
④ 스택 포인터(SP)

해설 프로그램 카운터(Program Counter) : 기억장치에 기억된 명령이 순서대로 중앙처리장치에서 실행될 수 있도록 그 주소를 지정해 주는 레지스터

18 마이크로프로세서에서 누산기(accumulator)의 용도는?

① 명령을 저장
② 명령을 해독
③ 명령의 주소를 저장
④ 연산 결과를 일시적으로 저장

해설 누산기(Accumulator) : 연산에 관계되는 상태와 인터럽트 신호를 기억한다.

19 다음 중 범용레지스터에서 이용하며, 가장 일반적인 주소 지정방식은?

① 0-주소지정방식
② 1-주소지정방식
③ 2-주소지정방식
④ 3-주소지정방식

20 다음은 기억장치에 대한 설명이다. 잘못된 것은?

① 주기억장치와 보조기억장치로 분류된다.
② 주기억장치에는 디스크와 테이프 등이 사용된다.
③ RAM은 DATA를 읽기도 하고 쓰기도 할 수 있다.
④ 주기억장치와 CPU 사이에서 일종의 버퍼 기능을 수행하는 캐시기억장치가 있다.

해설 주기억장치의 종류와 특징
• 기억장치는 주기억장치와 보조기억장치로 분류한다.
• 주기억장치의 종류로는 RAM, ROM 등이 있다.
• RAM은 DATA를 읽기도 하고 쓰기도 할 수 있다.
• 주기억장치와 CPU 사이에서 일종의 버퍼 기능을 수행하는 캐시기억장치가 있다.

21 마이크로컴퓨터의 주소가 16비트로 구성되어 있을 때 사용할 수 있는 주기억장치의 최대 용량은?

① 8K
② 16K
③ 32K
④ 64K

해설 2^{16} = 65536byte = 64Kbyte

22 목적 프로그램(object program)을 바르게 설명한 것은?

① 데이터 관리를 위한 프로그램
② 사용목적에 따라 작성된 번역되기 전의 프로그램
③ 번역용 프로그램
④ 기계어로 번역된 프로그램

해설 목적프로그램(object program) : 컴퓨터가 이해하는 언어인 기계어로서 작성된 프로그램으로, 원시 프로그램에 대응되는 말이다. 즉 사람이 이해하는 컴퓨터 언어로 작성한 원시 프로그램은 컴퓨터가 이해할 수 없으므로, 이를 어셈블러나 컴파일러로 번역하여 컴퓨터가 이해할 수 있는 기계어로 변환하게 된다. 이처럼 기계어 상태로 변환된 프로그램 또는 기계어로서 쓰여진 프로그램을 목적프로그램이라 한다.

23 미국 표준 코드로서 Data 통신에 많이 사용되는 자료의 표현 방식은?

① BCD 코드
② ASCII 코드
③ EBCDIC 코드
④ GRAY 코드

해설 ASCII 코드(American Standard Code for Information Interchange Code) : 미국의 표준코드, 문자를 표시하기 위한 7비트 코드로서 영어 대문자, 소문자로 구별할 수 있으며, 가장 왼쪽의 한 비트는 코드의 오류 검출용 패리티 비트를 부가하여 8비트로 표시하고 데이터 통신에서 표준코드로 사용하며 개인용 컴퓨터에 사용한다.

24 다음 중 객체 지향 언어에 해당하는 것은?

① C
② 어셈블리어
③ COBOL
④ JAVA

해설 JAVA : 객체지향프로그래밍 언어로서 네트워크 기능의 구현이 용이하기 때문에, 인터넷 환경에서 가장 활발히 사용되는 프로그래밍 언어이다. 자바 프로그램은 운영체제의 종류에 관계없이 대부분의 시스템에서 실행 가능하다.

25 레지스터 내의 필요 없는 부분을 지워 버리고 원하는 비트만을 가지고 처리하기 위하여 사용되는 연산자는?

① AND
② OR
③ SHIFT
④ ROTATE

해설
• AND : 특정한 비트 또는 문자를 삭제하고, 나머지 비트를 데이터로 사용하기 위해 사용되는 연산자
• OR : 2개 이상의 데이터를 합하여 비트나 문자를 삽입하는 데 사용되는 연산
• Shift : 입력 데이터의 모든 비트를 좌측 또는 우측으로 자리를 옮기는 것으로, 이동 방향에 따라 오른쪽 시프트와 왼쪽 시프트 두 가지가 있다.
• Rotate : Rotate 연산은 Shift 연산과 유사한 비트 조작 명령이다. Shift는 비트를 선형으로 이동시키는데 비해 Rotate 연산은 원형을 이동시킨다. 비트 이동에 의해 밀려나는 비트는 버려지지 않고 반대쪽으로 다시 이동된다는 것이 특징이 있다.

26 다음 논리식 중 틀린 것은?

① $A + \overline{A} \cdot B = A$
② $(A + B) \cdot (A + C) = A + B \cdot C$
③ $\overline{(A + B)} = \overline{A} \cdot \overline{B}$
④ $\overline{A \cdot B} = \overline{A} + \overline{B}$

해설 $A + \overline{A} \cdot B = A + (\overline{A} \cdot B) = (A + \overline{A}) \cdot (A + B) = 1(A + B) = A + B$

27 컴퓨터가 현재 실행 중인 명령 다음에 실행해야 할 명령이 저장된 메모리 주소를 기억하는 레지스터를 무엇이라 하는가?

① 플래그 레지스터(flag register)
② 명령 레지스터 (instruction register)
③ 프로그램 카운터(program counter)
④ 메모리 주소 레지스터(memory address register)

해설 프로그램 카운터(Program Counter) : 기억장치에 기억된 명령이 순서대로 중앙처리장치에서 실행될 수 있도록 그 주소를 지정해 주는 레지스터

28 다음 중 CAD의 특징으로 볼 수 없는 것은?

① 작성된 도면의 정보를 기계에 직접 적용시킬 수 있다.
② 직선과 곡선의 처리, 도형과 그림의 이동, 회전 등이 자유롭다.
③ 3차원 도형을 임의의 방향으로 표현할 수 있고, 숨은 선의 처리가 용이하다.
④ 자주 쓰는 도형, 부품 등을 매크로에 정의하여 쓸 수 있으나, 하나의 도면을 다시 재생할 수는 없다.

해설 CAD는 자주 쓰는 도형, 부품 등을 매크로 정의하여 쓸 수 있으며, 하나의 도면을 불러와 편집, 수정 등의 작업을 행할 수 있다.

29 다음 중 제도시스템과 하드웨어 시스템이 알맞게 짝지어진 것은?

① 턴키형 CAD/CAM 시스템 – 대형 컴퓨터를 호스트로 하는 컴퓨터
② 호스트형 CAD/CAD 시스템 – 개인용 컴퓨터를 베이스로 하는 시스템

③ 자동 제도 시스템 – 미니컴, 슈퍼 미니컴, 대형 컴퓨터를 호스트로 하는 시스템
④ 간이 도형 처리 시스템 – 마이크로컴퓨터를 베이스로 하는 시스템

해설 간이 도형 시스템(제도시스템) – 마이크로컴퓨터를 베이스로 하는 시스템(하드웨어시스템)

30 다음 중 사용 부품이나 소자를 실물 크기로 기호화 하고, 단자와 단자 사이를 선으로 직접 연결하는 접속 도면을 무엇이라 하는가?

① 연속선 접속도
② 피드선 접속도
③ 고속도형 접속도
④ 기선 접속도

해설 연속선 접속도 : 시용 부품이니 소지를 실물 크기로 기호화하고, 단자와 단자 사이를 선으로 직접 연결하는 접속 도면

31 다음은 PCB 설계 시 사용되는 단위에 관한 것이다. (   ) 안에 알맞은 숫자는?

2.54mm는 (   )mil 이다.

① 1
② 10
③ 100
④ 1000

해설 • mil : $\frac{1}{1000}$inch를 단위로 사용하는 것으로 부품의 리드의 피치나 PCB의 패턴의 간격 등에 주로 사용하는 단위이다.
• 1inch = 2.54[cm] = 25.4[mm] = 1000mil, 10으로 나누면 2.54[mm] = 100mil이 된다.

32 다음 중 제도 도면에 반드시 그려야 할 사항이 아닌 것은?

① 재단마크　　② 표제란
③ 중심마크　　④ 윤곽선

> 해설 도면에는 표제란, 윤곽선, 중심마크, 비교눈금 등이 반드시 들어간다.

33 다음 기호에 해당하는 부품은?

① PNP 트랜지스터　② NPN 트랜지스터
③ 접합형 FET　　　④ MOS형 FET

> 해설

PNP TR	NPN TR	접합형 FET	MOS형 FET

34 인쇄회로 기판을 설계할 때의 유의하여야 할 사항 중 옳지 않은 것은?

① 기판 구성시 부품의 배치는 일반적으로 회로도를 중심으로 배치함을 원칙으로 한다.
② 부품의 부피와 피치(pitch)를 확인하여 적절한 부착 위치를 설정한다.
③ 배선은 최대한 길게 하는 것이 다른 배선이나 부품의 영향을 적게 받는다.
④ 취급하는 전력 용량, 주파수 대역 및 신호 형태별로 기판을 나누거나 커넥터를 분리하여 설계한다.

> 해설 인쇄회로기판(PCB) 설계 시 유의사항
> • 기판 구성 시 부품의 배치는 일반적으로 회로도를 중심으로 배치함을 원직으로 한다.
> • 부품의 부피와 피치(pitch)를 확인하여 적절한 부착위치를 설정한다.
> • 배선은 가급적 짧게 하여 다른 배선이나 부품의 영향을 적게 받도록 한다.
> • 전력용량, 주파수 대역 및 신호 형태별로 기판을 나누거나 커넥터를 분리하여 설계한다.

35 다음 중 부품의 극성을 고려하지 않아도 되는 것은?

① 전해콘덴서　　② 발광다이오드
③ 트랜지스터　　④ 저항

> 해설 저항은 극성이 없는 소자이고, 전해콘덴서, 발광다이오드(LED), 트랜지스터는(TR) 극성을 갖는 소자이다.

36 청사진으로 만들어진 전자 도면을 컴퓨터용 DATA 파일로 만들려면 다음 중 어떤 입력 장치가 필요한가?

① 마우스　　② 프린터
③ 플로터　　④ 스캐너

> 해설 스캐너(Scanner) : 사진 또는 그림과 같이 종이 위의 도형의 정보를 그래픽 형태로 읽어 들여 컴퓨터에 전달하는 입력 장치

37 PCB 설계시 4층 기판으로 설계할 때 사용하지 않는 층은?

① 납땜면　　② 전원면
③ 접지면　　④ 내부면

> 해설 4층 인쇄회로기판(PCB)의 구성
> 1층 : 신호(납땜면), 2층 : GND(접지면),
> 3층 : Vcc(전원면), 4층 : 신호(납땜면)

38 전자부품의 심벌기호 중에 정전압 다이오드 (제너다이오드)를 나타내는 것은?

① ②

③ ④

해설 ① 다이오드, ② LED, ③ 터널다이오드, ④ 제너다 이오드

39 전자회로 부품 중 능동 부품이 아닌 것은?

① 다이오드 ② 트랜지스터
③ 집적회로 ④ 저항

해설 • 능동부품(Active Component) : 트랜지스터 (TR), 전계효과 트랜지스터(FET), 단접합 트랜지스터(UJT), IC, 연산증폭기(OPAMP) 등을 말하며, 능동소자는 증폭, 발진, 신호 변환 등의 기능을 갖는다.
• 수동부품(Passive Component) : 전기 신호의 중계, 제어 등을 행하는 기구부품으로 저항기, 커넥터, 소켓, 스위치 등이 수동소자에 속한다.

40 다음 중 도면을 그리는 척도의 구분에 대한 설명으로 옳은 것은?

① 배척 : 실물보다 크게 그리는 척도이다.
② 실척 : 실물보다 작게 그리는 척도이다.
③ 축척 : 도면과 실물의 치수기 비례히지 않을 때 사용 한다.
④ NS(not to scale) : 실물의 크기와 같은 크기로 그리는 척도이다.

해설 • 축척 : 실물보다 작게 축소해서 그리는 것
• 현척(실척) : 실물과 같은 크기로 그리는 것
• 배척 : 실물보다 크게 확대해서 그리는 것
• NS(Not to Scale) : 도면과 실물의 치수가 비례 척도가 아님을 뜻함

41 다음 중 전자 CAD에서 DRC로 할 수 없는 기능은?

① 부품용량의 정확성
② 각 요소 간의 최소 간격
③ 금지영역 조사
④ 올바르지 못한 배선

해설 DRC(Design Rules Check) : 설계 규칙의 위배 유 · 무에 대한 검사 결과 데이터 파일로서, 각 요소간의 최소 간격, 금지영역 조사, 회로의 오배선, 전원의 극성, 입출력 신호의 접속관계 등을 체크한다.

42 인쇄회로기판(PCB)을 제조 할 때 사용되는 제조 공정이 아닌 것은?

① 사진 부식법
② 실크 스크린법
③ 오프셋 인쇄법
④ 대역 용융법

해설 인쇄회로기판(PCB)의 제조 방법에는 사진 부식법, 실크 스크린법, 오프셋 인쇄법 등을 사용한다.

43 CAD 작업에 의하여 만들어진 부품 간의 결선 통보, 부품 번호, 핀 번호 등의 데이터를 말하며, 이 데이터를 기초로 배선 패턴의 설계(Artwork)가 이루어지는 것은?

① CAM 데이터
② Silk 데이터
③ 네트리스트(Netlist)
④ 거버 데이터(Gerber Data)

해설 Netlist : PCB상에서 상호 연결되어 있는 신호, 모듈, 핀의 명칭으로 회로 도면상의 연결 정보

44 인쇄회로기판(PCB)의 설계 시 발열 부품에 대한 대책으로 옳지 않은 것은?

① 일반적으로 내열 온도는 85℃ 이하에서 사용하는 것이 바람직하다.

② 발열 부품은 한 곳에 집중 배치하여, 부분적 영향을 받도록 하는 것이 유리하다.

③ 공기의 흐름을 파악하여, 열에 약한 부품은 공기의 유입 부분에, 열에 강한 부품은 출구 쪽에 배치한다.

④ 실장 면적은 부품을 PCB에 밀착하여 배치하는 경우에 납땜 시 온도의 영향을 작게 설계하는 것이 요구된다.

해설 발열부품에 대한 설계 시 고려사항
- 일반적으로 내열 온도는 85℃ 이하에서 사용하는 것이 바람직하다.
- 실장면적은 부품을 인쇄회로기판에 밀착하여 배치하는 경우에 납땜 시 온도 영향을 작게 설계하는 것이 중요하다.
- 부품배치는 부품의 내열성을 고려해서 배치해야 하고 온도 분포가 균일하게 되어야 한다.
- 부품의 내열성을 고려한 배치는 부품 주변의 공기 흐름을 고려한 후에 열에 약한 부품(IC, Tr, 콘덴서)은 가능한 공기 유입 부분에 배치하고, 열에 강한 부품(저항, 트랜스)은 출구 쪽에 배치한다.

45 제품이나 장치 등을 그리거나 도안할 때 필요한 사항을 제도기구를 사용하지 않고 프리핸드(free hand)로 그린 도면의 호칭은?

① 복사도(copy drawing)

② 원도(original drawing)

③ 스케치도(sketch drawing)

④ 트레이스도(traced drawing)

해설
- 원도 : 제도 용지에 직접 연필로 작성한 도면, 컴퓨터가 작성한 최초 도면
- 트레이스도 : 원도 위에 트레이싱지를 놓고 그린 도면
- 복사도 : 트레이스도를 원본으로 복사한 도면
- 스케치도 : 제품이나 장치 등을 그리거나 도안할 때 필요한 사항을 제도 기구를 사용하지 않고 프리핸드로 그린 도면

46 EDA 툴(전자CAD 프로그램) 중 스케메틱(Schematic)에서 새로운 부품을 생성하고자 할 때 정의되지 않아도 되는 것은?

① 부품의 외형

② 부품의 이름

③ 부품의 핀 이름

④ 부품의 참조기호

해설 새로운 부품을 생성할 때 정의 되어야 할 정보는 부품의 심벌, 참조값, 부품의 값, 부품의 핀 이름이다.

47 전자 CAD 시스템을 이용하여 PCB 설계(art-work)를 완료한 후 기판 제작 공정에 사용하기 위한 파일로 출력하여야 한다. 그 종류가 아닌 것은?

① schematic 파일

② gerber 파일

③ HPGL 파일

④ DXF 파일

해설 기판 제작 공정에 사용하는 파일로는 Gerber 파일, HPG 파일, DXF 파일 등이 있다.

48 다음 전자 캐드의 약어 중 옳지 않은 것은?

① CAM : Computer Aided Manufacturing

② CAD : Computer Aided Design

③ CAE : Computer Aided Epoxy

④ DRC : Design Rule Check

🔖 해설
- CAM : Computer Aided Manufacturing(컴퓨터 지원 제조)
- CAD : Computer Aided Design(컴퓨터 지원 설계)
- CAE : Computer Aided Engineering(컴퓨터 지원 기술)
- CNC : Computer Numerical Control(컴퓨터 수치 제어)

49 다음 그림은 어떤 부품을 나타내는가?

T1

① 트랜지스터

② 트랜스포머

③ 코일

④ 커패시터

🔖 해설

트랜지스터	트랜스포머	코일	커패시터
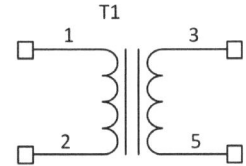			

50 고밀도의 배선이나 차폐가 필요한 경우에 사용하는 적층 형태의 PCB는?

① 단면 PCB   ② 양면 PCB

③ 다층면 PCB   ④ 바이폴라 PCB

🔖 해설 단층 기판보다 다층 기판을 사용하여 노이즈를 억제한다.

51 노이즈 대책용으로 사용될 콘덴서의 구비 조건과 거리가 먼 것은?

① 내압이 낮을 것

② 절연 저항이 클 것

③ 주파수 특성이 양호할 것

④ 자기공진 주파수가 높은 주파수 대역 일 것

🔖 해설 노이즈 대책용 콘덴서 구비조건
- 내압이 높을 것
- 절연 저항이 클 것
- 주파수 특성이 양호할 것
- 자기공진 주파수가 높은 주파수 대역일 것

52 5색으로 표시된 고정 저항의 색에 대한 설명으로 옳은 것은?

① 첫 번째 색-유효숫자

② 세 번째 색-10의 배수(곱수)

③ 네 번째 색-허용오차

④ 다섯 번째 색-정격전력 [W]

🔖 해설

제1색띠	제2색띠	제3색띠	제4색띠	제5색띠
유효숫자			승수	허용오차

53 부품이 PCB에 삽입 될 때에 부품의 리드가 삽입되는 Hole 주위에 입혀지는 얇은 구리 판막의 올바른 명칭은?

① PAD

② TRACK

③ VIA

④ POLYGON(COPPER)

🔖 해설 PAD : PCB Artwork에서 부품을 꽂는 부분의 동박면

54 PCB의 설계시 고주파 부품 및 노이즈에 대한 대책 방법으로 옳은 것은?

① 부품을 세워 사용한다.
② 가급적 표면 실장형 부품(SMD)을 사용한다.
③ 고주파 부품을 일반회로와 혼합하여 설계한다.
④ 아날로그와 디지털 회로는 어스 라인을 통합한다.

📖 PCB 노이즈 대책 방법
• 아날로그, 디지털 혼재 회로에서는 어스 라인을 분리한다.
• 고주파 부품을 일반회로와 분리하여 설계한다.
• 가급적 표면실장형 부품(SMD)을 사용한다.
• 가능한 한 배선을 굵고 짧게 배선하고, 부품은 세워서 배치하지 않는다.

55 CAD 시스템에서 회로도는 단순한 부품의 접속이 아니라 전자 회로에서의 규칙이 매우 중요하다. 다음 중 전자회로에서의 검사 항목으로 보기 힘든 것은?

① 회로의 오배선
② 입·출력 신호의 접속관계
③ 전원의 극성
④ 신호선의 길이

📖 DRC(Design Rules Check) : 설계 규칙의 위배 유·무에 대한 검사 결과 데이터 파일로서, 각 요소간의 최소 간격, 금지영역 조사, 회로의 오배선, 전원의 극성, 입출력 신호의 접속관계 등을 체크한다.

56 전자 제도(CAD)에 대한 설명 중 옳지 않은 것은?

① 종래의 자와 연필을 대신하여 컴퓨터와 프로그램을 이용하여 설계하는 것을 말한다.
② 전자 제도는 건축, 기계, 전자, 토목, 인테리어 등 광범위하게 활용된다.
③ 다품종 소량 생산 체제에 유연하게 대처할 수 있고 공장 자동화에도 중요성이 증대되고 있다.
④ 전자제도는 C언어로 프로그래밍 되어 있으므로 C언어에 능숙한 기술인만이 사용하기에 적합하다.

📖 전자제도는 누구나 기초지식이 있으면 쉽게 설계할 수 있다.

57 다음 기호의 명칭으로 옳은 것은?

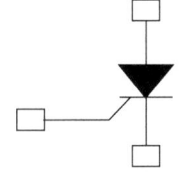

① SCR　　② Triac
③ UJT　　④ FET

58 다음 중 극성을 갖고 있고, 안정적인 대용량 전원 공급을 위해 사용되는 소자는?

① 세라믹 콘덴서
② 브리지 다이오드
③ 전해 콘덴서
④ 저항

📖 선해 콘덴서 : 극성을 가시고 있으며 안성석인 내
용량 전원 공급을 위해 사용되는 소자

59 PCB를 제작하기 위한 파일로서 PCB 설계
의 모든 정보가 들어있는 파일을 일반적으
로 무엇이라 하는가?

① Gerber 파일
② Print 파일
③ BOM DATA 파일
④ Report 파일

📖 Gerber 파일 : PCB를 제작하기 위한 파일로서
PCB 설계의 모든 정보가 들어 있고 PCB 설계의
최종 목적 파일로 필름의 생성을 위한 각 레이어
및 드릴 데이터 등을 추출하는 파일이다.

60 다음 중 반투명의 옅은 녹색기판으로 다층
기판을 구성 할 수 있어 산업용, PC 및 주변
기기 등에 널리 사용되는 것은?

① 페놀(phenol)계 수지
② 에폭시(epoxy) 수지
③ 실리콘(silicon)계 수지
④ 테프론(teflon) 수지

📖 에폭시 수지(Epoxy Resin) 기판 : 유리섬유에 에
폭시수지를 합성하고 적층하여 만든 기판으로 다
층기판을 구성하여 산업용 PC 및 주변기기 등에
사용된다.

ANSWER									적중모의고사 2회
01	02	03	04	05	06	07	08	09	10
④	④	④	③	②	②	③	②	③	②
11	12	13	14	15	16	17	18	19	20
③	①	②	②	③	②	①	④	③	②
21	22	23	24	25	26	27	28	29	30
④	④	②	④	①	①	④	④	④	①
31	32	33	34	35	36	37	38	39	40
③	①	②	③	④	④	④	④	④	①
41	42	43	44	45	46	47	48	49	50
①	④	③	②	③	①	①	③	②	③
51	52	53	54	55	56	57	58	59	60
①	①	①	②	④	④	①	③	①	②

CBT 대비 적중모의고사

01 저항이 없는 코일에서 교류 전류와 전압과의 위상차는?

① 위상이 같다.
② 전류가 90도 늦다.
③ 전류가 45도 빠르다.
④ 전압이 120도 빠르다.

02 무궤환시 증폭기의 전압이득이 100일 때, 궤환율 0.09의 부궤환을 걸어주면 이득은?

① 10
② 20
③ 50
④ 100

해설 $A_v = \dfrac{A}{1-\beta A} = \dfrac{100}{1-(-0.09 \times 100)} = 10$

03 진폭 변조에 대한 설명으로 적합한 것은?

① 반송파의 위상은 일정하고 주파수가 변하는 것
② 반송파의 주파수는 일정하고 신호파에 따라 진폭이 변하는 것
③ 반송파의 진폭은 일정하고 주파수가 변하는 것
④ 반송파의 진폭은 일정하고 위상이 변하는 것

해설
• 진폭변조 회로(AM) : 신호파(변조파) 진폭에 따라 반송파의 진폭을 변화시키는 변조방식
• 주파수변조 회로(FM) : 신호파(변조파)에 따라 반송파의 진폭은 일정하며 주파수만 변화시키는 변조방식
• 위상변조 회로(PM) : 신호파(변조파)에 따라 반송파의 위상을 변화시키는 변조방식
• 펄스변조 회로(PCM) : 아날로그 신호를 압축 표본화하고 양자화 신호를 부호화한 디지털 신호

04 다음 회로에서 AB간 전압이 3[V]이면 전원 E의 전압은?(단, $R_1 = 2[k\Omega]$, $R_2 = 6[k\Omega]$이다.)

① 1[V]   ② 2[V]
③ 3[V]   ④ 4[V]

해설 $I = \dfrac{V}{R} = \dfrac{3}{6\times 10^3} = 0.5[mA]$

R_1의 전압 $V_1 = IR_1 = 0.5 \times 10^{-3} \times 2 \times 10^3 = 1[V]$
∴ 합성전압(E)=V_1+3=1+3=4[V]

05 전원전압 E, 부하저항 R일 때, 최대 전력을 부하에 전달하기 위한 조건은?(단, r은 전원의 내부저항이다.)

① r = 0.5R   ② r = R

③ r − 2R ④ r − 4R

📖 최대전력 조건 : 부하저항(R) = 내부저항(r)

06 1[MHz]에서 150[Ω]의 리액턴스를 갖는 코일의 자기 인덕턴스는?

① 약 2.4[μH]

② 약 4.8[μH]

③ 약 24[μH]

④ 약 48[μH]

📖 $X_L = wL = 2\pi f L$

$$L = \frac{X_L}{2\pi f} = \frac{150}{6.26 \times 1 \times 10^6}$$

$$= 23.88 \times 10^{-6}[H] ≒ 24[\mu H]$$

07 100[Ω] 저항 4개를 접속하여 얻을 수 있는 합성저항 중 가장 작은 것은?

① 400[Ω] ② 100[Ω]

③ 25[Ω] ④ 10[Ω]

📖 병렬연결일 때 합성저항 값이 가장 작다.

그러므로 $\frac{R}{n} = \frac{100}{4} = 25[\Omega]$

08 트랜지스터 증폭회로에서 잡음이 없을 때 잡음지수는?

① 0 ② 1

③ 10 ④ 100

📖 무잡음상태의 잡음지수 F = 1

09 다음 중 FET에 대한 설명으로 틀린 것은?

① 입력 임피던스가 높다.

② 접합 트랜지스터보다 잡음이 적다.

③ 다수 캐리어의 전류에 의해서만 동작한다.

④ 게이트 전류로 드레인 전류를 제어한다.

📖 전계효과트랜지스터(FET)
• 입력임피던스가 매우 높다.
• TR보다 잡음이 적다.
• 열 안정성이 좋다.
• 비교적 방사능 현상의 영향을 덜 받는다.
• BJT보다 이득 대역폭 적(積)이 작다.

10 평행판 콘덴서에서 두 극판 사이의 거리를 1/4로 줄이면 정전용량의 변화는?

① 1/4로 감소한다. ② 2배 증가한다.

③ 4배 증가한다. ④ 변함없다.

📖 정전용량 $C = \frac{\varepsilon A}{d}[F]$

(A : 극판 면적, d : 극판간 거리)

$C = \frac{\varepsilon A}{\frac{1}{4}d} = \frac{4\varepsilon A}{d}$ 이므로 4배 증가된다.

11 두 개의 저항 20[Ω]과 30[Ω]이 병렬로 접속된 회로에서 20[Ω]의 저항에 흐르는 전류가 3[A]이라면, 30[Ω]에 흐르는 전류는?

① 1[A] ② 2[A]

③ 3[A] ④ 4[A]

📖 $R_1 = 30[\Omega]$, $R_2 = 20[\Omega]$이라면,

$I_1 = \frac{R_1}{R_1 + R_2}I$ 에서

전체전류 $I = \frac{I_1(R_1 + R_2)}{R_1}$

$= 3\frac{20 + 30}{30} = \frac{150}{30} = 5[A]$

30[Ω]에 흐르는 I_2전류는

$\therefore I_2 = \frac{20}{30 + 20} \times 5 = 0.4 \times 5 = 2[A]$

12 발진회로에서 발진주파수의 변동을 가져오는 요인이 아닌 것은?

① 부하의 변동
② 주위 온도의 변화
③ 전원전압의 변동
④ 완충증폭기의 사용

🔧 발진주파수 변동의 원인과 대책
  • 주위 온도변화 : 온도보상 회로 및 항온조를 사용
  • 부하의 변동 : 소결합 차폐 및 완충 증폭기로 결합
  • 전원전압의 변동 : 발진부와 전원부 분리 사용, 정전압 안정화 회로 사용
  • 부품불량 : 접촉의 완전화, 불량부품 교환

13 수정발진기에서 안정된 발진을 유지할 수 있는 주파수 f의 범위는?(단, fs : 직렬공진주파수, fp : 병렬공진 주파수)

① f ⟩ fp
② fs ⟩ f
③ fs ⟨ f ⟨ fp
④ fs ⟩ f ⟩ fp

🔧 수정 진동자는 압전효과(piezo effect)를 이용한 것으로 수정 결정에 압력 또는 비튼 힘이 작용함으로써 결정이 상대하는 두개의 면에 전압이 발생하는 현상으로서 이것을 대신하여 전압을 가하여 압력을 가한 것과 같은 효과에 따라 진동하며 수정 자체의 고유진동수의 안정된 주파수값을 얻을 수 있다. 리액턴스가 유도성이 되는 범위는 fs ⟨ f ⟨ fp 인 주파수 범위가 좁아 발진 주파수가 매우 안정하기 때문에 많이 사용된다.

14 다음 중 N형 반도체를 만드는 불순물은?

① 붕소(B)
② 인듐(In)
③ 갈륨(Ga)
④ 비소(As)

🔧 • P형 반도체를 만드는 불순물(acceptor) : 인듐(In), 갈륨(Ga), 붕소(B), 알루미늄(Al) 등
  • N형 반도체를 만드는 불순물(donor) : 안티몬(Sb), 비소(As), 인(P) 등

15 실효값이 100[V]인 정현파 전압의 전파정류시 평균값은?

① 약 45[V]
② 약 75[V]
③ 약 90[V]
④ 약 141[V]

🔧 평균값 $= \dfrac{2 \times 최대전압}{\pi}$

최대전압 = 실효값 $\times \sqrt{2}$ 에 따라

$= \dfrac{2V_m}{\pi}\sqrt{2}$

$= \dfrac{2 \times \sqrt{2} \times 100}{3.14} = \dfrac{282.8}{3.13} = 90[V]$

16 T 플립플롭에 대한 설명으로 옳은 것은?

① 클록펄스가 인가되면 출력은 0이다.
② JK 플립플롭을 이용하여 구현할 수 없다.
③ 클록펄스 인가 시 출력은 항상 1이다.
④ 클록펄스가 인가되면 출력은 반전된다.

🔧 T플립플롭 : 하나의 입력 단자와 2개의 출력 단자를 갖는 플립플롭 회로로, 클록펄스가 인가되면 출력은 반전된다.

17 기억 장치에 기억된 명령이 순서대로 중앙처리장치에서 실행될 수 있도록 그 주소를 지정해 주는 레지스터는?

① 프로그램 카운터(PC)
② 누산기(AC)
③ 명령 레지스터(IR)
④ 스택 포인터(SP)

프로그램 카운터(Program Counter) : 기억장치에 기억된 명령이 순서대로 중앙처리장치에서 실행될 수 있도록 그 주소를 지정해 주는 레지스터

18 프로그램에 대한 설명으로 잘못된 것은?

① 컴퓨터가 이해할 수 있는 언어를 프로그래밍 언어라 한다.
② 프로그램을 작성하는 일을 프로그래밍이라 한다.
③ 프로그래밍 언어에는 C, 베이직, 포토샵 등이 있다.
④ 컴퓨터가 행동하도록 단계적으로 지시하는 명령문의 집합체를 프로그램이라 한다.

해설 포토샵은 프로그래밍 언어가 아니고 컴퓨터 그래픽 프로그램이다.

19 문자를 삽입할 때 필요한 연산은?

① OR 연산
② ROTATE 연산
③ AND 연산
④ MOVE 연산

해설 OR : 2개 이상의 데이터를 합하여 비트나 문자를 삽입하는 데 사용되는 연산

20 10진수 0.9375를 8진수로 변환하면?

① $(0.73)_8$
② $(0.74)_8$
③ $(0.76)_8$
④ $(0.77)_8$

해설 소수점의 자리를 8로 곱하여 소수점의 자리가 0이 될 때까지 곱한다.
$0.9375 \times 8 = 7.5$
$0.5 \times 8 = 4.0$
$\therefore (0.9375)_{10} = (0.74)_8$

21 순서도 기호 중에서 비교, 판단 등을 나타내는 기호는?

①
②
③
④

해설 : 조건이 참이면 YES, 거짓이면 NO로 가는 판단 기호이다.

22 간접 주소 지정(indirect addressing)의 설명으로 옳은 것은?

① 대상주소의 데이터가 실제 데이터가 있는 주소가 되는 방식
② 주소지정 방식은 인덱스 레지스터를 사용
③ 데이터를 직접 레지스터에 더하거나 가져오거나 하는 방식
④ 어드레스의 번지에 따라 변동성을 가지고 있는 방식

해설 간접 주소 지정 방식(Indirect Addressing Mode) : 명령어 내의 주소부에 실제 데이터가 저장된 장소의 주소를 가진 기억장소의 주소를 표현한 방식

23 캐시 기억장치(cache memory)가 위치하는 곳은?

① 입력장치와 출력장치 사이
② 주기억장치와 보조기억장치 사이
③ 중앙처리장치와 보조기억장치 사이
④ 중앙처리장치와 주기억장치 사이

해설 캐시 기억장치(Cache Memory) : 프로그램 실행 속도를 중앙처리장치의 속도에 가깝도록 하기 위하여 개발된 고속 버퍼 기억장치로서, 주기억장치보다 속도가 빠르고, 중앙처리장치 내에 위치하고 있으므로 레지스터 기능과 유사하다.

24 컴퓨터의 주변장치에 해당되는 것은?

① 연산장치
② 제어장치
③ 주기억장치
④ 보조기억장치

해설 프로그램 명령어를 실행하는 일을 담당하는 중앙
처리장치는 제어장치, 연산장치, 레지스터들의
세 부분으로 구성된다. 보조기억장치는 주변장치
이다.

25 숫자나 문자 등의 키보드 입력을 2진 코드로 부호화하는 데 사용되는 것은?

① 인코더(encoder)
② 디코더(decoder)
③ 멀티플렉서(multiplexer)
④ 디멀티플렉서(demultiplexer)

해설 인코더(encoder) : 숫자나 문자 등의 키보드 입력
을 2진 코드로 부호화 하는 회로

26 다음 진리표를 만족시키는 회로는?

A	B	빌림수	차
0	0	0	0
0	1	1	1
1	0	0	1
1	1	0	0

① 전가산기
② 반감산기
③ XOR gate
④ OR gate

해설 반감산기(half subtracter) : 한 비트에서 한 비트의
값을 빼어 차 D(Difference)와 내림수 BR(Borrow)
을 만들어내는 회로. $D = \overline{A}B + A\overline{B}$, $Br = \overline{A}B$

27 다음 논리식 중 틀린 것은?

① $A + \overline{A} \cdot B = A$
② $(A + B) \cdot (A + C) = A + B \cdot C$
③ $\overline{(A + B)} = \overline{A} \cdot \overline{B}$
④ $\overline{A \cdot B} = \overline{A} + \overline{B}$

해설 $A + \overline{A} \cdot B = A + (\overline{A} \cdot B) = (A + \overline{A}) \cdot (A + B) = 1(A + B) = A + B$

28 다음 중 인쇄회로 기판의 특징이 아닌 것은?

① 대량 생산의 효과가 높다.
② 제품의 소형, 경량화에도 기여한다.
③ 소량, 다품종 생산에는 제조 단가가 낮아진다.
④ 제조의 표준화와 자동화를 기할 수 있다.

해설 인쇄회로기판(PCB)의 장점
• 대량 생산의 효과가 높다.
• 제품의 소형, 경량화에 기여한다.
• 조립, 배선, 검사의 공정 단계가 감소한다.
• 제조의 표준화와 자동화가 이루어진다.

29 다음 중 인쇄회로 기판에서 적층 형태의 종류에 해당되지 않는 것은?

① 다각형 PCB
② 단면 PCB
③ 양면 PCB
④ 다층면 PCB

해설 적층형태에 따라 단면기판, 양면기판, 다층기판
등으로 분류된다.

30 다음 중 자기유도 및 상호유도 작용과 밀접한 소자는?

① 코일
② 저항
③ 콘덴서
④ 다이오드

인덕터(코일) : 전류의 흐름에 따라 자기에너지를 저장하며, 전류가 급하게 변화하는 것을 억제하기 위해 사용되는 소자

31 다음 중 반도체 집적회로의 외형 패키지가 아닌 것은?

① PLCC 패키지　　② SSUP 패키지

③ DIP 패키지　　　④ TQFP 패키지

해설 부품 패키지
- SOP(Small-Outline Package)
- TQFP(Thin Quad Flat Package)
- DIP(Dual In-Line)
- PLCC(Plastic Leaded Chip Carrier)

32 다음 기호에 해당하는 부품은?

① PNP 트랜지스터　② NPN 트랜지스터

③ 접합형 FET　　　④ MOS형 FET

해설

PNP TR	NPN TR	접합형 FET	MOS형 FET

33 A4 용지의 크기를 올바르게 나타낸 것은?

① 841×1189[mm]

② 594×841[mm]

③ 420×594[mm]

④ 210×297[mm]

해설 A1 : 594×841, A2 : 420×594, A3 : 297×420, A4 : 210×297

34 PCB Artwork에서 하나의 부품을 배치하였을 때, 부품이 갖는 특성 요소와 거리가 먼 것은?

① 부품 명

② 부품 색깔

③ 부품 치수

④ 부품 번호

해설 PCB Artwork에서 하나의 부품을 배치하였을 때, 부품이 갖는 특성 요소에는 부품명, 부품치수, 부품번호, 핀의 정보 등이다.

35 전자부품의 심벌기호 중에 정전압 다이오드 (제너다이오드)를 나타내는 것은?

① 　　②

③ 　　④

해설 ① 다이오드, ② LED, ③ 터널다이오드, ④ 제너다이오드

36 인쇄회로기판(PCB)의 제작공정에 사용되는 원판을 낭비없이 분할하여 사용하고자 한다. 원판의 크기가 1020×1220일 때, 404×507의 규격으로 분할하면 최대 몇 장의 분할이 가능한가?(단, 타겟가이드(여백)는 무시한다.)

① 4장

② 6장

③ 8장

④ 9장

해설 404 × 3 = 1212, 507 × 2 = 1014 따라서, 3 × 2 = 6장으로 분할이 가능하다.

37 PCB 제조 공정에서 소정의 배선 패턴만 남기고 다른 부분의 패턴을 제거하는 공정은?

① 천공
② 패턴형성
③ 에칭
④ 도금

🔖 에칭 : PCB 제조공정에서 소정의 배선 패턴만 남기고 다른 부분의 패턴을 제거하는 것

38 다음 중 전자캐드(CAD)에 주로 사용되는 출력장치로 적합한 것은?

① 레이저 프린터, 스캐너, 포토 플로터
② 포토 플로터, X-Y 플로터, 타블렛
③ 레이저 프린터, 포토 플로터, X-Y 플로터
④ ZIP 드라이브, 레이저 프린터, 스캐너

🔖 CAD 시스템의 출력장치 : 모니터, 프린터, X-Y 플로터, 포토 플로터 등

39 다음 중 전자 CAD의 데이터 파일이 아닌 것은?

① Gerber DATA
② 프린트 기판 재료 DATA
③ 배선정보(NET LIST) DATA
④ 부품(PART LIST) DATA

🔖 프린트 기판 재료 Data는 PCB 가공에 관련된 재료이다.

40 다음 중 도면의 사용 목적에 따른 분류에 속하는 것은?

① 배치도
② 조립도
③ 착색도
④ 주문도

🔖 도면의 사용 목적에 따른 분류 : 견적도, 제작도, 주문도, 승인도

41 인쇄회로 기판을 설계할 때, 기판 구성의 유의점이 아닌 것은?

① 부품배치는 회로도를 중심으로 배치함을 원칙으로 한다.
② 커넥터의 부착이나 통풍, 배기 등 기구와의 관계를 주의하면서 기판의 배열을 생각하여야 한다.
③ 부품의 부피와 피치(pitch)를 확인하여 적절한 부착위치를 설정한다.
④ 기판의 패턴과 부품이 케이스나 PCB의 다른 부품과 접촉되도록 랜드의 구성이 이루어져야 한다.

🔖 케이스의 높낮이, 기판내의 절삭 정보에 주의하여 부품과 랜드에 접촉이 되지 않도록 배치한다.

42 다음 중 CAD 시스템의 1밀(mil)과 같은 길이는?

① $\dfrac{1}{10}$ inch
② $\dfrac{1}{100}$ inch
③ $\dfrac{1}{1000}$ inch
④ $\dfrac{1}{10000}$ inch

🔖 mil : $\dfrac{1}{1000}$ inch를 단위로 사용

43 축척 1/25의 도면에서 도면상 길이가 2[mm]일 때, 실제 길이는?

① 1.25[mm]
② 2[mm]
③ 12.5[mm]
④ 50[mm]

💬 축적은 실물보다 삭게 축소해서 그리는 것으로 1/25로 축소한 결과가 2[mm]이므로, 실제의 크기는 25 × 2[mm] = 50[mm]이다.

44 인쇄회로기판(PCB)의 패턴 설계시 유의사항에 대한 설명으로 옳은 것은?

① 패턴은 가급적 가늘고 길게 한다.
② 회로에서의 각 접지점마다 패턴을 설계하는 다점 접지방식으로 패턴 설계를 한다.
③ 취급하는 전력 용량이나 주파수 대역, 신호 형태별로 회로의 특징이 다를지라도 기판은 하나로 통합하여 설계한다.
④ 도체 사이의 거리가 가까울수록, 절연물의 유전율이 높을수록 부유 용량이 기지므로 패턴 사이의 간격을 늘리거나 차폐를 행한다.

💬 도체 사이의 거리가 가까울수록, 절연물의 유전율이 높을수록 부유 용량이 커지므로 패턴 사이의 간격을 늘리거나 차폐를 행해야 한다.

45 PCB DESIGN에서 설계 오류를 검사하는 기능은?

① Netlist   ② Zoom
③ Edit   ④ DRC

💬 DRC(Design Rules Check) : 설계 규칙의 위배 유·무에 대한 검사 결과 데이터 파일

46 제품이나 장치 등을 그리거나 도안할 때, 필요한 사항을 제도 기구를 사용하지 않고 프리핸드(freehand)로 그린 도면은?

① 복사도(copy drawing)

③ 원도(original drawing)
③ 트레이스도(traced drawing)
④ 스케치도(sketch drawing)

💬 스케치도 : 제품이나 장치 등을 그리거나 도안할 때 필요한 사항을 제도 기구를 사용하지 않고 프리핸드로 그린 도면

47 유연성이 있는 기판을 사용하여 제작된 PCB를 뜻하며 프린터의 헤드와 같은 부분에 적용되는 것은?

① 플렉시블 PCB   ② 리지드 PCB
③ 다층 PCB   ④ 단층 PCB

💬 플렉시블 기판(Flexible Base material) : 유연성을 갖는 PCB로 절연기판이 얇은 폴리에스테르나 폴리이미드 필름에 동박을 입힌 기판

48 다음 중 전자회로, 인쇄회로 기판(PCB) 등을 설계하기 위하여 만들어진 CAD 프로그램과 밀접한 것은?

① CAE   ② EDA
③ FMS   ④ PACS

💬 EDA(Electronic Design Automation) : 전자회로 등을 설계하기 위하여 만들어진 CAD 프로그램

49 다음 중 전자 또는 통신기기 등의 전체적인 동작이나 기능을 블록으로 그려 도면에 표시한 것은?

① 회로도   ② 접속도
③ 블록선도   ④ 배선도

💬 전자회로에서 부분 상호간에 전달되는 신호의 계통을 알기 쉽게 나타낸 선도로서 계통도, 블록선도라고 한다.

50 다음 중 CAD 시스템의 특징이 아닌 것은?

① CAD는 전자분야에만 쓸 수 있는 설계 시스템이다.
② 다품종 소량생산에도 유연하게 대처 할 수 있다.
③ 도면의 수정과 편집이 쉽고 출력이 용이하다.
④ 도면의 이동과 복사, 확대 및 축소가 용이하다.

🔖 CAD시스템은 전자분야 뿐만 아니라 건축, 기계, 토목 등에서 광범위하게 활용된다.

51 다음 그림은 어떤 부품을 나타내는가?

T1

① 트랜지스터　　② 트랜스포머
③ 코일　　　　　④ 커패시터

🔖

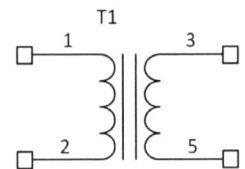

트랜지스터	트랜스포머	코일	커패시터

52 사진이나 그림, 문서, 도표 등을 컴퓨터에 디지털화하여 입력하는 장치는?

① 터치스크린　　② 스캐너
③ 마우스　　　　④ 라이트 펜

🔖 스캐너(Scanner) : 사진 또는 그림과 같이 종이 위의 도형의 정보를 그래픽 형태로 읽어 들여 컴퓨터에 전달하는 입력 장치

53 다음 중 PCB 레이아웃 설계과정이 아닌 것은?

① 회로도면 설계
② 부품배치
③ Spice 시뮬레이션
④ Post Processing

🔖 Spice 시뮬레이션은 회로의 동작을 검증하는 프로그램이다.

54 전자 CAD에서 부품을 복사, 붙여 넣거나 편집하는 기능이 있는 메뉴는?

① File 메뉴　　　② Edit 메뉴
③ Help 메뉴　　　④ Option 메뉴

🔖 전자캐드로 작성된 도면의 편집과 관련된 기능
• Zoom : 화면의 확대, 축소 기능
• Save : 저장
• Delete : 삭제
• Edit : 편집

55 다음 CAD Software 중 전자 CAD 용으로 적합하지 않은 것은?

① OrCAD　　　　② AutoCAD
③ PCAD　　　　 ④ CADSTAR

🔖 AutoCAD는 기계, 건축, 토목 등에 사용하는 매커니컬 CAD이다.

56 다음 ( ) 안에 알맞은 용어는?

> 전자 CAD 사용자가 다른 schematic 페이지에 심벌을 생성할 수 있다. 이러한 심벌을 ( )이라고 부른다.

① 적층　　　　　② 본딩
③ 프리플레그　　④ 계층구조블럭

계승구소 블록은 계승구소 블록에 번설뇌어 있는 종속 회로도를 의미하며 계층이 낮은 방향으로만 수직 연결된다.

57 다음 중 능동 소자에 속하는 것은?

① 트랜지스터   ② 저항
③ 코일   ④ 콘덴서

58 다음 중 CAD Tool을 사용하여 Analog회로를 PCB를 설계하고자 할 때, 험(Hum)이나 잡음(Noise) 등을 최소화하기 위해 가장 신중하게 패턴 설계가 요구되는 것은?

① 접지(Ground) 라인
② 버스(Bus) 라인
③ 신호(Signal) 라인
④ 바이어스(Bias) 라인

해설 Analog 회로 설계 시 Hum이나 Noise 등을 최소화하기 위해 접지(GND) 라인을 신중하게 설계하여야 한다.

59 PCB Artwork에서 부품을 꽂는 부분의 동박면은?

① hole   ② point
③ pad   ④ line

해설 Pad : PCB Artwork에서 부품을 꽂는 부분의 동박면

60 다음 중 반투명의 옅은 녹색기판으로 다층기판을 구성 할 수 있어 산업용, PC 및 주변기기 등에 널리 사용되는 것은?

① 페놀(phenol)계 수지
② 에폭시 (epoxy) 수지
③ 실리콘(silicon)계 수지
④ 테프론(teflon) 수지

해설 에폭시 수지(Epoxy Resin) 기판 : 유리섬유에 에폭시수지를 합성하고 적층하여 만든 기판으로 다층기판을 구성하여 산업용 PC 및 주변기기 등에 사용된다.

ANSWER									적중모의고사 3회
01	02	03	04	05	06	07	08	09	10
②	①	②	④	②	③	③	②	④	③
11	12	13	14	15	16	17	18	19	20
②	④	③	④	③	④	①	③	①	②
21	22	23	24	25	26	27	28	29	30
②	①	④	④	①	④	②	①	①	①
31	32	33	34	35	36	37	38	39	40
②	②	④	④	②	④	②	②	②	④
41	42	43	44	45	46	47	48	49	50
④	③	④	④	④	④	①	②	③	①
51	52	53	54	55	56	57	58	59	60
②	②	③	②	②	②	①	①	③	②

4회

CBT 대비 적중모의고사

01 어떤 전지에 15[Ω]의 저항을 연결하면 0.2[A]의 전류가 흐르고, 6[Ω] 저항을 연결하면 0.4[A]의 전류가 흐를 때 이 전지의 내부저항은?

① 2[Ω] ② 3[Ω]
③ 3.5[Ω] ④ 5[Ω]

> **해설** E = I (r + R)의 식에서
> • 0.2[A]의 전류가 흐를 때 E = 0.2(r + 15) = 0.2r + 3 ㉠
> • 0.4[A]의 전류가 흐를 때 E = 0.4(r + 6) = 0.4r + 2.4 ㉡
> • ㉠식에 2를 곱하여 ㉡식에서 r을 소거하면 E = 0.4r + 6 − 0.4r − 2.4 = 3.6[V]
> • $R_t = R + r = \dfrac{E}{I} = \dfrac{3.6}{0.2} = 18[Ω]$
> ∴ r = R_t − R = 18 − 15 = 3[Ω]

02 순시전압이 $100\sqrt{2}\sin\left(377t + \dfrac{\pi}{6}\right)[V]$일 때 이 순시 전압의 주파수는 약 몇 [Hz] 인가?

① 50[Hz] ② 60[Hz]
③ 100[Hz] ④ 120[Hz]

> **해설** w = 2πf에서
> $$f = \frac{w}{2\pi} = \frac{377}{6.28} = 60[Hz]$$

03 다음 펄스 발생 회로 중에서 기억소자로 사용되는 플립플롭에 해당하는 것은?

① 타이머 IC 회로

② 비안정 멀티바이브레이터
③ 단안정 멀티바이브레이터
④ 쌍안정 멀티바이브레이터

> **해설** 멀티바이브레이터
> • 단안정 멀티바이브레이터 : 결합소자는 R와 C 시정수로 구성되며 트리거 입력이 순간적으로 Low 상태로 인가되어 출력 Q가 High로 구동되며 /Q는 Low로 구동된다.
> • 비안정 멀티바이브레이터 : 결합소자 2개의 시정수 R_1C_1, R_2C_2로써 AC−DC 결합 회로를 형성한다. 펄스폭과 주기가 반복되는 펄스를 발생시키는 비동조 증폭회로로 구성된다.
> • 쌍안정 멀티바이브레이터 : 2개의 안정 상태를 가지며 2개의 트리거(trigger)펄스에 의해 하나의 구형파를 발생시킬 수 있다. 이 회로를 플립플롭(Flip−flop)이라고 하며 기억장치 등에 사용된다.

04 공기의 비투자율은 약 얼마인가?

① 0 ② 1
③ 6.33×10^4 ④ 9×10^{19}

> **해설** 공기 중에서 $6.33 \times 10^4 [Nm^2/Wb^2]$ 차원을 가진다. 또한, 공기의 비투자율 μs = 1이다.

05 수정발진기는 수정진동자의 어떤 전기적인 특성을 하는가?

① 지벡효과 ② 압전기현상
③ 펠티에효과 ④ 전자유도현상

수성 신동사는 압전효과(piezo effect)를 이용한 것으로 수정 결정에 압력 또는 비튼 힘이 작용함으로써 결정이 상대하는 두개의 면에 전압이 발생하는 현상으로서 이것을 대신하여 전압을 가하여 압력을 가한 것과 같은 효과에 따라 진동하며 수정 자체의 고유진동수의 안정된 주파수 값을 얻을 수 있다.

06 콘덴서 $C_1 = 20[\mu F]$, $C_2 = 40[\mu F]$를 직렬로 연결하고 양단에 300[V]의 전압을 인가하였을 때 C_1 양단에 걸리는 전압은?

① 50[V]

② 100[V]

③ 150[V]

④ 200[V]

전기량 $Q = CV$

$$Q = C_1 V_1 = C_2 V_2$$

$$\therefore \frac{V_2}{V_1} = \frac{C_1}{C_2}$$

$$V_1 = \frac{C_2}{C_1 + C_2} V, \quad V_2 = \frac{C_1}{C_1 + C_2} V$$

(단, V_1(C_1의 양단전압), V는 직렬 양단 전체전압)

따라서

$$V_1 = \frac{40}{20 + 40} \times 300 = 200[V],$$

$$V_2 = \frac{20}{20 + 40} \times 300 = 100[V]$$

$$V = V_1 + V_2 = 200 + 100 = 300[V]$$

07 이미터 접지 트랜지스터 증폭기에서 입·출력 전압 위상차는?

① 0도

② 90도

③ 180도

④ 270도

트랜지스터 접지방식에 따른 증폭기 능성 비교

구분	CE (이미터 접지)	CB (베이스 접지)	CC (콜렉터 접지)
Ai(전류 이득)	크다(−)	작다	크다
Av(전압 이득)	크다(−)	크다	작다
Ri(입력 저항)	중간	낮다	높다
Ro(출력 저항)	중간	높다	낮다
입·출력 위상	위상반전 (180도)	동위상	동위상

※(−)는 위상반전

08 코일에 발생하는 기전력의 방향은 코일을 통과하는 자속의 증감을 방해하는 방향으로 발생한다는 법칙은?

① 렌쯔의 법칙

② 플레밍의 법칙

③ 앙페르법칙

④ 비오사바르법칙

렌쯔의 법칙(Lenz's Law)은 전자유도에 의하여 생긴 기전력방향. 즉 유도된 기전력에 의해 흐르는 전류의 방향은 자속의 증가 또는 감소를 방해하는 방향으로 발생한다. 이런 특성 때문에 반작용의 법칙이라고도 하며, 유도기전력의 크기 e를 나타내는 식에 음(−)의 기호를 붙여 표현 한다.

09 트랜지스터 증폭회로에서 부궤환을 시켰을 때 발생하는 현상으로 적합하지 않은 것은?

① 잡음이 감소한다.

② 전압이득이 증가한다.

③ 안정도가 좋아진다.

④ 일그러짐이 감소한다.

부궤환방식에 따른 특성

• 이득이 감소한다(안정도 증가).

• 이득이 보통 −3[dB] 감소하여 대역폭(BW)이 넓어지므로 주파수 특성이 개선된다.

• 일그러짐과 잡음이 감소한다.

• 입력 임피던스는 증가하고 출력 임피던스는 감소한다.

10 연산 증폭기에서 차동 이득(A_d)이 10000, 동상 이득(A_c)이 10일 때 동상신호제거비 (CMRR)는?

① 20[dB]
② 40[dB]
③ 60[dB]
④ 80[dB]

해설 $CMRR = \dfrac{\text{차동 이득}}{\text{동위상 이득}} = \dfrac{10000}{10} = 10^3$

$\therefore G_{ain} = 20\log_{10}10^3 = 60[dB]$

11 제너 다이오드의 전압(V), 전류(I) 특성을 나타내는 것으로 가장 적합한 것은?

①

②

③

④

해설 제너 다이오드는 기준 제너 전압 이상의 값에 도달했을 때 급격한 역방향 전류가 흘러 순방향 전류를 차단 제어함으로 과전압에 따른 전압 안정화 회로에 사용되며 이러한 특성은 제너항복 특성이다.

12 다음 설명에 가장 적합한 법칙은?

> 두 전하 사이에 작용하는 힘의 크기는 두 전하의 곱에 비례하고 두 전하 사이의 거리의 제곱에 반비례한다.

① 옴의 법칙
② 전자유도 법칙
③ 쿨롱의 법칙
④ 비오사바르의 법칙

해설 쿨롱의 법칙은 두 개의 대전체 사이에는 힘이 작용하는데, 즉 두 개의 점전하 Q_1과 Q_2 사이에 작용하는 힘 F는 Q_1, Q_2의 곱에 비례하고 두 전하 사이 거리의 제곱(r^2)에 반비례 한다.

13 C급 증폭기의 가장 큰 장점은?

① 잡음이 감소한다.
② 온도특성이 좋다.
③ 회로구성이 간편하다.
④ 전력효율이 좋다.

해설 저주파 증폭기
• A급 : 일그러짐(왜율)이 가장 작고 원음에 가깝게 재생 하므로 직선성이 좋으며, 효율은 50[%]로 가장 적다.(입력 신호가 없을 때도 콜렉터 전류가 흐른다.)
• B급 : 일그러짐이 두 번째로 크며, 효율은 78.5% 정도로 높다.(입력 신호가 없을 때 콜렉터 전류는 흐르지 않는다.)
• AB급 : B급에서 발생하는 일그러짐인 +상측파와 −하측파가 교차하는 교차점에서 일그러짐(크로스 오버 왜곡)을 개선하는 특징이 있으며 가청주파대역 에서는 들을 수 없다.
• C급 : 일그러짐이 가장 크지만 효율은 78.5%~100% 정도로 높다.

14 이미터 접지 트랜지스터 증폭회로에서 I_B가 50[μA]이고, I_C가 3.65[mA]일 때, I_E는?

① 0.7[mA]
② 2.6[mA]
③ 3.6[mA]
④ 3.7[mA]

해설 트랜지스터의 이미터 접지방식인 증폭회로에서 이미터에 흐르는 전류의 합 $I_E = I_B + I_C$이다.
∴ $I_E = 50 \times 10^{-6} + 3.65 \times 10^{-3} = 3.7$[mA]

15 다음 중 과잉전자를 만드는 불순물은?

① 도너
② 억셉터
③ 구형 반도체
④ 진성반도체

해설
• P형(+) 반도체를 만드는 불순물(acceptor) : 인듐(In), 갈륨(Ga), 붕소(B), 알루미늄(Al) 등
• N형(−) 반도체를 만드는 불순물(donor) : 안티몬(Sb), 비소(As), 인(P) 등

16 다음 기억 장치 중 600Mbyte 이상의 대용량을 저장할 수 있으며, 원판형으로서 비교적 가볍고 휴대가 간편한 것은?

① 자기 테이프(magnetic tape)
② 플로피 디스크(floppy disk)
③ 하드 디스크(hard disk)
④ CD-ROM(compact disk ROM)

해설 CD-ROM(Compact Disk Read Only Memory) : 콤팩트디스크에 디지털 데이터를 기록하여, 읽어내기 전용 메모리(ROM)로서 사용하는 것. 기억 용량은 직경이 12cm의 것이 약 650Mbyte와 700Mbyte이다.

17 컴퓨터 내부에서 수치자료를 표현하는데 사용하지 않는 형식은?

① 고정 소수점 데이터 형식
② 부동 소수점 데이터 형식
③ 팩 형식
④ 아스키 데이터 형식

해설 컴퓨터 내부에서 수치자료 표현으로는 고정 소수점 데이터 형식(정수표현), 부동 소수점 데이터 형식(실수표현), 팩 형식(1바이트에 10진수 두 자리를 저장하는 형식)이 있다.

18 다음 중 C 언어의 자료형과 거리가 먼 것은?

① integer
② double
③ char
④ short

해설 C언어의 자료형에는 int, double, char, short 등이 있다.

19 마이크로프로세서 내에서 어떤 특정한 문제를 처리하기 위해 준비되어 호출 명령으로 쓰이는 것은?

① 인터럽트 루틴
② 서브 루틴
③ 액세스 루틴
④ 레지스터 루틴

해설 서브루틴(Subroutine) : 프로그램 가운데 하나 이상의 장소에서 필요할 때마다 되풀이해서 사용할 수 있는 부분적 프로그램. 실행 후에는 메인 루틴이 호출한 장소로 되돌아간다. 독립적으로 쓰는 일은 없고 메인 루틴과 결합하여 기능을 수행한다.

20 1면에 150개의 트랙을 사용할 수 있는 양면 자기디스크에서 1트랙은 8개의 섹터로 되어 있고, 섹터 당 400Word를 기억시킬 수 있는 경우에 이 디스크의 용량은?

① 480000 word ② 960000 word
③ 1920000 word ④ 3840000 word

🖥 디스크의 용량
면의 수(150) × 트랙의 수(8) × 디스크의 수(2) × 섹터당 word(400) = 960000[word]

21 floating point(부동소수점) 표시법에 대한 설명으로 틀린 것은?

① 소수점 수치 기억에 적합하다.
② 소수부의 부호가 양수이면 1, 음수이면 0으로 표시한다.
③ 지수부분과 가수부분을 구분한다.
④ 소수점의 위치를 맞출 필요가 없다.

🖥 부동소수점 데이터 형식
• 실수를 표현할 때 소수점의 위치를 고정하지 않고 그 위치를 나타내는 수를 따로 적는다.
• 부호비트는 실수가 양수이면 0, 음수이면 1로 표시하고, 지수부는 2진수로, 가수부는 10진 유효숫자를 2진수로 변환하여 표시한다.

22 컴퓨터가 이해할 수 있는 언어로 변환 과정이 필요 없는 언어는?

① Assembly
② COBOL
③ Machine Language
④ LISP

🖥 기계어(Machine Language) : 컴퓨터가 직접 이해할 수 있는 2진수로 나타내는 언어로 프로그래밍의 기본이 된다. 즉 컴퓨터를 작동시키기 위해 0과 1로 나타낸 컴퓨터 고유 명령 형식이다.

23 2진수의 연산으로 옳은 것은?

① $0 + 0 = 1$
② $0 + 1 = 0$
③ $1 + 0 = 1$
④ $1 + 1 = 2$

🖥 $0 + 0 = 0$, $0 + 1 = 1$, $1 + 0 = 1$, $1 + 1 = (10)_2$

24 순서도 사용에 대한 설명 중 틀린 것은?

① 프로그램 코딩의 직접적인 자료가 된다.
② 오류 발생시 그 원인을 찾아 수정하기 쉽다.
③ 프로그램의 내용과 일 처리 순서를 파악하기 쉽다.
④ 프로그램 언어마다 다르게 표현되므로 공통적으로 사용할 수 없다.

🖥 순서도의 역할
• 프로그램 작성의 직접적인 자료가 된다.
• 업무의 내용과 프로그램을 쉽게 이해할 수 있고, 다른 사람에게 전달이 쉽다.
• 프로그램의 정확성 여부를 판단하는 자료가 되며, 오류가 발생 하였을 때 그 원인을 찾아 수정하기가 쉽다.
• 프로그램의 논리적인 체계 및 처리 내용을 쉽게 파악할 수 있다.

25 다음 메모리 중 재생(refresh)하기 위한 별도의 회로와 프로그램이 필요한 것은?

① ROM ② USB 메모리
③ DRAM ④ SRAM

🖥 DRAM(Dynamic RAM) : 구조는 단순하지만 가격이 저렴하고 집적도가 높아 PC의 메모리로 이용 휘발성이 메모리이므로 재충전시간이 필요하다.

26 컴퓨터의 기억장치 레지스터 중 MBR(Memory Buffer Register)에 대한 설명으로 옳은 것은?

① 메모리로부터 읽거나(read), 쓴(write) 데이터를 일시적으로 저장하기 위한 레지스터

② 실제 주소를 계산하기 위해 주소를 기억하는 레지스터

③ 연산 결과의 상태를 기억하는 레지스터

④ 실행될 명령 코드가 저장되어 있는 레지스터

🖋해설 MBR(memory buffer register) : 메모리 버퍼 레지스터는 기억 장치로부터 불러낸 정보나 저장할 정보를 넣어 두는 레지스터이다.

27 주소 필드에 있는 값이 실제 데이터가 기억된 메모리 내의 주소가 되는 방식은?

① 간접주소방식   ② 즉시주소방식
③ 절대주소방식   ④ 직접주소방식

🖋해설 직접 주소 지정 방식(Direct Addressing Mode) : 명령어의 오퍼랜드에 실제 데이터가 들어 있는 주소를 직접 갖고 있는 방식

28 인쇄회로기판이 갖추어야 할 특성과 거리가 먼 것은?

① 온도 상승에 대하여 변화가 적어야 한다.

② 납땜시 가열 등에 의해서는 안정되어야 한다.

③ 기계적 강도를 갖추고, 가공이 용이해야 한다.

④ 공정 중 약물 처리에 대해 특성이 변화하여야 한다.

🖋 인쇄회로기판의 특성
• 온도 상승에 대하여 변화가 적어야 한다.
• 납땜 시 가열 등에 의해서는 안정되어야 한다.
• 기계적 강도를 갖추고, 가공이 용이해야 한다.
• 화학적 특성이 안정되어야 한다.

29 다음 중 여러 장치를 통제하는 기능을 갖는 장치는?

① I/O unit
② ALU
③ memory unit
④ control unit

🖋해설 제어장치(Control Unit) : 프로그램 명령어를 해석하고, 해석된 명령의 의미에 따라 연산장치, 주기억 장치 등에게 동작을 지시하며 어드레스 레지스터, 기억 레지스터, 명령 레지스터, 명령 해독기, 명령 계수기 등으로 구성된다.

30 회로도의 작성법 설명으로 틀린 것은?

① 정해진 도 기호를 명확하면서도 간결하게 그려야 한다.

② 신호의 흐름은 도면의 왼쪽에서 오른쪽으로 한다.

③ 전체적인 배치와 균형이 유지되게 그려야 한다.

④ 신호의 흐름은 아래에서 위로 흐르게 한다.

🖋해설 회로도의 작성법
• 신호의 흐름은 왼쪽에서 오른쪽으로, 위에서 아래로 작성한다.
• 주회로와 보조회로가 있는 경우에는 주회로를 중심으로 설계한다.
• 선의 교차가 적고 부품이 도면 전체에 안배되도록 그린다.
• 정해진 기호(Symbol)와 문자로 그린다.

31 인쇄회로기판(PCB)에 대한 설명으로 옳지 않은 것은?

① 오배선의 우려가 없다.
② 대량 생산의 효과가 있다.
③ 제품의 균일성과 신뢰성이 높다.
④ 소품종 다량 생산의 경우에는 제조 단가가 높다.

해설 인쇄회로기판(PCB)의 장점
• 대량 생산의 효과가 높다.
• 제품의 균일성과 신뢰성이 높다.
• 오배선의 우려가 없고, 생산 단가가 저렴하다.
• 기기의 단위(unit)가 가능하다.

32 저항값이 낮은 저항기로서 대전력용 및 표준저항기 등과 같이 고정밀도 저항기로 사용되는 저항기는?

① 탄소피막 저항기　② 솔리드 저항기
③ 권선 저항기　　　④ 모듈 저항기

해설 권선 저항기 : 저항 값이 낮은 저항기로서 대전력용 및 표준저항기 등과 같이 정밀도 저항기로 사용된다.

33 인쇄회로기판에 배치될 부품의 위치와 형태 등에 대한 부품 배치도의 설명으로 틀린 것은?

① 부품은 균형 있게 배치한다.
② 부품 상호 간에 신호가 유도되지 않도록 한다.
③ 인쇄회로기판의 점퍼선은 부품으로 간주하지 않으며 표시하지 않는다.
④ 부품의 종류, 기호, 용량, 외형도, 핀의 위치, 극성 등을 표시하여야 한다.

해설 인쇄회로기판 설계 시 회로도에는 없는 점퍼선은 부품으로 간주하여 부품 배치도에 표시해야 한다.

34 제도의 목적을 달성하기 위한 도면의 요건으로 틀린 것은?

① 대상물의 도형과 함께 필요로 하는 크기, 모양, 자세, 위치의 정보를 포함하여야 한다.
② 도면의 정보를 명확하게 하기 위하여, 복잡하고 어렵게 표현하여야 한다.
③ 가능한 한 넓은 기술 분야에 걸쳐 정합성, 보편성을 가져야 한다.
④ 복사 및 도면의 보존, 검색, 이용이 확실히 되도록 내용과 양식을 구비하여야 한다.

해설 도면의 구비조건
• 대상물의 도형과 함께 필요로 하는 크기, 모양, 자세, 위치의 정보를 포함하여야 한다.
• 가능한 한 넓은 기술 분야에 걸쳐 적합성, 보편성을 가져야 한다.
• 복사 및 도면의 보존, 검색, 이용이 확실히 되도록 내용과 양식을 구비하여야 한다.
• 무역 및 기술의 국제 교류의 입장에서 국제성을 가져야 한다.

35 전자 회로도를 작성하는 일반적인 규칙의 설명으로 틀린 것은?

① 선의 교차는 가능한 적게 한다.
② 정해진 기호(symbol)와 문자로 그린다.
③ 대각선과 곡선은 가능한 직선으로 그린다.
④ 물리적으로 연결된 것은 실선으로 그린다.

해설 회로도 작성 시 물리적인 관련이나 연결이 있는 부품 사이에는 파선으로 나타낸다.

36 다음 기판 재질 중에서 내열성이 좋고, 다층 기판 제작에 용이하며, 플렉시블(Flexible: 휨이나 절곡)한 기판 제작에 많이 사용되는 것은?

① 페놀(Phenol) 수지

② 에폭시(Epoxy) 수지

③ 폴리이미드 필름

④ 테프론(Teflon)

폴리이미드 필름 : 내열성이 좋고, 다층 기판 제작에 용이하며, 플렉시블한 기판 제작에 사용된다.

37 전자회로에서 부분 상호간에 전달되는 신호의 계통을 알기 쉽게 나타낸 선도로서 계통도 또는 구성도 라고 하는 것은?

① 블록도   ② 회로도

③ 결선도   ④ 배치도

계통도와 구성도 또는 블록도는 같은 의미이다.

38 KS의 부문별 기호에서 기본적인 내용에 관계되는 분류기호는?

① KS A   ② KS B

③ KS C   ④ KS D

KS A : 기본, KS B : 기계, KS C : 전기, KS D : 금속

39 시퀀스 제어용 기호와 설명이 옳게 짝지어진 것은?

① PT : 계기용 변압기

② TS : 과전류 계전기

③ OCR : 텀블러 스위치

④ ACB : 유도 전동기

TS : 선환 스위치, OCR : 과선류 계선기, ACB : 기중 차단기

40 NAND 게이트가 내장된 14핀 DIP IC에서 핀과 핀 사이의 간격은?

① 0.254[mm]   ② 1.252[mm]

③ 2.25[mm]   ④ 2.54[mm]

일반적인 DIP IC의 핀과 핀 사이의 간격은 100[mil]=2.54[mm]이다.

41 세라믹 콘덴서의 표면에 '102K"로 표기되어 있다면 이 콘덴서의 정전 용량 값과 허용오차 값은?

① 용량 값 : 1000[pF], 허용오차 : ±10[%]

② 용량 값 : 1000[pF], 허용오차 : ±5[%]

③ 용량 값 : 100[pF], 허용오차 : ±20[%]

④ 용량 값 : 100[pF], 허용오차 : ±10[%]

• 콘덴서의 기준 단위는 [pF] = 10^{-12}
• $10 \times 10^2 \times 10^{-12}$ = 1000[pF]
• 허용오차 K는 ±10[%] 이다.

42 수동소자로 전류의 흐름에 따라 자기에너지를 저장하며, 전류가 급하게 변화하는 것을 억제하기 위해 사용되는 소자는?

① 저항기(R)   ② 가변저항기(VR)

③ 유도기(L)   ④ 콘덴서(C)

해설 유도기 : 전류의 흐름에 따라 자기에너지를 저장하며, 전류가 급하게 변화하는 것을 억제하기 위해 사용되는 소자

43 프린트 기판 설계시 배선으로 인한 인덕턴스 발생을 줄이기 위한 방법으로 가장 옳은 것은?

① 전원 라인을 가늘고, 길게 배선한다.
② 전원 라인을 가늘고, 짧게 배선한다.
③ 전원 라인을 굵고, 길게 배선한다.
④ 전원 라인을 굵고, 짧게 배선한다.

해설 인쇄회로기판 설계 시 배선으로 인한 인덕턴스 발생을 줄이려면 전원 라인을 굵고, 짧게 배선해야 한다.

44 다음 중 전자 CAD 용 프로그램(EDA 툴)이 아닌 것은?

① OrCAD
② CADSTAR
③ AutoCAD
④ PCAD

해설 AutoCAD는 기계 또는 건축, 토목 등에 사용하는 매커니컬 CAD이다.

45 CAD 소프트웨어의 실행 화면에서 커서의 좌표 위치나 사용 중인 도면 층의 이름 등 각종 정보가 표시되는 부분은?

① 상태줄
② 명령 영역
③ 그리기 영역
④ 도구 아이콘

해설 CAD 소프트웨어의 실행 화면에서 커서의 좌표 위치나 사용 중인 도면 층의 이름 등 각종 정보가 표시되는 부분이 상태줄이다.

46 인쇄회로기판에서 부품의 단자 또는 도체 상호 긴을 접속하기 위해 구멍(Hole)의 주위에 만든 특정한 도체 부분이 납땜이 될 수 있도록 처리하는 것은?

① 실크스크린
② Drill(구멍 가공)
③ 패턴
④ 납 마스크

해설 납 마스크 : 부품의 접속을 위하여 납이 묻어야 할 부분

47 도면에서 도면의 축소나 확대, 복사의 작업과 이들의 복사 도면을 취급 할 때 편의를 위하여 표시하는 것은?

① 윤곽선
② 도면의 비교눈금
③ 도면의 구역
④ 재단마크

해설 도면의 비교눈금 : 도면에서 축소나 확대, 복사의 작업과 이들의 복사도면을 취급할 때 편의를 위한 표시

48 제도규칙에서 표준규격에 대한 국제 및 국가별 규격 명칭 연결이 옳은 것은?

① 미국 규격 – JIS
② 일본 공업 규격 – DIN
③ 국제 표준화 기구 – ISO
④ 영국 규격 – ANSI

해설 한국산업규격 : KS, 미국규격 : ANSI, 일본공업규격 : JIS, 영국규격 : BS

49 다음 중 일반적으로 전자 CAD을 이용하여 할 수 없는 기능은?

① 전원을 표시할 수 있다.
② 부품의 심벌을 작도할 수 있다.
③ 기판의 외형을 설계할 수 있다.

④ 전자제품의 케이스 가공용 데이터를 출력할 수 있다.

📖 전자제품의 케이스 가공용 데이터 출력용 CAD는 매커니컬 CAD이다.

50 부품 선정시의 핵심사항과 가장 거리가 먼 것은?

① 부품의 단가
② 납품 조건
③ 부품외형의 색상
④ 부품의 신뢰성

📖 부품 선정 시 고려사항 : 부품의 단가, 납품 조건, 부품의 신뢰성, 부품의 실장방법 등

51 제도의 척도 중 실물의 크기보다 작게 그리는 것은?

① 실척
② 축척
③ 배척
④ NS

📖 척도
• 축척 : 실물보다 작게 축소해서 그리는 것
• 현척(실척) : 실물과 같은 크기로 그리는 것
• 배척 : 실물보다 크게 확대해서 그리는 것
• NS(Not to Scale) : 도면과 실물의 치수가 비례 척도가 아님을 뜻함

52 다음 중 출력 장치로 볼 수 없는 것은?

① 마우스
② 플로터
③ 프린터
④ 모니터

📖 • 입력장치 : 키보드, 마우스, 디지타이저, 이미지 스캐너, 라이트 펜 등
• 출력장치 : 모니터, 프린터, 플로터 등

53 일반적으로 전자캐드(CAD)에서 회로도를 그리는 프로그램을 통칭하는 용어는?

① Layout
② Schematic
③ Gerber
④ CAM

📖 Schematic : 전자캐드(CAD)에서 회로도를 그리는 프로그램을 통칭하는 용어

54 유연성 인쇄회로기판으로도 불리며, 카메라 등의 굴곡진 부분에 많이 사용되는 기판은?

① 에폭시 기판
② 페놀 기판
③ 메탈 기판
④ 플렉시블 기판

📖 플렉시블 기판(Flexible Base material) : 유연성을 갖는 PCB로 절연기판이 얇은 폴리에스테르나 폴리이미드 필름에 동박을 입힌 기판

55 부품 중 2000000[Ω]의 저항을 배치하고 그 값을 표시한 것 중 가장 적절한 표시 방법은?

① 2000000[Ω]
② 2000[kΩ]
③ 2[μΩ]
④ 2[MΩ]

📖 $1000000 = 10^6 = 1M$, $2000000[\Omega] = 2 \times 10^6 = 2[M\Omega]$

56 CAD 활용 시의 특징이 아닌 것은?

① 보다 많은 인력과 시간이 소요된다.
② 신제품 개발에 적극적으로 대처할 수 있다.
③ 수작업에 의존하던 디자인의 자동화가 이루어진다.
④ 정확하고 효율적인 작업으로 개발 기간이 단축된다.

📖 CAD 도입의 장점
• 도면의 품질이 좋아진다.
• 설계 과정에서 능률이 향상된다.
• 수치 결과에 대한 정확성이 증가한다.
• 보관 및 보안성이 향상된다.
• 설계의 표준화로 원가가 절감된다.

57 수정 진동자를 나타내는 도 기호(symbols)는?

① ② ③ ④

📖 ① 다이오드, ② 수정 진동자, ③ 전해 콘덴서, ④ 변·복조기

58 전기 신호의 중계, 제어 등을 행하는 기구 부품(electro-mechanical component)이 아닌 것은?

① 다이오드
② 소켓
③ 스위치
④ 커넥터

📖 다이오드 : 전류를 한 방향으로만 흐르게 하고, 그 역방향으로 흐르지 못하게 하는 성질을 가진 반도체 소자

59 인쇄회로기판 설계 시 배선에 흐르는 전류량에 따라 고려할 사항으로 옳은 것은?

① 기판의 재질과 두께
② 배선의 폭과 동박의 두께
③ 동박의 두께와 배선의 모양
④ 배선의 배열과 기판의 두께

📖 인쇄회로기판 설계 시 배선에 흐르는 전류량에 따라 고려할 사항은 배선의 폭과 동박의 두께이다.

60 CAD용 컴퓨터의 데이터 버퍼에 대한 설명으로 옳은 깃은?

① 출력작업이 이루어지는 동안에도 다른 작업을 행할 수 있다.
② 주변장치와 8 BIT 병렬 데이터 통신을 하기 위한 인터페이스다.
③ 사용자 정의 형상을 컴퓨터가 이해할 수 있는 수치로 나타낸다.
④ 36핀 커넥터로 되어 있다.

📖 CAD용 컴퓨터의 데이터 버퍼 : 입출력 데이터 등의 정보를 전송할 때 일시적인 데이터 저장 장소로 사용되는 기억장소로 출력작업이 이루어지는 동안에도 다른 작업을 행할 수 있다.

ANSWER									적중모의고사 4회
01	02	03	04	05	06	07	08	09	10
②	②	④	②	②	④	③	①	④	③
11	12	13	14	15	16	17	18	19	20
④	③	④	④	①	④	④	①	②	②
21	22	23	24	25	26	27	28	29	30
②	③	③	④	③	①	④	④	④	④
31	32	33	34	35	36	37	38	39	40
④	③	③	②	④	③	①	①	①	④
41	42	43	44	45	46	47	48	49	50
①	③	④	①	④	②	③	④	④	④
51	52	53	54	55	56	57	58	59	60
②	①	②	④	④	①	②	①	②	①

01 전지 1개의 내부저항 R을 n개 직렬로 접속하여 최대 전력을 부하에 전달하려고 하면 부하저항은?

① R 　　　　　② nR
③ 1/R 　　　　 ④ R/n

> 직렬접속 전지의 내부저항은 n배 되어 nR[Ω]이 된다. 따라서, 내부저항과 부하저항이 같으면 최대전력이 전달되므로 nR = R_L이 되어야 한다.

02 부궤환 회로의 특징에 대한 설명으로 적합하지 않은 것은?

① 이득이 감소한다.
② 안정도가 개선된다.
③ 왜율이 감소한다.
④ 주파수 대역폭이 감소한다.

> 부궤환 회로의 특징
> • 이득이 감소한다.(안정도가 증가)
> • 이득이 보통 −3[dB] 감소하므로 대역폭(BW)이 넓어져서 주파수 특성이 개선된다.
> • 일그러짐(왜율)과 잡음이 감소한다.
> • 입력 임피던스는 증가하고 출력 임피던스는 감소한다.

03 이상적인 연산증폭기에서 동상신호제거비(CMRR)는?

① 0 　　　　　② 1

③ 100 　　　　④ 무한대

> 이상적인 연산증폭(op-amp)의 특징
> • 전압이득, 입력저항값, 대역폭은 무한대이다.
> • 출력저항과 지연응답, 오프셋은 0이다.
> • 특성변동 및 잡음이 없다.
> • 동위상신호제거비(CMRR)은 무한대이어야 한다.

04 기전력이 180[V], 내부저항이 20[Ω]인 전원에 70[Ω]의 부하저항을 접속할 때 부하저항 양단의 전압[V]은?

① 30
② 80
③ 140
④ 160

> $I = \dfrac{V}{R} = \dfrac{V}{V_r + V_L} = \dfrac{180}{20 + 70} = 2\,[A]$
> $V = IR = 2 \times 70 = 140\,[V]$

05 원형 코일의 감은 횟수 N회, 코일의 반지름 r[m], 코일에 흐르는 전류가 I[A]라면 코일 중심의 자장의 세기[AT/m]는?

① r에 비례한다.
② r에 반비례한다
③ I에 반비례한다.
④ r^2에 반비례한다.

> $H = \dfrac{IN}{2r}\,[AT/m]$이므로 r에 반비례한다.

06 수정발진기는 수정진동자의 어떤 전기적인 특성을 이용하는가?

① 지벡효과   ② 압전기현상
③ 펠티에효과   ④ 전자유도현상

해설 수정 진동자는 압전효과(piezo effect)를 이용한 것으로 수정 결정에 압력 또는 비튼 힘이 작용함으로써 결정이 상대하는 두개의 면에 전압이 발생하는 현상으로서 이것을 대신하여 전압을 가하여 압력을 가한 것과 같은 효과에 따라 진동하며 수정 자체의 고유진동수의 안정된 주파수 값을 얻을 수 있다.

07 평판 콘덴서에 2[C]의 전기량을 공급할 때, 콘덴서의 전위가 10[V]이면 정전용량[F]은?

① 0.1   ② 0.2
③ 0.5   ④ 1.5

해설 $C = \dfrac{Q}{V} = \dfrac{2}{10} = 0.2[F]$

08 증폭기의 전압증폭도가 100이고, 전류증폭도가 10일 때, 이 증폭기의 전력이득[dB]은?

① 10[dB]   ② 20[dB]
③ 30[dB]   ④ 60[dB]

해설 전력(Power) = 전압(V) × 전류(I) = 100 × 10 = 1000배
∴ 전력이득(Gain) $= 10\log_{10}1000 = 10\log_{10}10^3$
$= 30[dB]$

09 다음 중 비정현파 발진기에 속하는 것은?

① 하틀리 발진기   ② 블로킹 발진기
③ 이상형 RC발진기   ④ 콜피츠 발진기

해설 비정현파는 삼각파, 톱니파, 구형파를 발생하는 멀티바이브레이터, 블로킹 발진기 등이다.

10 다음 중 수정진동자의 설명으로 거리가 먼 것은?

① 주파수 안정도가 양호하다.
② 수정편의 Q가 높다.
③ 출력이 매우 크다.
④ 고주파 발진에 적합하다.

해설 수정 진동자는 압전효과(piezo effect)를 이용한 것으로 수정 결정에 압력 또는 비튼 힘이 작용함으로써 결정이 상대하는 두개의 면에 전압이 발생하는 현상으로서 이것을 대신하여 전압을 가하여 압력을 가한 것과 같은 효과에 따라 진동하며 수정 자체의 고유진동수의 안정된 주파수 값을 얻을 수 있다. 또한, 주파수 범위가 좁아 발진 주파수가 매우 안정하기 때문에 많이 사용된다.

11 동일한 정현파의 반주기 동안 $\dfrac{평균치}{실효치}$는 약 얼마인가?

① 0.9   ② 1.41
③ 2.11   ④ 3.14

해설 $\dfrac{평균값}{실효값} = \dfrac{\dfrac{2 \times V_m}{\pi}}{\dfrac{V_m}{\sqrt{2}}} = \dfrac{2V_m\sqrt{2}}{\pi V_m}$

$= \dfrac{2.28V_m}{3.15V_m} = 0.9$

12 다음 트랜지스터 회로는 어떤 바이어스 회로인가?

① 고정 바이어스회로

② 전압분배 바이어스회로

③ 전류분배 바이어스회로

④ 혼합 바이어스회로

🔑 베이스저항 R_B가 + V_{CC}에 접속하는 방법으로 동작점이 온도 변화에 따라 변화되는 결점을 갖고 있다.

13 주파수를 2배로 한 경우 전류의 크기가 반으로 감소되는 회로의 소자는?

① 저항　　　　　　② 인덕터

③ 콘덴서　　　　　④ 다이오드

🔑 인덕턴스에 흐르는 전류는 주파수에 반비례 하므로 주파수를 2배로 하면 전류의 크기가 1/2로 감소된다.

14 다음 회로에서 전원전압이 1[V]일 때, R_1에 흐르는 전류 I_1[A]은?(단, $R_1 = 2[\Omega]$, $R_2 = 3[\Omega]$이다.)

① 0.2　　　　　　② 0.3

③ 0.4　　　　　　④ 0.5

🔑 병렬회로 합성저항(R_t)

$$\frac{R_1 \times R_2}{R_1 + R_2} = \frac{2 \times 3}{2 + 3} = \frac{6}{5} = 1.2[\Omega]$$

$$I = \frac{V}{R_t} = \frac{1}{1.2} \fallingdotseq 0.83[A]$$

$$I_1 = \frac{R_2}{R_1 + R_2}I = \frac{3}{5} \times 0.83 \fallingdotseq 0.5[A]$$

15 다음 (　　) 안에 들어갈 내용으로 알맞은 것은?

> D 플립플롭은 1개의 S–R 플립플롭과 1개의 (　　) 게이트로 구성할 수 있다.

① AND　　　　　　② OR

③ NOT　　　　　　④ NAND

🔑 D–F/F(D 플립플롭)은 RS–F/F 2개의 입력 R, S에 동시 1이 되는 경우 출력은 불확정 상태가 되기 때문에 NOT 게이트 1개를 입력 양단에 부가한 것으로 정보를 일시 유지하는 래치(Latch) 회로로 시프트 레지스터 등에 쓰인다.

16 명령부의 오퍼랜드(Operand) 자체가 실제 그 데이터인 번지지정 방식은?

① direct address

② immediate address

③ indirect address

④ relative address

🔑 즉시 주소 지정 방식(Immediate Addressing Mode) : 명령 속의 오퍼랜드 정보를 그대로 오퍼랜드로 사용하는 방식

17 기억된 정보를 읽기는 자유롭지만 내용을 바꾸어 넣을 수 없는 기억소자는?

① ROM

② RAM

③ SRAM

④ DRAM

🔑 ROM(Read Only Memory) : 한번 기록한 정보에 대해 오직 읽기만을 허용하도록 설계된 비휘발성 기억장치이며, 시스템 프로그램을 저장하는데 사용한다.

18 다음 중 순서 논리 회로에 해당되는 것은?

① 반가산기(half adder)
② 부호기(encoder)
③ 플립플롭(flip-flop)
④ 멀티플렉서(multiplexer)

📖 순서논리회로
• 순서논리회로는 외부로부터의 입력과 현재 상태에 따라 출력이 결정되는 회로이다.
• 순서논리회로는 기억 기능이 있다.
• 대표적인 순서논리회로에는 플립플롭, 카운터, 레지스터, RAM, CPU 등이 있다.

19 자기 디스크의 설명으로 옳은 것은?

① sequential access만 가능하다.
② random access만 가능하다.
③ 주로 sequential access를 많이 한다.
④ 주로 random access를 많이 한다.

📖 자기디스크 : 대용량 보조기억장치로서 자기테이프 장치와는 달리 자료를 직접 또는 임의로 처리할 수 있는 직접접근 저장장치이다. 주변에서 흔히 볼 수 있는 레코드판과 같은 형태의 알루미늄과 같은 금속성 표면에 자성물질을 입혀서 그 위에 데이터를 기록하고 기록된 데이터를 읽어낸다. 주로 random access를 많이 한다.

20 컴퓨터를 구성하는 요소를 크게 2부분으로 분류하면?

① 중앙처리장치와 입출력장치
② 연산장치와 제어장치
③ 중앙처리장치와 보조기억장치
④ 주기억장치와 보조기억장치

📖 컴퓨터를 크게 2부분으로 분류하면 중앙처리장치(CPU)와 입출력장치로 나뉜다.

21 다음 중 객체지향언어에 해당하지 않는 것은?

① 기계어   ② 비주얼 C++
③ 델파이(Delphi)   ④ 자바(JAVA)

📖 고급언어인 객체지향언어와 달리 기계어는 저급 언어로서 컴퓨터가 직접 해독할 수 있는 2진수로 나타내는 언어로 프로그래밍의 기본이 된다.

22 8진수 37. 54를 16진수로 변환하면?

① 1F.A   ② 1F.A4
③ 1F.BA   ④ 1F.B

📖 8진수의 각 자리수를 3bit의 2진수로 표현한 후 4bit로 표현하면 16진수가 된다.

3	7	.	5	4
011	111	.	101	100
01	1111	.	1011	0
1	F		B	

23 다음 중에서 일반적으로 가장 적은 Bit로 표현 가능한 데이터는?

① 영상 데이터   ② 문자 데이터
③ 숫자 데이터   ④ 논리 데이터

📖 논리데이터는 0과 1로 표현되는 1bit의 데이터이다.

24 다음 중 C 언어 프로그램 형식과 관계가 없는 것은?

① 인터프리터 방식을 사용한다.
② "/*"와 "*/"를 이용하여 주석을 나타낸다.

③ 프로그램에의 명령은 ;(세미콜론)으로 구분된다.

④ 모든 프로그램은 main 함수로부터 실행이 시작된다.

🔖 C언어는 인터프리터 언어가 아닌 컴파일러 언어이다.

25 컴퓨터 회로에서 bus line을 사용하는 가장 큰 목적은?

① 정확한 전송

② 속도 향상

③ 레지스터 수의 축소

④ 결합선 수의 축소

🔖 컴퓨터 회로에서 버스 라인은 결합선 수의 축소를 위하여 사용한다.

26 레지스터와 유사하게 동작하는 임시 저장장소로써 유사한 기능을 하며 다음 실행할 명령어의 주소를 기억하는 기능을 하는 것은?

① 레지스터   ② 프로그램 카운터

③ 기억장치   ④ 플립플롭

🔖 프로그램 카운터(Program Counter) : 기억장치에 기억된 명령이 순서대로 중앙 처리 장치에서 실행될 수 있도록 그 주소를 지정해 주는 레지스터

27 다음 회로는 직렬가산기이다. 입력 A = 10, B = 11을 입력할 때 합 S의 값은?

① 100   ② 101

③ 110   ④ 111

🔖 직렬 가산기 : 최하위 자릿수부터 최상위 자릿수까지 한 번에 한 자리씩 피연산자에 대응하는 숫자를 더함으로써 덧셈을 하는 계산기

A	B	S	C
1	1	0	1
0	1	1	0

28 전자회로 부품 중 능동 부품이 아닌 것은?

① 다이오드

② 트랜지스터

③ 집적회로

④ 저항

🔖 • 능동부품(Active Component) : 트랜지스터(TR), 전계효과 트랜지스터(FET), 단접합 트랜지스터(UJT), IC, 연산증폭기(OPAMP) 등을 말하며, 능동소자는 증폭, 발진, 신호 변환 등의 기능을 갖는다.
• 수동부품(Passive Component) : 전기 신호의 중계, 제어 등을 행하는 기구부품으로 저항기, 콘덴서, 커넥터, 소켓, 스위치 등이 수동소자에 속한다.

29 다음 중 각 나라의 표준규격 기호를 짝지어 놓은 것 중 옳지 않은 것은?

① KS - 한국산업표준

② ANSI - 미국표준규격

③ ISO - 스위스공업규격

④ JIS - 일본공업규격

🔖 ISO - 국제표준화기구

30 다음 회로의 명칭은?

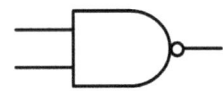

① OR GATE   ② AND GATE
③ NAND GATE   ④ EX-OR GATE

해설

OR	AND	NAND	EX-OR

31 회로도의 작성법 설명으로 옳지 않은 것은?

① 정해진 도 기호를 명확하면서도 간결하게 그려야 한다.
② 신호의 흐름은 도면의 왼쪽에서 오른쪽으로 한다.
③ 전체적인 배치와 균형이 유지되게 그려야 한다.
④ 신호의 흐름은 아래에서 위로 흐르게 한다.

해설 회로도 작성 시 고려사항
• 신호의 흐름은 왼쪽에서 오른쪽으로, 위에서 아래로 작성한다.
• 주회로와 보조회로가 있는 경우에는 주회로를 중심으로 설계한다.
• 보조회로는 주회로의 바깥쪽에, 전원회로는 맨 아래에 작성한다.
• 정해진 기호(Symbol)와 문자로 그린다.

32 전자기기의 패널을 설계할 때 유의하여야 할 사항으로 적합하지 않은 것은?

① 전원 코드는 배면에 배치한다.

② 패널 부품은 크기를 고려하여 균형 있게 배치한다.
③ 조작상 서로 연관이 있는 요소끼리 근접 배치한다.
④ 장치에 외부와 연결되는 접속기가 있을 경우에는 될 수 있는 대로 패널의 배면에 배치한다.

해설 전자기기 패널 설계 시 유의 사항
• 전원선이나 퓨즈박스 등은 배면에 배치한다.
• 패널 부품은 크기를 고려하여 균형있게 배치한다.
• 조작 시 서로 연관이 있는 요소끼리 근접 배치한다.
• 조작 빈도가 높은 부품은 패널의 중앙이나 오른쪽에 위치한다.

33 전자 CAD 시스템을 이용하여 PCB 설계 (art-work)를 완료한 후 기판 제작 공정에 사용하기 위한 파일로 출력하여야 한다. 그 종류가 아닌 것은?

① schematic 파일   ② gerber 파일
③ HPGL 파일   ④ DXF 파일

해설 Schematic 파일은 회로도 설계 파일이다.

34 도면으로부터 위치 좌표를 읽어 들이는데 사용하는 CAD 시스템의 입력 장치는?

① 마우스 (mouse)
② 트랙볼(track ball)
③ 디지타이저(digitizer)
④ 이미지스캐너(image scanner)

해설 디지타이저(Digitizer) : 도면으로부터 좌표를 읽어 들이는 데 사용하며, 자기장이 분포되어 있는 평판에 위치 검출기를 위치시켜 도면의 위치에 대응하는 X, Y 좌표를 입력하거나 원하는 명령어를 선택하는 입력장치

35 다음 전자부품 기호 중 발광 다이오드 기호로 옳은 것은?

① $\xrightarrow[(-)]{\text{K}\quad\text{A}}$ ② (스위치 기호)

③ $\sim\!\!\sim\!\!\sim$ ④ $\xrightarrow[(-)]{\text{K}\quad\text{A}}$ (LED 기호)

📖 ① 다이오드, ② 스위치, ③ 저항, ④ 발광다이오드 (LED)

36 부품을 배치할 때 고려해야 할 사항으로 옳지 않은 것은?

① 잡음이 발생하는 부품은 이격시킨다.
② 아날로그 및 디지털 회로가 혼용된 회로라도 단일 접지를 사용한다.
③ 전원용 라인 필터는 커넥션 가까이 배치한다.
④ 발열하는 부품에 대해서는 방열 설계를 한다.

📖 PCB에서 노이즈 방지대책
  • 잡음이 발생하는 부품은 이격시킨다.
  • 아날로그 및 디지털 회로가 혼용된 회로에서는 어스라인을 분리한다.
  • 전원용 라인 필터는 커넥션 가까이 배치한다.
  • 발열하는 부품에 대해서는 방열 설계를 한다.

37 PCB 패턴 설계 때 유의사항을 설명한 것 중 옳지 않은 것은?

① 패턴을 미관을 고려하여 가능한 가늘고 짧게 하여야 한다.
② 패턴 사이의 간격을 떼어 놓거나 차폐를 행한다.
③ 취급하는 전력용량, 주파수 대역 및 신호 형태별로 기판을 나누거나 커넥터를 분리하여 설계한다.

④ 배선은 가급적 짧게 하는 것이 다른 배선이나 부품의 영향을 적게 받는다.

📖 PCB 패턴 설계 시 유의사항
  • 패턴은 가능한 한 짧고 굵게 한다.
  • 취급하는 전력 용량, 주파수 대역 및 신호 형태별로 기판을 나누거나 커넥터를 분리하여 설계한다.
  • 패턴 사이의 간격을 떼어 놓거나 차폐를 행한다.

38 PCB의 종류 중 필름에 동박을 접착 및 절곡하여 휘어지는 부분에 사용하는 카세트, 카메라, 핸드폰 등에 사용하는 것은?

① 페놀 기판
② 에폭시 기판
③ 콤퍼지트 기판
④ 플렉시블 기판

📖 플렉시블 기판(Flexible Base material) : 유연성을 갖는 PCB로 절연기판이 얇은 폴리에스테르나 폴리이미드 필름에 동박을 입힌 기판

39 다음 중 제도용지의 크기가 가장 큰 용지는?

① A0   ② A1
③ A4   ④ A5

📖 A0 : 841×1189, A1 : 594×841, A4 : 210×297, A5 : 148 x 210

40 등사 원리를 이용하여 내산성 레지스터를 기판에 직접 인쇄하는 방식은?

① 사진 부식법   ② 실크 스크린법
③ 오프셋 인쇄법   ④ 자동화 인쇄법

📖 실크스크린 인쇄법 : 등사 원리를 이용하여 내산성 레지스터를 기판에 직접 인쇄하는 방식

41 다음 중 설계 규칙을 검사하는 것은?

① Annotate   ② DRC
③ Netlist   ④ Export

 DRC(Design Rules Check) : 설계 규칙의 위배 유·무에 대한 검사 결과 데이터 파일

42 PCB를 사용하여 전자기기를 제조하였을 때 얻을 수 있는 장점이 아닌 것은?

① 대량 생산의 효과가 높다.
② 제품의 균일성과 신뢰성이 높다.
③ 잡음, 온도 등 안정 상태를 유지한다.
④ 소량 다품종 생산에 적합하고, 비용이 저렴하다.

 인쇄회로기판(PCB)의 장점
• 대량 생산의 효과가 높다.
• 제품의 균일성과 신뢰성이 높다.
• 잡음, 온도 등이 안정 상태를 유지한다.
• 오 배선의 우려가 없고, 생산 단가가 저렴하다.

43 그림과 같은 전자 부품 기호의 명칭은?

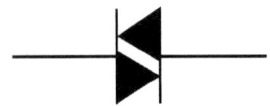

① 트랜지스터(TR)
② 전기장 효과 트랜지스터(FET)
③ 다이오드(Diode)
④ 다이액(DIAC)

트랜지스터	FET	다이오드	다이액

44 세라믹 콘덴서의 외부에 104라는 숫자가 적혀있다. 이 곤덴서의 용량은?

① 1[μF]
② 0.1[μF]
③ 0.01[μF]
④ 0.001[μF]

콘덴서의 기준 단위는 [pF] = 10^{-12}
∴$10 \times 10^4 \times 10^{-12} = 0.1[μF]$

45 다음 중 CAD 시스템의 입력 장치가 아닌 것은?

① 키보드(Keyboard)
② 프린터(Printer)
③ 마우스(Mouse)
④ 디지타이저(Digitizer)

 • 입력장치 : 키보드, 마우스, 디지타이저, 이미지 스캐너, 라이트 펜 등
• 출력장치 : 모니터, 프린터, 플로터, 포토 플로터 등

46 전자 제도의 PCB설계에 적당하지 않은 CAD 소프트웨어는?

① Or-CAD
② Auto-CAD
③ P-CAD
④ CADSTAR

 AutoCAD는 기계, 건축, 토목 등에 사용하는 매커니컬 CAD이다.

47 일반적인 도면의 표제란에는 척도를 기입하는 난이 있다. 그러나 전자회로도나 블록도(Block diagram)와 같이 기호(Symbol)와 글자로만 도면이 이루어질 경우, 치수의 의미가 없거나 도면과 실물의 치수가 비례하지 않을 때 척도 난의 표기로 옳은 것은?

① NO ② NC
③ NS ④ NX

📖 도면에서의 크기와 물체의 실제 크기의 비
 • 축척 : 실물보다 작게 축소해서 그리는 것
 • 현척(실척) : 실물과 같은 크기로 그리는 것
 • 배척 : 실물보다 크게 확대해서 그리는 것
 • NS(Not to Scale) : 도면과 실물의 치수가 비례 척도가 아님을 뜻함

48 다음 중 기판 종류에 맞지 않는 것은?

① 단면 기판
② 양면 기판
③ 3층 기판
④ 4층 기판

📖 인쇄회로기판(PCB)은 적층 형태에 따라 단면, 양면, 다층 기판으로 구분된다. 또한, 다층 기판은 4층 이상의 짝수로 구성된다.

49 유연성 인쇄회로기판으로도 불리며, 카메라 등의 굴곡 진 부분에 많이 사용되는 기판은?

① 에폭시 기판
② 페놀 기판
③ 메탈 기판
④ 플렉시블 기판

📖 플렉시블 기판(Flexible Base material) : 유연성을 갖는 PCB로 절연기판이 얇은 폴리에스테르나 폴리이미드 필름에 동박을 입힌 기판

50 인쇄회로기판 가공에 사용되는 용어 중 부품의 단자 또는 도체 상호간을 접속하기 위하여 구멍 주위에 만든 특정한 도체 부분을 무엇이라 하는가?

① 랜드(Land)
② 마운트(Mount)
③ 패턴 (Pattern)
④ 홀(Hole)

📖 랜드 : 부품의 단자 또는 도체 상호간을 접속하기 위해 구멍 주위에 만든 특정한 도체 부분

51 전자 CAD 프로그램에서 하나의 부품 기호를 불러왔을 때 표시되는 것이 아닌 것은?

① 부품의 심벌
② 부품의 참조
③ 부품의 값
④ 부품의 크기

📖 전자 CAD프로그램에서 하나의 부품 기호를 불러오면, 부품의 심벌, 부품의 참조, 부품의 값을 표시한다.

52 세븐 세그먼트(FND)가 동작할 때 빛을 내는 것은?

① 발광 다이오드
② 부저
③ 릴레이
④ 저항

📖 LED를 숫자 모양으로 배열하고, 그 중 원하는 것만 켜서 숫자를 표현하는 소자를 7세그먼트 LED라 한다.

53 다음 중 검출용 기구가 아닌 것은?

① 근접 스위치
② 실렉트 스위치
③ 광전 스위치
④ 압력 스위치

🔖 • 근접 스위치 : 기계적적인 접촉 대신 비접촉 동작으로 같은 스위칭 작용을 하게 한 센서
• 광전 스위치 : 빛의 변화를 일으키는 물체가 있다면 금속뿐만 아니라 고체·액체·기체 모든 것이 가능한 검출기. 산업용 로봇이나 자동화 기기의 제어용 센서로 이용
• 압력 스위치 : 액체 또는 기압의 압력이 설정치 이상 또는 이하에 달하면 전기 접점을 개폐하는 스위치
• 셀렉트 스위치 : 복수의 효과나 입력 중에서 하나를 선택하는 스위치

54 트랜지스터 형식 명칭에 대한 설명으로 옳지 않은 것은?

2	SC	372	Y
(1)	(2)	(3)	(4)

① (1)은 소자의 종류를 의미한다.
② (2)는 반도체 소자로서 PNP형 저주파를 의미한다.
③ (3)은 등록번호이며, 11부터 시작한다.
④ (4)는 개량표시를 의미한다.

🔖 SC에서 S는 반도체, C는 NPN형의 고주파를 의미한다.

55 능동 부품(active component)의 능동적 기능이라고 볼 수 없는 것은?

① 신호의 증폭
② 신호의 발진
③ 신호의 변환
④ 신호의 중계

🔖 능동부품(Active Component) : 트랜지스터(TR), 전계효과 트랜지스터(FET), 단접합 트랜지스터(UJT), IC, 연산증폭기(OPAMP) 등을 말하며 능동소자는 증폭, 발진, 신호 변환 등의 기능을 갖는다.

56 다음 중 저항값이 낮은 저항기로, 대전력용으로도 사용되며 표준저항기 등의 고정밀 저항기로도 사용되는 저항기는?

① 모듈 저항기
② 권선 저항기
③ 탄소 피막 저항기
④ 솔리드 저항기

🔖 권선 저항기 : 저항 값이 낮은 저항기로서 대전력용 및 표준저항기 등과 같이 정밀도 저항기로 사용된다.

57 다음 중 작업 진행 과정을 눈으로 바로 확인 가능한 장치는?

① 메모리
② 하드 디스크
③ CPU
④ 모니터

🔖 컴퓨터가 처리한 결과를 작업자에게 시각적으로 전달해주는 것은 모니터이다.

58 다음 프린터 종류 중 비 충격(non-impact) 프린터는?

① 활자 프린터
② 도트 프린터
③ 펜 스트로크 프린터
④ 레이저 빔 프린터

🔖 프린터의 종류
• 충격식 프린터 : 도트 매트릭스 프린터, 라인 프린터, 활자식 프린터
• 비 충격식 프린터 : 레이저 빔 프린터, 잉크제트 프린터, 감열방식 프린터, 열전사 프린터

59 인쇄회로기판의 임피던스에 영향을 주는 물리적 요소에 대한 설명으로 옳지 않은 것은?

① 패턴의 폭을 줄이면 임피던스는 증가하고, 폭은 넓히면 감소한다.

② 패턴의 두께가 얇아지면 임피던스는 증가하고, 두께가 두꺼워지면 감소한다.

③ 패턴 간의 간격이 넓어지면 임피던스는 커지고, 간격이 좁아지면 임피던스는 작아진다.

④ 전체 제품의 두께가 얇아지면 임피던스는 높아지고, 두꺼워지면 작아진다.

🔖 인쇄회로기판의 임피던스에 영향을 주는 물리적 요소
- 패턴의 폭을 줄이면 임피던스는 증가하고, 폭을 넓히면 감소한다.
- 패턴의 두께가 얇아지면 임피던스는 증가하고, 두께가 두꺼워지면 감소한다.
- 패턴간의 간격이 넓어지면 임피던스는 커지고, 간격이 좁아지면 임피던스는 작아진다.
- 전체 부품의 두께(유전체)가 얇아지면 임피던스는 작아지고, 두꺼워지면 높아진다.

60 다음 중 전원회로도 제도에 관한 설명으로 옳지 않은 것은?

① 전원 트랜스는 1차 및 2차의 전압과 전류를 표시해 주어야 한다.

② 평활 콘덴서가 전해 콘덴서의 경우 도면에 반드시 극성을 표시해야 한다.

③ 다이오드는 대부분 용량 대신에 형 명칭을 사용한다.

④ 전원 트랜스는 "+" 표시로 동위상을 나타내기도 한다.

🔖 선원회보 설계 시 고려사항
- 전원 트랜스는 1차 및 2차의 전압과 전류를 표시해 주어야 한다.
- 평활 콘덴서가 전해 콘덴서의 경우 도면에 반드시 극성을 표시해야 한다.
- 다이오드는 대부분 용량 대신에 형 명칭을 사용한다.
- 전원 트랜스는 " · " 표시로 동위상을 나타낸다.

ANSWER									적중모의고사 5회
01	02	03	04	05	06	07	08	09	10
②	④	④	③	②	②	②	③	②	③
11	12	13	14	15	16	17	18	19	20
①	①	②	④	③	②	①	③	④	①
21	22	23	24	25	26	27	28	29	30
①	④	④	①	④	②	④	④	③	③
31	32	33	34	35	36	37	38	39	40
④	④	①	③	④	④	①	④	①	②
41	42	43	44	45	46	47	48	49	50
②	④	④	②	②	②	③	③	④	①
51	52	53	54	55	58	57	58	59	60
④	①	②	②	④	④	④	④	④	④

전자캐드기능사 필기

2026년 01월 05일 인쇄
2026년 01월 20일 발행

지은이_ 홍승희
펴낸이_ 이강복
펴낸곳_ (주)도서출판 책과상상

저자협의
인지생략

출판등록_ 제 2020-000205호
주   소_ 경기도 고양시 일산동구 장항로 203-191
편집문의_ 02-3272-1703
구입문의_ 02-3272-1704
홈페이지_ www.sangsangbooks.co.kr

북 디자인 및 삽화_ 디자인 동감
정가_ 18,000원

ISBN 979-11-6967-327-3 (13560)